ELLA Editions
42, route de Chavannes,
28300 Lèves

ELLA-EDITIONS@ORANGE.FR

Dépôt légal 3ème trimestre 2013
ISBN : 978-2-36803-089-9

ABERFAN PROJECT

La prophétie de Chartres

Roman

Eric Chesneau

Du même auteur

Romans

La Tombe du Prussien, Les Relais artistiques, 2002.
L'enfant du vitrail, Ella éditions, 2012.

Nouvelles

La mare aux Revenants, in Contes et légendes d'Eure-et-Loir, éditions Grrrr…art, 2009.
Sévices Compris, in Enfance(s), recueil du collectif IBIDEM, éditions de La Framboisière, 2009.
Haute-Marée, in Contes et légendes de Vendée, éditions Grrr…art, 2010.
La rédaction, in Contes et légendes des Yvelines, éditions Grrr…art, 2010.
Le petit peuple des mouillères, in Contes et légendes de la région Centre, éditions Grrr…art, 2011.

Ils.
Tant qu'il y aura des Gnomes.
Les vies paires de saint-Ange.
in Contes et légendes d'Eure-et-Loir volume 2, Ella Editions, 2012.

Documents

Le canton de Châteuneuf-en-Thymerais in Tours et détours en Eure-et-Loir, de Patrick Cointepoix.
L'Eure-et-Loir de A à Z, coffret collectif de quatre volumes, éditions Autres Voix, 2011.

Pour Nathalie et Ottavia

Avertissement : cette histoire est basée sur des faits réels qui ne se sont pas encore produits…

Toute ressemblance avec des personnes ou des événements existant ou ayant existé est donc fortuite et involontaire. Pour l'instant…

Les lames du « Tarot de l'Ouroboros » qui figurent dans ce roman ont été dessinées par l'auteur.

Couverture : O. Ghezzi.

Le Malin

Le fort de Vaux, 1915

L'Enfer, première coursive à droite

J'écris sans savoir pourquoi, les yeux fermés pour ne plus voir l'indicible. D'une main tremblante. Les arabesques apprises à l'école de la République, sur le banc ciré de Marville, là-bas, à l'autre bout du monde, me paraissent oubliées, se dérobent, transgressées par la frayeur. Ce sont peut-être les larmes qui noient l'encre noire ? Mais je ne crois pas. À force de pleurer, mes yeux sont secs. Seul mon cœur est gorgé d'angoisse. Je voudrais mourir, qu'on en finisse. Hier, j'ai pris tous les risques, espérant une balle en plein front. Et puis, quand Blanchet est tombé, tout près de moi, les jambes arrachées, avec cette expression vide dans les yeux, et ce cri, ce cri inhumain, je me suis souvenu qu'il fallait vivre, qu'il me fallait vivre.

Au moins jusqu'à ce que j'ai accompli ce qu'on me demande.

Après, ma petite Mathilde pourra vivre en paix.

Je ne suis plus rien, depuis des jours, des semaines, des mois. La photographie de Mathilde n'a pas tenu l'hiver. Son visage est désormais brouillé, noyé dans le papier maintes fois plié. Seuls mes souvenirs peuvent conserver son image d'enfant sage, posée mais débordante de vie. Mais ses traits s'effacent aussi peu à peu de ma mémoire, comme l'encre sur la photo. Nous n'avons plus rien de personnel. Plus rien de notre ancienne vie. C'était quand déjà ? Alors nous écrivons des lettres qui, nous dit-on, passent par la commission de censure, à Paris, avant d'être envoyées par chez nous. Pas question de s'épancher.

Pourtant j'écris, j'écris ces lettres que je n'envoie pas. Conversation solitaire d'un vivant avec un presque mort. De toute façon, que pourrai-je leur dire, là-bas ? Que je ne suis plus rien, que je ne suis plus qu'un rat qui se terre au fond de son boyau, qui se vautre dans le sang, la terre et les désillusions ?

Le fort de Vaux n'est plus qu'un amas informe, sorte de tertre mégalithique destiné à enterrer vive sa garnison, continuellement pilonnée depuis le 11 mars.

Le 11 mars, le jour de mon anniversaire. Est-ce que cela signifie encore quelque chose, un anniversaire, ici où les vivants paraissent plus morts que les morts ?

C'est sous un déluge d'obus que je suis arrivé au fort, escorté par les statues de terre de malheureux fantassins qui tendaient leurs doigts figés vers nos paletots. « On dirait une scène de l'Enfer dessinée par Gustave Doré » m'avait lancé Fèbvre, en se curant le nez. Tout en essayant de contourner les manches de pioches et de pelles à demi ensevelis dans la cavité effondrée, je me disais qu'aucune gravure ne pourrait dépeindre l'Enfer, le vrai, dans lequel nous nous enfoncions chaque jour un peu plus.

De fait, il faisait une chaleur atroce quand nous avons enfin pénétré dans cette foutue forteresse souterraine. Nous n'avons pu que nous effondrer sur nos lits gorgés d'humidité sans rien voir des casemates ou des vestiges de la tourelle de 75. J'ai serré dans mon poing meurtri la petite tunique de la Vierge achetée à Chartres peu avant mon départ pour le front.

Notre-Dame protégez-moi.

Au matin, après une nuit peuplée de cauchemars, comme toutes les nuits, Raynal, le commandant du fort nous a retrouvés dans notre chambre. « Vous êtes ici pour le défendre. Je compte sur vous et sachez qu'ici on se fait tuer, mais on ne se rend pas !»

Une grosse goutte de sueur a pris naissance sur ma tempe, a glissé sur ma joue et s'est perdue dans les poils de ma barbe. Puis une autre, et encore une autre. Peut-être étaient-ce des larmes après tout ?

Depuis, nous vivons au rythme des bombardements. Nous suivons de loin les mouvements des Boches. Contrairement à nous, qui nous accrochons à nos petites victoires comme des poux sur un crâne, l'ennemi abandonne régulièrement les positions qu'il a conquises, afin d'éviter trop de pertes en vies humaines. Les renseignements qu'il peut soutirer à nos gars lui suffisent. L'ennemi serait-il plus humain que nous ? Ce serait contraire à tout ce que l'on nous a dit.

Le cinquième RI est déjà moribond, mais il ne faut pas le dire. Et il n'est pas le seul à avoir perdu la plupart de ses effectifs ; Gobert m'a dit que le 24ème était en aussi mauvais état. Le moral des troupes est à l'agonie également. La rumeur de la destruction de la redoute du fort de Douaumont arrache des larmes à Bluffet, l'un de mes compagnons de chambrée, un jeune instituteur au cheveu prématurément blanchi lors d'une opération dans la Marne. « On est foutus, bordel, on est foutus ! » qu'il répète en se balançant d'avant en arrière. Les plaisanteries de Mariel ne parviennent même pas à le dérider. Ses rides, à Bluffet, il les emportera dans la tombe, quelle que soit son heure.

Tout autour, la campagne résonne de tirs nourris. Les Boches ont décidé d'en finir avec nous.

Un 420 passe en rugissant au-dessus de moi. Je n'ai que le temps de me boucher les oreilles et d'ouvrir grand la bouche avant l'explosion. C'est un caporal brancardier qui m'a soufflé l'astuce. Pour éviter l'éclatement des tympans, il paraît. Une gerbe de terre et de béton retombe sur et autour de nous, une fumée noire masque le ciel.

Des dizaines de pièces de batterie se répondent, fauchant les hommes, les arbres, le vivant comme l'inanimé. Les cris se mêlent en un seul. Le hennissement d'agonie d'un cheval nous parvient à travers la mitraille. Le silence a déserté le monde. Chavassu, qui, nous a-t-il assuré, n'a aucun lien de parenté avec le commandant du 142ème RI se met à hurler :

« Qu'est-ce qu'ils foutent ? Ils tirent sur nos tranchées ! »

Durant toute la soirée, notre artillerie de 75 et de 155 pilonne nos hommes dans un tir de barrage incompréhensible, semant la mort dans nos rangs, réduisant en poussière nos mitrailleuses, détruisant nos tranchées.

Ballottés par les rumeurs contradictoires, les hommes ne sont plus qu'automates. Je me retrouve avec une pelle à la main, et je creuse ma tombe avec un entrain, une désespérance qui me permettent d'oublier qui j'étais, avant. La pelle rencontre parfois un bout d'homme ; il faut alors appeler les brancardiers qui se saisissent de ces restes humains et reviennent parfois quelques minutes plus tard récupérer la suite. Dieu n'existe pas, contrairement à ce que s'efforce de croire l'aumônier. Il ne pourrait laisser faire.

L'air pèse des tonnes ; les ventilateurs, des antiquités, ont depuis longtemps cessé de respirer.

Une grenade explose, quelque part à ma gauche.

Les Boches sont là-haut, qui tentent de boucher les ouvertures du chemin de ronde et nous balancent de la terre à pleines pelletées.

Une explosion, plus forte que les autres met fin à leur travail. Le chemin de ronde glisse sur ses pieds-droits. Fasciné, la pelle ballante, je regarde cette mer de boue rugir et couler vers moi. Mariel me tire par le bras en gueulant, puis me pousse à travers le boyau. L'éboulement est heureusement arrêté par le talus érigé par les Boches.

Merci mon Dieu. Tiens, j'écris Boches avec un B majuscule. Comme Dieu.

Mon vieil instituteur, monsieur Lemaire, aurait été fier de mon écriture. J'ai toujours aimé dessiner les lettres, puis en écrire. Il m'avait même offert un plumier pour mon certificat d'études. Aujourd'hui il est mort. Mais je peux sentir son regard par-dessus mon épaule. Je crois que je deviens fou.

Les Boches nous ont surpris de nouveau. Cette fois, c'est du liquide enflammé qu'ils nous balancent. Le souffle des grenades nous parvient, de plus en plus proche. Les tirs sont de plus en plus précis. Je ne peux rien lire dans les yeux de mes compagnons. Rien. Ils sont vides comme ceux de certains de ces personnages de pages dessinées qu'on peut lire le dimanche dans La Dépêche d'Eure-et-Loir Illustrée. Enfin, qu'on pouvait lire, avant. Avant. Je repense à la trogne du colonel de Bouchut que dessinait Charly dans la Dépêche. Aux réclames de ce supplément du dimanche, aussi. Celles pour les Talismans de bonheur du professeur d'Aryanis, ces autres promettant puissance et autorité sur tous les individus… mais aussi celles encore plus inquiétantes vantant les travaux de magie noire d'un certain Grésil.

Cette nuit, j'ai rêvé de l'Enfer.

Mais ce n'était pas le mien, pas le nôtre.

J'ai vu la cathédrale en flammes.

Et la fin du monde.

Mais ce n'était pas mon monde.

C'était autre chose.

Et ce n'étaient pas mes yeux qui assistaient à l'Apocalypse.

Les miens étaient morts depuis déjà longtemps.

Non, ce n'étaient pas mes yeux.

Mais ceux d'une fillette.

Qumrân, juin 1900

Cherchez la faille

La falaise de Qumrân, la Ruine de Pierre, occultait une partie du ciel. Sous cet angle, le roc paraissait meurtri de multiples anfractuosités. Sergio Cogliandro s'harnacha avec l'aide de Muhammad. L'Italien, à gestes mesurés, commença son ascension. Depuis trois jours, il explorait la paroi. La sueur lui coulait dans le cou, le sel s'échappant de son corps lui piquait les yeux.

Muhammad s'était assis à l'ombre d'un monolithe torturé et l'observait. De rocher en rocher, Sergio s'élevait toujours plus haut.

C'est alors qu'il posait le pied sur une pierre branlante qu'il la découvrit enfin. C'était une anfractuosité plus large que les autres ; sa gorge noire, béante, l'attira aussitôt. Sergio rampa pour l'atteindre. Il tenta de percer l'obscurité, en vain. Un courant d'air frais s'échappait de l'inquiétant boyau. Sergio se saisit d'une pierre grise qu'il jeta dans le gouffre. Un bruit de casse lui répondit. Interloqué, il lança un second projectile qui produisit le même effet.

Sergio glissa la tête dans le couloir pas plus large que le corps d'un homme mince. Il frémit en songeant qu'il offrait peut-être son visage à la gueule d'un démon tapi dans l'obscurité. Les histoires que se racontaient les bédouins lui revinrent en mémoire et il frissonna de nouveau. Puis, d'un mouvement de reins, il se propulsa dans le couloir enténébré. Il attendit quelques instants afin de s'habituer à la pénombre. Il rampa ainsi sur une dizaine de mètres, déchirant aux parois la toile de sa chemise. Il parvint jusqu'à une sorte de puits peu profond. Le sol en paraissait crénelé, inégal, voire arrondi par endroits. Une fois de plus il laissa ses yeux s'habituer à cette nouvelle obscurité.

Et il les vit.

Les jarres reposaient sur le sol sablonneux de la grotte. Certaines étaient brisées et avaient laissé échapper leur contenu. D'autres paraissaient scellées de larges couvercles en forme de bol, conservant leurs secrets.

C'était donc vrai !

Sergio sentit son pouls s'accélérer.

Il ne regretta pas le bakchich laissé à ce gamin rencontré quelques jours plus tôt sur les hauteurs de Qumrân.

Le jeune berger surveillait d'un œil distrait son maigre troupeau de chèvres tout en jouant avec ce qui parut être à Sergio un morceau de parchemin. Le précieux Muhammad avait engagé la conversation, et négocié avec le gosse son morceau de peau. Un carré de 30 centimètres de côté sur lequel Sergio reconnut des caractères hébraïques. Le gosse avait expliqué avoir trouvé le manuscrit sous le cadavre d'un chien, à quelques kilomètres de là, au pied des falaises. Muhammad s'était fait indiquer l'endroit approximatif.

Sergio se laissa glisser. Ses pieds firent crisser la céramique brisée. Il s'accroupit au milieu des tessons, sursauta à la vue d'un serpent. Se retrouva cul par-dessus tête et se mit à rire. Un rire qui fut absorbé par les parois de la caverne. Il ne s'agissait en aucune manière d'un reptile. Sergio tendit la main vers l'oblongue pièce de lin en décomposition qui abritait un rouleau de peau. Puis un second.

Église Saint-Marc, de nos jours

Les secrets du confessionnal

Elle doit les rappeler. Les migraines sont de plus en plus violentes, le cauchemar, récurrent, de plus en plus précis. Elle pense aujourd'hui savoir. Elle connaît la date. Bien sûr, ce ne serait pas la première fois qu'elle se trompe. L'interprétation est souvent sujette au doute, à l'approximation. Le mensonge dissimulé par la vérité est moins dangereux que la vérité masquée par le voile du mensonge. Elle aime inventer les aphorismes et celui-ci lui plaît particulièrement. Même si cette pétasse de Solange était foutue de lui assurer qu'il ne veut rien dire. Solange ! Depuis le temps qu'elle tente de monter une cabale pour la déstabiliser ! Elle se verrait bien à la présidence, cette pétasse de Solange, avec ses aquarelles et ses flasques nichons. Les aquarelles de Solange ? Elles sont bien là, quelque part derrière les sculptures algorithmiques de Roger Vermois, Van der Bullen pour le monde de l'art. Qu'est-ce qu'ils ont tous aussi à s'affubler de pseudonymes flamands ou hollandais ?

Du revers de la manche, la jeune femme s'essuie le front où perlent quelques gouttes de sueur. Il ne fait pourtant pas bien chaud dans la petite église. Mais il est vrai que le cauchemar l'a particulièrement travaillée cette nuit. La peur s'insinue en elle, la noie, l'investit tout entière pour enfin exsuder à travers sa peau. C'est ce qu'elle croit. Ou presque.

Elle revoit le visage de cet enfant hurlant de terreur, son œil embué. Elle entend son cri, encore et encore.

Elle les a appelés. Ils se sont voulus rassurants. Lui ont dit qu'ils s'occupaient de tout. Lui ont demandé son emploi du temps pour la journée. Elle leur a expliqué qu'elle préparait l'exposition du week-end à l'église Saint-Marc. L'idée leur a paru bonne et ils lui ont répété que tout irait bien ; elle ne devait pas hésiter à les contacter de nouveau si besoin était.

Rolande, qui, pour la paroisse, entretient l'honorable temple catholique, n'avait pas laissé traîner le moindre grain de poussière. En lui confiant les clés de l'église ce matin, elle lui avait cependant rappelé que monsieur le Curé (elle avait senti la déférente majuscule quand Rolande avait prononcé ce titre sacerdotal) se refusait à cautionner une exposition trop leste. Tout nu, fût-il artistique, était proscrit tant il est vrai que l'art peut se satisfaire d'autres tentations plastiques que les appâts dont le Divin a doté ses ouailles.

La douleur lui ceint les tempes. Leurs médicaments n'ont servi à rien. À présent elle veut se confier à d'autres. L'idée originelle, séduisante et rémunératrice, a implosé. Elle pressent que tout sera vain. Tant de douleur, d'angoisse, de solitude aussi, et pour quoi ? La catastrophe est imminente, elle le sait. Elle craint aujourd'hui son caractère inévitable.

Sogar retient un sanglot. Elle songe à présent à sa sœur, Barbara, qui avait tenté de la joindre. Juste avant de mourir. Un message incompréhensible. Sur son portable. Un livre à récupérer chez Guyon. Ou un manuscrit, plutôt. Barbara…

Perdue dans ses pensées, Sogar n'entend pas le léger grincement de la porte de l'église.

L'œil rivé sur le vitrail qui surplombe la nef, elle ne perçoit pas l'ombre qui s'approche à pas mesurés.

Un détail du vitrail noirci l'attire depuis tout à l'heure.

Elle ne saurait dire pourquoi mais elle se sent en lien avec l'histoire poussiéreuse et abîmée que la peinture à la grisaille retrace, là, à trois mètres au-dessus d'elle. À tel point qu'après un temps d'hésitation, elle a poussé la porte de la sacristie, a déplié l'escabeau qu'utilise d'ordinaire Rolande pour régénérer l'édifice. Et s'apprête à grimper.

Un barreau, deux, puis trois.

Et puis, ses yeux s'ouvrent.

Elle voit. Dans un angle, au pied du saint, une scène peinte à la grisaille, imperceptible d'en bas.

La lumière jaillit en elle, à lui faire mal. Son cerveau ne parvient pas à décrypter logiquement la scène éclairée par le soleil de l'après-midi. Et pourtant : c'est bien l'image récurrente de son rêve maudit qui se trouve scellée par le plomb dans le verre de la petite église.

Il lui faut encore quelques secondes pour percevoir un souffle, ce souffle autre que le sien.

Quelque part sur la Méditerranée, juillet 1900

Rouleaux et rouleaux

Sergio Cogliandro, accoudé au bastingage, perdu dans ses pensées, observait sans le voir le sillon mouvant que creusait le navire. Il revoyait son arrivée à Khirbet Qumrân, la piste menant aux falaises surplombant l'étrange mer immobile. Les vestiges d'une tour, les murs éboulés de plus d'un mètre d'épaisseur, les restes de citernes reliées par un labyrinthe compliqué de canaux. Un cimetière, plus bas, entre la pierre et la mer, sur un terre-plein marneux. Sa quête à flanc de falaise. La découverte. Les nuits passées, avec l'aide de Muhammad, à explorer la grotte et à en extirper jarres et rouleaux. Dans la plus grande discrétion. Cette dernière lui avait coûté une fortune, mais c'était à ce prix qu'il avait pu quitter le pays avec son trésor.

Les voiles du navire claquaient sous les assauts du vent.

À fond de cale, ses découvertes, qui auraient mis en émoi bien des archéologues ainsi que les autorités de tutelle de la région, s'empilaient, soigneusement emballées, soigneusement arrimées. Enfin, presque toutes ses découvertes. La plus précieuse était pour l'heure confiée à un coffre, dissimulé sous le lit de sa cabine. Il s'était abîmé les yeux à tenter de déchiffrer les quelques rouleaux de peau craquants. Certains étaient écrits en araméen, d'autres en hébreu. Ces derniers n'avaient pas posé de difficulté à Sergio. Il n'en n'allait pas de même pour les premiers.

Sergio les avaient oints d'une huile épaisse afin de pouvoir les consulter sans les détériorer. Pas très scientifique, aurait râlé le dottore Carlotti, son mentor. Sauf que là, sa trouvaille dépassait le simple artefact archéologique.

Sergio s'était très vite écarté de la voie officielle, empruntant plus volontiers les chemins de l'aventure, au grand dam du professeur Carlotti. S'il ne s'agissait pas là d'une mystification, ces quelques rouleaux ignorés des hommes pouvaient bouleverser la conception que ces derniers avaient du monde. Sergio frissonna.

L'Italien emplit ses poumons d'air salin puis expira lentement. Il se sentait à la fois excité et apeuré.

Son esprit vagabonda un instant, puis se focalisa de nouveau sur l'un des rouleaux, constitué de bandes de peau cousues sur un peu plus de cinq mètres de long. Le rouleau n'était pas complet mais il avait ébranlé Sergio. D'un doigt stupéfait, il avait suivi les lignes et les courbes de ce qui s'était révélé une carte. Une carte impossible qui, sans certains détails, l'aurait fait crier à la supercherie. Encore à cette heure, le regard noyé dans l'écume, le doute l'étreignait. Pourtant, c'était bien une carte qu'il avait détaillée des heures durant. Il n'était guère aisé de dater une telle découverte. Au fil des heures, Sergio la supposa ancienne ; très ancienne ; plus ancienne qu'il n'avait cru de prime abord. Il avait lu, traduit les parties écrites en caractères hébraïques, comparé. Et peu à peu, le doute s'était effacé. Sergio avait eu bien du mal à assimiler ce qu'il voyait. Malgré l'impossibilité de la chose, le doute n'était pas permis : il avait sous les yeux deux hémisphères parfaitement encrés et complets.

À une époque où nul n'aurait songé à contester la platitude de la Terre, quelqu'un, d'une main habile, avait dessiné un planisphère, sur lequel figuraient l'ancien monde mais aussi et surtout le nouveau et même l'Australie et les plus grandes îles du Pacifique !

Le Pendu
XII

Église Saint-Marc, de nos jours

Sous l'échelle de Jacob

Les fines particules de lumière irisée qui transpercent la poitrine de Saint-Eustache depuis le quinzième siècle jouent avec les lignes fines du visage d'Alexandra Garbeau, Sogar pour l'art puisque c'est de ce pseudo qu'elle signe ses toiles.

Enfin, qu'elle signait, parce que là, sa carrière artistique s'est achevée dans une grande mare de sang.

Elle ne signe plus, elle saigne, la dame Sogar.

Le « a » fait toute la différence, c'est le « a » du passé composé qui a filé.

Le sang s'écoule sur la tomette de l'église, en filaments épais, comme un carmin noyé d'huile, s'infiltre entre la pierre, caresse le bois séculaire des prie-Dieu. La présidente de l'association Campagn'Art (mais où vont-ils chercher tout ça ?) forme à elle toute seule une de ces œuvres d'art conceptuelles dont elle raffolait.

Depuis son improbable chevelure encrée jusqu'à ses seins semblables à deux Hindenburg quelques minutes avant l'Enfer new-yorkais, le visage de Saint-Eustache s'imprime de façon mouvante sur celle qui aimait à se qualifier « d'artiste plasticienne ».

L'ombre du plomb dresse une carte aux frontières bien dessinées, de la narine gauche désormais inerte aux lèvres ouvertes sur un ultime cri, du front déridé au chemisier déchiré.

Ses perles ont roulé un peu partout, chapelet païen arraché par une main divine et vengeresse. Ses doigts sont tendus vers l'autel, racornis sur un morceau de verre coloré, un pied déchaussé laisse apparaître des ongles soigneusement manucurés, peinturlurés de mauve ou de violet, je ne sais pas trop faire la différence dans la pénombre. Non, ça doit être mauve, finalement. Je lève un pied, un des miens bien sûr, puis l'autre, pour éviter une collusion cuir-hémoglobine. Pas question de patouiller partout avant l'arrivée des gendarmes. Déjà qu'ils n'aiment pas trop les journaleux sur un coup tordu, mais si, en plus, vous collez vos fibres et votre ADN partout, les conséquences peuvent être terribles.

Mon cellulaire est dans la poche, je devrais les appeler tout de suite, mais j'hésite. D'autant que visiblement, les murs de bauge et de bois de la petite église empêchent l'antenne relais la plus proche de faire correctement son boulot.

« Réseau indisponible » me clignote l'écran du machin. Certes, je pourrais tenter les numéros d'urgence mais bon… Bref, je suis seul au monde à cette heure et je compte bien en profiter. Sogar, je ne lui refuserai pas cette ultime coquetterie, gît sur le sol, une échelle de bois sur son travers.

Visiblement, elle farfouillait dans les hauteurs quand l'échelle a cédé à quelque caprice, projetant la jeune femme en contrebas. J'enjambe le corps, pose deux doigts sur la peau blanche de son poignet.

Pas la moindre palpitation, pas la moindre parcelle de vie. Dans la manœuvre, mon regard accroche de nouveau l'éclat de verre que Sogar tient à la main. Une larme de silice colorée de jaune sur laquelle on peut lire les initiales E.T et qui provient sans doute de ce vitrail, là-haut, « don de la famille Heurtebise en 1922 ». Vraisemblablement a-t-elle tenté de se raccrocher à une vergette quand elle a perdu l'équilibre, entraînant une partie du vitrail dans sa chute.

Curieusement, la main de la jeune femme est intacte, pas même éraflée.

L'église est encombrée de panneaux de bois peints en blanc, destinés à accueillir les œuvres à venir des Campagn'Art, qui sont à la peinture locale ce que les bérets verts sont à l'armée. L'association regroupe sous le terme générique « d'artistes » des retraités de l'enseignement, d'anciens cadres de Vivendi, des commerçantes sur le retour, des préretraitées touchées par la grâce mâtinée, d'ex-cheminots CGT soucieux de rompre le train-train, des femmes de toubibs et de pédicures luttant contre un Bovarysme tentateur. Inlassablement, la cinquantaine de membres de l'association squatte les salles des fêtes, églises, temples de la culture municipaux, chapelles à l'abandon, granges réformées, restaurants scolaires, offices de tourisme, invitant le gratin à d'interminables vernissages où règnent en maîtres des croûtes qui ne sont pas forcément celles enrobant les pains surprises.

J'avais rendez-vous avec Sogar pour boucler mon papier d'annonce relatif à la fameuse expo. Rencontre placée sous le signe de la malchance puisque, à quelques encablures de l'église, j'avais éclaté un pneu. J'avais encore roulé quelques centaines de mètres sur la jante sans tenir compte de l'estafilade béante qui octroyait au pneu un noir et inutile sourire, puis avais abandonné. Pas de pot ! En fait, c'est surtout Sogar qui n'a pas eu de chance aujourd'hui.

Un visage de « *clown au violon* » me fixe, c'est le titre imaginatif de l'œuvre sans imagination adossée au mur. Une larme d'huile, et une seule choit de l'œil grand ouvert. Le spectacle de sa bouche rougie, distordue, devrait être déconseillé aux enfants de moins de douze ans. Il n'y a plus qu'au cirque que les clowns s'attachent à faire rire, n'est-ce paaaas les pétinenfaaants ? En peinture, ils arborent le faciès sinistre des rescapés des camps de rééducation vietminh.

Je dois avouer que le décès fortuit de Sogar ne m'émeut pas outre mesure. Je préfère d'ailleurs ne point trop pousser l'analyse de mes sentiments sur le sujet de peur d'y trouver, enfoui quelque part sous une couche de neurones civilisateurs, une petite, oh, toute petite lueur de satisfaction animale, primitive. Non, vraiment, si j'épluchais les circonvolutions électriques de mon cerveau, une à une, comme on pèle un oignon, je crains de ne pouvoir qu'y dénicher un certain contentement, appelez ça un trouble, fort répréhensible.

J'en suis là de mes bestiales cogitations quand je perçois un léger courant d'air inexistant jusqu'alors. Une petite brise (purement psychologique ?) qui s'en vient câliner les poils de mon oreille droite. Et surtout un grincement, ténu, comme un pet de nouveau-né. Je me retourne. Rien. La nef est silencieuse, les confessionnaux montent la garde de chaque côté, chevaliers pénitents à l'armure de bois prêts à étouffer les petites veuleries, les péchés sans importance des fidèles disparus et à disparaître.

Il y a quelqu'un d'autre dans l'église. Je veux dire, en plus du représentant du monde des vivants que je suis et de l'enveloppe de chair sans vie que je viens de découvrir. Quand mes poils se dressent ainsi sur ma nuque, comme les premiers épis sous la caresse de la brise printanière (mon côté poète ressort en cas de danger), c'est que des prunelles se sont plantées dans mon dos et s'y accrochent comme sa bosse à Quasimodo.

Je me mets à cogiter à la vitesse de cette foutue lumière qui traverse ces foutus vitraux. Et si la Sogar n'avait pas chu seule, si quelqu'un l'avait aidée, l'avait fait dégringoler comme un ange déchu du haut de son échelle de Jacob ? Et si j'avais poussé les portes du séculaire édifice avant que ledit assassin n'ait eu le temps de se carapater par lesdites portes dudit séculaire édifice ? Et s'il était encore là quelque part, à planter ses prunelles dans mon dos avant d'y planter autre chose ?

Soudain, l'atmosphère si paisible de l'église, sa pénombre enveloppante telle un cocon de velours moiré, me deviennent insupportables.

Une déchirure s'est opérée dans l'invisible et ce que je perçois à travers le rideau de moins en moins ténu de mon angoisse nouvelle ne me plaît pas. Pourtant, il me faut en avoir le cœur net. Au mieux, s'il ne s'agit là que d'une trouvaille fourbie par mes impressionnables neurones, je ne paraîtrais ridicule qu'aux yeux fixes des saints plantés de niche en niche dans l'église, et Dieu sait s'ils en ont vu d'autres depuis leurs socles poussiéreux. Au pire, je vais fondre sur un assassin et d'habituel témoin, je passerai au statut souvent envié d'acteur, de héros peut-être. Avec en plus la Une pour le canard, un témoignage exclusif ! Non, je déconne…

Cette fois c'est sûr. J'ai perçu un grincement, comme une semelle de chaussure qui ripe sur la tomette. Je tente d'offrir au regard invisible le visage indifférent de l'innocent perdu dans ses pensées tandis que mes yeux glissent d'un confessionnal à l'autre. Je jurerais que le bruit vient de ma droite.

Le confessionnal suspect est presque à l'autre bout de l'église, non loin de la porte qui déploie son ogive à près de trois mètres du sol. Pour y parvenir, il faut longer la vingtaine de bancs qui me font face, paisibles, fiers des centaines de milliers de culs qui s'y sont assoupis.

L'air d'un chou-fleur resté trop longtemps dans le réfrigérateur, j'entreprends de longer la nef, à pas lents, comme pris d'une intense réflexion, histoire de ne pas alerter celui qui se cache, j'en suis de plus en plus certain, dans le petit confessionnal, lequel ressemble à s'y méprendre à un cercueil planté en terre. Je perçois une respiration. Crétin ! C'est la mienne. Je ronronne comme une chaudière à mazout de trente ans d'âge. Bon, et maintenant que j'arrive, je fais quoi ? Je crie au feu, je gueule « police personne ne bouge ! », j'entame un monologue d'Iphigénie :

« Tu vois mon trouble, apprends ce qui le cause,
Et juge s'il est temps, ami, que je repose ? »

Un Saint-Jean polychrome, qui paraîtrait tout nu sans la peau de mouton lui ceignant la taille semble plus intéressé par ce qui se passe sous les plis de la robe de plâtre de Sainte-Anne que par mes atermoiements silencieux.

Allez, je fonce ! Je me rue sur le confessionnal en hurlant, un vieux truc appris dans Pif Gadget : paraît que ça frappe de terreur l'ennemi ! J'en arrache la porte, le rideau noir gicle mais curieusement, c'est derrière moi que ça fait le plus de boucan. Et pour cause ! Si mon envolée ne dérange que deux ou trois araignées, et n'a pour effet que celui, dévastateur il est vrai, d'exploser le malheureux instrument du divin pardon, elle a également pour conséquence de faire sortir de ses gonds la porte de l'autre confessionnal, celui qui se trouve de l'autre côté de l'allée de bancs. Une forme, sans doute accroupie jusqu'alors, s'en extirpe sans grâce, court vers la sortie, mais je suis là, immobile, un peu sonné, et la silhouette, après un temps d'hésitation, fait deux pas en arrière, balance un coup de pied dans la petite porte d'un bleu fané qui protège l'accès aux hauteurs. Elle s'engouffre dans l'obscur passage abritant un escalier de bois, tout à la fois branlant et en colimaçon, qui mène au clocher.

En trois enjambées, je suis derrière, non mais qu'est-ce qu'il me prend ? Pas le temps de cogiter, je course. Impossible de grimper quatre à quatre, les marches sont vermoulues, pourries, liquéfiées, grinçantes, enfoncées. La tête me tourne. J'entends haleter au-dessus de moi. La lumière m'aveugle quand je prends pied sur la plate-forme qui domine la nef. Elle traverse une rosace qui jadis dut être colorée mais aujourd'hui n'offre aux regards qu'une pièce de verre blanc fêlée de part en part.

Une petite rambarde de bois peinte en blanc me sépare du vide. Au beau milieu de cet espace aérien, une trappe ronde, en bois poli, creuse une ouverture circulaire. La corde rêche qui la traverse est reliée à la cloche, là-haut, une cloche prénommée Emmanuelle comme le bourdon de Notre-Dame, l'autre, celle de Paris. L'autre partie de la corde pendouille en bas, un peu lamentable, comme j'ai pu le constater tout à l'heure en poussant la porte de l'église.

Je n'ai toutefois pas le temps de m'appesantir. À peine le temps de distinguer une sorte d'ange dressé dans le contre-jour, auréolé de voilages fins laissant traverser la lumière diurne…

Un violent coup à l'estomac me projette à terre, sur le parquet phtisique. J'entraîne un corps dans ma chute, un corps presque aérien. Je me retrouve allongé sur le dos, un pan de chemise dans la bouche et… un sein sur le nez. Un sein ? Un sein. Pas le temps d'analyser.

La rondeur douce s'étiole, s'évapore, disparaît. Je me relève et là, je suis cueilli d'un coup de pied entre les jambes qui me laisse à genoux. Bon sang ! A travers un brouillard de douleur, je vois une ombre se ruer à pieds joints sur la trappe circulaire qui craque comme le gréement d'un moulin de Beauce ; deux mains s'agrippent à la corde et se laissent glisser jusqu'au sol tandis qu'un tonnerre de bronze fait vibrer les murs, déchaînement d'une lenteur exaspérante qui rappelle le monotone va-et-vient du tocsin.

Je rampe jusqu'à l'ouverture derrière laquelle s'étend la campagne bronzée d'or et de brun. De loin en loin, rivalisant avec le pubis blond des blés en cours de moisson, les bois offrent à la vue d'impudiques toisons brunes. J'aperçois à travers la vitre balayée de toiles d'araignées peut-être séculaires une silhouette s'engouffrer dans une voiture que je n'avais pas vue pour la bonne raison qu'elle se trouvait garée de l'autre côté de l'église, le long du mur du petit cimetière aux catafalques fichés en terre et aux croix imparfaitement rongées.

Péniblement je me relève, le bas du ventre rayonnant comme une plaque de cuisson électrique et dégringole les escaliers en m'aidant du mur, me barbouillant au passage les mains de chaux. Ma Peugeot m'attend sagement là où je l'ai laissée mais il me sera difficile de solliciter ses services avec son pneu aussi plat que la Terre d'Aristote. Au loin s'éloigne le vrombissement d'une voiture. J'enrage. Cherche du regard quelque chose, quelqu'un. Mais la rue est solitaire et de derrière les hauts murs des maisons ne me parviennent que des cris de gosses mêlés aux aboiements furieux de quelques chiens. Idée ! Je boite jusqu'au mur du cimetière sans toutefois trouver la voiture de Sogar. Où est passée cette foutue bagnole ? Car enfin, elle n'est pas venue à pied, l'artiste. À moins que mon agresseur ne l'ait empruntée pour prendre la fuite ? Loin dans la rue principale du village, un quatre-quatre noir dort sous le soleil.

J'en suis là de mes cogitations quand un brinquebalement se fait entendre, un mugissement métallique, le grincement d'une troisième vitesse qui passe mal, arrache le tympan. Je me rue dans la rue, agitant les bras vers le camion qui rote dans ma direction, ouvrant béant sa calandre métallique crottée de terre glaise. À travers le pare-brise opaque, je ne parviens pas à discerner les traits du chauffeur mais lui, fort heureusement pour mon intégrité physique, m'aperçoit.

Difficile de faire autrement vu que je m'agite comme une fan octogénaire de Gérard Lenorman compressée sous le chapiteau de la foire commerciale de Nogent-le-Rotrou. Dans un ultime et guttural soubresaut, l'énorme engin s'immobilise à quelques mètres de moi. Je ne laisse pas le temps au bonhomme de descendre de sa cabine. Ni même de râler.

-Vite, suivez cette voiture, je lance en prenant assise sur le marchepied. Le type me lorgne d'un œil rond.

-Vous êtes un privé, mon gars ?

-Hein ?

-Non, je vous demande si vous êtes détective privé, qu'il me fait, rigolard. Y a que les détectives privés qui vous arrêtent en rase campagne pour réquisitionner votre bagnole. Dans les films, je veux dire. Et puis, monsieur le détective, sachez qu'il n'y a pas plus de voiture à suivre ici que de martien à la Maison Blanche. Encore que, doit bien y avoir un ou deux aliens qui traînent du côté de chez Obama depuis 1947.

Je saute du marchepied, contourne le camion, ouvre la porte et grimpe dans l'habitacle.

-Hé, mon gars ! qu'il grogne, le routier. Bon, là, ça suffit, je vais m'énerver !

-Foncez, je vous explique en route.

Ma nuque vient s'encastrer entre les fesses de papier glacé d'un éphèbe entièrement nu qui regarde les champs, coquin, par-dessus son épaule. J'esquisse un mouvement de surprise qui n'échappe pas au routier, lequel, dans un soupir, a embrayé et passé la première.

-Eh oui, ça change des pin-up aux seins siliconés, hein ? qu'il grince en posant sa paluche sur mon genou.

Je me repousse contre la portière, un peu trop brusquement.

-Hé ! lance mon routier, agacé. Je ne vous ai pas demandé de monter avec moi ! Tous les goûts sont dans la nature, mon gars.

C'est alors que mon regard se pose sur un cadre en plastique doré abritant la photo d'un superbe malinois à la langue pendante. Le chauffeur a capté mon regard et se bidonne de plus belle.

-Non, ça c'est mon chien, mon gars, rien que mon chien ! Tous les goûts sont dans la nature, mais j'ai mes limites. Et puis, je vais me marier bientôt, avec ma moitié. Kevin, qu'il s'appelle. Pas le chien, mon futur ! Bon, alors, qu'est-ce qui vous amène ? glisse-t-il en passant la quatrième.

A la radio, sur un ton docte, quelqu'un revient une nouvelle fois sur la prochaine visite du nouveau pape en France. Une femme, au bord de l'hystérie, crache dans le micro qu'elle fera tout pour assister à l'événement.

Je décide de faire simple.

-On m'a agressé, à l'église. Le type (Je ne sais pas pourquoi je masculinise ainsi celle qui m'a laissé sur le tapis) a pris la fuite avec ma voiture, voilà.

-Ah ouais, je vous comprends. Moi, ça ne m'aurait pas plu. Bon je vais enclencher le turbo.

Une explosion soulève le capot du bahut qui se rue en avant dans une rafale pétaradante. Ma nuque va cogner lourdement contre les fesses glabres de l'éphèbe qui, c'est écrit sur le poster, s'appelle Jean-Paul.

-Feriez-mieux de mettre votre ceinture, mon gars !

J'acquiesce et en profite pour observer le profil de mon chauffeur. L'homme a la quarantaine broussailleuse mais grisonnante, un nez de corneille, une bouche lippue et des rides dénonçant le rieur.

-Vous avez appelé les pandores ? Vous avez bien un portable, j'imagine ?

Que dire ?

-Oui, j'ai un portable, mais ça ne passe pas, par ici.

-Putains de portables, compatit-il, sentencieux.

-Comme vous dites, j'espère qu'on va le rattraper avant qu'il bousille ma tire.

-C'est quoi, au fait comme voiture ?

Ça, c'est le piège. C'était quoi, comme voiture ?

-Une blanche, je tente. Mais ça ne suffit pas à mon Senna du vingt-huit tonnes.

-Je veux dire, la marque.

-Ah, heu, tiens, regardez, là devant !

D'habitude, j'élude assez bien les questions embarrassantes.

Nous roulons sur le plateau encaissé où ici et là, seul un calvaire à la croisée d'une sente donne quelque relief au paysage. Nous cahotons vers une déclivité que courbe le bitume avant de remonter de l'autre côté du plateau où pointe, comme surgi de la terre, le clocher d'Écublé. Je reconnais la forme de la voiture blanche qui paraît insaisissable.

-Vous ne pouvez pas rouler un peu plus vite ?

Je sais, j'ai l'air purge, mais j'aimerais en savoir un peu plus sur celle qui squattait le confessionnal de Saint-Marc. Présence ô combien suspecte dans ce lieu saint, à deux pas du cadavre de Sogar.

Dans un douloureux grincement de métal qui m'arrache l'émail des dents même celles, de lait, qui dorment tranquillement dans une petite boîte en carton à motifs floraux au cœur du grenier parental, l'énorme Mercedes bondit sur la route, laissant une traînée de caoutchouc sur le bitume et dans l'espace un nuage broussailleux de fumée noire.

Ma calotte crânienne en est quitte pour un nouveau tête-à-fesses avec le Jean-Paul en deux dimensions (Merci mon Dieu !) qui m'observe, par-dessus son épaule, de ses yeux de papier glacé.

-Et vous comptez faire quoi si on le rattrape ? Vous sautez sur le capot comme James Bond ou vous préférez que j'emboutisse votre bagnole et la balance au fossé ? éructe mon aimable chauffeur avant de reprendre : « Notez bien que je préfèrerais la première solution parce que si j'abîme ma tinette, mon patron va péter un câble. »

Il n'a pas tort, le bougre.

Je ne vais tout de même pas lui demander de suivre ma suspecte jusqu'à la panne d'essence.

Je n'ai pas le temps de cogiter plus avant.

À hauteur du silo qui fait le croisement entre la route d'Écublé et celle de Marville, une énorme moissonneuse-batteuse se rue sur la chaussée. Jamais, non jamais, je n'ai entendu une telle bordée de jurons dont certains improbables, me caressent l'oreille pour la toute première fois. C'est du beau, du lourd, du graveleux, de l'injurieux, du scatologique, de l'eschatologique même quand cela mue Marie en traînée orientale, métamorphose Jésus en indigne rejeton d'un père impuissant et qualifie tous les saints du Ciel pourtant bien ordonnés par Denis l'Aréopagite, en brouillons amateurs de plaisirs invertis.

Mon chauffeur donne un violent coup de volant à droite, l'aile gémit en frôlant d'une tôle curieuse l'énorme engin rouge sanglant et le camion termine sa course au pied du silo, duquel jaillit une paire de types sanglés dans leurs combinaisons vertes d'agriculteurs.

Je peux dire adieu à ma petite virée.

Mon chauffeur a bondi hors de la cabine, s'est précipité sur son aile éraflée, s'est mis à gueuler après les deux types qui l'observent d'un œil rond, puis s'est rué vers la moissonneuse-batteuse, a agrippé au col son conducteur. Tout ça en l'espace d'une demi-seconde. Il a la pêche le copain de Jean-Paul ! Ce n'est qu'après la première avoine que les agriculteurs en combinaison saisissent le dramatique de la situation et se jettent sur mon chauffeur avant qu'il ne commette l'irréparable.

Depuis le marchepied, je vois le quatuor jouer les demi de mêlée avant de se perdre dans le champ de maïs qui, de l'autre côté du fossé, borde la chaussée.

Loin, trop loin, la voiture blanche a disparu, emportant son secret.

Quant à moi, je me retrouve paumé sur le marchepied d'un vingt-huit tonnes, au pied d'un silo à grains en pleine campagne, tentant de deviner, d'après les coups de gueule que je perçois et le mouvement des maïs, l'issue de cet improbable combat.

Quelque part sur la Méditerranée, juillet 1900

L'obscur, le conquérant

Le trois-mâts barque Amélie, splendide navire de commerce qui fêtait cette année-là ses vingt ans de courses en mer, fendait de son étrave de fer les eaux étales.

Le lourd voilier, conçu par la Société Nouvelle des Forges et Chantiers de la Méditerranée, basée à La Seyne-Sur-Mer, était plus habitué à transporter d'un continent à l'autre du nitrate de soude chilien ou du charbon anglais. Mais il embarquait régulièrement de petites cargaisons, « histoire de caler le navire », comme avait coutume de dire son capitaine. Cela permettait également au dit capitaine de bénéficier de la présence d'hôtes avec lesquels il prenait plaisir à converser ou à jouer aux échecs.

Après un dîner léger, pris en compagnie du capitaine Guillaume, Sergio Cogliandro avait refusé le cigare d'usage, prétextant un mal de crâne, pour s'enfermer dans sa cabine. Il s'en voulait de n'avoir pas été un hôte très agréable, ce soir. À peine avait-il desserré les dents. Il n'aurait su dire la teneur de la conversation qui s'était engagée entre Guillaume et un autre convive, un prêtre français féru d'entomologie dont les caisses seraient déballées quelques jours plus tard à Rome. Ce prêtre, aux remarquables yeux clairs, Sergio était persuadé l'avoir déjà croisé en Palestine. Était-ce sur les rives du Jourdain, ou dans quelque village du désert de Judée ? Il faudrait qu'il lui pose la question. Ce visage avenant, cet œil bleu intensément pâle, cette fine moustache, ne lui étaient pas inconnus.

Sergio avait tiré le coffre d'acier de sous le lit, et une fois de plus, avait remonté le temps. D'étranges lignes couraient d'un point à l'autre de la carte, enjambant mers et océans, s'enracinant d'un continent à l'autre, formant les branches délétères d'une possible étoile. Ces lignes étaient ponctuées de cercles muets plus ou moins importants, sans mention aucune. Sergio fouilla dans une sacoche en cuir, en sortit plusieurs atlas modernes. Il feuilleta ainsi l'atlas de géographie ancienne de Samuel Butler et celui, plus récent, de Karl Von Spruner. Ses yeux couraient d'un document à l'autre, tentant des analogies.

Des heures durant, l'archéologue italien étudia, compara, dessina.

La nuit était bien avancée quand il reposa son crayon de bois. Sous ses yeux s'étalait une nouvelle carte, calquée sur l'originelle, mais mettant en avant certains noms de lieux. Il n'avait pu tous les pointer, tant il y en avait. Nombre d'entre eux ne s'apparentaient à aucun site méritant un nom sur une carte. D'autres, au contraire, connaissaient une renommée internationale : Karnak en Egypte. Chartres, Carnac, Draguignan, et Strasbourg en France. Stonehenge et York pour l'Angleterre, Chichen Itza et Monte Alban en Amérique précolombienne. Un lieu inconnu, au cœur de ce qui lui parut être la province de Shan Xi, en Chine. Et des dizaines d'autres sites, un peu partout dans le monde.

Sergio, avec regret, ne put que constater qu'il n'avait fait que s'enfoncer inexorablement au cœur de l'obscurité.

Chartres, de nos jours

Aime le maudit

Le sexe turgescent de John s'immisça dans l'intimité d'Emma. La jeune femme était allongée, nue, sur le lit défait ; ses doigts, convulsés par l'orgasme s'accrochaient aux draps, les déchiraient. Le bruit de la déchirure se faisait entendre au rythme des cris d'Emma dont les seins semblaient doués d'une vie propre.

-Tu veux mon avis ? Sincère ?
-Oui, mais attends, attends...

Dans un lent mouvement de va et vient, John allait et venait au plus profond de sa conquête d'un soir. La fille était plutôt jolie, blonde et pulpeuse, et venait de terminer son service à la station-service... Il n'avait eu aucune difficulté à la conduire jusqu'à son motel. Quelques verres d'alcool et quelques billets froissés avaient suffi à faire tomber toute inhibition.

-Bon, je préfère arrêter là.
-Non, écoute, va jusqu'au bout.
-Je suis vraiment obligée ? Tu sais que c'est pas mon truc.
-Allez, s'il te plaît...

La jeune femme faisait l'amour les yeux fermés. Passionnément, mais les yeux fermés.

La main de John quitta le sein qu'il pétrissait, glissa le long du drap, jusque sous le matelas où il avait planqué le couteau de boucher. Tout en lui murmurant des mots d'encouragement, il empoigna l'arme. John égorgea Emma au moment où ...

-C'est dégueulasse. Et mal écrit ! Le sexe turgescent, tu parles.
-Dégueulasse peut-être, mais pas mal écrit ; là, t'es vache !
-Et puis, Emma et John, qu'est-ce que c'est que ces prénoms à la gomme ?

Cam m'énerve, mais elle n'a pas tort. C'est ce qui me vexe, d'ailleurs. Je sais qu'elle a raison. Mais je suis navré comme un navet en rut, et il m'est impossible de le reconnaître.

-D'abord, les personnages de ce Marc Lévy que tu aimes tant et ceux de ce Guillaume Musso que tu adores ont tous des prénoms américains à la gomme. Et toi, ça ne te gêne pas, alors…

-Tu sais, les histoires de serial killers, les imprimeries en vomissent douze tonnes par jour.

J'aime aussi Cam pour son sens de la démesure. Mais pas aujourd'hui. Et puis, je suis contrarié. Et quand je suis contrarié, je peux être abominable. Coller mes yeux au pare-brise jusqu'à les laisser sécher et clore mes lèvres avec du gros fil. Et pas la peine de tenter par quelque plaisanterie ou quelque câlin réconciliateur de m'arracher à ma bouderie. Je sais, c'est bête à mon âge, mais après tout, il est difficile d'être parfait. Difficile même parfois d'être juste normal.

-Et tu vas l'appeler comment ?

-Ben, je pensais à un titre choc, tu vois: « L'égorgeur de la station-service ! »

Cam éclate de rire. J'aime aussi Cam pour son rire. Mais surtout pas aujourd'hui.

Elle en pleure. Hoquette. Je la déteste.

-Pourquoi ne l'appelles-tu pas « Station Sévices » ou « L'Empire d'Essence » ?

J'aime aussi Emma, pardon, Cam, pour son humour. Mais là... Bon, c'est vrai que c'est drôle. Station Sévices, ça pourrait plaire à quelque éditeur spécialisé.

Oh, et puis zut. Je décide de me parer de la toge méprisante de l'Incompris.

-Tu ferais mieux d'appeler l'agent immobilier. Il ne viendra plus à cette heure. On se demande s'ils ont envie de les vendre, leurs foutues baraques.

-Sois patient, il n'a qu'un quart d'heure de retard.

Moi, je suis un peu comme les pâtes à la *carbonara.* Je peux être délicieux al dente, mais si on me laisse trop cuire, je bous. Et puis, les chambres d'hôtel, ça me fiche le cafard.

Le papier peint à fleurettes fanées qu'occupent de loin en loin quelques reproductions douteuses de champs de lavande au soleil et de bateaux à quai (à dix heures du sud et deux heures de la mer !), le minibar toujours presque vide dont la fraîcheur avide permet d'accueillir le pâté et le saucisson de la veille, ainsi que la flaque de beurre tartinée dans son papier d'emballage, les rideaux blêmes s'ouvrant sur le jour blafard, la moquette marron-orange qui paraît vouloir partir avec vous tant elle vous colle au talon, et le lit, le lit, trône immuable sous son couvre-lit molletonné où s'étripent depuis la fabrique, une demi-douzaine de tigres et de léopards ; ce lit à la monture molle comme une croûte de fromage hollandais, avec ses draps rêches presque cartonneux, ses oreillers semblables à des bouées de sauvetage gonflées par un asthmatique. Et cette odeur de rose fanée et de poussière humide ? Et la télé, la télé, minuscule boîte noire incapable d'enregistrer ma détresse et tout juste bonne à fourbir une ou deux chaînes nationales, noyées sous la neige même au quinze août. Et je ne parle même pas de l'armoire à volets où s'entassent depuis des jours et des jours, des semaines et des semaines, nos affaires, à Cam, à moi et à la petite.

La petite, elle dort. Ses doigts minuscules, repliés sous son menton, le nez retroussé, le sourcil froncé peut-être sur un rêve. Elle dort sur le lit, sur les tigres et les léopards, qui pour une fois, rugissent en silence. Elle est jolie comme sa mère. Et a chopé une partie de son caractère. Elle dort emmitouflée dans son voile d'innocence tandis que son père, localier de profession, tente d'améliorer l'ordinaire par des expédients érotico-littéraires sous un nom d'emprunt.

En attendant mieux.

C'est toujours en attendant mieux qu'on fait ce que l'on fait.

Cam pose sa main sur mon épaule.

Cam. Cam et ses photos, ses albums de luxe.

Cam et son foutu cellulaire.

Qui entreprend de sonner, là, maintenant.

Un coup d'œil inquiet sur la petite. Qui poursuit son rêve. Que j'espère gai et coloré. Pas comme le jour qui s'affiche en gris et blanc de l'autre côté de la croisée, laquelle refuse de s'ouvrir sur le clocher de l'église d'en face, un triste clocher d'ardoise grisâtre que ne parvient même pas à égratigner un ciel pourtant bas.

C'est l'agent immobilier.

Le bonhomme est à la réception. Il se demande s'il doit monter, ou nous attendre dans sa voiture.

-Vas-y, je reste avec la petite !

Cam me jette un regard en coin.

-Tu es sûr ? Tu ne vas pas regretter ?

Regretter la tronche de l'agent qui nous trimbale depuis plusieurs jours à travers les ruines souffreteuses entre pays chartrain et pays drouais ? Regretter sa moustache avide qui lui rentre dans les narines dès qu'il avance sa bouche en cul de poule pour nous vanter les ancestraux mérites d'une cabane en bauge qui se transforme en sable mouvant sous l'action conjuguée de la pluie et du soleil ? Regretter sa bagnole de futur nouveau riche qui pue le cuir et me donne envie de tapisser les sièges des résidus stomacaux de mon repas de la veille ? Regretter l'œil bovin qui immanquablement se colle sur le décolleté de Cam alors qu'il slalome à 140 entre les nids de poule des routes départementales, entre Fontenay-sur-Eure et Châteauneuf-en-Thymerais ? Regretter l'air satisfait qu'il arbore dès qu'il pousse le portail déglingué des baraques qu'il tente de nous fourguer ? Regretter son air... Enfin, regretter ?

Non, vraiment. Regretter n'est pas le mot.

Même si j'ai hâte de quitter cet hôtel et de rapatrier ma coquille de meubles dans un vrai chez-moi.

Non, je ne regrette pas de laisser Cam partir à la recherche de notre futur nid.

J'évalue tout de même la teneur en décolleté de sa robe, et tant que j'y suis, la longueur de cette dernière. C'est limite à mon goût mais je m'abstiens de tout commentaire.

Je dois en profiter pour peaufiner mon papier sur la Sogar. Le canard paraît après-demain, bien après les quotidiens, donc, et je me dois de mieux faire que ces derniers. Je n'aurais pas de mal : je suis le seul témoin officiel.

Cam me colle son rouge à lèvres sur le coin de la bouche. J'ai horreur de ça et elle le sait. Raison de plus ! Mais elle me fait le-coup-du-sourire-de-celle-qui-sait-se-faire-pardonner.

-Tu pourras passer par l'accueil voir si j'ai reçu mon accréditation ? qu'elle minaude. Elle devrait arriver dans la soirée.

La fameuse accrédit' ! Celle que le canard a essayé d'obtenir, en vain, depuis des semaines. Cam, elle, a eu la sienne. Mon journal, lui, devra se contenter des images de l'AFP.

Cam me lance un tendre clin d'œil.

Alors je la laisse aller vers son agent immobilier.

Finalement je regrette, un peu, beaucoup...

Et branche Thuillier.

Thuillier, c'est mon ordinateur portable. Il a vraiment la tronche de Thuillier. Même les boutons qui s'allument. Et son portrait, à Thuillier, que j'ai scanné et qui me sert de fond d'écran. Une vieille photo de départ en retraite que j'ai pu récupérer.

Il est comme Thuillier, mon Mac. Il ne réfléchit pas trop. Exécute connement tous les ordres. Enfin, tous ceux que je suis capable de lui rentrer dans le ventre.

Tandis que Thuillier s'affiche sur les 17 pouces de mon écran, le téléphone sonne. Un coup de fil du canard.

C'était trop beau...

Rome, août 1900

Au bout des rouleaux

-Sergio ! Sergio Cogliandro ! Si je m'attendais !

Un peu gauche, le chapeau à la main, une mallette de cuir râpé entre les jambes, l'ancien élève s'était immobilisé au pied de l'escalier que descendait d'un pas léger le dottore Carlotti, son ancien professeur. La gouvernante qui l'avait annoncé avait disparu, happée par une porte latérale.

-Sergio ! répéta le professeur en lui tendant la main. Sergio la serra un long moment. Son ancien mentor paraissait sincèrement ravi de le revoir, malgré leurs déontologies opposées. En irait-il de même quand Sergio lui aurait expliqué la raison de cette visite tardive ? Le jeune homme en doutait. Mais le dottore Carlotti était le seul en qui il avait confiance. Le seul aussi capable de traduire certains des caractères gravés sur le cuir. Le visage grave du jeune homme ôta tout sourire à son ancien professeur.

-J'ai débuté mon voyage par les ruines de Masada. Vous n'ignorez pas, dottore, que la forteresse fut rendue aux Romains au prix du suicide collectif de tous ses habitants. J'espérais y faire quelques découvertes.

Les deux hommes étaient assis dans de confortables fauteuils. Carlotti fumait un mince cigarillo.

-Bien sûr. Il s'agissait de Zélotes, un mouvement mi-politique, mi-militaire qui suivait la mystique pacifiste essénienne. La ville serait tombée en 74 de notre ère.

Sergio acquiesça.

-J'ai ensuite remonté la Mer Morte : En-Gedi, Ain El Ghuweir, Ain Feshleha pour finalement arriver dans la région de Qumrân.

Sergio vivait du trafic d'antiquités, plus par goût de l'aventure que par réelle nécessité. La fortune laissée par son père l'avait mis à l'abri du besoin et c'est au cours d'un de ses voyages qu'il était tombé amoureux de l'Orient et de ses mystères. Depuis, il parcourait ces contrées en quête de tombes oubliées, de trésors perdus.

Il raconta à Carlotti sa rencontre avec le jeune berger, la découverte des jarres, la fuite hors de Palestine. Il dottore l'écouta sans un mot, grimaçant toutefois à plusieurs reprises à l'évocation des fouilles illégales entreprises par son ancien élève.

-Je suis parvenu à déchiffrer une partie de quelques-uns de ces rouleaux. Certains évoquent le livre d'Isaïe, d'autres se réfèrent à certaines règles mentionnant la discipline essénienne.

Il Dottore s'agita dans son siège, se penchant en avant. Il paraissait fasciné.

-En aurais-tu quelque exemple sur toi ?

-Oui, mais il n'y a pas que cela. Il y a aussi une carte, un double planisphère. Je ne l'ai pas apportée avec moi, elle est trop volumineuse mais je la tiens à votre disposition. J'ai cru à une supercherie, tout d'abord, et même si le doute continue de me ronger, j'ai la quasi-certitude qu'il ne s'agit pas d'un faux ou d'un travail récent.

Carlotti, penché en avant, buvait ses paroles. Le professeur était féru d'archéologie, mais également d'occultisme. Le mystère et les Mystères ésotériques le passionnaient. Sa tasse de café refroidissait sur la table. Celle proposée à son ancien élève était vide depuis longtemps.

-Je sais que cela paraît insensé, mais il s'agit d'une carte qui ne mentionne pas seulement le monde méditerranéen antique tel qu'on le connaissait alors. On y trouve la cartographie assez précise du continent américain et du Pacifique ainsi que des points reliés entre eux par des lignes, certaines droites, d'autres mouvantes.

Carlotti ne dit rien pendant un moment, dévisageant Sergio. Puis il se saisit de sa tasse de café, but d'un trait le breuvage froid, s'arrachant une grimace de dégoût.

-Sergio, pourrais-je voir un de ces mystérieux artefacts ? demanda-t-il.

Sergio acquiesça, déplia sur la table l'un des rectangles de peau qu'il avait apportés. Le texte était en araméen. Carlotti soupira.

-J'ai déjà vu pareille chose ! murmura-t-il. C'était à la bibliothèque vaticane, il y a des années.

-À la bibliothèque du Vatican ? s'étonna Sergio.

Le professeur Carlotti renifla.

-C'était peu de temps après que notre pape eut décidé de l'ouvrir aux chercheurs. J'ai étudié quelques-uns de ces rouleaux retranscrivant l'histoire de Daniel et certains faits décrits dans l'Ancien Testament. Je pense qu'il s'agissait de textes d'origine essénienne, conçus peut-être au second siècle avant Jésus-Christ. Ils sont très semblables à ceux-ci. Peut-être proviennent-ils de la même source ?

-D'origine essénienne ? répéta bêtement Sergio.

Tout en évaluant le carré de peau qu'il avait sous les yeux, le professeur Carlotti reprit.

-On sait peu de choses sur les Esséniens. Il s'agissait d'une secte vivant sur les rives de la Mer Morte, autour de Qumrân. Pline l'Ancien dans son Histoire Naturelle les évoque, les situe géographiquement et nous donne quelques indications quant à leurs mœurs. Pline nous apprend ainsi que la tribu des Esséniens était unique au monde en ceci qu'ils n'avaient pas de femmes, avaient renoncé à tout désir sexuel, se passaient très bien d'argent. Ils vivaient repliés sur eux-mêmes, prônaient la non violence et le pacifisme. À tel point que certains « hérétiques » (Carlotti appuya sur le terme) estiment que Jésus-Christ était lui-même Essénien ou les avait côtoyés de longues années. Peut-être durant la période où l'on perd sa trace dans les Évangiles.

Le cœur de Sergio s'emballa. Il sortit de sa sacoche un autre rouleau qu'il posa précautionneusement sur la table.

On pouvait y lire en langue hébraïque :

« Tu ne tueras pas »

Le message christique, gravé dans la peau, près de cent-cinquante ans avant la naissance de Jésus.

Le Jugement
XX

Le Jugement
XX

Église Saint-Marc, *de nos jours*

Portraits crachés

L'église est bondée.

Outre les amateurs d'art, on retrouve tous les curieux attirés par l'aspect quelque peu morbide de ce vernissage sur lequel plane l'ombre involontaire de Sogar. Sûr, elle n'a pas raté sa sortie ! On a ajouté à la hâte, confiés par une de ses admiratrices septuagénaire (peintre elle aussi, Dieu me tripote !) une vingtaine de toiles en hommage à la défunte présidente de l'association.

Les toiles de ses petits camarades ont été reléguées sur les murs blanchis à la chaux de l'édifice, les siennes trônent au cœur du chœur, sur des panneaux grillagés, ultime témoignage de sympathie et de vénération artistique de ses tiers. Par petits groupes, on flatte la mémoire de la disparue tout en spéculant sur le résultat des prochaines élections internes, la place de présidente étant désormais vacante. Il s'en trouve même, désormais, pour estimer que finalement, elle n'était pas si douée que ça la Sogar, et que sous son règne, l'association avait quand même fait la part belle au conceptuel, et qu'il était peut-être temps de passer à des choses plus conventionnelles. Et puis elle avait ses têtes, aussi, qui rêvent de lui succéder. On élabore des plans, on se passe des sourires et des mains dans le dos.

Tout en se déchirant, en jetant un coup d'œil condescendant ou énervé aux toiles du voisin, on s'auto-congratule, on s'auto-félicite, on saute au plafond. Et vas-y que je te prenne la pose, que je te balance la fumée de mon cigare dans les trous de nez, vas-y que je minaude : « Eh, oui, que voulez-vous, j'âadoooore têêêllement Modigliani que cette influence ne peut queuue transparaîîître dans mon travail. »

Chacun s'est affublé de la tenue qu'il pense le mieux révéler l'artiste : chez l'un, ce sera le borsalino (l'artiste a un côté tellement voyou, marginal, n'est-ce pas ?), chez l'autre le béret, l'indispensable béret, un troisième nourrira sa barbe grisonnante qu'on pourrait penser en pâte à modeler tant elle est riche du menu du vernissage. Ici, on peut tirer sur une ribambelle de catogans, là ça sent le parfum jusque dans les racines des plantes en pot gracieusement prêtées par le fleuriste du coin, ça tintinnabule sous les chemisiers déformés par des bijoux fantaisie, on entend des rires et puis on se tait quand l'édile local de corvée s'en vient tonner son petit compliment dans le micro, assurant qu'il a rarement eu l'occasion de voir un tel panel de talents, que l'art fait partie intégrante de notre vie et blablati et blablata, que monsieur le curé sera certainement ravi de voir que son église vit de temps en temps grâce aux descendants de Michel-Ange.

Ah, c'est sûr, quand on m'avait dit que j'aurais à m'occuper, entre autres choses, de la rubrique culturelle du canard, je ne m'attendais pas à cette overdose de vernissages ! J'avais sauté à pieds joints dans le piège, sans m'inquiéter du sourire ironique de mes collègues. Heureusement, il y a les faits divers pour me changer les idées !

Le regard doux d'un berger allemand sans doute peint d'après une photographie tirée du magazine Trente Millions d'Amis m'observe depuis son cadre doré piqué dans la galerie des glaces de Versailles. Son auteur lui aussi me fixe, la truffe frémissante, puis décide de poser une main moite sur mon épaule. « Il vous plaît ? » qu'il me fait, en quête de reconnaissance. Que dire ? Sinon répéter « C'est intéressant ! » en secouant le menton de haut en bas. « Je l'ai peint d'après une publicité que j'ai trouvée dans ma boîte aux lettres. Une pub pour un centre d'élevage, ou je ne sais plus trop. » Là, je renifle un coup, histoire d'appuyer quelque sentencieuse banalité du genre « Ah, oui ? ».

-Si vous voulez me photographier à côté de mon travail, ce sera avec plaisir !

Il se place, affiche un air niais, je déclenche le flash, tout le monde se retourne sur mon barbouilleur, le fusillant du regard. Encore une photo qui se perdra dans les méandres de mon disque dur. Mais le bonhomme ne le sait pas ; pire il s'en fout sans doute. On lui a tiré le portrait, qu'il ne verra jamais, à côté de Mabrouk. Ça lui suffit.

Une main sur mon bras. C'est le capitaine Groux, le commandant de la compagnie de gendarmerie, en grande tenue. Il me tire d'un mauvais pas sans le savoir. Je m'excuse auprès de l'artiste animalier et me dirige vers le buffet en compagnie du gendarme, sous l'œil d'huile ou d'eau de dizaines de portraits de clowns tristes ou de nubiles alanguies. Alanguies mais vêtues !

-Mes hommes ne vous ont pas trop bousculé ?

Je souris à l'évocation des quelques heures passées avec l'adjudant Géraldine (c'est son nom, pas son prénom), à qui j'ai raconté une version édulcorée de mes aventures. Pour les gendarmes, quand je suis arrivé au rendez-vous fixé par Sogar, elle était déjà morte au pied de son échelle (ce qui est la plus stricte vérité) ; j'ai tenté en vain d'appeler les secours (ce qui est également vrai) puis j'ai entendu une voiture démarrer. C'est alors que j'ai pensé qu'il pouvait s'agir d'autre chose que d'un accident. J'ai réquisitionné un chauffeur routier (qui a confirmé mes dires en partie) sous un prétexte certes fallacieux mais c'était (ai-je affirmé avec un aplomb dont je suis assez fier) pour éviter qu'il ne panique et refuse de se retrouver mêlé à une sale affaire. La suite est en tout point comparable à la réalité des faits.

Pourquoi ai-je la partie la plus importante de l'affaire ?

Je crois que je l'ignore encore.

Une intuition peut-être…

Ou alors une grosse connerie.

Car la « Scientifique » est à pied d'œuvre et ne tardera pas à trouver mon ADN à droite et à gauche.

-Vous peignez ? Je m'enquiers, chassant cette sombre pensée.

Le capitaine sourit. Forme un pistolet avec son index et son majeur, me vise au front et lâche :

-Ouais, je peins, au 357 magnum dans les quartiers chauds ! Je suis actuellement dans ma période rouge, voyez-vous ! Puis il éclate de rire devant ma mine sans doute un peu déconfite.

-Mais surtout, ne le répétez pas, qu'il menace en me tendant un verre de jus d'orange attrapé d'une main leste sur un plateau de passage.

Je change de sujet. Sa période rouge ne m'intéresse pas plus que ça.

-Vous avez du nouveau concernant cette pauvre artiste que nous célébrons aujourd'hui ?

-Tiens, je vous sens ironique. Vous n'aimez pas ses œuvres ?

-Très franchement, ces mémés et ces profs de dessin qui se prennent pour des artistes, ça me gonfle.

-Ah tiens, et pourquoi donc ?

-Regardez autour de vous. Ils se la pètent artiste alors qu'ils ont autant de talent qu'un pois chiche. Ils squattent tous les week-ends que le bon Dieu fait, tapissent les murs de la région avec des pots de fleurs et des champs de tournesols, des vaches au regard stupide et des bateaux qui ne pourront jamais prendre la mer et pendant ce temps, les artistes, les vrais, crèvent la dalle.

-Les vrais artistes ? Vous voulez dire ceux qui squattent les espaces d'art contemporain, qui réinventent les nouilles en bocal, les tâches d'huile malencontreuses, qui suspendent des allumettes et des os à des fils à linge ou qui mettent des perroquets en cage ou leur caca dans des boîtes de conserve et qu'ils vendent des millions d'euros à de spéculatifs collectionneurs ? J'ai entendu dire qu'à Berlin, une galerie propose aux regards un monticule d'excréments à côté duquel trône la jeune artiste qui les a produits.

J'éclate de rire !

-C'est dingue quand même. On a l'impression qu'il n'y a plus rien entre ce putain d'art conceptuel qui envahit les espaces d'art dit contemporain et ces machins qui tapissent les églises. Merci Duchamp, merci Sogar.

Le capitaine opine du chef.

-Je vais devoir vous ajouter à ma liste des suspects. Vous avez un mobile. Et c'est vous qui avez découvert le corps. Restez dans le coin !

Je suis sûr que le bougre ne plaisante qu'à moitié.

-Vous aurez sans doute autre chose à faire dans les jours qui viennent.

-Vous parlez du pape ? Je vous raconte pas le bordel !

Rome, août 1900

Divins devins

C'est à peine si le Dottore Carlotti salua son ancien élève. Les documents lus la veille l'avaient empêché de dormir et c'est avec une impatience enfantine qu'il avait, à travers la fenêtre, attendu l'aube. Cette dernière, grise et chagrine, avait enfin fini par gommer les ombres de la chambre. Le professeur Carlotti s'était rasé à la hâte, s'écorchant la joue. Puis il était descendu avaler deux bols de café brûlant avant d'appeler une voiture. Le ciel était lourd, menaçant. Mais le péril provenait peut-être d'ailleurs que des sphères célestes.

Carlotti était ébranlé par la découverte de Sergio Cogliandro. Il se sentait oppressé, surveillé.

C'est peu après minuit que son ancien élève était reparti, sa mallette sous le bras, non sans l'avoir invité à se présenter à son domicile où il pourrait consulter à loisir les documents arrachés aux sables et aux rochers de Qumrân.

Carlotti s'était pris d'affection pour Sergio, ce jeune homme de bonne famille à l'avenir tout tracé qui, au sortir de l'adolescence, avait décidé de briser les conventions et souhaité vivre l'aventure à laquelle l'avaient préparé des auteurs tels que Walter Scott, Cervantès et autres faiseurs de légendes médiévaux. Bien sûr, Carlotti aurait préféré lui voir emprunter la voie universitaire, l'archéologie classique et encadrée. Bien sûr… Toutefois, l'homme mûr qu'il était ne pouvait s'empêcher d'envier cet ancien élève qui vivait l'existence que lui-même, alors jeune professeur, aurait rêvé de vivre. Et puis, il n'était pas rare que Cogliandro lui ramenât d'expédition quelque ouvrage rare relatif à son péché-mignon, l'occultisme, ou quelque amulette magique et antédiluvienne.

Un sourire aux lèvres, Sergio Cogliandro lui ouvrit la porte de sa salle de travail. Cette dernière était tapissée de bibliothèques en acajou, les livres montaient à l'assaut des murs jusqu'au plafond orné de moulures de plâtre doré. Une demi-douzaine de vitrines exposait aux regards quelques-unes des découvertes les plus représentatives des expéditions illicites du propriétaire des lieux. Une large table en noyer trônait au milieu de la pièce. Quatre caisses de belle taille paraissaient abandonnées dans un coin. Le professeur Carlotti sut aussitôt qu'il n'en était rien et qu'au contraire, elles requéraient toute l'attention de son ancien élève.

Les deux hommes passèrent la journée à dresser l'inventaire des rouleaux rapportés par Sergio. Certains étaient en très mauvais état, d'autres n'étaient que fragments presque illisibles. L'un, en grec, faisait état d'un trésor « en barres d'or », un autre, rédigé en hébreu, traitait d'astrologie, un autre encore des règles imposées par la communauté. Un quatrième reprenait en grande partie le notre-Père que Sergio, enfant, 'avait coutume de réciter. De nombreux rouleaux étaient incomplets.

Alors que le jour s'effaçait devant la nuit, le professeur dénicha un texte écrit en araméen et évoquant la venue prochaine d'un Messie. *« Il sera salué du nom de Fils de Dieu et ils l'appelleront Fils du Très-Haut. Et cet Homme marchera sur l'eau et commandera aux étoiles. Et cet Homme soignera les malades et les débiles et multipliera les bienfaits. Et cet Homme préfigurera l'Homme Nouveau. Et les enfants de cet Homme, après neuf fois neuf générations, à l'aube du Verseau, apprivoiseront les Serpents qui roulent dans le ventre de la Terre. Et les Serpents jusqu'alors indomptés se plieront à la volonté des enfants de cet Homme. Les enfants de cet Homme les chevaucheront et à leur tour marcheront sur l'eau et commanderont aux étoiles, et les enfants de cet Homme soigneront les malades et les débiles et multiplieront les bienfaits. Et les enfants de cet Homme pourront voir l'avenir dans les yeux. Et les Enfants de cet Homme pourront changer l'Avenir.*

« Et cet Homme se dira le fils de Dieu car les hommes ont besoin d'un Dieu, mais cet Homme sera le Fils de la Terre et non seulement du Ciel. Et les enfants de cet Homme, tout comme Lui, partageront les secrets de la Terre perdus depuis que l'Homme a été chassé de… »

La suite du texte était manquante, victime d'une déchirure sur plusieurs centimètres. Puis elle reprenait.

« …Fils … divisés… lutteront. Au pied du Temple aux fenêtres de verre peint l'ultime confrontation, dans la cité érigée sur le mont vénéré par les anciens dieux où une vierge ferme les yeux…mourra vraiment le Poisson. Et cet Homme sera mort depuis longtemps quand les Enfants de Ses Enfants s'allieront à la Terre pour le meilleur ou …. Il appartiendra aux Enfants de Cet Homme … leurs propres choix. »

S'ensuivait une longue liste de préceptes bien connus des Chrétiens. Puis le texte reprenait sa litanie incantatoire.

« Certains des Enfants de cet Homme, avant l'heure convenue, marcheront sur les traces de leur Père mais ils seront pourchassés, et meurtris et tués car ceux qui parleront au nom de cet Homme… reconnus… Et les bûchers s'élèveront sur Ses terres mais aussi sur les autres terres où Sa parole aura été prêchée, et les Enfants de cet Homme seront persécutés durant près de cent générations. ».

Carlotti était abasourdi. Ces rouleaux de peau démentaient tout ce que les Pères de l'Église avaient enseigné aux Fidèles depuis 1500 ans. Le Christianisme aurait ainsi été professé plus de cent ans avant la naissance de Jésus.

Sergio vit son trouble.

-Professeur ? tenta-t-il.

Carlotti se tourna lentement vers son ancien élève.

-As-tu conscience de ce que tout ceci signifie ?

-Je dois avouer qu'il me faut mettre un peu d'ordre dans tout ça ! répondit le jeune homme en appuyant son index sur sa tempe. « Nous avons d'un côté un enseignement christique professé cent-cinquante ans avant la naissance de Jésus, à en croire votre datation. De l'autre, une prophétie évoquant des serpents courant sous la Terre et que dompteront les enfants d'un Messie bien après la disparition de ce dernier. Et j'allais oublier une carte décrivant le monde tel que nous le connaissons, conçue à une époque où l'on croyait que la Terre était plate et se terminait quelque part au-delà des colonnes d'Hercule, c'est-à dire le détroit de Gibraltar.

-C'est non seulement notre conception du Christianisme qui est bouleversée mais aussi notre connaissance de l'Histoire depuis plus de deux mille ans qui est remise en cause, souligna le dottore Carlotti.

Quand son poing s'abattit violemment sur la table, Sergio sursauta.

-Sergio ! Tu n'as pas mis la main sur un trésor archéologique. Mais sur une arme mortelle ! Qu'allons-nous faire à présent ?

Sergio lut une intense détresse dans les yeux de son ancien professeur. Et se prit à regretter ce jour où il s'était glissé à travers le boyau étroit creusant la falaise de Qumrân.

Dreux, de nos jours

La soupe au canard

Mon patron, on l'appelle MonDédé. Pas parce qu'il s'appelle André, (il s'appelle en fait Gérard, alors ce devrait être Gégé !), mais parce que ça lui va bien. Derrière ses lunettes s'agitent deux pupilles pâlement globuleuses. Si les yeux sont les fenêtres de l'âme, chez lui, les carreaux n'ont pas dû être faits depuis longtemps car on n'y perçoit pas grand-chose. Enfin, quand par hasard il vous fixe : le bonhomme est en effet aussi franc qu'un tournedos avarié qu'on grille au barbecue pour vous faire oublier que la date limite de vente était fixée au 16 janvier 1959, date de sa naissance. (Pas au tournedos, à mon patron).

Le cheveu blanc coupé en brosse, (il croit que ça lui file une tronche de marine's, ce qui est vrai mais s'apparente plus à mon goût à une circonstance aggravante qu'à un compliment), doté d'une moustache rase qui vire du grisâtre au blanchâtre selon l'humeur du jour et l'état de sa sinusite chronique, le bonhomme se vêt de pulls à cols roulés dont la rigidité quasi-cadavérique fait immanquablement penser à la minerve d'un accidenté de la route

Porté par la démarche souple du paysan normand adepte de la galoche mais nourri du pas rigide d'Erich Von Stroheim dans *La Grande Illusion*, on l'entend venir de loin avec ses gros sabots. Dans tous les sens du terme. Dès sa première conférence de rédaction, ce stratège en communication nous avait glissé à l'oreille, le poil vibrant d'importance, qu'il était le roi de l'intox.

En fait d'intox, le bonhomme est incapable de tenir sa langue. C'est aussi simple que ça. Il jacasse comme au lavoir. Il jaspine. Partout. Tout le temps. Se gonfle d'importance. Nous a pas fallu longtemps pour nous apercevoir qu'il est incapable de garder une info pour lui. Aussi s'évertue-t-il à raconter sa vie, et surtout celle des autres, d'un service à l'autre, râlant après la rédaction à l'atelier, poinçonnant le service de la distribution à la pub, vomissant sur la pub au secrétariat, pourfendant l'accueil chez le comptable. Car quand il a quelque chose sur le cœur il le dit, MonDédé. Mieux, il le crie, il l'assène, il le répète. Il entre même dans des colères noires, métaphysiques, héroïques. Le problème, c'est qu'il ne le dit pas, qu'il ne l'assène pas, qu'il ne le répète pas à celui ou celle concerné. Qu'il n'entre pas dans des colères noires et métaphysiques, voire héroïques sous votre nez quand il a quelque chose sur le cœur. Pas folle l'abeille. Pas suicidaire pour deux euros. Elle pique mais ne veut pas laisser son dard dans la bataille. Alors, elle compte sur les autres pour faire passer le message et éviter les confrontations. Puis, quand vous lui causez de choses entendues vous concernant, il ouvre de grands yeux innocents et vous jure ses grands dieux que jamais de la vie…

Il n'aime pas la contradiction, MonDédé.

Et surtout pas la compétence des autres, qui lui renvoie sa propre incompétence. Il a su toutefois s'entourer d'un petit groupe qui tente de sauver son multiple cul par des lâchetés quotidiennes dont l'énumération ferait pleurer Prévert de honte.

L'homme, à son arrivée voici plusieurs mois à la direction du canard, vomi là par les pontes du Groupe, a tenu à tout réorganiser à sa convenance.

Ancien sous-fifre d'un autre organe de la société, il tente depuis son exil dont on ne sait s'il fut volontaire ou forcé, de calquer notre canard sur le sien, celui d'avant, sans doute histoire de se rassurer.

Du coup, c'est le boxon dans tous les services, les ventes dégringolent comme la malheureuse Sogar de son échelle, l'atelier patauge, la rédaction est noyée sous les directives contradictoires, quelques-uns se sont vu signifier leur licenciement économique malgré les timides interventions des délégués du personnel (certaines mauvaises langues qualifient ces derniers de délégués du patron) ; l'un des délégués a même été catapulté à la direction de la rédaction tant il a rendu de bons et loyaux services, c'est dire…

Sa politique de l'intox lui a valu de perdre les trois quarts des clients de la pub, qui ont vite découvert qu'il les pipeautait, les uns et les autres, sur les tarifs pratiqués par les uns et les autres. Bref, c'est la déconfiture totale et chaque rescapé des multiples plans sociaux continue d'assister, impuissant, à la baisse de la pagination qui ne peut, à terme que conduire à l'extinction totale des feux.

Et, cerise blette sur le gâteau avarié, le bonhomme est incapable d'aligner trois lignes ! Les seuls exploits journalistiques que nous lui connaissons sont ceux, déjà fort anciens et invérifiables, qu'il nous narre avec délices pendant qu'on claviotte comme des malades pour boucler ce foutu canard. Il est redoutable, MonDédé ! Car non content de passer son temps à le perdre, il trouve le moyen de nous faire perdre le nôtre, adossé au radiateur, vous régalant des scoops préhistoriques qu'il doit inventer au fur et à mesure du monologue : sinon il y a quelques lurettes qu'il aurait obtenu le prix Albert Londre, MonDédé.

Le pire, c'est qu'à force de circonvolutions et de rumeurs tout sauf savamment orchestrées, il est parvenu à tirer le plus mauvais, le plus mesquin de ses ouailles qui désormais s'attachent consciencieusement à se cramponner à leur siège éjectable dans un exercice d'équilibriste quotidien où la survie dépend de la rapidité avec laquelle vous parviendrez à faire s'écraser au sol votre petit camarade.

Il y a des fois où je rêve de planter ma guitoune dans la Creuse, loin du monde. En tout cas de celui-là.

Je ne peux m'empêcher de penser à ça, assis de l'autre côté de son bureau bordélisé, tandis que ses petits yeux furètent partout sauf sur moi. Il câline son stylobille aux couleurs du journal tout en pestant après la secrétaire de rédaction qui a laissé passer une connerie dans un titre.

Derrière la vitre fumée de son bureau, les poids-lourds contournent le rond-point à la queue leu-leu. Si l'un d'eux pouvait rater le virage ! J'imagine le vrombissement du moteur qui s'emballe, le coup de frein désespéré, l'explosion de la baie vitrée et le bureau déchiqueté, avec dessous, MonDédé aplati comme une crêpe au citron. J'imagine.

La pièce sent une odeur rance de tabac froid et d'eau de Cologne. L'écran plat de son ordinateur tout neuf l'observe avec circonspection, seule lueur d'intelligence de l'autre côté du bureau en panneaux de particules acheté à Ikéa.

-Non mais c'est n'importe quoi ! Ils ne vont pas laisser passer ça, à Paris. Moi, je m'en lave les mains.

J'y jette un coup d'œil, à ses mimines de Pilate du vingt-et-unième siècle. Elles sont maigrichonnes, bien manucurées. Son alliance me fait un clin d'œil. Quand on pense que ce type est marié, et qu'il a même un gosse. J'ai une pensée émue pour ce dernier. Voyant mon peu d'intérêt pour la conversation, il hausse le ton.

-Hein ? C'est vrai, moi je ne pourrai rien pour elle.

C'est là une autre de ses caractéristiques, à MonDédé. Quand il a des décisions à prendre, enfin des décisions qui ne font pas plaisir, c'est toujours sur ordre de Paris. Lui ne décide que des bonnes choses, qui sont, il est vrai, assez rares pour qu'il puisse les reprendre à son compte et s'en féliciter.

-On va avoir l'air con, qu'il poursuit en lisant pour la cinq-millionième fois le titre qui barre la manchette ! *«Robert Triffon reprend les rennes du comité des fêtes »*. Ah non mais !

Ce ne serait pas la première fois, que je pense en sourdine ; je me contente de hausser un sourcil broussailleux.

MonDédé glisse alors son pouce sous le capuchon du stylobille qui va valdinguer par-dessus mon épaule.

-C'est un nouvel élan ! que je lance, histoire de dédramatiser, tout en sachant que l'autre va s'étrangler. Il a l'humour mort, MonDédé. « Rennes… nouvel élan » dois-je expliquer face à sa lippe désormais pendante.

-Vous, ça vous fait rire ! Vous savez que c'est à la limite de la faute professionnelle ce qu'elle nous a fait, qu'il menace en roulant des yeux comme Damia roulait des R, ce qui ne lui confère pas un air malin.

-Vous faites quoi sur le vernissage ? J'espère que vous n'allez pas encore nous pondre un truc qui va provoquer une révolution chez nos artistes. Vous savez qu'ils sont partout et qu'ils achètent le canard. Alors modérez vos ardeurs.

Je hausse les épaules.

-Bon, je m'en fous. Si on veut pondre du canard, il faut leur donner ce qu'ils demandent. Vous savez que je m'en fous, du culturel, c'est pas avec ça qu'on vend. Mais là, c'est du fait div', du saignant. Qu'est-ce que vous avez de neuf là-dessus ?

Je soupire.

Les gendarmes restent comme on dit dans nos colonnes « très discrets » sur cette affaire. Le procureur de la République a ouvert le parapluie comme s'il pleuvait des cordes et des bouses de vaches, à Garches où on a tripoté l'intestin grêle de la Sogar on est aux abonnés absents et le seul témoin qui pourrait faire avancer l'enquête, je me le garde au chaud. De toute façon, il est trop tard pour revenir en arrière, je me retrouverais au tribunal pour obstruction à une enquête de police. Dans ces conditions, à part mon témoignage paru à la Une du canard, il n'y a, pour l'instant, pas grand-chose.

Je le dis à MonDédé qui se contente de fourrager dans sa moustache rase comme le plat pays qui est le nôtre.

Il a l'œil ailleurs. Un deuxième doigt timide vient s'empaler dans sa narine. Étonnant spectacle que cet index caressant quelques poils au garde-à-vous tandis que son voisin le plus proche, le majeur, distend une cavité nasale.

Il renifle soudain puis se jette à l'eau.

-C'est Jean-François qui va reprendre l'affaire.

Atterrissage en catastrophe dans une fourmilière. Je bondis comme si les bébêtes s'introduisaient dans ma combinaison. Je vais lui renifler une gueulante sévère quand il poursuit en fixant le mur avec une autorité capétienne.

-Vous, je vous parachute à Chartres. J'ai besoin de vous là-bas. Vous êtes toujours en pension à Chartres, non ?

Parachutage risqué quand on connaît la facture acérée des flèches irréprochables de la cathédrale chantée par Péguy.

Mes neurones s'agitent, commentent, discutent, s'interrogent. Intense cacophonie sous mon crâne que de méchantes langues qualifient de touffu. Mes neurones bouillonnent, synthétisent, chahutent à m'en décrocher les tympans (c'est dire), vitesse grand V sans doute, l'espace d'un REM, à peine, mais ils s'affolent, pèsent le pour et le contre, envisagent une contre-attaque, une répartie quelconque, une diatribe cinglante, une éphémère éruption verbale, histoire d'envenimer le propos.

Est-ce le moment attendu pour concéder le clash irréversible ? Ils décident que non. Mieux vaut attendre la suite. J'atterris sur mon fauteuil après une suspension de séant de quelques microsecondes.

-Et ? je fais. Un petit « et » interrogatif qui a du mal à sortir.

Cette fois, MonDédé fixe avec une acuité de bigleux l'en-tête de la préfectorale missive qui squatte le dernier espace libre de son bureau.

-Je vous explique…

Un hurlement d'outre-porte l'interrompt.

Je me précipite dans le couloir.

C'est la petite. Confiée à Monique quelques instants.

Elle s'appelle Monique. C'est son vrai prénom, Monique. Comme elle bosse à la rubrique « social », c'est toujours à elle qu'on confie ses gosses quand il y a besoin.

C'est ce que m'a rappelé MonDédé quand il m'a téléphoné tout à l'heure pour me demander de passer au plus vite.

Alors j'ai réveillé Lou, l'ai confortablement installée dans la 4L et j'ai foncé sur Dreux. Quarante bornes. Et j'ai confié Lou à Monique, qui revient de vacances bronzée comme une merguez carbonisée.

La gamine court dans le couloir, se prend les pieds dans la photocopieuse, s'écrase au sol, la robe sur le cou. Et hurle de plus belle. Monique est déconfite, désolée, catatonique. Elle se confond en excuses tandis que je relève Lou.

Mon portable sonne dans ma poche. Déjà... Je me débats avec cette dernière, arrache la moitié du boîtier (ils devraient les pondre encore plus fragiles, leurs téléphones) tandis que Lou s'accroche à ma ceinture, au risque de faire choir mon jean sur mes chaussettes.

C'est Cam.

Elle a eu mon message. Vient récupérer Lou au boulot. L'agent immobilier est d'accord pour faire le détour par Dreux (Tu parles, avec son décolleté et sa robe trop courte, le salaud !). C'est l'agent immobilier qui la dépose au journal, c'est sûr, non, non, ça ne le gêne pas, il le répète. Elle rentrera avec la 4L. Je n'aurais qu'à retourner à Chartres avec une voiture de service. À tout's.

Ben tiens. Cam imagine encore que tous les journaleux rentrent au bercail au volant d'une voiture de service. Comme dans les films.

Je la coupe !

-Pas possible ! La Renault est de sortie !

Eh, oui, on n'arrête pas le progrès ! Notre parc automobile cumule plus de cent ans d'âge ! La rédaction bénéficie des sautes d'humeurs d'une infernale Renault bleu lavasse ainsi que d'une Peugeot pétulante et d'une Opel moisie qui sent le fauve anémique et incontinent. Et puis, de temps en temps, selon l'humeur de MonDédé, de sa Safrane Grand Luxe de fonction qu'on ne sait même pas démarrer vu qu'il n'y a pas de clé sur ces engins. « Si vous avez besoin, n'hésitez pas ! nous avait proposé, grand seigneur, MonDédé, à la livraison du rutilant engin. Rutilant dans le sens premier du terme, hein ? Vu que le bolide de la Régie est affublé d'une délicate et discrète couleur rouge sang. Sauf que… Quand on en a réellement besoin, de sa bécane, il trouve toujours moyen de se défiler, quitte à ignorer une visite ministérielle.

Mais là, la Renault primitive baigne dans l'odeur du cambouis au garage d'à côté, la Peugeot (au pneu réparé) et l'Opel moisie qui sent le fauve anémique et incontinent s'apprêtent à ouvrir une course cycliste nocturne patronnée par le journal. Alors…

Cam paraît contrariée.

Je l'entends discuter avec son agent immobilier à l'autre bout du fil.

Je pourrais presque la voir glisser machinalement une mèche brune derrière son oreille, qu'elle a petite et nacrée comme un coquillage exotique.

Parfait. Alain (Alain ?), l'agent immobilier est d'accord ! Non seulement, Cam et lui viennent récupérer la petite mais il les ramène sur Chartres, non, vraiment, il est d'une amabilité extrême (et n'a sans doute pas ses yeux dans sa poche et si j'osais être trivial, je suis sûr qu'il aimerait également ne pas avoir sa langue dans sa poche… Le salaud, je répète).

Affaire conclue.

Je jure à Lou que si elle est sage jusqu'à l'arrivée de maman, je lui offrirais une Barbie, mais oui, celle avec la balançoire et le mioche, enfin, je ne sais plus, le Ken ou le Willy qui va avec. Et qu'on louera le DVD du dernier opus de *Kirikou*, ce week-end. Son œil s'allume, oh, une seconde, peut-être moins, mais elle n'en continue pas moins de brailler. C'est vrai qu'il n'y a pas lecteur de DVD à l'hôtel, et le nôtre repose dans quelque carton chez le garde-meubles. Bon, je le téléchargerai illégalement et on le visionnera sur mon ordi.

MonDédé sort à son tour de son bureau en beuglant. Il est persuadé qu'à l'accueil la clientèle va jurer ses grands dieux avoir été témoin de violences sur enfants. Ou tout au moins les avoir entendues. « Mais oui, môssieur le commissaire, je vous jure : ils battaient un enfant, dans un journal ! C'est-y pas malheureux ? »

Je te le promets, Lou, si tu es vraiment sage, on va peut-être même, enfin, c'est sûr, courir t'offrir une robe, hein, tu sais, comme sur le catalogue. La petite renifle. Je suis persuadé qu'en cet instant, elle récapitule chaque promesse que je lui ai faite en échange d'un peu de compassion filiale. « La bleue ? » qu'elle me demande. Elle me sourit, hésitante. Elle mériterait un Oscar !

Mais déjà, MonDédé me rappelle. Je fais jurer solennellement à la petite qu'elle ne va pas jouer les délinquantes avec Monique.

Au-dessus de son uniforme, (un tailleur beige-noisette écrasée), le rouge à lèvres de Monique se tend en un sourire crispé quand Lou me demande si elle peut mettre les boucles d'oreilles de la dame.

Lâchement, je lui dis oui avant de m'engouffrer dans le bureau de MonDédé, histoire de connaître la suite de l'histoire.

Chartres, de nos jours

Point final

Georges Guyon salue la nuque de la vieille dame qui vient de se fondre dans l'obscurité, après avoir doucement refermé la porte vitrée sur la boutique de la rue de la Clouterie. Comme promis, il lui a trouvé à Lyon cette rare édition clandestine du sulfureux ouvrage de Pierre Louÿs. Il a dû batailler pour l'obtenir, et débourser pas mal d'argent. D'ailleurs, il n'a pas vraiment fait d'affaires, ce soir. Mais a su s'attacher la reconnaissance d'une cliente, une drôle de cliente ! Elle lui a d'ailleurs confié d'autres missions qu'elle qualifie d'impossibles avec un petit rire grinçant qui semble ne pas lui appartenir.

Georges frissonne.

Il espère qu'il pourra tenir ses engagements. Depuis la lecture de ce foutu manuscrit destiné à Alexandra, il ne dort plus, ou si peu. Du coup, il ne rêve pas non plus. Ce qui n'est pas plus mal ! Le libraire s'interroge. Il doit fuir. La mort d'Alexandra ne peut être un accident. Il jette un coup d'œil aux éclaircies très localisées fournies par le sodium des reverbères. Les codes des voitures jouent entre eux, effleurant parfois d'un pinceau rapide et hachuré les murs de la librairie.

Il est 22 heures passées.

Il n'y aura plus de client ce soir.

Georges baisse partiellement le rideau sur la devanture où reposent, en attendant de nouvelles mains amies, quelques-uns des ouvrages que le bouquiniste a acquis l'autre dimanche à la vente aux enchères de la galerie chartraine. Georges aime cet ancien lieu consacré devenu salle des ventes. Il aime acquérir d'antiques reliures sous les voûtes sages de l'ancienne chapelle.

Contrairement à l'image du bouquiniste cher au Bibliophile Jacob, Georges est un homme d'une trentaine d'années, portant beau le catogan à la mode marchande. Hormis son foulard rouge, il se vêt exclusivement de noir, (ce qui lui file une tronche d'architecte, comme le titillent ses copains), et ne se déplace jamais sans une bonne dose d'argent liquide comprimé dans une banane de cuir.

Tout autour de la pièce, des milliers de livres conversent plats à plats ; plats de cuir râpés, plats de vélin jaunis par les ans, plats de carton plus rude en attente de reliure ou plats de papiers fins qui renferment les écrits des siècles passés ; des beautés sans doute oubliées du commun qui, un beau jour, renaissent à la vie, quand quelque main hardie et quelque cœur curieux ou érudit viennent les tirer de leur intellectuelle oubliette.

Georges leur sourit comme il leur sourit fréquemment, caresse un dos savamment relié de cuir et retourne vers le petit bureau qu'il s'est aménagé au fond de la pièce, sous l'escalier de bois noirci menant au premier étage de sa médiévale demeure.

Il allume un bâtonnet d'encens et d'un clic réveille son ordinateur. D'un nouveau clic, il se connecte sur la toile, en quête d'un des nombreux sites de bibliophiles et de ventes aux enchères auxquels il est abonné. En quelques années, Internet a révolutionné le petit monde (pas si petit que cela) de la bibliophilie. Georges lui-même, aidé d'un de ses clients, a mis son catalogue sur le net. Une partie tout au moins. Aujourd'hui, près de la moitié de ses ventes s'effectue par le biais du réseau des réseaux, même s'il a su préserver la parution, deux fois l'an, d'un de ces catalogues sur papier dont restent friands les Japonais.

Il soupire à la pensée réconfortante de ces inconditionnels de la chine qui ne supportent pas d'acheter un ouvrage sans le soupeser, le palper, le caresser comme ils aimeraient flatter la peau parfois flétrie d'une amante fidèle.

D'un doigt, Georges glisse sur la couverture presque chaude des *Nouvelles Histoires Extraordinaires* de Poe, traduites par Baudelaire, un grand in-quarto illustré publié au lendemain de la seconde guerre mondiale.

Quelqu'un a écrit (peut-être est-ce Guitry, Georges ne s'en souvient plus) : « Les traductions sont comme les femmes : si elles sont belles, elles ne sont pas fidèles ; si elles sont fidèles, elles ne sont pas belles. »

Quelle péremptoire connerie songe le libraire ! Les quelques phrases de « la conversation d'Eiros avec Charmion » qu'il a sous les yeux apportent un démenti cinglant à cette assertion misogyne !

En ce qui concerne les femmes, Georges ne sait pas trop.

Ses penchants ne le prédisposent pas à la connaissance, au sens biblique du terme, de l'autre sexe. Mais les beaux hommes aussi savent être fidèles en amour.

Georges surfe quelques instants de site en site, envoyant des e-mails à droite et à gauche, puis lance une recherche nominative sur son auteur de prédilection : Jules Verne. L'écrivain nantais l'a toujours fasciné. C'est d'ailleurs sans doute à cause de (grâce à !) lui, que Georges Guyon s'est lancé à corps perdu dans le monde des livres.

Laissant ses requêtes courir sur la toile, Georges se lève et se dirige vers un pan entier de bibliothèque où s'alignent sagement des dizaines d'ouvrages aux dos très courus. Les cartonnages Hetzel, derrière leur vitrine, mêlent pour certains le rouge, l'or et le bleu profond. Des reliures dites amateur, renferment, sous leurs faux nerfs de cuir, les aventures d'Hatteras, Hod et autres Pencroff. Quelques exemplaires reliés du Magasin d'Education et de Récréation et même du Musée des Familles complètent l'ensemble.

Le Musée des Familles. Georges soupire et une nouvelle fois s'empare de la reliure de l'année 1856 abritant une des toutes premières collaborations entre un jeune auteur du nom de Jules Verne et le rédacteur en chef de la revue, un certain Pitre-Chevalier. Les illustrations de la gazette sont aussi fraîches que le premier jour, malgré le mauvais papier qui les supporte.

Mais ce soir, Georges Guyon n'a pas le cœur bibliophile.

La mort d'Alexandra l'a sonné.

Il songe à cet ouvrage que jamais il ne lui remettra. Ce manuscrit expédié plusieurs semaines auparavant, reçu tout récemment, avec les excuses de la factrice. Des semaines entières pour parcourir quelques centaines de kilomètres ! Une liasse de colissimo déchirée. Un carton abîmé oublié dans un centre de tri. Ce bouquin, il en a hérité malgré lui. Jamais il n'aurait dû le lire. Jamais. Alexandra n'en prendra jamais connaissance. De toute façon, cela aurait-il changé quelque chose ?

Le libraire tente de se concentrer sur ce manuscrit, sur sa signification. Un cahier d'à peine cent-cinquante pages de la fin du XIXème siècle ou du tout début du XXème. Un de ces livres maudits dont on ne parle qu'à demi-mot, dont on ne sait s'ils existent réellement, mais qui vivent dans les esprits, nimbés d'une sulfureuse aura. Il aurait survécu à deux guerres et à une légende encore plus terrifiante que peu de gens connaissent. Certains ouvrages ésotériques y font allusion, sans jamais apporter la preuve de son existence, sans même en citer quelques passages.

Georges retourne s'asseoir à ce qu'il aime appeler son « poste informatique ».

Une fois de plus, ses indics virtuels n'ont pu lui apporter la réponse qu'il attend. Georges hausse les épaules, épluche une barre de Mars, et se déconnecte. Peut-être demain...

Demain.

Il lui faut encore passer une nuit.

Une nuit de plus, rongé par ce terrible rêve qui l'envahit et le trouve pantelant, la larme à l'œil, au petit matin.

C'est alors que Georges Guyon entend le bruit.

Quelque part, au premier.

Il ne le sait pas encore.

Mais il est déjà mort.

Rome, août 1900

Sincères hésitations

Il dottore Carlotti s'agitait autour de la table de noyer.

-Nous ne pouvons garder tout cela pour nous ! s'exclama Sergio. Il s'agit d'une des plus grandes découvertes archéologiques jamais mise au jour.

-Réfléchissons, ne nous énervons pas, marmonnait son mentor. Tout d'abord, il me faut un autre avis quant à l'âge de ces manuscrits. C'est cela qui est déterminant : l'âge de ces rouleaux. Ensuite nous aviserons. S'ils datent bien du deuxième siècle avant Jésus-Christ, nous devrons effectivement en révéler la teneur.

Sergio grimaça, songeant à la manière dont il les avait extirpés de la grotte, puis de Palestine. De façon parfaitement illégale. Nul doute que l'Église mais aussi tous les historiens remis en cause par ces révélations ne manqueraient pas de jeter le discrédit sur cette découverte douteuse. On ne manquerait pas de crier à la supercherie d'un bout à l'autre de la Chrétienté, d'une chaire d'histoire universitaire à l'autre. Les falaises de Qumrân deviendraient le théâtre d'une invasion d'archéologues, d'antiquaires et d'aventuriers, comme lui. La Chrétienté vacillerait, colosse aux pieds d'argile, maintenue droite depuis deux mille ans par des préceptes infondés. Des peuples se soulèveraient parmi les décombres annoncés d'une foi vacillante. En outre, plus égoïstement, si l'existence de tels documents venait à être connue avant leur publication, leur possession pourrait se révéler dangereuse, voire mortelle. On tuait pour moins que cela, se souvint Sergio. Pareille idée sembla germer dans l'esprit du professeur Carlotti. Sa main se mit à trembler. Il répéta :

-Ne nous énervons-pas ! Il me faut un autre avis. Je connais bien quelqu'un, mais…

-Mais ?

-Il s'agit d'un cardinal. Son Eminence Vittorio Fontana. J'ai fait sa connaissance il y a bien longtemps. Un paléologue de renommée. Proche du souverain pontife. Qui a travaillé sur les rouleaux se trouvant à la bibliothèque vaticane. Lui saurait nous dire !

-Vous n'y pensez pas, dottore ! Autant mettre la main dans la gueule ouverte d'un crocodile !

-Belle image ! renchérit le professeur Carlotti. Mais je crains que nous n'ayons pas le choix. Il nous suffira de lui montrer quelques fragments sans importance, cet horoscope par exemple, ou bien encore cette liste de rituels. Quand nous aurons la certitude qu'il s'agit bien là de ce que nous pensons, il nous faudra pousser plus avant nos recherches avant de communiquer le résultat de nos travaux.

-Mais cela prendra du temps. Nous courons un danger tant que ces documents restent en notre possession.

Le professeur se plongea dans l'observation de sa main qui tremblait toujours. « Que proposes-tu, alors ? » reprit-il enfin.

Le jeune aventurier se mordait les lèvres jusqu'au sang.

Le professeur Carlotti interrompit le fil de ses pensées d'un sifflement.

-Je te propose tout d'abord de mettre ta découverte en lieu sûr. Nous pouvons déménager tout cela (sa main désigna les peaux qui se trouvaient sur la table et, au-delà, les caisses empilées contre le mur), les dissimuler par exemple dans mon petit musée.

Ce que Carlotti appelait modestement son petit musée était une salle secrète, protégée par un pan de mur que dissimulait sa prestigieuse bibliothèque. C'est dans cette pièce chargée de pièces archéologiques rarissimes et d'ouvrages interdits qu'il se livrait à ses travaux sur l'occultisme. À travers des grimoires et manuscrits d'une rareté extrême, mais aussi des fragments de bas-reliefs, des bois-mouillés portant d'étranges inscriptions, il traquait notamment un ouvrage dont il n'avait jamais rien révélé au jeune homme. Ce dernier réfléchit un instant.

-Bien sûr, tu auras accès à cette pièce à chaque fois que tu le souhaiteras, insista le professeur. Je peux même te proposer une chambre à la maison le temps que nous finissions de travailler sur ces documents.

Cette dernière proposition emporta la décision du jeune homme. Sergio Cogliandro acquiesça sans mot dire.

Un frisson glacé le saisit, comme un avertissement échappé de l'au-delà.

Chartres, de nos jours

Pataquès de rouge

Ils m'ont réservé un bureau immense. Ridicule. Immensément ridicule. Il y a même des barreaux derrière l'unique fenêtre qui donne sur la cour intérieure du commissariat. Sur la porte, coquetterie amusée d'un flic du cru, mon nom s'affiche sur un bout de papier quadrillé avec une faute d'orthographe. Ils oublient toujours le S. Derrière la porte, le bureau. Et dans le bureau, un bureau, grand et astiqué comme une patinoire. Avec mon nom dessus, aussi, réécrit à l'encre peu sympathique. Sans faute d'orthographe, cette fois. Sur le mur couleur pêche, un poster où s'étale une série de reproductions des différents stupéfiants que l'on peut dégotter dans la nature ou plus souvent dans les poches de nos délinquants locaux. Tout à côté, dans un coin de mur, une plante verte à l'agonie. Qui tire sur le jaune. Une bouteille d'eau minérale gît à ses côtés, vide sinon de poussière séchée. Jaune elle aussi. Il n'y a plus grand chose à faire. Sinon appeler le légiste. Bienvenue à la rubrique des faits divers !

C'est Pellegrin, le patron de la boîte.

Pellegrin a le teint le plus cireux que je connaisse. L'homme est replet. Voire rond. Tire à longueur de temps sur tout ce qui peut se fumer licitement. Il s'affuble en outre d'un costume jaune moutarde qui masque partiellement une chemise bleue pétrole. Il ressemble à un mégot de gitane maïs écrasé sur le rebord d'un cendrier Ricard.

C'est un bon flic.

-Les bouquins, ça te connaît ? me lance-t-il en se grattant un menton bleui.

-Ben...

Comme je ne sais pas ce qu'il entend par là, je m'abstiens.

-Bon, suis-moi, y a un pataquès.

Le pataquès baigne dans son sang.

Les gars en tenue sont déjà là, qui ont bouclé le quartier et la boutique. Ils donnent l'impression de glander, mais ce n'est qu'une impression qu'emporteront avec eux les badauds qui tentent d'apercevoir quelque chose derrière tout ce bleu.

Le pataquès s'appelle Georges Guyon; il fait dans le vieux bouquin. Faisait.

Il patauge au pied d'un escalier. Le flash du type de l'Identité Judiciaire l'intègre dans la carte mémoire de l'appareil photo numérique. Je ne peux m'empêcher de le féliciter pour son équipement. Il me répond que c'est un appareil perso, que la générosité de l'Etat ne va pas jusqu'à lui fournir autre chose qu'un vieux même pas réflex et qu'il a du boulot, merci.

Vexant, le bonhomme. Je décide d'emblée que c'est un con. Mais tempère en lui accordant une seconde chance. Après tout, je vais bosser un moment avec lui. Je sors à mon tour mon Epson. Un vieux truc des âges farouches de la photo numérique.

Il va falloir que je jongle pour prendre une photo d'ambiance qui ne soit pas trop sanguinolente.

Pellegrin est agenouillé près du corps ; une de ses chaussures se pare d'un peu de rouge. Un mégot de gitane maïs cerclé de rouge à lèvres, écrabouillé sur le rebord d'un cendrier Ricard. Beurk. Dommage que je ne fume pas : la vision m'aurait sans doute permis d'arrêter la clope.

-A première vue, il a deux sacrées blessures à la tête.

C'est le toubib qui cause. Un type long comme une allumette suédoise. Son boulot se borne aux premières constatations susceptibles d'orienter l'enquête. Le gros du boulot, ce sont les légistes de Garches qui le feront.

-La mort semble dater d'hier soir. Il a été frappé là-haut.

Là-haut, c'est le haut de l'escalier qui grimpe au-dessus d'un bureau qu'encombrent un ordinateur et quelques centaines de millions de milliers de feuilles de papiers à en-tête diverses, de bouquins de différentes tailles aussi.

-Et puis, il a dévalé l'escalier.

Les yeux du toubib suivent le parcours supposé du défunt jusqu'au bas des marches.

Pellegrin se relève.

-On a retrouvé l'arme ?

C'est le DDPU qui, cette fois, a causé. Le Directeur Départemental des Polices Urbaines. Il lance des regards furibards aux godasses de Pellegrin. Il s'appelle Riant, le big boss. L'homme chapeaute aussi bien les flics de Chartres que ceux de Dreux. C'est bien la première fois qu'on lui colle un journaleux dans les basques, jusque sur le lieu du crime, en temps réel. Mais faut faire plaisir au préfet, et au directeur national de la sécurité publique, qui vient d'entreprendre une vaste campagne de pub susceptible de redorer le blason terni de notre police locale, nationale voire du ministère. Les ordres viennent d'en-haut, paraît-il. D'en-haut ? Oui… D'encore plus haut que ça ! Et puis, depuis que le procureur de la République vient jouer en solo sur les quartiers pour causer aux jeunes dans un méritoire élan de prévention, en court-circuitant les flics, il s'est même convaincu, le commissaire Riant, que ça pouvait être utile, histoire de faire la nique au Parquet. Enfin, c'est politique, comme il dit. Alors, même si ça l'énerve que je sois là, il fait avec, estimant qu'on pourra toujours servir sa cause. Et sa carrière. C'est qu'il ne compte pas la finir, celle-là, dans cette préfecture enracinée en pleine Beauce. Avec ou sans cathédrale. Et s'il s'est tourné vers nous, ce n'est pas un hasard. Il aurait pu profiter de la présence au quotidien de la presse quotidienne. Mais non, il a préféré l'hebdomadaire, qu'il estime sans doute moins collant. Et puis, il appartient au Lions Club, tout comme MonDédé. Alors, ça crée des liens. Et puis en ce moment, avec la pagaille que suscite la venue prochaine du pape, il a autre chose à penser.

C'est Pellegrin qui m'a soufflé ça dans les bronches en même temps que sa méphitique haleine nicotinée, pendant le trajet qui nous a menés à la librairie.

Je le savais.

MonDédé m'avait déjà tout expliqué tandis que Lou martyrisait ma collègue de la rubrique Social. Cette « collaboration » avec les instances policières chartraines qui me permettrait également de couvrir la proche venue du pape. D'assez loin, bien sûr, faute d'accréditation, mais MonDédé ne désespérait pas d'un miracle au contact de la police locale.

Le Pape
V

Le Vatican, août 1900

Le songe d'une nuit papale

Sa Sainteté fut secouée par une toux sèche. La crise laissa le vieil homme pantelant. Il s'essuya les lèvres avant de repousser les documents étalés sur sa table de travail. La dissolution des États Pontificaux était depuis longtemps une réalité. Il ne restait plus aujourd'hui qu'à l'entériner officiellement. Ce que s'apprêtait à faire Gioacchino Vincenzo Pecci plus connu sous le nom de Léon XIII, 257ème pape de l'Église Catholique.

Un bref instant, son esprit s'accrocha à quelques souvenirs lointains. Si l'homme avait toujours été de constitution fragile, le pape, lui, était connu pour sa force de caractère, ses fermes prises de position et son charisme spirituel. Son encyclique antimaçonnique, le ralliement de l'Église catholique à la Troisième République Française, le rayonnement du Vatican à travers le monde en étaient des exemples frappants. Le pape toussa de nouveau. But un verre d'eau. Sourit. Il ne put s'empêcher de songer une nouvelle fois qu'il devait son élection à sa santé délicate.

En effet, après le long règne de son prédécesseur, Pie IX, les cardinaux réunis lors du conclave de 1878 s'étaient donné le mot pour élire un pape de transition. Léon XIII les avait toujours soupçonnés de l'avoir hissé sur le Saint-Siège dans l'espoir que Dieu aurait la bonté de le rappeler à lui rapidement. Las ! Il était aujourd'hui âgé de quatre-vingt-dix ans et malgré une santé défaillante, continuait de mener sa mission la foi au cœur, rassemblant ses forces pour revenir sur nombre de mesures intransigeantes édictées par ses prédécesseurs.

Cinq ans après son accession au trône de Saint-Pierre, Léon XIII avait ouvert les portes de la bibliothèque vaticane, permettant à de nombreux chercheurs de se plonger au cœur de maints ouvrages « interdits » jusqu'alors. Considérant que l'Église n'avait pas de secret… ou presque !

Le vieux pape repoussa son fauteuil, se dirigea vers la fenêtre. La nuit romaine était claire, sans nuage. La clarté nocturne après la diurne obscurité. Il s'abîma un instant dans la contemplation des cieux, quêtant une lumière dans le ciel.

Trois coups frappés à la porte le firent sursauter.

Le lourd pan de bois ouvragé s'ouvrit sur un visage blafard et lugubre. Le cardinal Fontana.

-Très Saint-Père. De nouveaux rouleaux ont fait leur apparition.

Léon XIII sut alors que la nuit serait longue…

Chartres, de nos jours

Quand on crie au génie, ça fait froid dans le dos

Le capitaine des hommes en tenue se matérialise au côté de Riant. Il s'appelle Villon, je crois. Flic et poète ?

-On fouille. Ici, et dehors, assure-t-il en désignant du menton la porte vitrée de la boutique. Mais on a trouvé un truc bizarre !

On le suit. Jusqu'à une bibliothèque isolée dans un coin du rez-de-chaussée. À ses pieds s'étalent quelques dizaines de vieux bouquins mis en pièces. Couvertures arrachées, pages déchirées. Quelques gravures en noir et blanc surnagent parmi les vagues dépenaillées de cette mer d'encre morte.

-Visiblement, le type qui a fait ça n'aimait pas Jules Verne. Il y en a pour du fric, là-dedans !

-Quoi ?

Le capitaine des hommes en tenue a un petit sourire.

A première vue, il n'y a que des Jules Verne dans ce massacre. Le vol n'est pas le mobile ! Il y en a pour quelques patates ! Et puis, on a trouvé ça, posé bien en évidence sur le tas de bouquins.

Ça, c'est un sac en plastique qui abrite des empreintes indiscrètes ou maladroites la vraisemblable couverture d'un desdits bouquins, couverture cartonnée sur laquelle est scotché un bristol jaune :

« *Mobilis in Mobile* » lit Villon dans un froissement.

Puis, il nous jette un regard où transparaît une certaine fierté.

Nous, on se contente de l'observer, en quête d'une révélation.

Qui tarde à venir.

-Vous pensez pas qu'il s'agit d'un serial killer ? qu'il triomphe finalement, la lèvre tremblante d'excitation. Ils laissent toujours des messages à la noix, les serial killers !

Riant hausse ses rondes épaules. Il a une cravate sous son cuir. Incongru.

-Qu'est-ce qui nous prouve que ce n'est pas un pense-bête écrit par notre victime ? Et puis, ce truc, *Mobilis in mobile*, ça ne veut rien dire ?

Il semble quêter mon approbation.

Je décide de jouer les cadors. Après tout, je peux bien me la péter. Histoire d'impressionner la hiérarchie et les flics avec qui je suis condamné à bosser les prochaines semaines.

-Ce qui est étrange, c'est l'association du message et du cartonnage.

Je fais semblant de réfléchir plus avant, savourant l'instant.

-Regardez, il s'agit d'un cartonnage Hetzel aux deux éléphants.

Sans manipuler l'ouvrage, mon doigt suit la courbe des deux bestioles polychromes, s'attarde sur le dessin d'un train à vapeur, descend sur la mappemonde et l'encrier. « La maison à vapeur ». C'est le titre du bouquin.

-Ça, on le voit bien, intervient Villon, vexé que je lui ravisse impunément la vedette.

Je lui souris, magnanime. Enfin, condescendant, plutôt.

Il en rougit. De rage, je suppose. J'en suis ravi. Qu'est-ce qu'on peut être mesquin, parfois !

-Seulement, ça ne colle pas avec le petit mot. « *Mobilis in mobile* », c'est je crois, (Oh, le menteur, il en est sûr, bien sûr ! j'aurais presque honte de moi…) une tête de chapitre de « Vingt mille lieues sous les Mers »...

Ils me regardent bouche bée. Deux poissons exotiques aux couleurs passées qui m'observent de l'autre côté du hublot du Nautilus. Je me prépare à asséner le coup de grâce.

-C'est du latin, cela signifie « Mobile dans l'élément mobile ».

-Mais ça ne veut rien dire ! s'insurge Villon.

-Je peux te voir deux minutes? murmure enfin Pellegrin. Ça t'embête pas si je te tutoie ?

Je lui souris (Je sais très bien le faire si les circonstances s'y prêtent)

-Bien sûr. Je veux dire, bien sûr qu'on peut se voir !

Le bout de sa chaussure arbore une tache rouge que madame Pellegrin aura du mal à ôter. Il est le seul à ne pas avoir enfilé les chaussons en plastique de rigueur permettant de fouler sans risque une scène de crime. Sa godasse se soulève et frappe le sol comme si elle était douée d'une vie intérieure. Pellegrin est perdu dans ses pensées. Il bat le rythme sans s'en apercevoir. Un métronome interne qui doit l'aider à réfléchir. Chacun son truc. Moi, je dessine, quand je réfléchis. C'est plus compliqué que de battre la mesure avec son pied : faut du papier et un crayon. Je n'en réfléchis pas moins à l'unisson de Pellegrin alors que le métronome interne du libraire, lui, s'est définitivement arrêté depuis plusieurs heures.

Finalement, Pellegrin rompt le silence.

-Tu en penses quelque chose ? qu'il demande en pointant son nez vers le cadavre que deux brancardiers finissent d'envelopper dans un provisoire linceul sombre chiffonné, aux couleurs du ministère de l'Intérieur.

-Ça ne ressemble pas à un crime crapuleux. C'est en tout cas ce que l'on veut nous suggérer !

Pellegrin hoche la tête. Un sourire en coin.

-Ça vaut si cher que ça, des Jules Verne ?

Je réponds sans y penser...

-Les cartonnages Hetzel peuvent atteindre des millions en salle des ventes. Tout dépend du type de cartonnage.

-En francs ou en Euros ?

Le directeur des polices urbaines, qui nous a suivis, interrompt Pellegrin.

-Attendez, moi, mes lectures, c'est plutôt New Look et S.A.S, alors s'il vous plaît causez français.

-Hetzel était un éditeur. Il est né à Chartres (Je fais semblant de cogiter quelques secondes, cabot, va !), ça devait être en 1814, ou 15, je ne sais plus bien (arracheur de molaires, tu le sais, c'était en 14, mais tu estimes que l'hésitation est du plus bel effet dans le contexte). Il a même une rue à Chartres, du côté de La Madeleine. Hetzel a publié Jules Verne durant des années. Sous le titre générique des Voyages Extraordinaires : De la Terre à la Lune, Voyage au centre de la Terre, l'Ile Mystérieuse et tout ça ; ça vous cause, quand même ?

-M'ouais, j'ai vu les films à la télé, avec Kirk Douglas et Omar Sharif.

Je soupire. Mais évite de commenter.

-Toujours est-il qu'au fil des éditions, le cartonnage, la couverture si vous préférez, changeait. Il y eut les cartonnages de type à l'obus, à la mappemonde, aux fleurs de lys, à l'ancre, voire au portrait de Verne. Les Jules Verne de l'époque Hetzel, jusqu'au rachat de la maison par Hachette à l'aube de la première guerre mondiale, valent plus ou moins cher selon leur cartonnage, leur tirage, leur titre etc.

-Certains collectionneurs pourraient être prêts à tout pour s'en procurer ?

Je hausse les épaules. Certains cartonnages ont récemment atteint des prix tournant autour de 80 000 euros mais de là à écrabouiller un libraire, saccager sa boutique et jouer les tueurs psychopathes pour filer avec un exemplaire, je doute !

-Alors, c'est peut-être Villon qui a raison.

Je grimace. L'idée même m'agace. On est con parfois !

-Bof.

Pellegrin m'écrase l'épaule entre ses doigts.

C'est certainement un signe d'affection, mais Diable : que l'amour peut être douloureux ! Je grimace de plus belle.

-Faut voir. Ce type de psychopathes, c'est quand même plutôt rare. À part dans les films ricains, bien sûr. Par contre, on a peut-être justement voulu mettre tout ce bazar sur le compte d'un détraqué.

Riant tente un sourire.

-Peut-être, mais la police veille ! Et mobilis machin?

-*Mobilis in mobile.* C'est ainsi que le capitaine Nemo (je hausse un sourcil interrogateur mais Pellegrin et Riant semblent savoir qu'il ne s'agit pas là du capitaine de l'équipe de France de Rugby) qualifiait son sous-marin, le Nautilus. Un élément mobile, le sous-marin, se déplaçant au cœur d'un élément mobile, l'eau.

Riant hausse un sourcil qui se veut soupçonneux.

-J'ai bien envie de vous demander ce que vous foutiez, tout à l'heure, au moment du crime !

-Je plaide non coupable et j'ai deux témoins !

-Chef ! Y a les journaleux qui piaffent devant la porte !

C'est Villon, encore lui. À l'entendre, on pourrait croire que les quelques autres représentants de la presse locale qui attendent sagement sur le trottoir d'en face s'apprêtent à enfoncer la porte. Ils brandissent leurs appareils photo dans notre direction.

Villon nous jette un coup d'œil gêné, à Pellegrin et à moi.

-Enfin, j'veux dire, les autres journaux, quoi.

Le sourire de Pellegrin se fond dans son menton boudeur et cireux.

-Bon, j'vais leur donner leur ration d'avoine avant qu'ils donnent l'assaut, rigole Riant. N'oubliez pas de me récupérer l'ordinateur et tout ce qui va avec. Je veux aussi savoir à qui il a téléphoné ces derniers jours, qui il fréquentait, enfin tout le toutim. Et évitez de tapisser la tomette. Elle est assez rouge comme ça.

Si c'est une plaisanterie, personne ne rit.

Le Vatican, août 1900

Saintes inquiétudes

-Il n'y a pas de doute, Très Saint-Père. Il s'agit de rouleaux semblables à ceux que nous conservons en lieu sûr. J'ai pu le vérifier de visu. Le professeur Carlotti les a datés et je n'ai pu que confirmer. Le contraire l'aurait sans doute étonné et rendu méfiant. Je suis persuadé qu'il ne m'a montré que ce qu'il voulait bien que je voie.

Le pape hocha la tête.

-C'est logique. N'est-ce pas ce que nous avons fait en ouvrant notre bibliothèque ?

Léon XIII soupira puis s'adossa au bureau.

-Se pourrait-il qu'il s'agisse de fragments... sensibles ? Je veux dire...

Le vieux pape cherchait ses mots. Mais le cardinal Fontana n'eut pas besoin de précision.

-J'en ai peur. Il dottore Carlotti ne m'aurait pas appelé pour dater des inventaires ou un horoscope. Il n'a pas besoin de moi pour cela.

Léon XIII grimaça. Était-il à la veille de la crise la plus grave de son pontificat ?

Il sentit une goutte de sueur perler à sa tempe.

-Le professeur Carlotti est-il un homme de confiance ? s'enquit-il.

-Si vous me demandez s'il est un homme intègre, fidèle à ses convictions, je vous répondrais oui.

-Ce n'est pas ce que je vous demande et vous le savez bien ! s'emporta le souverain pontife.

-Sauf votre respect Très-Saint-Père, je vous ai répondu. S'il a découvert quelque chose, même si cette chose doit faire s'effondrer deux mille ans de christianisme, le professeur Carlotti le révèlera au monde.

Léon XIII avait le regard fixé au-dessus de l'épaule du cardinal Fontana. Du haut de sa croix, un Jésus de toile et d'huile l'observait, en attente d'une décision. Jamais son visage n'avait paru aussi empreint de souffrance.

-Pensez-vous pouvoir régler le problème ou doit-on s'en remettre à (le Saint-Père hésita)… la Sainte Alliance ?

Fontana frissonna à l'évocation d'une possible intervention du bras exécuteur de Dieu.

-L'inventeur de ces rouleaux, l'aventurier Cogliandro est sous surveillance depuis qu'il a quitté le désert de Judée, rappela le cardinal. Quant à mon ami, le professeur Carlotti, en y réfléchissant bien, je connais peut-être un moyen de le, hum, suborner.

Léon XIII contourna son bureau, s'assit lourdement puis leva les yeux vers le Christ en croix, sollicitant peut-être une réponse, un conseil.

-Le dottore Carlotti est féru d'occultisme. Il est persuadé que notre bibliothèque, Très Saint-Père, abrite l'ouvrage maudit que vous savez. Si nous lui permettons d'y avoir accès…

-Vous n'y pensez pas ! le coupa Léon XIII. Souvenez-vous de ce qu'il advint à ceux qui en firent la lecture !

La lèvre supérieure du cardinal eut un léger mouvement qui eut pu faire penser à un sourire, léger, éphémère. Amer et triste aussi.

-Je pense que Carlotti connaît les risques.

Le visage d'huile du Christ ne broncha pas.

Le pape se perdit un instant dans ce regard où se lisait toute la souffrance de l'humanité. Cette dernière méritait-elle que l'on se sacrifiât pour elle ?

À cet instant, sa Sainteté le pape Léon XIII en doutait.

Le Grénillet, de nos jours

Home, fuite homme

-Elle est chouette, hein, papa ? On dirait une vieille maison de princesse.

Maison de princesse, je ne sais pas. Vieille, c'est sûr. Sur un pilier est écrit, en lettres effacées : « Le Grénillet ».

-Et c'est quoi ces fissures, là-devant ?

-Mais c'est pas des fissures, papa, c'est des fenêtres !

-Ha. Je dubite, hâtif.

Cam m'observe du coin de l'iris. Visiblement, la maison, elle la couve d'un œil anticipateur, l'imagine telle qu'une combinaison de Le Corbusier et Vinci pourrait la révéler dans quelques décades, après refonte complète. Propriété (déjà) privée, assure ce regard noir.

Moi, elle m'apparaît comme une ruine un peu prétentieuse, charmante, certes, mais considérablement décatie. Si je me lance dans l'aventure, mon ordi va se retrouver au chômage et mes ambitions littéraires s'assécher comme un plâtre mal gâché.

Elle a trouvé la maison de ses rêves. Elle est géniale. Bien qu'un peu plus chère que prévu. Mais on se débrouillera, bien sûr. C'est curieux, la vie non ? C'est après qu'elle eut récupéré Lou au journal qu'elle est tombée sur cette maison. C'est même la petite qui l'a vue la première ! « Tu verrais l'intérieur ! C'est magnifique ! »

-Dis, tu as déjà menti ?

-Hein ?

Je sais, on devrait dire comment ?, ou pardon ? Mais là, je dois dire que Lou me prend au dépourvu. Comme toujours.

Tu as déjà menti à quelqu'un ?

-Ma chérie, intervient Cam.

Je l'en remercie, mais je sens déjà quelques milliards de neurones, en moi se désagréger, brûler de l'énergie pour tenter de trouver une réponse potable. Dire non ? Ce serait mentir mais encourager Lou à ne pas le faire. Dire oui serait faire preuve d'une belle franchise mais quel exemple pour Lou à qui je m'évertue d'expliquer que ce n'est pas bien de mentir !

La réponse potable, ce serait non, bien sûr. Hélas !

Sans grande illusion, je manœuvre.

-Mais, heu, pourquoi tu me demandes ça ?

Ses pupilles me scrutent, paraissent sinon me lire, tout au moins guetter le mensonge. À son âge, le mensonge est innocent. Au mien, c'est l'innocence qui est un mensonge.

Cam s'en mêle de nouveau. Je l'adore.

-Oh ! Regarde, un écureuil, là !

Lou, avec toute la bonne volonté qui la caractérise, jette un regard sur le tronc, où, effectivement, un quadrupède à longue et rousse queue nous observe.

-Il est très joli ! Les méchants aussi, ils vont au ciel ?

Elle en a de ces questions, parfois.

Mais j'y vois une lâche tentative d'échappatoire.

-Ben oui, je crois, qu'ils peuvent aller au ciel, des fois.

-Parfois.

-Pardon ?

-On dit *parfois*, papa ; dès fois, ça n'existe pas, c'est toi qui me l'as dit quand j'avais deux ans.

Pour Lou, son âge d'avant, de quand elle était bébé, comme elle dit, c'est deux ans. Alors, tout ce qu'on a pu lui dire, tout ce qui a pu lui arriver avant son septième anniversaire, ça date de ses deux ans.

-Alors oui, parfois, les méchants peuvent aller au ciel. S'ils n'ont pas été trop méchants.

-C'est quoi, être trop méchant ?

Elle me scrute, sérieuse comme un discours présidentiel télévisé.

J'émets quelques points de suspensions avant de répondre.

Lou en profite pour s'insérer dans la brèche.

-C'est très méchant, de tuer quelqu'un ?

-Bien sûr que c'est très méchant ! rétorque Cam.

-Et si papa, il avait tué quelqu'un… il irait au ciel quand même ?

Merci, Cam. L'Enfer est pavé et patali et patalère.

Fort heureusement, je n'ai jamais tué personne !

Menti, je ne dis pas.

Mon œil s'attarde sur un volet en piteux état. Nous n'avons pas les clés de la baraque. « C'est juste pour te montrer l'extérieur » m'a assuré Cam un peu plus tôt.

Bon ! Je suis venu faire connaissance avec notre futur petit nid (petitesse toute relative, d'ailleurs) et je me retrouve pris en faute face à un juge bien plus sévère que tout autre magistrat que je côtoie d'ordinaire.

-Bien sûr qu'il irait au ciel ! Et si on allait voir cette jolie maison de princesse ?

-Han-han.

-Ce qui signifie « oui », en langage « dessin animé ».

Je hais ces foutus dessins animés.

Lou n'est pas dupe. Je le sens à l'éclat de sa prunelle.

Elle m'octroie, volontairement, un répit.

Je l'en remercie d'un sourire et lui tends la main.

-On y va ?

On y va...

-Oh ! Regarde ! Il y a un bassin !

Lou applaudit de bonheur !

-On pourrait y mettre des poissons rouges !

J'ai pas mal d'imagination, non franchement, mais je doute que la fosse circulaire bouchée de boues décennales et de feuilles mille fois mortes, puisse un jour de nouveau mériter l'appellation de bassin.

Nous gravissons les degrés de pierre d'un vaste escalier.

-C'est la maison de la dame !

Lou reste plantée devant la lourde porte qui, elle, paraît neuve comme au sortir de l'atelier de menuiserie. Je dois convenir que sa facture me plaît. À la fois lourde et élégante, simple mais raffinée.

-De quelle dame veux-tu parler, ma chérie ? interroge Cam.

Lou hésite un instant.

-Est-ce que si je ne réponds pas c'est mentir ?

Nous voilà repartis pour un tour ; les conversations avec Lou sont parfois, heu… déconcertantes.

-On dit que c'est mentir pas omission, tente Cam.

-Je ne comprends pas…

-Cela signifie que parfois, ne pas répondre c'est un peu comme mentir. On cache quelque chose que l'on sait, tu comprends ?

-Han-han !

Un instant de réflexion. Je peux presque voir et entendre les rouages de la machine qui, à l'intérieur de son cerveau, passe à la vitesse supérieure.

-Et c'est plus grave ou moins grave que de mentir normalement ?

Mentir *normalement* ! Quelle belle expression !

-C'est parfois plus grave !

Je n'ai pas pu m'en empêcher !

Lou se tourne vers sa mère. En bonne journaliste stagiaire, elle tient toujours à vérifier l'information de l'un ou de l'autre auprès de l'un ou de l'autre et parfois même auprès de sa grand-mère, pour plus de sûreté.

Cam se contente de sourire. Visiblement, elle ne tient pas à la brusquer.

-Parfois, quand je dors, j'entends une dame. C'est comme si elle me parlait mais à l'intérieur de ma tête. Je ne la vois pas mais elle a une voix très douce. Elle m'a parlé de cette maison. C'était sa maison. Avant.

-Avant quoi ?

C'est Cam qui a parlé. Tout doucement. Je sais pourquoi.

La petite hésite. Comme si elle n'osait annoncer une mauvaise note en lecture.

-Ben, avant qu'elle soit morte.

Elle annonce cela avec un tel sérieux que je pourrais presque la croire sur parole.

Un merle, juché sur la tête de pierre d'une antique vasque à motif faunesque, fait entendre son sifflement péremptoire. Il s'agit là de la seule concession accordée au bruit dans cet environnement silencieux. Pas même les feuilles des grands arbres qui nous ont accompagnés tout le long de l'allée ne bruissent. Le vent a déserté les lieux, emportant avec lui tous les sons qu'il sait si bien propager d'ordinaire.

Après un long temps sans parler, Lou reprend.

-Elle m'avait demandé de ne pas en parler. Elle m'avait dit qu'on ne me croirait pas. Mais que vous (ce disant, Lou paraît insister sur le « *vous* ») finiriez par comprendre.

Les paroles énigmatiques de la petite me rappellent celles que je pouvais lire, mouflet, dans les bouquins de la série Angoisse du Fleuve Noir. Des histoires fantastiques de fantômes, de quatrième dimension et autres diableries. Sans doute mon penchant pour le merveilleux et l'incroyable est-il né de ces nourritures célestes, entre Brussolo et Verne, Bruss et Agapit. Comme le héros shakespearien, je pense (sans prendre trop de risque !) qu'il est plus de choses dans l'univers que ne peut en imaginer ma philosophie. Aussi, sans forcément l'encourager dans cette voie, je ne prendrai jamais à la légère ce type de propos dont Lou n'est pas coutumière.

-Et puis, j'ai rêvé d'un grand incendie. Qui s'est passé il y a très longtemps. Ou qui va se passer, je ne sais plus. En fait, ce n'était pas comme un rêve. Ça paraissait plus vrai. Mais je n'arrive pas à expliquer. C'était comme si c'était vrai. Je sentais même la fumée.

Cam se précipite sur sa fille, la serre contre elle, interposant entre ses cauchemars enfantins son corps de femme et de mère. Je me sens soudainement exclu de ce dialogue silencieux. Un profond sentiment de tristesse m'envahit ; il existera toujours entre elles un lien invisible, possible persistance astrale d'un indestructible cordon ombilical.

-Tu sais, il y a de mauvais rêves qui paraissent très réels !

Mais Lou secoue la tête.

-Ce n'était pas un mauvais rêve. C'était vrai ! La dame me l'a dit et je la crois ! Et elle m'a dit aussi que vous deviez aller dans sa maison, dans cette maison pour trouver des réponses. Elle a dit (Lou cherche ses mots, le nez froncé) : « que l'avenir n'est pas une fatalité ». Ça veut dire quelque chose ?

Rome, août 1900

Iai, iai, shub-niggurath

Lettre trouvée en 1937 dans les papiers de l'écrivain récemment décédé Howard Philips Lovecraft.

Rome, le 10 août 1900
À l'attention de Whipple Van Buren Philips

Mon cher Philips

Permettez-moi de débuter cette lettre sans préambule. Vous aviez raison ! Nous avions raison, hélas ! Il ne s'agit pas d'une légende ! L'ouvrage mille fois maudit existe. Je l'ai eu entre les mains, j'en ai touché les plats aux lourds fermoirs de cuivre, j'en ai tourné les pages craquantes, j'en ai découvert les ignobles figures vomies d'une encre encore brune rappelant la couleur du sang séché. Ô combien je le regrette aujourd'hui ! La nuit romaine est calme mais désormais, je sens peser sur ma nuque le regard noir d'entités spectrales visant à ma chute. Mon ami, oui, Al Azif, le Necronomicon existe bel et bien ! Il s'agit là d'une version manuscrite, en latin, du texte de l'Arabe dément. Sans doute s'agit-il d'une copie de la traduction qu'Olaus Wormius avait entreprise au XIIIème siècle. J'ai vendu mon âme, j'ai trahi la terre entière et surtout l'amitié que me porte un jeune homme pour en avoir la certitude. Je me croyais le plus fort mais force m'est de constater la réelle faiblesse qui me guide… N'allez pas croire que je délire, cher ami, non. En tout cas pas encore. Sachez seulement que j'ai bafoué tous mes idéaux, ainsi qu'une amitié qui m'était chère, pour accéder à ce grimoire interdit. Le prix à payer est indicible. Et pour quel résultat ? Je l'ignore encore.

Vous me pardonnerez mes tournures de phrases hésitantes et raturées, mais l'homme qui vous écrit s'est noyé volontairement au cœur des plus insondables abîmes et ne reverra jamais les cieux communs. Ah, que ne puis-je revenir en arrière, à ce matin ensoleillé qui vit un envoyé du Vatican frapper à ma porte ! C'était il y a quelques heures seulement, une éternité, un monde, un univers. Il m'aurait suffi de le rembarrer, de refuser l'invitation. Mais vous imaginez mon excitation quand le cardinal Fontana, mon érudit ami du Vatican, m'accueillit dans le saint des saints, la première salle de la bibliothèque aux millions d'ouvrages.

Il alla droit au but. De prime abord, je refusai sa proposition. L'indignation m'empourpra, m'édifia, me suffoqua. Le cardinal savait. Le cardinal m'expliqua. Il m'amadoua, mais je ne fus dupe que parce que je souhaitais l'être. Je ne vous en dirais guère plus sur l'effroyable pacte que je signais, non avec le Diable mais avec Dieu, peut-être. Le cardinal sut trouver les mots pour me convaincre. La tentation de voir, enfin, ce que nous recherchons tous deux depuis si longtemps l'emporta sur la raison et la dignité.

J'ai dû, pour accéder à l'ouvrage, descendre bien des marches, pousser bien des portes massives, m'enfoncer toujours plus profond à travers le ventre de la terre. J'étais accompagné du cardinal Fontana.

Nous traversâmes à pas lents de longs couloirs silencieux, sous le regard muet des reliures ornées d'ors, en des lieux restés invisibles à la plupart des êtres humains. Plus nous avancions, plus je sentais un semblant d'épaisseur dans l'air, une aura maléfique insensible à l'histoire de ce sanctuaire, une force hideuse qui tantôt me poussait, tantôt me repoussait.

-Je ne puis avancer plus loin !

Le cardinal Fontana me retenait par le coude. Une grosse goutte de sueur se formait sur son front.

-Vous pouvez encore renoncer. Je peux encore oublier notre accord, chuchota-t-il.

J'entendis alors comme un claquement de fouet qui me fit sursauter. Mes poumons parurent s'emplir d'un air vicié, j'ouvris grand la bouche pour acquiescer, oublier la voie de la déraison et retrouver le ciel de Rome.

Mais je m'entendis refuser.

-Que Dieu vous garde, alors, soupira le cardinal. Je vous attends donc ici. Prenez votre temps… mais pas trop. Il ne s'agit pas

d'un livre comme les autres. Vous êtes parmi tous les êtres vivants de ce monde, le seul aujourd'hui à y avoir accès.

Puis, d'un mouvement de la main, il enclencha un invisible mécanisme qui ouvrit la porte. Celle-ci s'effaça devant moi avec une légèreté déconcertante. Nul grincement comme on peut en lire dans la littérature gothique que vous appréciez tant, seulement l'impression persistante d'une apesanteur différente.

La porte se referma sur moi.

J'étais seul avec l'ouvrage, présenté clos sur un lutrin de chêne ouvragé de gargouilles nacrées. Tous ces visages, comme autant de démons diaboliquement minuscules me fixaient, l'air mauvais, me défiant de pousser plus avant mes recherches.

Je dois vous avouer, cher ami, que je fus déçu de l'aspect du grimoire. Il s'agissait d'un ouvrage à peine plus grand qu'un in-12, peu épais, doté d'une reliure de cuir muette fendue en plusieurs endroits, aux coins largement émoussés, aux coiffes arrachées depuis longtemps. Je restais un long moment à observer les fermoirs vert-de-grisés qui eussent été plus appropriés sur un ouvrage de plus grande taille. Était-ce donc pour ce livre d'apparence anodine que je m'étais parjuré, que j'avais trahi ? Des miasmes ignominieux paraissaient s'échapper du cuir fendu de l'ouvrage, j'eus un instant des visions de mondes en constructions, de mauves langues de laves en fusion recouvrant des flots tourbillonnant, de terres calcinées sur les cendres desquelles s'ébattaient d'étranges sauriens aux ailes d'argent et à la peau squameuse, de déserts de glace roses où rampaient d'impétueux vers aux anneaux d'albâtre.

Puis je posai la main sur le livre et l'ouvris.

Mon ami, nous l'avons trouvé, il existe donc bel et bien.

Et ce soir, croyez que je le regrette ! Que de tourments me serai-je évités !

Dans ce livre noir, je trouvai la formule de Dho-Hna qui permet de passer derrière les portes de la Création pour pénétrer les abysses ultimes, là où demeure S'ngac le Dieu Vague ; je lus l'incantation et dessinai du doigt le talisman permettant d'appeler Shub-Niggurath le Noir. Je décryptai l'infâme adjuration du Grand

Cthulhu, l'évocation malsaine de Yog-sothoth et d'autres choses encore qu'il me répugne de nommer.

Je pénétrai dans un monde monstrueux, pervers et choquant auquel mes lectures en la matière auraient dû pourtant me préparer. Le cardinal m'avait accordé la lecture de l'ouvrage à la condition expresse que je ne prisse point de notes. Comme un enfant velléitaire, j'ouvrais le livre puis le refermais, m'enjoignant de quitter les lieux, faisant quelques pas en arrière parfois pour mieux me précipiter ensuite et tenter d'absorber les quelques bribes de ce savoir interdit. Je lus à voix basse les incantations terrifiantes afin de mieux pouvoir m'en imprégner. Quand je refermai le livre, pour la centième fois sans doute, la dernière peut-être, je laissai la paume sur son premier plat. Et c'est à cet instant (peut-être avais-je occulté cette information pour ne pas reculer ?) que je me rendis compte que le Necronomicon avait été relié avec la peau tannée et martyrisée d'un être humain !

J'ignore comment je parvins à m'arracher aux pages fuligineuses de ce livre méphitique composé d'incantations diaboliques. Je me retrouvais étendu au pied de la porte refermée, tremblant, suant, marmonnant des paroles inaudibles que tentait vainement de comprendre le cardinal Fontana, à genoux à mes côtés.

Mon cher ami, après avoir erré sans but dans les rues de Rome, je viens seulement de rentrer. En poussant la porte de ma bibliothèque, j'ai pu constater que, tandis que j'étais aux prises avec le Necronomicon, les hommes du Cardinal ont honoré « ma » part du contrat. De ce que j'avais promis de protéger, il ne reste rien, rien d'autre qu'un goût amer dans la bouche, un goût de trahison éternelle.

Mais je crois entendre de nouveau comme des glissements lourds dans le grenier, qui me font sursauter. Il m'est de plus en plus pénible de me concentrer. Ma main est prise par moments de mouvements incontrôlés et mes pensées me portent vers ces mondes hostiles et en fusion découverts lors de mon premier contact avec le livre. Mon corps est froid, mon esprit vagabonde, et je me retiens de hurler à la nuit. Cette fois, c'est un choc sourd qui a empli le grenier, se propageant jusqu'à moi par les murs, le plafond, les conduites d'eau, la cheminée. Je sens une insidieuse frayeur m'envahir... Mon cher Philips je vous en supplie. Oubliez vos recherches ! Occupez-vous de votre petit-fils, Howard Philips, soyez pour lui ce père tragiquement disparu voici deux ans. Continuez de lui raconter les histoires nées de votre imagination sans tenter de soulever le voile impur qui recouvre les indignes obscurités. Il est des secrets qu'il convient de laisser enfouis. Le Vatican l'a compris depuis longtemps. À présent, je vous quitte. Je vais glisser cette lettre sous enveloppe. J'espère que vous demeurez toujours à Providence.

Saluez bien pour moi le petit Howard Philips Lovecraft.

Bien à vous
Sincèrement

Votre Carlotti

Chartres, de nos jours

Sérieux killer

Le téléphone.

Ce bon Dieu de bordel de foutu téléphone.

Cam se retourne dans son sommeil en gémissant.

D'un coup de poing rageur, je balance le portable qui s'écrase sur la moquette de la chambre. Cette fois, Cam est réveillée. C'est elle qui allume la lampe, laquelle pendouille lamentablement contre le mur et éclaire une ribambelle de tournesols peints qui ne voient jamais de soleil autre qu'artificiel. On distingue, au fond, les deux flèches de la cathédrale. Elles percent deux nuages joufflus, tels des dards crevant le cul de Satan.

-Tu ne peux pas le mettre ailleurs, ce téléphone ?

Elle sait que je ne peux pas.

À cette heure, ce ne peut être que le CODIS, le centre opérationnel des sapeurs-pompiers. Ou mes nouveaux collègues, les flics chartrains. Voire, le proc.

Ce ne peut être.

Par miracle, Lou continue de rêver de princesses et de sorcières, le poing sous le menton. Je lui caresse les cheveux, juste assez pour ne pas la réveiller, et sors dans le couloir de l'hôtel pour passer mon coup de fil. En caleçon. Mais à trois heures du mat', je ne risque pas de faire de mauvaise rencontre dans cet anonyme couloir plongé dans l'obscurité.

C'est Pellegrin qui a tenté de me joindre.

Il a un nouveau cadavre sur les bras. Qu'il dit. En fait, c'est Riant qui lui a demandé de m'en aviser, en vertu des accords passés entre le journal, le Proc et le Préfet.

Une bouchère.

Après les livres, d'autres livres. De lapins, de bœufs, de poulets.

Ce doit être écrit en lettres de sang sur la vitrine de la boutique.

Cette dernière se trouve rue du Soleil d'Or. Pas loin de la cathédrale. Une rue commerçante.

Alors j'embrasse Cam, qui s'est rendormie, une moue boudeuse sur la lèvre qu'elle a rouge et fine, j'embrasse le front un peu chaud (aurait-elle de la fièvre ? mais non, c'est moi qui ai la main froide) de Lou, enfile mon jean et ce qui va avec et file vers la rue du Soleil d'Or. Qui n'a jamais aussi mal porté son nom.

Au cœur de la nuit, le soleil dort.

Les gyrophares placardent de bleu les murs gris des vieilles bâtisses dont certaines révèlent l'ossature décharnée du bois de leurs pans médiévaux. Quelques niches vides laissent deviner l'ombre de saints polychromes volés depuis longtemps. Ne reste que la caricature de leur souvenir, un trou encore plus noir dans l'inutile noirceur de la ville.

Je bâille sans mettre la main devant la bouche, ce que n'aurait pas manqué de me reprocher la petite.

Il en est une autre, qui a la bouche grande ouverte sur une inutile noirceur, c'est la bouchère. Elle, on lui pardonne. Elle n'y peut plus grand chose. Qu'on voit ou non ses dents cariées, elles s'en fiche. Son corps fait une ombre christique sur le damier noir et blanc de sa boutique. Les étals, témoins muets du drame, lui survivront un peu. Il y a là une douzaine de livres de comptes, une palanquée de bordereaux de commandes irrémédiablement rougis. Quelques pages baignent dans une épaisse flaque de sang qui paraît verte à la lumière artificielle d'un réverbère ; sur la vitrine dégoulinent des lettres formant un péremptoire « Boucherie des Flèches ».

-T'en dis quoi ? Un dingue, non ?

C'est Pellegrin. Je reconnais son haleine. Il pue à plein nez le cendrier Ricard débordant de mégots.

-Ou alors un mec qui n'est pas content de son jarret ?

Pellegrin renifle.

-T'es un cynique, en plus ?

-Non, quand j'étais ado, peut-être que je l'étais, cynique. Mais à tout prendre, je préfère l'ironie. Vous comprenez ?

Au léger mouvement d'air que je perçois sur mon cou, Pellegrin vient de hausser une épaule, peut-être même les deux.

Riant nous rejoint. Il a l'air sinistre. Et fatigué.

-Le proc va débarquer. Et le maire, aussi. J'vais avoir droit à deux interrogatoires aussi serrés qu'un expresso italien !

D'emblée, je compatis. C'est un brave gars, le commissaire Riant.

J'ai eu l'occasion de m'en rendre compte depuis que je furète dans tous les bureaux du commissariat, de la salle de dégrisement aux cellules de garde à vue. Il ne sort jamais sans son code pénal. Par contre, son flingue, il l'oublierait volontiers dans un tiroir, à côté des photos de ses gosses. Un mec bien, je pense.

Guyon a été charcuté à Garches, mais l'autopsie n'a pas donné grand-chose. La mort était consécutive à un violent coup porté à la tempe par un objet que l'on n'a toujours pas retrouvé. Les flics ont cuisiné son copain du moment, sans résultat pour l'instant.

Pour Francine Bidard, (c'est le nom de la dame qui tente de nous dévoiler l'anatomie de sa glotte) il n'y a pas besoin d'être légiste pour s'apercevoir que son âme a été emportée à cent kilomètres seconde par une balle de gros calibre. Quel foutoir. Et si Villon avait raison ? Enfin, pas le poète. Le flic, bien sûr. Si c'était un dingue ? Deux assassinats à Chartres en quelques jours, c'est du jamais vu depuis l'Occupation.

L'idée est séduisante. Et terrifiante.

-Et putain ! Au moment où le pape s'apprête à débarquer ! C'est vraiment pas le moment !

Riant soupire.

Il est l'homme le plus malheureux du monde.

Rome août 1900

In memoriam

Teresa pleurait à gros bouillons. Dès qu'elle vit Sergio, que pourtant elle connaissait peu, la gouvernante du professeur Carlotti se précipita dans ses bras.

-Il dottore, il dottore ! Il est mort, c'est affreux !

Sergio la repoussa doucement et grimpa l'escalier. Il fut arrêté par des carabiniers en uniforme. Par la porte entrouverte, il put voir le corps de son mentor. Celui-ci paraissait avoir été écrasé par un tombereau de bois, son sang baignait les tapis onéreux qui recouvraient le parquet. Un pan de la bibliothèque était dévasté, des centaines d'ouvrages gisaient à terre. Il ne fallut guère de temps au jeune homme pour comprendre que son trésor avait été pillé. Le souffle et les jambes lui manquèrent. Il dut s'appuyer contre un mur.

Ils avaient été trahis ! Le professeur Carlotti avait été assassiné, les rouleaux de Qumrân dérobés. Sergio Cogliandro fut pris de tremblements. Il devait à tout prix mettre en lieu sûr les quelques documents qu'il avait conservés. Notamment la carte et les écrits relatifs à ce qu'il appelait « l'autre Apocalypse ».

Après avoir répondu aux questions des carabiniers, il sauta dans un fiacre et se fit reconduire chez lui. Il s'enferma dans son bureau durant plusieurs heures. Il en ressortit soulagé. Il avait tout expliqué dans la missive accompagnant les documents. Tout avait été traduit en français. S'il venait à disparaître à son tour, son ami, l'éditeur parisien Victor Trann, saurait quoi faire de ces écrits. Il avait tout couché sur le papier, ne lui avait rien caché, depuis sa fuite de Palestine jusqu'à la mort de Carlotti.

Sergio Cogliandro se fit conduire jusqu'à la gare, non sans faire étape au bureau de poste le plus proche.

Sa prochaine destination : Paris.

S'il remarqua la splendide De Dion Bouton garée de l'autre côté de la rue, Sergio ne fit pas attention à l'homme qui se tenait au volant. Il est vrai qu'emmitouflé dans un lourd manteau de cuir, le visage dissimulé par une casquette à longue visière et d'épaisses lunettes, le prêtre aux yeux clairs qui avait voyagé à ses côtés à bord de L'Amélie était méconnaissable.

Zanzibar, fenêtre quatre : perte de contrôle

Assis par terre, dans le couloir de l'hôtel. Je me souviens. Du gosse. De son visage effrayé. De la boule de feu. Putain de rêve. C'est effrayant. Je croyais ce rêve oublié. Il me tenaillait, la nuit, quand j'étais minot. Quand j'avais l'âge de Lou. Et puis, à l'adolescence, il s'est enfui, sans bruit. Merci. De nouveau, depuis quelques jours (depuis la découverte du corps de Sogar, en fait), une perceuse me vrille les tympans. À percussion, la perceuse. Ça fait plus mal. Ça stigmatise la douleur. Et ça fait de gros, très gros dégâts. Ça ne vous perce pas en finesse, non. Elle revient, parfois, quasi physiquement, la douleur. Dans l'obscurité, surtout, quand mon esprit s'abandonne, se fond dans la nuit. Mais la douleur est mienne. Nul ne peut la partager, pas même Cam, à qui je donne tout, pourtant. Pas même Lou, qui, elle, me donne tant.

Elle fait partie de moi, comme un membre virtuel, un double de mon corps qui ne disparaîtra (et encore ?) qu'avec la mort. Le grand vide seul me donnera la paix. Je ne l'ai pas dit à Cam, même quand l'angoisse ronge mon sommeil, me rattrape. Il me tarde de quitter ce putain d'hôtel, cette chambre morte qui m'oblige à l'intolérable promiscuité avec moi-même. Les actes ne gomment pas le temps. Il tourne en boucle, s'effiloche parfois, s'étire aussi, mais reste toujours présent. J'aurais dû le savoir. Je dois avoir l'air con, en caleçon dans le couloir de l'hôtel. Envie de me perdre loin, à Zanzibar peut-être, et de me regarder par la fenêtre de ma chambre d'hôtel.

Un nocturne amateur télévisuel s'adonne à son vice dans une des chambres de l'étage. Des éclats de rire enregistrés traversent la porte épaisse comme un papier de Riz Lacroix. Ils se noient dans le couloir, conscients de ma présence. J'entendrais déglutir mon voisin de palier. Glups.

C'est un autre cauchemar qui vient de me réveiller. Je ne l'avais jamais fait, celui-là. Tant mieux. Je me voyais courir devant une grosse masse de feu, une sorte de magma volcanique roulant dans un boyau souterrain. Mes pieds étaient de plomb, s'engluaient dans le sol, dans une sorte de suie ou de sable noir. Et puis il y avait une montagne, une montagne souterraine qui me bloquait la route, un cône de détritus planté là au milieu du souterrain. Et je commençais à grimper pour échapper aux langues de feu qui me caressaient le dos, mais la montagne n'était pas stable, et je glissais, glissais. Jusqu'au cri, étranglé dans ma gorge, heureusement pour Cam et Lou !

Une faible lueur verte troue l'extrémité du couloir. Elle m'attire. Je me déplie, bâille inutilement et me dirige vers la fenêtre qui donne sur les toits de la ville. Je n'aime pas les villes en général. Ce qui est urbain me déplait. Peut-être est-ce tout simplement la concentration d'humanité qui m'insupporte dans la cité. Mais pas celle-ci. Pas trop. Chartres, pour peu qu'un projecteur céleste l'auréole, sait se faire aimer. Je parle de la ville, des rares lambeaux de spiritualité qui ont survécu à des générations de Chartrains. Des bords de l'Eure que l'on traverse, en basse-ville, en enjambant le pont du massacre, au cloître qui veille jalousement sur Notre-Dame, pas la parisienne lourdaude et callipyge mais celle élancée et cruellement féminine de Chartres malgré ses flèches phalliques. J'aime ses rues étroites qui glissent le long de maisons aux toits pointus et aux ossatures de bois qui savent vous attirer dans leurs rets.

Tout ici respire l'humain, pourtant, et la fragilité capable de traverser les siècles. Le nom des rues prête à la rêverie, à l'envie de découvrir le passé de la cité, ces petites histoires qui côtoient la grande.

Mais ce soir la ville m'effraie.

Le Vatican, août 1900

Sous mission

Il était encore tôt, mais la place Saint-Pierre était déjà des plus animées. Depuis le balcon des appartements du Pape, Fontana et sa Sainteté Léon XIII observaient le spectacle de la rue.

-C'est fait, osa finalement le cardinal. Nous avons récupéré les rouleaux, ils sont à présent en lieu sûr.

Le pape eut un mouvement du menton.

-C'est bien. Était-ce réellement ce que nous croyions ?

-Je le crains. Nous en avons entamé la lecture. Cette fois, il s'en est fallu de peu.

-Et votre ami ? A-t-il obtenu ce qu'il souhaitait ?

Le cardinal Fontana laissa passer quelques secondes avant de répondre.

-Oui. Nous avions conclu un accord. Savait-il, le malheureux, qu'il s'agissait là d'un marché de dupes ?

-Et ?

-Il n'a pas survécu à la lecture de l'ouvrage. À l'instar de ses prédécesseurs qui avaient eu accès à ce livre maudit.

Sa sainteté soupira.

-L'Église vous remercie.

Le cardinal haussa les épaules. Il avait appris quelques minutes auparavant la mort du professeur Carlotti. Depuis, Fontana se demandait s'il n'aurait pas mieux valu laisser se dérouler le fil de l'histoire. La Chrétienté avait, par le passé, connut bien des crises. Elle aurait pu, en se débarrassant d'un mensonge vieux de 2000 ans, renaître plus forte encore des cendres d'un encombrant passé.

-Vous doutez, mon ami ? murmura le pape en se tournant vers le cardinal.

Fontana ne répondit pas, se contentant de plonger dans le regard du vieil homme. Le pape sourit.

-Il est bon de douter, pourvu que cela ne dure pas trop longtemps, lâcha-t-il. Sommes-nous sûrs d'avoir récupéré tous les documents ?

-Sergio Cogliandro l'inventeur des rouleaux est toujours sous surveillance, répondit le cardinal Fontana. S'il a d'autres documents en sa possession, nous devrions pouvoir les récupérer sans difficulté.

Chartres, de nos jours

Éléments de matière minérale en perdition

Le gamin louche sur sa chaussette trouée. Ses Nike poussiéreuses, auréolées de boue, reposent sous le bureau de l'inspecteur Blondel. Il a la lippe tendue en avant. Pour un peu elle toucherait par terre. Bon, faut toujours que j'exagère.

-Hé, tu m'causes un peu ? soupire Blondel en me faisant signe de fermer la porte derrière moi.

Le gamin, peut-être treize-quatorze ans, redresse la tête et renifle.

-J'ai rien à dire. C'est pas moi.

-Bon, me fais pas perdre mon temps ! C'est écrit dans le rapport que j'ai sous les yeux. T'as canardé les collègues avec, je cite, « des éléments de matière minérale trouvés sur les lieux ». Je ne l'invente pas, ça !

-Des quoi ? fait le gosse, visiblement surpris. « C'était pas des machins minéraux, c'était des pier...»

Il se reprend.

-C'était rien du tout ! J'ai rien fait. Son œil retourne fourrager dans sa chaussette qui dut, un jour, être blanche.

La tignasse de Blondel paraît se hérisser. Pourtant, après dix ans passés chez les Mineurs, il a l'habitude. Il déplie sa masse impressionnante et se dirige vers la fenêtre qui donne sur la cour du commissariat. Sa chemise verte semble vouloir se déchirer sur ses épaules. Le gosse ne peut s'empêcher de réprimer un frisson. Mais c'est Blondel qui s'apprête à réprimer.

-Tu sais, qu'il grince, t'es mal barré. T'es sans doute au courant du bordel d'il y a trois semaines, quand tes petits copains ont canardé les pompiers et mes collègues, à la Madeleine. Alors, là, je ne joue plus. Je téléphone au juge des enfants, on fait une présentation au Parquet et tu passeras les prochaines vacances en taule.

-Hé, mais j'suis mineur ! râle le gosse.

Blondel rote discrètement, mais pas assez.

-Justement, tes parents économiseront quinze jours de centre aéré !

Quand il se retourne, il arbore un sourire à la Mona Lisa. Illisible. Intraduisible. Un peu pervers, sans doute. Et agacé. Les grands frères, les petits caïds de quartier ont bien fait la leçon aux petits frères et futurs caïds de quartiers.

-Et moi, j'suis aux Mineurs. Je sais ce qu'on peut faire avec des gosses dans ton genre, crois-moi.

Frappé par l'assurance du flic, le gosse ne répond rien.

-Bon, tu sais quoi ? On va se démerder pour que tu te retrouves avec un chouette TIG. Tu sais ce que c'est ?

-C'est du boulot, lance le gamin sans regarder son interlocuteur.

-Bien, monsieur est un surdoué ! ironise Blondel avant de farfouiller dans un dossier relativement épais qui s'amoncelle en une colonne jaune et rose sur un coin de son bureau. Il en tire une photo en poussant une exclamation ravie.

-Tiens, regarde-ça !

Le gamin relève, d'un tiers, la tête.

-Tu sais ce que c'est ça ?

Il sait.

C'est le commissariat de quartier de Beaulieu.

Enfin, avant la bataille rangée d'il y a quelque temps.

Aujourd'hui encore, le commissariat est recouvert d'une gangue d'expressions contemporaines aux teintes sanguinolentes et évocatrices.

Des expressions signifiant :

-Petit un, que tous les représentants de l'ordre et de la justice sont issus de couples illégitimes et parfois même sont le fruit d'improbables amours sodomites.

-Petit deux, que lesdits représentants de l'ordre et de la justice sont d'ignominieux racistes de la pire espèce qui jouent les services d'ordre lors des manifs de groupuscules fascistes.

-Petit trois que Blondel suce le Procureur de la République.

Le sourire de Blondel s'étire jusqu'à ses oreilles décollées. Il ressemble à quelque carnassière baudroie flairant une proie pour son quatre heures.

-Tu sais qui c'est, Renoir ?

Le gosse hésite.

-Ouais, c'est le nom de ma rue.

-C'est dingue, non ? interroge Blondel.

Le gosse se tortille sur son siège. Il flaire le coup tordu, sans pouvoir le discerner réellement.

-Qu'est-ce qui est dingue ? finit-il par lâcher.

-Ben, que t'habites rue Renoir. C'était un peintre, tu sais ça, j'espère. Renoir. Un impressionniste ! Mais je vois que ça ne t'impressionne pas ! qu'il s'esclaffe, Blondel, en me jetant un coup d'œil hilare.

La lèvre caressant ses lacets, le gosse observe Blondel par en dessous sans piger. Sous son crâne rasé, ça gamberge, en vain. Une cicatrice s'étire au-dessus de son oreille.

-Bon, c'est toi qui va jouer les Renoir ! Je suis sûr que tes vieux seront d'accord pour que tu repeignes l'ensemble du commissariat. Et crois-moi, on invitera tes copains au vernissage ! Ha ! Ha !

Sans crier gare, le flic s'écrase sur son siège à roulettes, se propulse vers la petite table où roupille un téléphone, et décroche.

-Martin ? Ouais, c'est Blondel. Bon, tu peux récupérer le gamin. Non, on va le laisser réviser ses cours de civisme et après tu pourras appeler ses parents, qu'ils viennent le récupérer. Je bigophone au juge. À tout's !

Et Martin vient récupérer le jeune présumé jeteur de matières minérales qui glisse sur le sol nickel du couloir sans un mot.

-Putain, il a tout juste treize ans ! Et c'est pas le plus jeune de la bande, grogne Blondel en m'invitant à m'asseoir. Une des godasses du gamin tend sa virgule vers moi, de sous le bureau de Blondel. Soupir.

-Quand je pense que les collègues traquent un serial killer !

C'était pourtant limite. Dès le premier meurtre, la Direction Régionale de la Police Judiciaire a déboulé. Furax, qu'il était, Riant. Et puis, quelques coups de fil hiérarchiquement bien pensés ont suffi à calmer les esprits retors. C'est que le Proc, finalement, en deçà de toute autre considération, tient à ce que ce soit le local qui mène l'affaire à son terme. Question de prestige. Et puis, le bon maire de la ville a mis en place il y a quelque temps un vaste plan susceptible d'insécuriser l'insécurité, alors avec les élections et le pape, n'oublions pas le pape, qui s'apprêtent à débouler...

« C'est politique » comme dirait Riant.

-On peut se tutoyer ?

-On peut !

-J'aime mieux ça. Après tout, on va être amené à bosser plus ou moins ensemble, non ? ajoute, Blondel, en gratouillant quelque peau morte sous sa chaussette de tennis.

-Plus ou moins, je tente, prudent.

On a vite fait d'être enrôlé indic, dans les parages.

Les relations entre les flics et les journaleux ne sont pas toujours simples. Elles s'apparentent, souvent, à une course de fond sur terrain miné ou sables mouvants. Bien sûr qu'à priori, le journaleux est du bon côté de la barrière. Mais son boulot est d'informer ses lecteurs, et pas forcément les flics. Même si l'info des seconds peut parfois compléter celle des premiers et vice-versa.

-Tu as dégotté du nouveau de ton côté ? qu'il fait.

-Tu as un euro ? Alors, tu liras tout dans le canard !

Blondel joue les offusqués !

-Attends, c'est le patron qui les confisque tous, les canards !

-T'inquiète. Je te dis tout ! La malheureuse s'appelait…

-Ttttt… m'interrompt Blondel. T'écris pas un papier là, alors « la malheureuse », c'est pas la peine, qu'il sourit, carnassier.

-Bon, t'as raison. La victime (Blondel donne sentencieusement sa bénédiction d'un coup de menton, visiblement plus sensible au jargon poulet qu'au dialecte journaleux) s'appelait Bidard. Elle était âgée de 54 ans ; veuve, elle vivait une belle histoire d'amour avec Paul Lefébure, 68 ans le mois prochain, charcutier à la retraite, président du cercle littéraire de la Beauce et…

-Ttt… me coupe de nouveau Blondel. C'est pas écrit dans ton papier, ça !

-Ah ! Tu l'as lu ? Je m'en doutais. Non, on n'écrit pas tout. Pas toujours. Bon, la dame a été tuée. Et sur le comptoir de son échoppe, tes amis et collègues ont retrouvé un roman de Jules Verne salement amoché. Un cartonnage dit « à la Sphère Dorée », Mathias Sandorf. Pas n'importe quel bouquin. Un premier tirage de 1898 ! C'est un tirage accidentel ! Il n'en existe que cinq ou six dans le monde ! Et puis un petit mot au crayon à papier. *Mobilis in mobile.*

-Putain… soupire Blondel.

Chartres, de nos jours

Quand l'imagination s'enflamme

-Maman ! Maman ! Il y a le feu partout ! Je peux plus respirer, maman ! J'étouffe, maman !

Lou ! Je ne vois qu'une silhouette qu'éclaire, mal, l'ampoule faiblarde de l'abat-jour qui a roulé sous la table de nuit. Lou s'est entortillée, enroulée dans la couette et les oreillers qui la retiennent prisonnière sans pourtant parvenir à étouffer ses cris. La malheureuse gigote comme une anguille dans son parapluie, donnant des coups de pied alentour sans réussir, toutefois, à se dégager.

-Je brûle maman ! Papa ! Au secours…

Sans arriver à la calmer, mais sans élever la voix, je parviens à ôter les draps et à révéler le petit corps qui adopte aussitôt la position fœtale. Secouée de violents sanglots, qui me font venir les larmes aux yeux, Lou gémit, les mains autour de ses genoux, enveloppée désormais de son seul « pyjama-Nounours. »

Cam la prend dans ses bras, non sans essuyer une ou deux ruades désespérées.

-C'est un mauvais rêve, chérie, là, là, tout va bien, juste un cauchemar !

Mais la petite secoue la tête au risque de la décrocher de son cou.

-Non ! C'est vrai ! C'est pas un cauchemar ! Il y a le feu partout ! Partout ! insiste-t-elle en une litanie désespérée.

Cam me jette un regard consterné, inquiet aussi.

Je m'assois à mon tour au pied du lit, caressant les cheveux de Lou.

-Tu veux nous raconter ? C'était comme l'autre jour ?

-Je veux un mouchoir ! renifle la gamine.

Je fonce droit sur le réfrigérateur miniature, lui ramène un rouleau d'essuie-tout que la petite se met en devoir d'exterminer d'une narine aussi virulente qu'assassine.

Quand elle s'est un peu calmée, Cam lui demande :

-Tu nous racontes ?

Dans un ultime reniflement, Lou se raconte. En prenant soin de spécifier auparavant qu'il ne s'agissait pas d'un rêve, que les rêves qu'elle faisait d'habitude ne ressemblaient pas à « ça », pas même les cauchemars qui la réveillaient parfois, qu'il s'agissait d'autre chose, de la vérité.

-C'était vrai ! Ceci dit sur un ton péremptoire, sans équivoque, ne souffrant aucune contestation même bénigne ! C'était comme l'autre fois mais en pire. Et pour prouver ses dires, elle nous tend son bras gauche. Son poignet présente une cloque bien rouge, et la manche de son pyjama révèle une rousseur qui n'existait pas quand Lou s'était couchée.

-Tu t'es brûlée avec ta lampe quand tu l'as renversée. Je vais te mettre de la pommade ma puce ! Ça doit te faire mal ! Tu es courageuse, mon ange !

Je me relève mais Lou m'arrête.

-Mais ça me fait pas mal ! Je sens rien ! Et puis, laisse ma lampe tranquille. C'est pas elle !

Cam a un petit geste du menton. Pour l'heure, il lui semble plus important d'écouter sa fille que d'aller dévaliser le tiroir à pharmacie.

-Je sens la fumée ! Je peux prendre un bain, après ?

J'évite de lui objecter que prendre un bain à trois heures du matin ne me paraît pas très judicieux.

Cam fait oui de la tête.

Dans ce cas…

-J'étais dans une espèce de grand marché avec plein de boutiques. Mais des fausses boutiques, peintes de toutes les couleurs. Tu sais, un peu comme quand on est allés à Paris, l'autre jour, avec tous ces petits magasins, où tu as acheté le tableau pour maman ?

-Tu veux dire les Puces, porte de Clignancourt ?

Ses yeux pétillent, heureux d'être compris.

-Oui c'est ça ! Sauf que là, tout le monde était habillé comme autrefois. Les gens avaient l'air déguisés, mais ils ne l'étaient pas. Les dames avaient des grands chapeaux rigolos, avec des plumes, des robes très longues comme on voit dans les films. Les bonhommes (je lui ai déjà dit qu'on ne dit pas bonhomme, à Lou, que ce n'est pas poli, qu'on dit hommes ou messieurs mais rien n'y fait ! Il y a blocage !), les bonhommes avaient tous des moustaches, tu sais, comme le gendarme que tu connais. Il y avait beaucoup de monde. On était serrés, comme quand on a fait la queue pour aller voir Alice au cinéma. Et puis, il y a eu des hurlements. Un d'abord, et tout le monde s'est mis à courir dans tous les sens en criant : « Au feu ! Au feu ! » J'ai été bousculée. J'ai essayé de courir, mais je suis tombée. Moi aussi, j'étais habillée avec une robe trop longue et j'avais de toutes petites bottines. Il y a une fausse maison du moyen-âge qui s'est mise à brûler à côté de moi. J'ai essayé de me remettre debout. C'est là que je me suis brûlée. Au poignet et puis à la main ! insiste Lou en agitant son bras sous mon nez.

Une boursouflure vermillon court le long de sa ligne de vie.

De nouveau je m'alarme.

-Mais non ! Ça me fait pas mal je te dis !

Venant d'une gamine qui est plutôt douillette d'ordinaire, ces quelques mots me laissent dubitatif. Mais déjà la petite a repris le cours de son récit.

-C'est là que je me suis rendue compte que j'avais grandi !

-Que tu quoi ? demande sa mère.

-Que j'étais devenue une grande personne.

Cam me jette un regard que j'évalue à force 7 sur l'échelle de la désespérance.

La petite a surpris ce regard.

-Maman ! Je ne suis pas folle ! Pas la peine de regarder papa comme ça !

Cam lui passe une main douce sur le front, repoussant une mèche.

-Bien sûr que tu n'es pas folle, mon ange ! Continue.

-J'ai aidé une grand-mère à se relever. Elle m'a pris la main. On a couru en remontant nos robes. J'ai eu très peur. On voyait rien, j'avais les yeux qui me piquaient, je n'arrivais pas à respirer. Et puis, on s'est retrouvés dans la rue. Et après… Après je ne sais plus ! Vous étiez sur le lit avec maman. J'ai eu très peur, sanglote-t-elle en se jetant dans les bras de Cam.

-Là, là, ma chérie, c'est fini.

Tandis que Cam se veut rassurante, je ne peux m'empêcher de frissonner. Une odeur âcre de carton brûlé vient de me caresser la narine.

Légère mais insistante.

la Papesse
II

Paris, mai 1896

La prophétie d'Henriette Couedon

Elle habite au 40 de la rue de Paradis ; une bâtisse comme les autres dont l'escalier grimpe sans incident jusqu'au 4ème étage. Elle est jeune, un peu plus de vingt ans dit-on. Brune. Ce qui frappe, ce sont ses yeux toujours en mouvement, des yeux doux disent certains, rêveurs affirment d'autres, inspirés avancent d'autres encore. Vides, clament les jaloux et les fâcheux. Elle s'appelle Couédon, Henriette Couédon. Et l'Archange Gabriel la visite régulièrement..

Elle vit avec ses parents dans cet appartement parisien qui accueille une trentaine de visites quotidiennes. Un petit salon, quelques meubles discrets. Sur une étagère, plusieurs ouvrages de son écrivain préféré : Jules Verne, l'auteur des Voyages Extraordinaires. L'écrivain nantais lui fait courir le monde, le vrai, grâce à ses romans si joliment illustrés ! Sur les murs, des images pieuses dont certaines en couleurs, qui conversent avec d'extatiques statues. C'est là, dans ce petit salon, qu'elle reçoit.

Contrairement à bien d'autres prophétesses, Henriette Couédon ne monnaye pas son don. Ou sa relation. Elle est assise sur un fauteuil bas, d'apparence confortable. Elle interroge, un peu, puis s'ouvre au monde, pas celui qui la vient consulter, pas celui de Jules Verne, l'autre, le monde invisible, celui qu'elle peut pénétrer en pensée. En pensée seulement ? Voire... Ses mains se crispent sur les accoudoirs, ses yeux si doux (ou peut-être rêveurs, ou inspirés, ou vides, c'est selon), ses yeux se révulsent. Au début, il y a de quoi être inquiet, ou effrayé. Et puis, son menton retombe sur sa poitrine. Le visiteur peut alors poser ses questions. Et le miracle se produit. Chaque jour. L'Archange Gabriel prophétise par sa voix. Il répond, d'une voix monotone, monocorde, désincarnée. Il prophétise à travers ce jeune corps en extase. Il déroule au présent quelques bribes de futur. Annonce des accidents, des petits bonheurs personnels, des événements politiques. Des articles de journaux, nombreux, en attestent. Il a bon dos, l'Archange ! C'est ce que pensent certains. Reste que des artistes, des savants, des journalistes, des curés même, sans omettre des politiques, ont poussé la porte du 40 de la rue de Paradis ; reste qu'ils ont interrogé, qu'ils ont vu, qu'ils ont entendu. Papus l'occultiste, le grand Papus lui-même, s'est intéressé au cas de la jeune Henriette !

D'ordinaire, Henriette Couédon ne quitte pas l'appartement familial pour prophétiser.

Mais ce soir de mai 1896, elle a accepté l'invitation de la comtesse de Maillé. Ils sont plus d'une centaine d'invités à deviser en petits groupes, un verre à la main. Ce soir-là, l'héroïne n'est autre qu'Henriette. C'est elle la surprise promise d'un air gourmand par la comtesse de Maillé. Intimidée, Henriette Couédon ne s'éloigne pas de son hôtesse qui virevolte d'un groupe à l'autre avec l'aisance naturelle de l'aristocratie triomphant de tout, y compris des révolutions. La jeune femme, mal à l'aise, tente d'éviter tous ces regards braqués qui la fixent avec insistance, qui avec ironie, qui avec curiosité, qui avec fascination. On la presse de questions, on lui demande de vaticiner, on tente de lui soutirer quelque facette de l'avenir. Mais Henriette n'arrive à rien. La prophétesse tarde à prophétiser. Les sourires se font de plus en plus ironiques, de moins en moins complaisants. Madame la comtesse se mord les lèvres. Sa surprise fera-t-elle long feu ? Ce condensé d'aristocratie française commence à taper du pied, réclamant une extase qui se refuse.

C'est alors que l'Archange Gabriel vient au secours de la malheureuse...

Elle s'effondre sur un fauteuil. Ses doigts enserrent les accoudoirs, elle gémit. Elle ne peut sentir la douceur du velours sous ses doigts. L'Archange a pris possession de son corps, de son âme. Elle, la véritable Henriette Couédon, est ailleurs. Peut-être sur les rives du « Superbe Orénoque », le dernier Verne qu'elle a lu.

L'Archange parle.

« Près des champs Élysées, je vois un endroit peu élevé qui n'est pas pour la piété mais qui en est approché... un bruit de charité qui n'est pas la vérité... je vois le feu s'élever. Des gens hurlent... des chairs grillées, des corps calcinés... j'en vois comme par pelletées ! »

Henriette se relève brusquement, hagarde. Son cœur tente de s'échapper de sa poitrine. On se précipite, on s'empresse, on essaie de la soutenir, de lui éviter une chute. Elle est prise d'un tremblement. La jeune femme (à moins qu'il ne s'agisse encore de Gabriel ?) s'adresse à l'assemblée mortifiée. Lui indique qu'elle sera épargnée. Puis elle (il ?) se tourne vers le comte de Maillé qui l'observe, choqué. Lui sera touché, mais « de très loin » précise Henriette-Gabriel avant d'annoncer la mort d'un grand seigneur.

Un an plus tard, le 4 mai 1897, le Bazar de la Charité installé rue Jean Goujon s'embrase. On dénombrera plus d'une centaine de morts, dont la duchesse d'Alençon, arrière cousine du comte de Maillé.

Chartres, de nos jours, le 11 août

Sur le pont, des soupirs

Quand j'étais gamin, que je m'endormais sur d'héroïques pages racornies par des millions d'étincelles oculaires et tout autant de fantasmes futurs nourris par les Mahuzier, Soustelle, Champollion et autres Zuber, je rêvais de devenir archéologue, ou peut-être vétérinaire, voire explorateur, ou les trois à la fois. Comme je n'étais pas doué pour les études, et que j'ai horreur des moustiques, je suis devenu journaleux, un boulot comme un autre. Certes, ça fait toujours râler quand je tiens de tels propos, forcément anamorphosés par le prisme de ma mauvaise foi et aguerris par l'outrecuidance quotidienne de ceux dont la pratique de la noble profession met en érection l'unique neurone... mais quand même ! L'aura qui nous ceint le cuir chevelu, au risque parfois d'en cramer la perruque, est bien encombrante. Surtout quand il s'agit d'affronter l'œil en coin du président de la Fédération Nationale des Anciens Combattants d'Afrique du Nord qui vous enserre le coude en estimant que pour un salaire de présentateur télé, qu'il croit, vous pouvez bien faire l'effort, après sa présidentielle allocution, d'aller flatter de quelque trait spirituel l'édile local parvenu à se libérer, le pauvre, afin de participer au patriotique banquet commémorant la Libération.

Il s'en trouve même, des plumitifs, pour coller sur le pare-brise de leur belle automobile un cartouche tricolore qui leur confère un statut qui, s'il n'est pas de marbre, reste gravé sur le papier recyclé de la commission de la carte d'identité des journalistes autant de temps qu'ils bricoleront pour moins de 1500 euros mensuels les soixante-dix heures hebdomadaires qu'il leur faut pour rapporter les faits et gestes de leurs contemporains.

Vous êtes les instituteurs des adultes, m'avait soufflé, un jour, de son poumon d'acier, un tuberculeux mais attachant vieillard qui présidait à une conférence de cheveux blancs sur la parthénogenèse ou la vie montagnarde des moutons à cinq pattes, je sais plus.

Ça m'avait foutu le cafard et depuis, le bonhomme est mort.

Certes, les deux faits (j'entends la comparaison avec les instituteurs et le décès du teneur de propos) ne sont certainement pas liés. Mais il me plaît parfois de le croire quand des éclairs de lucidité obstruent les cases vides du caveau qui me tient lieu de cerveau.

Le type au nez triangulaire qui me fait face est de la concurrence. L'exemple même du journaleux que j'apprécie. Enfin, c'est du deuxième degré, hein, qu'on ne s'y trompe pas ! Son triangle nasal fourmille de cratères qui le feraient supposer avoir été soumis, en quelque temps préhistorique, à une pluie de météorites. Derrière ses lunettes à monture d'acier, ses yeux globulent et s'activent en quête d'exclusivités. Le bonhomme pousserait ses gamins (il en a une flopée) par la fenêtre du quinzième si ça pouvait lui en fournir une, d'exclusivité. À peine s'il ne va pas balancer son calepin sous le tarin des accidentés de la route que les pompiers tentent vainement de désincarcérer, histoire de leur soutirer leurs impressions ultimes. À peine. Il passe son temps à décréter que les hommes ne sont que des pions, lui le premier, et que l'avenir appartient à tout le monde, (entendez par là à tous les salauds) mais surtout pas à lui.

Là, il me tire la tronche. Logique. Je louvoie à travers les bureaux du commissariat et les lieux du crime avec l'aisance d'une étoile dans les coulisses de l'opéra Garnier, le tutu rose en moins. J'ai des tuyaux de première -dont je dois taire l'essentiel, certes, mais seulement pour le moment- et lui rame comme un malheureux pour s'en venir, à l'heure du rendez-vous traditionnel de la fin de journée, suçoter les quelques bribes d'informations que voudra bien lui donner l'attaché de presse du commissariat.

Il tente de me cuisiner en vain. Je reste aussi sourd à ses supplications ou à ses menaces qu'un carré de Roquefort aux bêlements d'une chèvre pétrie d'arthrose.

Il crache dans l'eau.

Il s'appelle Lavaterre.

L'Eure déroule ses anneaux d'herbes vertes et longues comme la chevelure de la Gorgone ; le vent doux y puise des ondulations humides qui s'en viennent caresser le parapet du pont. J'entends les cris des quelques ados accrochés, un peu plus loin, aux grilles du lycée Marceau.

Derrière moi, les maisons basses aux volets bleus conversent avec le pavé bordé de ces fameuses pierres de Berchères réputées imputrescibles, rendues lisses et égales par les siècles.

Accoudé au parapet, je laisse mes pensées flotter en direction des flèches de la cathédrale qui paraissent, au loin, crever le feuillage des arbres. Nul bruit du côté des antiques lavoirs plus ou moins abandonnés et dont les planches délavées pataugent au pied des façades fatiguées balayées par les eaux. À main gauche, juché sur un appentis dont les pilotis plongent dans l'onde, un homme au crâne chauve, en caleçon de bain, pêche la truite. Son arche de bois à la barrière en claires-voies est accolée à une maison dont la cave laisse apparaître, à fleur de rivière, le bois de chauffage rentré pour l'hiver prochain.

Deux Chartrains assassinés en moins d'une semaine ! Les statistiques explosent !

Mon attention se porte un instant, fugace mais intense, sur un pot de géraniums aux rouges éclatants.

Rouge sang.

Frisson.

Pourtant, le soleil me transperce.

Je sursaute.

Un type vient de pousser la porte de la maison Saint-Père, le moulin qui se trouve juste derrière moi. Mille ans après sa construction, la bâtisse qui fut un jour la propriété des parents d'Anatole France, est devenue pour partie un atelier d'artiste. Je n'ai que le temps d'apercevoir un carré d'herbe verte, un pan de mur. La porte s'est refermée.

Impossible d'entamer une brèche dans le mur des incohérences de cette affaire.

Lavaterre crache de nouveau dans l'eau. C'est une manie.

-Comment ça se présente au commissariat ? demande-t-il. Pour dire quelque chose.

C'est la Révolution, avenue Maunoury. Les gardes à vue se multiplient. Des violents, des voleurs, des exhibitionnistes, des petites crapules, des gros salauds, des adultérins qui carburent à la coke, des SDF qui se shootent au rosé. Des gosses de l'est qui pillent des parcmètres, des autochtones qui font les rayons des grandes surfaces, des automobilistes qui remontent à 150 le boulevard de la Courtille et écrabouillent tout ce qui se présente. Les salles de garde-à-vue font le plein, regorgent de délinquants moyens, dégorgent d'odeurs spectrales, se tapissent de suées. Des putains bulgares qui tapinent sur la route de Saint-Eliph, des putains locales qui s'arrachent les poils face à cette concurrence étrangère. Des grilleurs de feux rouges qui n'échappent pas aux caméras. La chaleur accablante rend hargneux les gardés à vue comme les gradés en vue qui veillent sur eux. On entend des cris, des gémissements, des plaintes. Des coups de gueule aussi, et des menaces. Mais il ne se trouve là aucun suspect pour le meurtre du libraire ou de la bouchère.

Je respire un grand coup.

Les ponts se succèdent dans ma ligne de mire. À quelques rues de là, le bien nommé pont du Massacre enjambe la rivière. Le nom me ramène au présent. Puis à mon foutu portable qui vibre dans ma poche, danse la gigue tandis que j'essaie de m'en emparer. Je hais les portables.

C'est MonDédé.

Je le hais, lui aussi !

Je m'excuse auprès de Lavaterre dans un ultime élan d'être civilisé et le laisse planté au milieu du pont comme un inutile pilier.

Dans la boîte d'allumettes de la taille d'un portable -enfin, le contraire- grésille la voix de mon rédac'chef. Il faut que je sois au bureau dans les cinq minutes. Je lui rappelle que je suis à quarante bornes de Dreux, que c'est le bordel pour circuler dans le centre de Chartres, préparatifs papaux obligent. En outre, malgré la profusion de parkings souterrains, le stationnement en Haute-Ville reste aussi anarchique que l'organisation d'un jeu de chaises musicales dans un centre de réadaptation sociale pour unijambistes ; aussi j'ai décidé de laisser ma voiture avenue Maunoury, à deux pas du commissariat qui se trouve, contrairement à moi, dans la ville haute. Je dois me taper une centaine de marches abruptes avant de me coltiner les rues de l'hyper-centre comme dit le maire, puis longer l'avenue sur plusieurs centaines de mètres encore.

À mi-parcours, je m'octroie une pause essoufflée sur le banc de bois creusé en son centre par des centaines de millions de fesses affaissées par l'effort de la balade. Je ne devrais pas. Ce sera pire après. Mais mon cœur joue du djembé derrière mes côtes et je ne tiens pas à casser définitivement le rythme. Deux ados passent en rigolant et en se bécotant en même temps. Z'ont dû prendre de la ventoline, c'est pas possible autrement. Une vieille dame en tailleur rose suit sa canne à petits pas rapides et me jette un regard noir, comme si je venais de commettre un crime de lèse-mémé en m'écroulant sur *son* banc. Elle s'arrête un instant, soupire, hausse les épaules et reprend sa montée des marches une à une.

Le mollet hésitant, je continue ma grimpette. Il y a des voix qui s'échappent de l'atelier de sculpture proche. Puis, les degrés s'effacent, au profit d'un pavé blond et lisse qui me mène jusqu'au tertre Saint-Nicolas. J'attaque la rue qui mène aux anciennes archives départementales, tourne à gauche dans une courte venelle qui débouche sur le portail nord de la Cathédrale.

En me dirigeant vers la place des Épars, je ne peux m'empêcher d'admirer une fois de plus l'horoscope de pierre jaune rendu à l'œil des passants après plusieurs années de restaurations barricadées.

Le cellulaire vibre de nouveau. Je le laisse vibro-masser ma cuisse. C'est sans doute MonDédé qui vient aux nouvelles.

Ça vient, ça vient !

Paris, le 27 septembre 1900

Échanges de bons procédés

-Qu'étiez-vous pour nos ennemis, pour le public ? Des rêveurs, des fous. Ces fous se sont réunis, qu'ont-ils discuté ? Les plus hautes questions qui puissent intéresser l'humanité !

Justine se tenait près de la lourde porte de bois, plaquée au mur comme si elle avait pu s'y fondre, se métamorphoser en l'une de ces boiseries aux formes simples qui l'entouraient. On était le 27 septembre 1900. Devant la foule des congressistes, celui qui se faisait appeler le Docteur Papus était à la tribune, clôturant le congrès spirite et spiritualiste dont on parlait dans tous les journaux, du Figaro à La Fronde en passant par La Nation et Le Matin. C'est dans le journal des femmes, La Fronde, sous la plume d'un journaliste nommé Tecla qu'elle avait lu un compte-rendu de l'événement. Elle avait décidé qu'il s'agissait là de sa dernière chance. À présent elle attendait, anxieuse, craignant qu'ils aient retrouvé sa trace. Elle dissimulait le coffret sous son manteau.

Cela faisait plusieurs mois que Victor Trann, le directeur de la petite maison d'édition qui publiait ses ouvrages, attendait son manuscrit. D'ordinaire plus portée sur les romans qu'on appelait sentimentaux, elle avait surpris Trann par la gravité de son dernier ouvrage.

Elle l'avait rencontré la veille. Une éternité. Elle lui avait avoué qu'il s'agissait là du premier texte qu'elle écrivait par nécessité. Le premier ouvrage depuis trois ans. Depuis l'incendie.

Posté devant la fenêtre tendue de velours vert, Trann contemplait alors les toits de zinc de Paris, admirant au loin la flèche de la Tour Eiffel, et plus près d'ici les reflets gris et paisibles de la Seine. On apercevait également derrière la croisée les bâtiments de l'Exposition Universelle qui avait pris ses quartiers en avril dernier sur le champ de Mars. Une légère odeur de cigare imprégnait la pièce. Des bibliothèques de chêne blond ceinturaient l'espace. Justine était assise sur le bord d'un inconfortable fauteuil de velours assorti aux rideaux, et observait la pointe de ses bottines sans dire un mot.

C'est Trann qui rompit le silence.

-C'est fort. Très bien écrit. Et effrayant. Je n'ai pas fermé l'œil de la nuit. Quelle imagination. Cela fait froid dans le dos.

Il ne se retournait toujours pas ; Justine ne percevait, au ton de sa voix, ni critique ni enthousiasme. Peut-être une pointe de terreur contenue.

-Serait-ce votre expérience d'il y a trois ans qui ?

Il n'en dit pas plus. Sans doute plongé dans la mer de flammes qui, le 4 mai 1897, avait endeuillé Paris et la France.

Justine se trouvait en effet rue Jean Gougeon quand les baraquements éphémères du Bazar de la Charité s'étaient embrasés. Le cinématographe naissant avait été à l'origine du gigantesque incendie qui avait emporté plus de cent-vingt personnes. Justine était parvenue, blessée, piétinée, brisée, brûlée, à sortir du brasier. Les blessures de l'âme et du corps avaient été longues à guérir et nul baume n'y était totalement parvenu.

La flamme qui auparavant dansait dans ses prunelles sombres avait été étouffée par l'holocauste et sa main gauche conserverait jusqu'à la fin les stigmates de l'incendie. Elle s'était crue morte. Sans doute l'avait-elle été. Elle avait été projetée dans un sombre couloir, aspirée par une lumière froide et aveuglante, puis propulsée dans un monde qui n'était pas le sien. Et puis, elle s'était réveillée à l'hôpital.

Depuis ce jour, elle rêvait.

Des rêves effrayants, des rêves morbides qu'elle ne pouvait qualifier cependant de cauchemars. Des rêves qui l'envahissaient, lui paraissaient tellement réels qu'il lui était impossible de les repousser ou même de se réveiller. On ne repousse pas la réalité. On ne s'éveille guère de la veille.

Du feu, des flammes, des cris. Et la fin du monde. D'un monde. Justine en était consciente. Le banal fait divers avait bouleversé la France. Nombre de ceux qui faisaient le pays en cette fin de siècle avaient péri dans l'incendie et avec eux certaines valeurs. Il était encore trop tôt pour le percevoir, mais les rapports sociaux étaient déjà en train de se modifier. L'incendie du Bazar avait consumé la France entière. Ceux à qui l'on faisait la charité n'en voulaient plus. Ils désiraient vivre et non plus seulement survivre. Ce que des siècles d'émeutes et une révolution n'avaient pu abolir, un incendie y parvenait, au prix de nombreuses vies, certes, mais bien moins que celles prises par la machine infernale de Monsieur Guillotin.

Le monde en serait-il meilleur pour autant ? s'interrogeait Justine. Elle contempla ses mains abîmées qui étaient parvenues à sauver une vieille femme en lui arrachant la soie qu'elle avait autour du corps. Sur le coup, elle n'avait songé qu'à la tirer des flammes, de la fumée âcre qui la faisait tousser, de la foule qui la piétinait. Pourquoi n'avait-elle pu sauver un enfant, une femme ou un homme plus jeune, porteur de sève et d'avenir plutôt que cette vieillarde sèche et de toute façon condamnée par les ans ? Elle avait agi sans réfléchir. Et c'était tant mieux en un sens. Mais que d'interrogations quant à la signification, la vanité apparente de ce geste ?

-Ce sont plus que des rêves, s'entendit-elle murmurer.

-Pardon ?

Trann s'était retourné. Dans le contre-jour, Justine ne parvenait pas à déchiffrer son expression. Les doigts de l'homme étaient crispés sur le manuscrit.

-Ce n'est pas un roman, pas plus qu'un rêve, c'est autre chose, parvint à balbutier Justine qui se sentait comme une mauvaise élève prise en faute par sa préceptrice.

-J'en ai bien l'impression, rétorqua Victor Trann en s'asseyant finalement à son bureau. De la paume, il lissait machinalement les pages du manuscrit. « C'est inclassable, tout simplement. C'est magnifique et inquiétant. Cela vient du fond des âges mais de bien plus loin encore, peut-être du futur. Je reconnais que je suis bouleversé. Tout sonne vrai alors que… »

Trann se tut de nouveau.

-Vous avez déjà entendu parler de ce Juif, ce docteur Freud ? Vous savez, celui qui lit dans les rêves des autres. Vous devriez peut-être…

-Qu'essayez-vous de me dire, Victor ? Qu'il n'est pas souhaitable de publier ce livre ?

Trann parut s'enfoncer dans son fauteuil.

-Ne croyez-pas cela, ma chère amie. Je réfléchis, c'est tout. Je dois avouer qu'il s'agit là d'un type d'ouvrage auquel vous ne m'aviez pas habitué ! Je ne suis pas sûr que la période soit bien choisie pour publier un tel...

Il chercha ses mots un instant, puis, n'en trouvant pas, poursuivit :

-Vous mêlez à la fiction des noms bien réels. Et rien moins que la fin d'une époque, que dis-je de deux mille ans d'histoire chrétienne ! Vous faites vôtres des théories audacieuses, que j'ai déjà entendues, d'ailleurs, et qui, du point de vue philosophique ou religieux sont des plus intéressantes. Vous évoquez un complot, une catastrophe qui… Trann en bégayait presque. En ces périodes de scandales financiers, d'antisémitisme, cela pourrait bien nous être fatal. J'ai de plus en plus de mal à conserver ma ligne éditoriale, vous savez. En un rien de temps, on peut vous détruire, vous piétiner comme ce pauvre Dreyfus. Et je ne suis pas sûr d'avoir un Zola pour prendre ma défense s'il advenait…

Victor Trann ne termina pas sa phrase.

-Je dois en parler à mes principaux financiers, reprit-il dans un souffle.

Justine l'ignorait, mais l'éditeur songeait alors à ces autres manuscrits, beaucoup plus anciens qui lui avaient été tout récemment remis par un ami italien. Une porte claqua à l'étage au-dessus. Sans doute Sergio. Il hébergeait le jeune Italien depuis des semaines. Ce dernier avait un regard de bête traquée, lui d'ordinaire si fort, si maître de lui.

Victor Trann frissonna. Justine s'impatientait.

La correspondance entre les deux textes, celui qu'il surnommait « l'Essénien » et celui de Justine l'avait plus que troublé. Ils étaient comme les deux pièces d'un même puzzle.

-Mais ? tenta la jeune femme.

-Ne vous inquiétez-pas. Je suis sûr qu'ils apprécieront. En avez-vous d'autres copies ?

-Une autre.

-Bien, donnez-la-moi également. Je la montrerai dès demain.

Justine avait hésité un instant avant de lui tendre le double de son manuscrit. Elle l'avait retravaillé suite à de nouveaux cauchemars, mais les différences étaient minimes. Elle s'abstint d'en informer Trann. L'essentiel n'était pas dans ces détails. Du moins le pensait-elle.

Trann avait perçu le malaise de la jeune femme.

Il se pencha vers un petit coffre inséré dans le mur. En sortit un coffret métallique d'une quarantaine de centimètres de côté.

-En contrepartie, puis-je vous confier ceci ? s'enquit-il. Il s'agit d'un bien précieux dont j'ai confié la clé à un ami nommé Mariel. Un ami très cher, certes un peu trop versé dans le spiritualisme à mon goût, mais digne de confiance. S'il arrivait quelque chose, n'hésitez pas à aller le trouver et à lui remettre ce coffret. Voici son adresse. Pour l'heure, il participe au congrès spirite. En cas de nécessité, lui saura quoi en faire…

Dreux, de nos jours, le 11 août

C'est pas Jo, Joe !

MonDédé a sa tronche des grands jours. Je jette un œil à la concurrence qu'il dépiaute, debout, appuyé à la porte du canard. Pas de ratage à la Une, pourtant.

-Il y a une jeune qui essaie de vous joindre, qu'il tonne, MonDédé. Paraît que votre portable est sur boîte vocale ?

-Ben non. Sinon, vous m'auriez joint comment ?

Il mâchouille sa langue en fulminant.

-Bon, elle est là-bas, elle veut parler qu'à vous, bougonne-t-il en désignant la porte de la rédaction qu'il obstrue.

-Pardon, je peux entrer ?

Une jeune brune, du genre vingt vingt-cinq ans fait la causette avec Monique, Monique qui semble avoir planqué ses boucles d'oreilles depuis sa rencontre avec Lou.

-Tiens, le voilà ! ronchonne-t-elle à mon arrivée, accolant une flopée de points de suspensions à sa phrase que l'on pourrait traduire, en prêtant une oreille attentive au silence qui suit, par : « Eh ben c'est pas trop tôt, t'étais passé où encore ? »

La brunette se tourne vers moi à son tour. Bizarrement, son visage me paraît familier. Faut dire que je suis nul, question physionomie. Je peux très bien prendre une caissière d'Intermarché pour une caissière de Super U ou encore lointaine cousine, et vice-versa ! J'ai même cru un jour serrer la louche d'un vieux copain de classe alors qu'il s'agissait d'un délinquant croisé peu de temps auparavant au commissariat, les menottes aux poignets et les godasses autour du cou pour l'empêcher de trop courir. Ceci dit, il aurait très bien pu être un ancien copain de classe ayant mal tourné.

-Vous vous souvenez de moi ?

L'œil sombre, le nez un peu long bien planté au milieu du visage, la lèvre fine, le cheveu cascadant, ouais ça me dit quelque chose, mais quoi ?

-J'ai lu votre signature dans le journal. Alors je me suis dit…

Même pas bonjour.

Oserai-je à mon tour vitupérer sur la déliquescence de notre belle jeunesse, pas même foutue de vous saluer ? Non, je vais faire dans la pédagogie, tiens, lui filer les boules, lui planter son nez bien planté au milieu du visage dans son indigence civique.

-Bonjour ! ! ! j'insiste, en appuyant sur le « B » et le « J », sans oublier le triple point d'exclamation conclutal.

La fille a un mouvement de recul qui l'envoie valser entre les seins de Monique, lesquels n'en demandaient pas tant ; comme si je lui avais balancé une torgnole, l'avais traitée de bouffonne péri-oxygénée ou de député-maire UMP, comme si je lui avais aboyé en espéranto quelque chose comme « La cielo estas blua, sed kun granda griza nubo » ou avais brandi un tonfa tricolore au-dessus de son crâne en hurlant quelques vers de Malarmé, allez, au hasard :

« Fuyant, les yeux fermés, je le sens qui regarde
Avec l'intensité d'un remords atterrant,
Mon âme vide. Où fuir ? Et quelle nuit hagarde
Jeter, lambeaux, jeter sur ce mépris navrant ? ».

Le regard vide et bleuasse de MonDédé surgit de l'accueil, pointe dans notre direction avant de soubresauter (et si, j'en témoigne : un regard vide peut soubresauter !) sous le double mouvement bien coordonné d'un haussement du thorax qu'il a bombé comme une fesse siliconée.

-Vous devriez gueuler encore plus fort !

MonDédé râle, tempête et vitupère en un unique conseil colérique vomi dans un panache de postillons par-dessus le bureau de la réception. Quelques secondes encore, mes turbulents neurones se prennent au filet de la diaphane bruine qui, telle un nocif corps astral oublié là par mon rédacteur en chef, contemple le linoléum rouge sang de la pièce, avant de se diluer dans l'air ambiant et dans les cheveux des témoins muets de cette scène.

-Heu, qu'elle se reprend, la gamine. Bonjour, oui. Vous vous souvenez de moi, alors ?

Allez, elle remet ça.

-Vaguement, que je rétorque.

-Je m'appelle Grévin, comme le musée, Joe Grévin ?

La triste sire me laisse de cire.

-Jo, c'est pour Jocelyne ou Josette ?

-Non, c'est Jo avec un « e », mes parents étaient des fondus de Mannix, vous savez ce vieux feuilleton débile, pas les capotes. S'ils avaient été des fondus de capote, je ne serais pas là à causer avec vous.

Sûr qu'elle la sert à chaque rencontre, celle-là…

-D'accord, Joe avec un « e », on s'est connus dans une vie antérieure, mais je ne me souviens plus.

Je soupire

-C'était moi, à l'église.

S'il se trouvait un canapé en croûte de cuir à l'horizon, ou même un pouf Casa, un tabouret de bistrot en ferraille rouillée, un banc de bois exotique martyrisé de cœurs gravés ou d'insultes salaces dessinées au feutre noir, s'il se trouvait même les seins de Monique ou toute autre plantureuse partie de son anatomie, bref, s'il se trouvait une quelconque assise alentour, je m'y affalerais. Mais il n'est rien où je puisse m'écraser sans craindre une rupture fatale du coccyx ! Je l'imagine déjà se recroqueviller dans l'attente du choc, le malheureux témoignage osseux de mon appartenance préhistorique à la gent animale ; je me contente donc de vaciller intérieurement, ce qui équivaut à un séisme de magnitude dix sur mon échelle des angoisses passées, présentes et à venir. C'est elle, mon agresseur ! L'assassin probable de la Sogar ?

-Ça va ?

-Hein ?

Retour au présent. Au cœur du centre névralgique du canard, avec cette Joe Mannix, ou Grévin, ou je sais plus. Elle me regarde sous ses cils longs et fins comme les dents d'une fourche. Je décide de la trouver antipathique. Qu'est-ce qu'elle me veut cette gamine, plutôt jolie d'accord, mais qui a failli nous emporter, moi et mon coccyx, dans un typhon de souvenirs indicibles ?

-Je peux vous parler alors ?

-Ah oui, c'est pour un scoop ? Vous faites quoi dans la vie ? Ébéniste d'art, présidente de la Gardonnette chartraine ou plus grosse mangeuse de boudin de Rémalard ? Ou plus jeune recteur de la cathédrale, peut-être, oui, c'est sûrement ça…

Comme si les mots, surtout les plus cons pouvaient faire refluer le flot de colère. Comme si me faire détester de cette gamine, ou cette ex-gamine, me délesterait un peu du poids de mon aventure récente. Quand une minette vient vous voir, c'est d'ordinaire parce qu'elle va passer devant le tribunal et que malgré toutes les conneries qu'elle a faites, bon, le jugement c'est une chose, mais si en plus, on imprime son blase dans le journal, ben c'est comme si elle était jugée deux fois, vous voyez, et pour sa famille et même pour son boulot, enfin, ça la fiche mal, quoi, vous voyez ? Alors je peux compter sur vous ?

-C'est important. Je vous promets !

Je me doute !

-Alors… J'en garde les bras ballants de muette désapprobation et la convie, du bout des lèvres, à venir poser une fesse, sinon les deux, dans mon bureau.

Son regard se pose sur le poster rieur de ces plantes capables de vous faire prendre des prophéties pour des galernes. Je l'ai arraché de mon coin de bureau au commissariat de Chartres et, par illusoire et enfantine provocation, l'ai scotché sur les murs turquoise de la rédaction, juste derrière mon bureau, mon vrai bureau de journaleux.

-Vous avez déjà essayé ? gazouille-t-elle avec la moue de l'habituée du trip fumeux, en désignant la repérable morphologie de la feuille de cannabis qui se déploie sur le papier glacé. Mal à l'aise visiblement malgré les airs qu'elle se donne.

Je soupire.

-Oui, c'était il y a longtemps et j'ai vomi mes nouilles sur le parquet. Autre question ?

Elle se mord les lèvres, ses cils masquent d'une émouvante manière des yeux qui hésitent entre le vert et le marron.

-Excusez-moi. Je veux dire, pour l'autre fois.

Je tente un geste de dénégation, mais il est des degrés à l'hypocrisie que je me refuse de franchir. Alors je me tiens coi, me contentant de sourire, sans doute bêtement. Et j'écoute. Elle a lu mon papier, sur la Sogar et les suivants sur les crimes de Chartres. S'est étonnée que j'aie tu l'épisode de notre rencontre un peu vive. Elle a pensé que je n'étais pas un journaleux comme les autres.

Là, je minaude, mais non mais non, faut pas dire ça, mais si pourtant, le rose ombre ma joue sur laquelle s'éructent déjà quelques microns de poils grisonnants.

-Je crois que j'ai fait une connerie. Une grosse ! poursuit-elle en fixant une ligne de démarcation imaginaire entre les piles de papiers qui gravitent sur mon bureau et les trois millimètres carrés vierges, encore, de tout bordel éhonté. Je me renverse sur mon fauteuil de moleskine râpé comme une croûte d'emmental affiné trente ans en cave et prend un air pénétré, ce qui doit me donner l'air con d'un tire-bouchon Suze en plastique acheté dans un vide-grenier.

-C'est-à-dire ?

Histoire de briser l'atmosphère soudainement devenue lourde, je lui propose une boisson chaude, en espérant qu'elle refusera, mais la bougresse accepte avec, me semble-t-il, une gratitude qui m'émeut tout en me confondant. Je passe un coup de fil à Monique, lui demande si elle peut nous apporter deux cafés, mais après quinze sonneries impatientes, Monique décroche pour m'envoyer balader, m'aboyant qu'elle n'est pas ma boniche et que je peux me les mettre où je pense mes kawas, ce que je traduis aussitôt à mon interlocutrice par de pudiques et contrastées explications relatives à une panne aussi soudaine que gênante de ladite machine à café.

-Donc ?

-Sogar avait retrouvé une série de dessins, visiblement anciens. Ils représentent des esquisses, des cartons de vitraux. Ils appartenaient à un vieux maître-verrier de ma famille.

Ce disant, Joe fourrage dans son sac à main (dont la taille évoque assurément plus un étui de harpe celtique qu'un classique baise-en-ville en peau de serpent) et me tend (tiens, elle a les ongles peints en noir) deux ou trois feuillets épais visiblement arrachés (mal) à un in-quarto.

Edmond Thiers peut-on lire sur l'un des cartons. Une arche ballottée au cœur d'un océan déchaîné, l'intérieur d'une cathédrale trop abîmée par les âges, et quelques autres scènes apocalyptiques dont une m'évoque… je ne sais quoi. Mais fait renaître en moi comme un souvenir oublié, une corde sensitive qui s'effiloche. Je n'ose décrocher mon regard des cartons, craignant le choc d'une confrontation avec celui de la jeune femme.

Je décide finalement de relever les yeux. Joe m'observe, ou plutôt observait mon crâne pendant que je réfléchissais.

-Vous avez prévenu la gendarmerie ?

Elle me foudroie. Mon duvet, sur la nuque, se hérisse, comme si un souffle chaud, méphitique l'avait un instant caressé, promesse d'un Enfer éternel.

-Vous croyez que je serais venue vous voir si j'avais été pleurer chez les keufs ? Qu'est-ce que je peux leur raconter de crédible ?

Et pourtant !

L'enquête stagne comme une bouteille de soda tuméfiée entre les lentilles d'eau d'une mare communale à l'abandon ; je sais que je vais être convoqué dans les heures qui viennent par les gendarmes qui se sont émus du bazar découvert à l'étage de l'église. Des centaines d'empreintes ont été relevées, et ils veulent vérifier….

Ji-Effe, qui a pris le relais, n'a pas pu recueillir de nouveaux tuyaux. Les autres journaleux de la concurrence non plus. Les militaires pataugent.

Un instant je fais le parallèle avec « mes » affaires chartraines. Là, les flics boudent carrément, et le proc, aussi, et le préfet. Le bras de la Justice commence à regretter d'avoir un journaliste qui joue les sparadraps récalcitrants sous sa semelle ! (J'aime cette image !) Non, non, ils ne m'ont rien dit, vraiment, je commence même à être plutôt pote avec le commissaire, mais je vois bien aux regards en berne, aux silences soudains que provoque invariablement mon apparition, aux reniflements maussades ponctuant mes interrogations, aux haussements d'épaules furtifs mais éloquents lorsque je tente une idée, un encouragement, qu'ils préfèreraient me savoir à une conférence de presse détaillant l'exposition consacrée aux fouilles archéologiques en périphérie chartraine ou à la foire aux collections des philatélistes de Mainvilliers.

-Je crois savoir pourquoi Sogar est morte.

Alors là, c'est tout un pan de l'univers qui s'effondre sur mon crâne sans prévenir.

Paris, le 27 septembre 1900

Trois morts sur le pavé

-Pourquoi sommes-nous sur Terre ? Pour nous ? Pour les autres ? Pour les autres d'abord, pour nous ensuite. Mourons-nous tout entier après la mort physique ou persistons-nous ?

Justine ne prêtait guère attention jusque-là aux propos du Docteur Papus, le fameux occultiste. Mais cette interrogation grondante la tira de ses pensées.

-Nous persistons, comme l'a dit le plus grand et le plus divin des Maîtres : Jésus.

C'étaient donc cela, les spiritualistes ? Des prêtres d'un autre genre ? Justine ne put s'empêcher de se sentir déçue. Ses pas l'avaient guidée jusqu'au congrès parce qu'elle pensait y trouver ce Mariel évoqué par Trann. Un instant, elle avait songé que ces apôtres d'une foi nouvelle pourraient l'aider. Ne s'occupaient-ils pas de spiritisme, de magnétisme, de prémonitions ? Prémonitions. Pré-mo-ni-ti-ons. Elle détacha les syllabes à haute voix. Elle le pressentait tout au fond de son être. C'est un message qu'elle avait écrit. Une prémonition. Celle de la fin du monde peut-être. Qui ne s'adressait pas, elle en était sûre, aux hommes de son époque. Mais à ceux d'une époque plus lointaine. Elle le savait.

Aujourd'hui Trann était mort. Tout comme sa secrétaire. Et une troisième personne dont elle ignorait tout.

Ses manuscrits avaient disparu. Sans en avoir réellement pris conscience, elle avait peut-être effleuré une vérité. LA vérité ? En tout cas, d'autres y avaient cru. D'autres que cela gênait. Et qui n'avaient pas hésité à semer la mort.

À présent, Justine était en fuite.

L'aube réveillait Paris. C'était quelques heures plus tôt. Justine se dirigeait vers l'hôtel particulier qui abritait les appartements de Victor

Trann quand elle avait senti puis vu la fumée. Elle avait pressé le pas, redoutant, devinant un malheur. Les sapeurs-pompiers s'agitaient au pied de l'immeuble dont la grille gisait à même la rue, sans doute arrachée de ses gongs par les sauveteurs. Les pompes à chevaux étaient en action, puisant l'eau à même les remous légers de la Seine à quelques dizaines de mètres de là. Les sapeurs s'agitaient, tentaient de contenir le brasier au seul bâtiment de Trann. De hautes flammes, semblables à des oriflammes médiévales flottaient aux fenêtres, crénelaient les toits d'ardoise. Par moment, des geysers de verre mitraillaient les sauveteurs. Les policiers avaient fort à faire pour contenir la presse, à la fois curieuse et craintive qui affluait et refluait, marée humaine mugissante, au rythme des explosions.

Un réverbère, tel un phare inutile allumé en plein jour, crachait également des flammes vers le ciel dans un grondement sourd. Deux gaziers s'agitaient autour, tentant de couper l'alimentation.

Trois formes noircies, fumantes, indéfinissables, reposaient tragiquement sur le gravier. Le cœur de Justine s'arrêta de battre. Elle dût s'appuyer de tout son long contre un mur de briques. Les images de son cauchemar récurrent l'envahirent, se superposant à la réalité.

Des flammes, encore des flammes. Aurait-elle mal interprété ses rêves d'apocalypse ? Aurait-elle… Elle cligna des yeux, gênée par une bouffée de fumée puis son regard baigné de larmes revint vers les silhouettes qui gisaient au pied de l'immeuble.

Il n'y avait plus rien.

Son cœur soudain cessa de battre.

Son corset trop ajusté l'empêchait de respirer. Les brancardiers avaient-ils déjà enlevé les corps ? C'était impossible. Et pourtant !

Crucey, de nos jours, le 11 août

Roulez, boulez !

Les essuie-glaces gigotent sur le pare-brise, semblables à des pattes d'insectes écrasés se rétractant indéfiniment sous la pluie. Ils n'en finissent pas de s'écrabouiller en crissant, se refusant à dévoiler la route que ne parviennent pas à dénicher les phares de la voiture. Il y a un crétin qui a collé sur le tableau de bord un de ces sapins puants qui vous font regretter les remugles mêlés de la clope, du cambouis et du gazole ; des papiers de bonbons coagulés dans les porte-cartes, deux bouteilles de plastique et une canette de bière font la conversation au rythme des virages, se touchant, se caressant à chaque embardée. Il y a même un paquet de pâtes bon marché qui tangue sous le siège du passager.

-C'est là, juste à droite.

Je pile. Mon portable se met à me vibromasser la cuisse. Je le fais taire d'une claque qui m'arrache une grimace. Je dois avoir tous les chiffres imprimés sur la jambe. Joe sourit, sans plus. Je lui en sais gré. Il n'y a rien de plus con qu'un portable. Si, un répondeur téléphonique, peut-être. Je tente de percer l'obscurité. Nous sommes à cinq minutes de l'ancienne base militaire de Crucey, de ses champs photovoltaïques et de son fameux radar transhorizon prénommé Nostradamus. Une longère, comme de nombreuses autres fermettes de la région. Typique. Bauge et tuiles de pays. Derrière un malheureux réverbère, qui ne fonctionne même plus, se déploie la maison. C'est là qu'habitait Sogar…

-Je sais où elle planquait ce qu'elle appelait ses cahiers secrets, explique Joe en s'éjectant du véhicule et en faisant claquer la portière, ce qui m'insupporte. Ses derniers mots se diluent dans les ténèbres. J'ai éteint les phares. La nuit m'a envahi.

Je me prends des baquets d'eau entiers sur le crâne. Des cataractes me dégoulinent des yeux, sillonnent mes joues, se noient dans mon cou, sous la chemise. Quelque part, derrière une fenêtre obscure, Alvin Lee commence à geindre son *Bluest blues.*

-Couldn't wait to see you, waiting by the door…

Ben oui, tiens il y en a un autre qui attend derrière la porte, et c'est moi. Mais la Sogar, elle, ne viendra plus.

-There's no one there to meet me.

Ça c'est sûr.

J'ai juste envie de m'attarder là, planté contre la bagnole ; laisser le flot de notes se déverser dans mon oreille béate. Pas envie d'aller voir si ses « *clothes are on the floor* », à feue la Sogar.

-I'm sorry if I hurt you and made you cry…

Quelques secondes encore et c'est le premier solo. Les notes s'envolent, légères. Les poils de mes avant-bras, s'ils n'étaient collés par les eaux du ciel se hérisseraient. C'est vraiment une « *crying shame…* »

-Vous comptez jouer les réverbères jusqu'au prochain passage canin ?

Je traduis, là, une phrase beaucoup plus explicite mais également plus vulgaire.

Joe s'est dressée sous mon nez. On devrait guillotiner tous ceux qui piétinent vos pensées accrochées au fil ténu d'un solo d'Alvin Lee.

J'attends la fin du pont musical pour lui répondre.

-Vous aimez Alvin Lee ?

Joe me regarde comme si je venais de m'enfoncer une canette de Pepsi dans le nez en sifflant la Marseillaise.

-J'sais pas c'est qui !

-*Well, I can't tell you, why I feel this way*, je chantonne, non sans emphase et avec quelques minutes d'avance sur Alvin.

-Qu'est-ce que vous êtes chiant, tempête Joe avant de filer un coup de pied dans le petit portail blanc aux lattes ajourées qui clôt l'habitation. Le portail s'ouvre sans demander son reste, va s'écraser dans une massive haie de thuyas.

Je ne peux m'empêcher de scruter le mur de pluie et de suie qui nous entoure, en quête d'un quelconque mouvement. Rien. C'est le déluge et nul ne songe à quitter le confort de son arche, pas même pour sortir quelque quadrupède en quête d'un endroit confortable pour subvenir à ce besoin naturel qui ravale l'animal au rang de l'homme !

-Vous comptez vraiment attendre la fin du morceau pour entrer ? bougonne Joe en introduisant sa clé dans la serrure de la porte.

Les habits de Sogar ne jonchent pas le sol, contrairement à la chanson. Mieux : s'il subsiste en ce monde un lieu où l'ordre règne, c'est bien dans la maison de l'artiste plasticienne. Tout semble avoir été tracé au cordeau, chaque bibelot est aligné sur le précédent (et c'est qu'il y en a du bibelot, chez la Sogar !). Il n'y a pas un pli sur le canapé, les fauteuils semblent n'avoir jamais accueilli la moindre fesse. Dans le coin cuisine, à main droite, pas la plus microscopique croûte de pain nichée entre deux planches de l'antique table cirée. La poubelle métallique est vierge de tout détritus, dans les placards s'alignent des sentinelles de conserves au parfait garde-à-vous. Que dire de l'unique chambre où le lit solitaire évoque un mortuaire catafalque ? Sogar étranglée par les bras de Morphée. Là encore, rien ne dépasse, la couette de chaque côté du sommier, surplombe de quinze centimètres, pas un de plus, le parquet stratifié brillamment ciré. Une autre chambre a été transformée en bibliothèque et en atelier de peinture. Là encore, l'atmosphère y est glaciale. Aucun livre ouvert sur une tablette ou un guéridon, pas un papier sur le bureau d'acajou où gît un morne ordinateur. Pas une trace d'huile ou de gouache sur le chevalet d'atelier qu'occupe une toile blanche. Une armée de scalps bien lissés jaillit d'un bocal. Il s'agit des pinceaux de la Sogar, propres comme au sortir du bain, shampouinés à l'aloe vera. Ont-ils jamais servi ?

À croire que les gendarmes, qui ont dû fouiller le lieu de fond en comble, ont été suivis par une armée de femmes de ménage.

-Je n'ai jamais vu ça !

J'ai rompu le silence sans le vouloir.

Joe, qui traîne quelque part dans la cuisine me demande de répéter.

-Cette baraque nickel : on a l'impression d'être dans un décor. Vous êtes sûre que quelqu'un vivait là ?

Joe m'a rejoint dans l'atelier. Elle hausse les épaules.

-Elle était ordonnée, mais là, je dois avouer… On dirait qu'elle avait tout voulu mettre en ordre, comme si elle savait qu'elle ne reviendrait pas. Quant aux gendarmes, je ne suis pas sûre qu'actuellement ils connaissent cet endroit. Elle vivait dans un appartement de la rue Parisis, à Dreux. Cette maison était son refuge. Mais elle n'est pas à son nom.

Je frissonne malgré moi. L'humidité sur ma peau sans doute. Ou alors, quelqu'un a fait le ménage. Quelqu'un d'autre que la Sogar.

Il n'y a pas même une toile d'araignée dans les encadrements de portes. Je garde pour moi cette pensée aussi incongrue qu'inquiétante.

Chez moi, il y avait toujours des toiles d'araignées dans les encadrements de portes. Et de fenêtres.

Chez moi, avant. Avant qu'on ne se décide à vendre pour acheter plus grand. Avant qu'on nous rachète la baraque dès le lendemain de sa mise en vente et avant qu'on ait eu le temps de retrouver un toit. Avant qu'on ne s'embourbe dans cet hôtel chartrain en attendant de trouver le fameux nid douillet dont rêvent Cam et la petite.

-Vous m'accompagnez à la cave ou vous avez peur du noir ?

Je sursaute, arraché à mes pensées. L'agressivité de Joe commence à me peser.

Depuis son cadre d'acajou, accroché près de la fenêtre obscure, Sogar me fixe d'un œil mat.

-Je vous suis.

Joe m'entraîne à travers le couloir qui longe la longère, pousse la porte d'un cellier où un lave-linge sumérien fait la conversation avec un sèche-linge flambant neuf sous l'oreille indiscrète d'une porte en bois sans doute rescapée du pillage du Temple de Salomon. La jeune femme passe sa main sur la poutre maîtresse qui scinde la pièce en deux, en retire une clé qu'elle insère dans la porte. Cette dernière s'ouvre sur le néant d'un tombeau dont on ne perçoit les parois qu'à l'aune ténue de l'unique ampoule électrique dévoilant le cellier.

-Sa pièce secrète, glisse Joe à voix basse.

Sa main fine disparaît dans l'obscurité, s'en allant quérir un interrupteur aussi vieillot que la fameuse pile de Bagdad. La lumière éclabousse soudain la pièce aux murs chaulés. Un cube de quelques mètres carrés seulement, vide comme le cerveau d'un pitbull.

La déception doit se lire sur mon visage car Joe éclate de rire.

-Enfin, j'aurais dû dire l'antichambre de sa pièce secrète admet-elle en descendant les trois marches qui mènent à ladite antichambre. Une autre porte, bien plus récente que la première, barre la paroi du fond. Elle laisse deviner une autre pièce.

-Allez ne boudez-plus : on y est, prévient Joe en investissant les lieux.

La pièce est entièrement creusée dans la marne, abondante dans la région.

-Nous ne sommes plus sous la maison, m'explique Joe. Mais sous le jardin.

Les parois de craie sont douces sous la main. Curieusement, pas la moindre trace de dépôt sous mes doigts.

-Sogar a passé je ne sais combien de couches de siccatif ou un truc comme ça. Elle ne voulait pas que ses bouquins ou ses papiers soient abîmés. C'est là qu'elle s'enfermait pour méditer, loin des ondes négatives et de la lumière du jour.

Sous le plafond en ogive pend un lustre rococo. Juste en dessous, une table ronde fendue vacille sous le poids d'une vingtaine de bouquins aux couvertures évocatrices : trois d'entre eux sont consacrés aux tarots divinatoires, deux autres à la géomancie, une demi-douzaine à l'astrologie, un autre au « pouvoir des runes ». Des centaines d'autres bouquins s'empilent sur une étagère en chêne massif. S'y côtoient des pavés sur la vie, l'œuvre et surtout les prédictions de Nostradamus, l'Apocalypse de Harold, une collection complète de Papus. Tout en bas s'alignent les formats caractéristiques de la revue Planète. Délicatement, je caresse le cuir de « La clé des Grands mystères » d'Eliphas Lévi, la première édition. Chapeau bas, Madame Sogar, votre bibliothèque est impressionnante. Je reconnais que j'entasserais bien tout ça dans des cartons s'il n'y avait aucun témoin ! Le serpent de la Genèse, de Stanislas de Guaïta me fixe d'une pupille hypnotique.

Sur une maie cirée, une série de pendules de radiesthésie côtoie quelques tarots aux boîtes élimées par l'usage. Il y a notamment un antique Etteila aux couleurs passées. Du bleu et du rose pour la dominante de tons. Un Belline, un Marseille. Un tarot de l'Ouroboros, colorié à la main. Un tarot de Papus, aussi. Et d'autres encore. Le jardin secret de Sogar, à cinq mètres sous son potager.

Qui l'eût cru ? Sogar, une adepte de l'occultisme ?

Dans un coin, contre une autre porte (encore ?), s'entassent des cartons à dessins. Sur l'un d'eux, une quittance d'électricité. L'adresse correspond. Mais pas le nom du propriétaire. La quittance est au nom d'un certain Bleck. Étrange nom. Qui me ramène trente ans en arrière, quand je feuilletais cette BD évoquant les histoires d'un trappeur qui portait pareil patronyme. Bleck le Rock. Je le range dans un coin de ma tête.

L'aspect tellement vivant, pour ne pas dire bordélique, de la pièce contraste avec le reste de la maison. Difficile de mettre en adéquation ces deux ensembles. La Sogar était-elle schizophrène ?

Casse-bonbons et grande gueule, c'est sûr. Pour le reste...

Je ressens soudain le besoin de partir, de me propulser dans la nuit liquide, de quitter cet intestin blafard qui serpente bien en-dessous du gazon.

Joe sectionne d'un coup les ligaments inquiets de mes pensées.

-Tout le pays est crevé de marnières comme celle-ci rappelle-t-elle en désignant la porte qui mène vers un autre ailleurs souterrain. Celle-ci a été découverte par Alexandra alors qu'elle effectuait des travaux dans la grange d'à côté. Les ouvriers avaient pris l'habitude d'entasser les gravats dans un coin du jardin. Au fil des jours, c'est elle qui me l'a raconté, c'est devenu une véritable montagne. Peut-être exagérait-elle un peu. Toujours est-il qu'un matin, la montagne de gravats avait disparu, engloutie ! Il a fallu des mois pour tout remblayer. Elle a fait appel aux terrassiers à quarante kilomètres à la ronde qui étaient trop heureux de vider leurs propres déchets dans ce trou. Il n'est d'ailleurs pas complètement bouché. Qui sait ce qu'y retrouveront les archéologues dans trois mille ans de ça ?

De telles histoires, il en court beaucoup dans la région. On cite souvent la tragique aventure d'un homme englouti par une marnière et dont on n'a jamais retrouvé trace. Les pompiers et les gendarmes ont pourtant fouillé les cavités durant plusieurs jours, en vain. Certains adeptes de la langue verte affirment que l'homme, un pâtissier à la retraite, aurait ainsi trouvé un moyen commode de se soustraire à ses devoirs familiaux et financiers. Une explication toutefois jugée peu crédible dans le pays. Il y a peu, c'est un cheval, un percheron gris de belle taille, qui a été aspiré au beau milieu de son pré. Lui a pu être sauvé par les pompiers, dont un d'ailleurs, s'est cassé le bras dans la bataille.

Je suis au beau milieu du couloir qui court tout au long de la maison quand un sentiment d'inquiétude me suffoque. Appelez-ça une prémonition, un truc pas clair. Je me retourne en hurlant. Cours vers la cave. Cours, cours. L'impression d'avancer dans de l'eau boueuse, comme dans ces cauchemars où le moindre pas vous coûte des heures. Je ne cours pas. Je marche, je me traîne.

À l'autre bout du couloir, Joe ouvre de grands yeux de biche à la Walt Disney.

Je lui fais un geste. Elle effectue un demi-tour.

C'est alors que j'entends le téléphone sonner.

Une sonnerie.

À peine.

Une seule.

Et pour cause.

Une demi-sonnerie.

Ensuite, c'est l'Enfer !

Dans les films hollywoodiens, Bruce Willis, Daniel Craig et les autres ont le temps de se mettre à l'abri en courant au ralenti tandis que l'écran se déchire en des teintes apocalyptiques.

Là, c'est l'éclair bleu qui rebondit sur les murs, m'aveugle à moitié, bien avant le mugissement assourdissant de l'explosion. Le souffle me cueille dans le dos, me propulse sur Joe qui court devant moi. C'est comme si un géant me crachait son souffle chaud sur la nuque, m'arrosant au passage de tous les projectiles qu'il peut récolter dans une maison. Une masse en fusion non identifiable s'écrase à ma gauche. Un écouteur de téléphone, ou ce qu'il en reste, s'éclate juste devant moi, sur le chambranle de la porte à travers laquelle je passe. C'est le chaos, le big-bang, la naissance d'un univers d'une violence extrême, éjecté par un flot pestilentiel de tons jaunes et rouges, de noir aussi. Et de douleur.

Le monstre s'est engouffré dans l'étroit boyau, le déforme sous l'effet de la colère, l'éparpille et me cavale après.

Il est tout proche.

Il est là.

Je n'ai plus de jambes.

C'est la fin.

Il est là.

Je pense à Cam, à Lou, à mes parents (comme je regrette à cet instant de n'avoir su être plus proches d'eux), je me revois à quatre ans sur le bord du lac Léman (quelle idée saugrenue ?). L'impression de me métamorphoser en steak haché trop cuit.

Que vais-je trouver après la douleur ?
Cette lumière blanche au bout d'un tunnel ?
Ou rien ? L'ultime rien ?

-Hé !

La mort n'est pas ce que l'on croit. Les sensations persistent. Combien de temps, je ne saurais le dire. Quoi qu'il en soit, l'idée que nos ancêtres se faisaient de l'Enfer n'est peut-être pas si éloignée de la vérité. Je prends peur. Pourquoi l'Enfer ? Je ne pense pas avoir démérité. Mais cette odeur de brûlé, persistante ?

-Hé !

Tiens, les anges déchus reniflent.

-Elle était ordonnée, mais là, je dois dire ! On dirait qu'elle avait tout voulu mettre en ordre, comme si elle savait qu'elle ne reviendrait pas.

Je frissonne malgré moi. L'humidité sur ma peau sans doute.

Ou alors, quelqu'un a fait le ménage.

Je garde pour moi cette pensée aussi incongrue qu'inquiétante.

-Vous m'accompagnez à la cave ou vous avez peur du noir ?

-Hé ! Arrêtez, vous me faites peur !

Des bribes de dialogues me reviennent. Kaléidoscope nerveux. Anamorphoses de phrases qui se mêlent et s'entremêlent. Passé, présent, futur dans un grand tout.

-Vous m'accompagnez à la cave ou vous avez peur du noir ?

-Hein ?

-Il faut sortir d'ici ! Ça crame à côté. On est bloqués. Mais on peut suivre la marnière jusqu'à la grange. Remuez-vous un peu !

Joe. Je me souviens. Sogar. Peur du noir. Sa cave. Ses bouquins. L'explosion. Je ne suis pas mort. L'idée me ragaillardit ! Je vérifie l'intégrité de ma petite personne. Mes jambes sont bien là, de même que mes bras. Et mes mains. Ma tête aussi. D'accord, je pisse un peu le sang, mais à part ça…

-La table nous a protégés, explique Joe en désignant un quadrilatère roussi dont il ne reste que les deux pieds joliment tournés. Autour de nous, des flambeaux déchirent la nuit. La bibliothèque d'Alexandra part en fumée. Adieu Lévi, Wirth, Hermès, Fulcanelli. Paix à vos cendres. J'en pleurerais. La porte qui bouchait le boyau menant à la grange brûle doucement.

-Venez ! Il faut partir !

La fumée la dérobe à mes yeux. La jeune femme se met à tousser. Une toux rauque. De fumeur.

Joe m'aide à me relever. Tête qui tourne. Besoin d'air.

Puis un éclair. Une connexion entre deux neurones.

-Attendez ! Vous m'avez amené ici pour récupérer quelque chose. On ne part pas sans !

-Mais vous êtes dingue ! Si on s'éternise, on va y rester. On a déjà utilisé toutes nos vies, une minute de plus ici et c'est « game over ».

Cette fois, j'insiste. Une petite voix me dit que l'explosion n'a rien d'accidentel. Que la mort de Sogar s'inscrit dans une logique. Que nous appartenons désormais à cette logique, Joe et moi.

-Il faut récupérer ces notes dont vous m'avez parlé, je tousse.

Guidés par les flammes, nous nous précipitons chacun de notre côté. Joe a du sentir au ton de ma voix qu'il n'était pas question de renoncer. On farfouille dans les piles de bouquins en voie d'extinction.

Un tiroir gît à terre, un large tiroir de bois, appartenant sans doute à la table qui se meurt à côté. Il y a là une foule de papiers, de dessins, d'esquisses et quelques cahiers *Héraclès*. Un calepin, un petit bouquin. Le rideau de feu s'est glissé jusqu'à nous, ses voiles gonflées par la fumée.

-On ne peut plus rien sauver ! s'écrie Joe. Faites ce que vous voulez, mais moi je file.

J'acquiesce. Récupère les cahiers et ce que je peux. Balance un coup de pied dans la porte. Zut, ça brûle ! Et c'est coriace ! Encore un coup, puis un autre. La chaleur m'envahit. Puis une sensation de brûlure à travers mon jean. Mon pied est passé à travers. Je vise la clenche, impossible à saisir à main nue. Elle est chauffée à blanc. Je tousse. Crache. Tatane. Cette fois, la porte sort de ses gongs. Appel d'air. Une langue de feu me frôle. Odeur de poulet grillé. Mes cheveux !

-On fonce !

Joe n'a pas attendu mon sage conseil. Elle est devant moi et galope. Je la suis. Sur une quinzaine de mètres. Dans la foulée, je perds quelques papiers. Pas question de revenir sur mes pas. L'air se fait plus vif. Je me prends les pieds dans un serpent lové quelque part dans le noir. Une chambre à air de vélo.

Je me revois courir devant une grosse masse de feu, une sorte de magma volcanique roulant dans un boyau souterrain. Mes pieds sont de plomb, s'engluent dans le sol, dans une sorte de suie ou de sable noir. Et puis il y a une montagne, une montagne souterraine qui me bloque la route, un cône de détritus planté là au milieu du souterrain. Et je commence à grimper pour échapper aux langues de feu qui me caressent le dos, mais la montagne n'est pas stable, et je glisse, glisse.

-On y est ! triomphe Joe qui ignore tout de mes états d'âme, de mon cauchemar de l'autre nuit.

Il ne nous reste plus qu'à grimper ! Nous sommes au pied du tas de gravats. Un peu plus haut, c'est la sortie.

La montagne. La montagne souterraine !

Commence alors la laborieuse grimpette dans l'obscurité. Il y a là des blocs de béton sur lesquels nos mains s'écorchent, des racines mises à nu sur lesquelles nos paumes s'écharpent, des planches cloutées contre lesquelles nos genoux sc stigmatisent. Il y a là des carcasses de sèche-linge qui nous cisaillent les poignets, des monceaux de terre meuble qui nous engloutissent à chaque mouvement, des collines de plastique fluorescentes qui s'empêtrent dans nos jambes. Les pierres, parfois, nous entraînent vers le bas dans un éboulement qui fait battre nos cœurs. Des bouffées de chaleur nous parviennent du boyau, tels les gaz méphitiques lâchés par un Lucifer ayant fait ripaille. À peine compensées par la fraîcheur nocturne qui se faufile jusqu'à nous, de plus en plus précise cependant. J'entends les halètements de Joe un peu au-dessus de moi, sur ma gauche. Et puis nos ombres portées sur la masse mouvante de la montagne de gravats, vivifiées par le rougeoiement des flammes.

Nous débouchons enfin au sommet du monticule. Nous sommes accueillis par une pluie glacée. Il y a des cris, plus loin, la flamme bleue et froide des gyrophares qui se dissout au-dessus de nos têtes. Il reste encore deux bons mètres avant d'atteindre la surface, l'aire engazonnée de la Sogar.

-Vous allez devoir me porter sur vos épaules. Mais attention, hein, ne profitez pas de la situation !

Tu parles que j'ai envie de profiter de la situation, s'insurge une petite voix, juste derrière mon oreille.

Tant bien que mal, moitié glissant, moitié ployant, je parviens à aider Joe à grimper. Je vois ses fesses puis ses jambes disparaître.

Un temps.

Le contour de son visage réapparaît enfin, je perçois la tache noire et mouvante de ses cheveux qui se déploient vers moi telles les mèches vivantes de la Gorgone.

-Je vais chercher du secours, qu'elle lance en guise de corde.

-Non !

J'ai crié.

-Quoi non ? Vous voulez rester ici ?

-Parlez moins fort !

Le ton est cassant, quoique mal assuré. Je reprends ma respiration, que j'avais laissée quelque part derrière moi.

-L'explosion n'est certainement pas accidentelle et il y a sûrement des gens qui nous en veulent dans les parages. Ils sont peut-être là, en ce moment-même, avec les secours.

-Quoi ? Mais vous êtes parano ?

Tiens, on m'a déjà posé la question cette année. L'un des délégués du patron, pardon, du personnel. J'avais eu le tort d'émettre quelques doutes sur le fonctionnement du journal.

-Faites-moi confiance.

-Attendez, c'est une simple explosion de gaz, c'est tout !

-C'est vrai. Parce que ça sentait le gaz quand nous sommes entrés ? Et votre copine est morte d'un usage intensif de chicorée ?

Silence. Joe se tient coite. Mais je crois percevoir les rouages qui grincent derrière ses yeux que l'obscurité m'empêche de discerner. Un petit coup de *Dégrip'oil* et hop ! Je pense qu'elle commence à comprendre.

-Bon, alors on fait quoi maintenant ?

Sa voix n'est plus qu'un mince filet de mots. Si je le savais !

-D'abord, essayez de trouver quelque chose, une corde ou un manche de pioche. Sans faire de bruit.

Je l'entends grommeler puis s'éloigner. Le temps coule au doute à doute dans le sablier qui m'emprisonne. Et maintenant ? Que faire ? Courir chez les flics pour tout leur balancer ? Et faire de moi et de Joe les suspects numéros un et deux ? J'entends le crépitement des flammes derrière et au-dessus de moi. Une fumée âcre a envahi la nuit. Des flammèches passent au-dessus de ma tête comme des milliers de comètes minuscules dont certaines viennent s'engouffrer dans le boyau. Qui a tué Sogar ? Et pourquoi ? Qui s'acharne à pulvériser son intérieur douillet ? A-t-on voulu nous vitrifier Joe et moi ? Et pourquoi ? Des morceaux d'étoiles filantes dansent et volètent dans ma tête, semant la perturbation dans mes connections neuronales.

J'ai conservé, je ne sais comment, des vestiges de la bibliothèque d'Alexandra. Bouts de papiers noircis, déchirés et chiffonnés qui s'agrippent à ma main. Trouverai-je quelques éléments de réponse dans ces écrits et ces dessins échappés des flammes ? Et quand cesserai-je de me poser toutes ces questions ?

Un bruit dans l'obscurité.

-Je n'ai trouvé que ça.

Un filament fluo me tombe sous le nez, en se tortillant comme une nouille *Suzi Wan* échappée d'une casserole en ébullition. Une corde à linge ?

-Faites vite. On dirait que ça s'agite par ici. Sa voix n'est qu'un souffle mais je perçois une pichenette de frayeur, ce qui ne va pas pour me déplaire, je le reconnais.

-Allez-y doucement. J'ai attaché l'autre bout au portique.

-Ça va être pratique, je râle.

-Qu'est-ce que vous dites ?

-Non, rien, chut.

J'enroule une partie du mince cordon autour de mon poignet, le plus haut possible, et tire, tout en m'accrochant à ce que je peux, racine, silex, rien que des trucs utiles et coupants. La manœuvre est délicate et douloureuse. Le serpent de plastique me pénètre dans la peau. Je parviens à prendre appui sur une pierre et au prix d'un ultime effort me retrouve à la surface de la terre. Plus loin il y a des cris, des ordres, des voix qui se rapprochent.

Une sirène.

-Vite, on file !

Je n'attends pas la réponse.

Joe et moi courons dans la nuit.

d'Hermite
VIIII

Levasville, juin 1919

Soutane et coups de tatanes

J'ai longtemps hésité avant de me mettre en route.

J'ai embrassé Mathilde. Sa joue était douce et semblait une promesse de printemps, révélant une odeur de savon de Marseille et d'orge mûr. Une odeur de rire et de paix, de quiétude et de renaissance. Je l'ai caressée de la main gauche, refusant de lui infliger le spectacle et le toucher de mon autre main, sur laquelle les cicatrices boursouflées tracent d'immobiles fleuves violacés. L'un des souvenirs, le moins impérissable sans doute, de mes années de guerre.

Mes véritables cicatrices, elles, me réveillent quand la nuit est trop blanche, trop longue, quand des vagues de terre, de métal et de feu descellent la brique et la bauge, envahissent les boyaux du fort et finissent par m'engloutir.

De mes derniers jours de mort-vivant, il ne me reste aucun souvenir. Peut-être des cris, pas les miens ; de vagues images empruntées aux souvenirs de quelques camarades survivants. Moi, je ne vois que du noir, un long tunnel prolongeant un autre tunnel encombré de cadavres celui-là. Et puis une chambre d'hôpital aux odeurs fortes d'éther et de mort.

Heureusement, il y a les yeux verts de Mathilde. Qui regardent vers l'avenir, faisant fi du passé. Qui m'invitent à construire plutôt qu'à rebâtir. À ne pas oublier, mais à ne pas m'encombrer non plus d'images du passé. C'est elle qui a raison.

Aussi ai-je longtemps hésité avant de me mettre en route, de replonger vers ce passé qui semble vouloir m'engloutir comme des sables mouvants.

Mais je sais aussi qu'il n'y aura de terre ferme que passées ces épreuves.

Le visage de Mariel surgit trop souvent des limbes pour me rappeler ma promesse.

-Es-tu vraiment sûr ?

Marthe ne m'a posé la question qu'une seule fois.

Elle connaissait la réponse. Marthe est la meilleure des épouses. Et Mathilde la meilleure des filles. Je suis un homme heureux. Enfin, je le serai quand j'aurai retrouvé la cassette de Mariel.

Dans la poche de mes pantalons, se trouve la fameuse carte de Mariel. Je l'ai observée à m'en brûler les yeux, là-bas, dans la pénombre de la casemate. Elle voulait me parler, m'indiquer quelque route à suivre, mais je pense n'avoir jamais su la comprendre.

Pourtant, j'ai marché sur le bord de la route, le regard rivé sur les arbres qui, de loin en loin, ponctuaient mon voyage. Je n'avais pas envie de faire le trajet à bicyclette et avais délaissé ma Rudge-Whitworth acquise à crédit. Je n'ai pas pris grand-chose, un paletot et quelque argent pour payer le train. J'ai pour la seconde fois, salué de loin les flèches de la cathédrale. Le cœur presque plus lourd qu'il y a cinq ans. Je n'ai pu m'empêcher ce faisant de caresser la petite chemise de la Vierge qui m'a accompagnée dans les tranchées. Pourtant, le trajet est moins long. Une trentaine de kilomètres, peut-être.

Sur le quai de la gare, non loin de la locomotive, s'empilaient en pyramide une série de cercueils. Nouvelle moisson de morts échappant on ne sait par quel miracle à la grande fosse commune. Une femme, jeune encore, pleurait sur un banc. Une épaisse fumée baignait le quai. J'ai poussé la porte du wagon le plus proche, me suis assis sur un banc de bois, calant mon paletot entre mes jambes, puis j'ai collé ma joue à la vitre. Quelques minutes plus tard, Chartres était dans mon dos ; le Diable était assis à croupetons sur le flanc ajouré d'une des flèches. Je sentais son regard de feu percer ma nuque ; et je fonçais à travers les blés. Vers le nord.

C'est le sifflement strident de la locomotive qui m'a réveillé. Nous étions arrivés à Saint-Sauveur.

Je savais qu'il me faudrait marcher trois ou quatre kilomètres pour atteindre mon but.

La porte de l'église était close ; c'était une petite église toute simple, au vocable de Saint-Martin, protégée par un cimetière mélancolique. Une lourde porte aux ferrures impressionnantes s'ouvrait en son flanc. Il n'y avait pas un souffle de vent. Dans les branches, des merles piaillaient. Un couple de pies batifolait autour du vieux mur de pierres ceignant l'édifice.

Dans le cimetière accolé à l'église, une armée de vieilles croix dentelées défilait, immobile et silencieuse, en ordre dispersé. Certaines étaient pareilles à ces gueules-cassées que l'on croise depuis la guerre, mutilées, à genoux, couchées sur des tombes éventrées. Ici ou là, des bouquets d'herbes folles, de violettes tardives aussi, rappelaient que de la poussière renaît aussi la vie.

Espérant trouver un autre moyen de pénétrer dans l'église, je poussai le frêle portail du cimetière qui s'ouvrit sans un grincement. Les tombes étaient pour la plupart déjà anciennes. L'une d'elles cependant, attira mon regard : la pierre disparaissait sous une profusion de fleurs blanches.

Justine d'Armoise, 1877-1903.

Justine d'Armoise reposait ici depuis plus de quinze ans et sa tombe était aussi fleurie qu'au premier jour. Je m'abandonnais à mes pensées, tentant de deviner qui avait bien pu être cette femme, morte jeune il y avait plus de quinze ans.

-Si vous cherchez âme qui vive, ce n'est pas ici que vous la trouverez !

La voix me fit sursauter. Je me retournai. Les paroles provenaient de la pénombre d'un caveau familial orné de sculptures prétentieuses et sans intérêt. Je m'en approchais et découvris, assis dans un fauteuil d'osier, un prêtre enveloppé dans sa soutane. Son front était baigné d'un océan de sueur.

-Il n'y a qu'ici que je peux trouver un peu de fraîcheur !

Je hochai la tête, ne sachant trop que dire.

-C'est vrai qu'il fait chaud !

Le prêtre se pencha en avant. Son visage sortit complètement de l'ombre. Il avait une tête burinée et ridée comme un vieux parchemin resté trop longtemps au soleil. Son œil bleu, étrangement pâle, me contemplait avec curiosité. Une touffe de poils blancs lui tenait lieu de chevelure. Son crâne était noir comme la croûte d'un pain oublié au four.

-Nous n'avons pas beaucoup de visiteurs dans notre petite église.

-Elle paraît très jolie.

Le prêtre hocha la tête.

-Elle aurait besoin d'un peu plus de soins. Mais avec la guerre, l'argent se fait rare pour nos églises.

-Je cherche un prêtre. Sans doute est-ce vous ? L'Abbé Ramboneau…

Le curé poussa un soupir.

-Malheureusement, non. Dieu a rappelé à lui le père Ramboneau, juste après le début de la guerre. Son corps repose là-bas, de l'autre côté du cimetière. Un endroit qu'il affectionnait particulièrement. On y a une très belle vue sur la vallée, derrière.

Je reconnais que cette nouvelle fut pour moi un choc. Se pouvait-il que ma mission prît fin avant même d'avoir commencé ? Dans un premier temps, je me sentis soulagé. Un peu comme ce jour où, glissant hors du sommeil comme d'un linceul étouffant, j'avais entendu la voix de l'infirmière m'expliquer que j'étais sauf et surtout entier.

-C'était un ami à vous ?

Devant mon expression, le prêtre s'était mépris.

-Non. Un de mes amis, mort à la guerre, m'avait demandé de le rencontrer. Il s'appelait Mariel.

À l'évocation de ce nom, je crus voir le prêtre pâlir. Mais allez en être sûr dans la pénombre ! Le soulagement ressenti un peu plus tôt n'avait pas duré, faisant place au doute.

-Mariel. L'abbé Ramboneau m'avait parlé de cet homme. Il m'a remis quelque chose à son intention.

-C'est bien cela.

Le visage du prêtre apparut de nouveau en pleine lumière. Son œil me scrutait de façon quelque peu gênante ; il paraissait vouloir me fouiller l'âme.

-Le père Ramboneau n'a jamais voulu me dire ce qu'il y avait dans ce coffret. Jamais. Il disait que cela valait mieux pour moi. Que c'était un secret dangereux. Mais qu'un certain Mariel ou quelqu'un se réclamant de lui devait venir le prendre.

-De quoi est-il mort ? Je veux dire, le père Ramboneau ?

Le prêtre s'extirpa de son tombeau.

-Voulez-vous visiter mon église ? proposa-t-il en se ruant sur le petit chemin serpentant entre les tombes. Je le suivis.

Une douce pénombre flattait l'intérieur de l'humble édifice. Les rayons du soleil ne parvenaient à pénétrer qu'avec parcimonie à travers les rares ouvertures, étroites comme des meurtrières. Hormis un autel d'une simplicité rare et quelques prie-Dieu, il n'y avait rien là qui rappelât l'exubérance gothique de certaines autres églises de la région. Le prêtre remonta la travée centrale, puis prit à droite à hauteur de l'autel. Une petite porte menait à la sacristie, une pièce minuscule et sans fenêtre, barrée d'un grand coffre dont il tira une caissette métallique.

-Le père Ramboneau est mort accidentellement ! Il coupait du bois quand son coin a glissé sur une bûche. On l'a retrouvé baignant dans son sang, grimaça le prêtre en me tendant l'objet.

Je caressais le coffret du bout des doigts. Il me parut brûlant comme l'affût d'un canon après une après-midi de pilonnage. Il était fermé à clé.

-Je n'ai jamais eu la clé. Le père Ramboneau ne l'avait pas. Il m'avait expliqué que cela ne lui appartenait pas. Que l'intérieur était d'une fragilité extrême. Que le forcer aurait pu l'endommager. Mais peut-être l'avez-vous cette clé ?

Son ton s'était fait plus pressant. Ses doigts s'accrochaient au coffre comme les serres d'un busard sur le corps frémissant d'un campagnol. Sa question me parut moins anodine qu'elle ne semblait l'être. Une lueur s'était glissée dans son œil presque blanc. Étrange. Inquiétante.

Il m'apparut que ce prêtre en savait plus qu'il ne voulait le dire. Je me souvins des conseils de Mariel. Ainsi que de la carte dc tarot qui était collée contre ma cuisse. Le prêtre aurait dû me présenter la sienne. Il ne l'avait pas fait. Un simple oubli ? À moins que le père Ramboneau n'ait été emporté avant d'avoir pu livrer cet ultime secret ? Ou alors… Je préférais évacuer la troisième hypothèse.

Je n'aurais pas dû.

-Non, je ne l'ai pas. J'avoue que je suis surtout venu pour exécuter la dernière volonté d'un ami.

Le prêtre s'essuya lentement le front d'un revers de mouchoir brodé.

Il paraissait réfléchir intensément, aussi perdu que moi.

-Dans ce cas, je vais vous le remettre.

Et il me jeta le coffre à la figure avec une violence inouïe.

Écublé, de nos jours, le 12 août

Lassé des songes

-Allô ? C'est toi ? Mais d'où tu appelles ? Et c'est quoi ce numéro qui s'affiche ?

Cam a horreur d'être réveillée en pleine nuit. Mais là, c'est de l'inquiétude que je perçois dans le ton de sa voix, dans son débit haché, presque haletant.

-Écoute, ne t'en fais pas. Je vais bien. Je n'ai plus de batterie. C'est le portable d'un collègue.

Si je lui dis que c'est le téléphone cellulaire d'une brunette d'une vingtaine d'années qui a passé la soirée avec moi, l'explosion de tout à l'heure n'est rien comparée à celle qui m'attend. Eh oui ! Cam est jalouse. Moi aussi, je dois dire.

-Écoute-moi attentivement. Tu vas sûrement recevoir la visite des flics ou des coups de fil du canard. Je suis sur un gros coup, tu sais, l'histoire de notre esthète refroidie. Je ne sais pas ce qu'ils vont raconter, sans doute que je suis introuvable, ou peut-être mort ou je ne sais quoi.

-Mais qu'est-ce ?

-Chut, laisse-moi finir. Officiellement, tu n'as plus eu de nouvelle depuis cet après-midi. Je vais devoir jouer serré. Je te rappelle dans la journée.

-Mais vas-tu me dire enfin ?

-Oui, oui dès que je peux. Ne t'inquiète-pas ! Et pas un mot de tout ça à MonDédé, d'accord ?

-Mais je...

-Cam, tu me fais confiance ?

Jamais silence ne m'a paru plus, heu, silencieux.

Oui.

Ce n'est qu'un murmure.

-Bon, je te rappelle. Je t'aime ! Embrasse fort la petite pour moi.

-Et maintenant ?

Je me sens tel le Golem à qui l'on vient de donner la vie. Dégoulinant de flotte et de boue, refroidi, perclus de rhumatismes et de douleurs, pissant le sang, évacuant un infâme remugle sous les aisselles.

Je tente d'apercevoir la silhouette de Joe. Elle me paraît en aussi bonne forme que moi.

-Maintenant, on doit se trouver un endroit pour réfléchir et reprendre apparence humaine.

-D'accord mais la voiture est restée là-bas.

Là-bas, c'est du côté où la nuit s'est teintée de rouge et de mauve. Des tourbillons de chevelure noire masquent les étoiles et une partie du village. Pas assez épaisse cependant pour atténuer le rougeoiement du brasier.

-On pourrait aller chez mon oncle. Il est dans le Midi en ce moment, il n'y a personne chez lui.

-Très bien ! C'est loin d'ici ?

-Oui, quand même. Une vingtaine de bornes.

Je grimace.

-Vous inquiétez pas, on va piquer une voiture.

Il flotte toujours. Des gouttes grosses comme des larmes de dragon s'écrasent sur le pare-brise. Les essuie-glaces ne fonctionnent pas et j'ai bien du mal à conduire. Joe, un léger sourire aux lèvres, chantonne une ritournelle à peine audible. Moi, je peste en silence, me crève les yeux pour apercevoir la route. Il est vrai qu'à l'origine, Joe avait jeté son dévolu sur un énorme quatre-quatre rouge vif. J'avais eu bien du mal à l'en dissuader, arguant de la difficulté de dérober un tel engin susceptible d'abriter des systèmes de défense aussi coûteux qu'un conteneur de caviar. À bout d'argument, je lui avais expliqué que les flics (en l'occurrence les gendarmes) mettraient plus de zèle à traquer la grosse bagnole d'un gros bourgeois que la poubelle d'un bénéficiaire du RSA. Et qu'en ce moment, je préférais opter pour la discrétion. Même si moralement, le concept était irrecevable !

Joe s'était pliée à cet argument, non sans en souligner, à sa façon, l'iniquité !

-Mais c'est dégueulasse ! On est vraiment dans une putain de dictature !

J'avais acquiescé sentencieusement, sans omettre de pousser un soupir (intérieur) de soulagement.

Elle avait ouvert je ne sais comment une vertueuse Clio cabossée, avait tripatouillé les fils sous le tableau de bord, puis m'avait confié le volant.

Et depuis dix minutes, nous roulons en silence. C'est beau comme du Musset. La voiture sent le fromage oublié sous un siège depuis dix ans. Elle tire à gauche au point de me déboîter le bras.

-Mon oncle habite du côté d'Écublé, une baraque tout en longueur. Qu'est-ce qu'on va faire de la voiture ?

Écublé, je songe. Logique. C'est de ce côté qu'avait disparu Joe après sa visite à l'église Saint-Marc, l'autre jour.

-Il faut la faire disparaître. La brûler serait le mieux pour effacer toutes nos empreintes.

-Non mais, ça va pas ?

-Dites, c'est vous qui savez voler les bagnoles, pas moi ! Cette fois, c'est une question de survie ! S'agit pas d'un petit vol minable pour aller piquer des boutanches à Leclerc ou jouer les James Dean sur les parkings de salles de sports !

Joe prend une moue boudeuse, se renfrogne et s'enfonce dans son siège dont on perçoit quelques ressorts sous le skaï marron clair.

-On va éviter Châteauneuf, je marmonne, plus pour moi que pour ma passagère, alors que je fonce (!) à 70 km/h. sur la départementale. Puis je me perds dans un entrelacs de petites routes. Quelques kilomètres encore et Joe me fait signe d'arrêter. La pluie s'est enfin tue. Curieusement, mais est-ce bien si curieux, nous sommes là où Joe nous avait semés, il y a quelques jours, mon camionneur homosexuel et moi.

-On va laisser la bagnole ici, dans un coin du bois, et continuer à pied, explique-t-elle. Vous êtes sûr de vouloir la brûler ?

-Bon ! Prenez un mouchoir en papier et essuyez tout ce que vous avez touché. On va la planquer dans le coin et prier pour qu'on ne la retrouve pas tout de suite.

Je pénètre sous les frondaisons par une sente défoncée, roule sur une centaine de mètres entre les fougères et les genêts, parviens à forcer le barrage de quelques jeunes châtaigniers jusqu'à ce que le véhicule s'enlise dans ce qui fut sans doute autrefois un ru abreuvant le bois.

Joe arbore un petit sourire de triomphe. Mais n'ajoute pas un mot. Elle se contente de retirer un carré de papier humide de la poche de son blouson et de le faire virevolter un peu partout, du volant à la boîte à gants.

-N'oubliez pas les poignées des portières.

Elle acquiesce et se met à son tour à virevolter autour de la voiture.

-Allez, on y va maintenant.

Dans l'obscurité, nous remontons le bois parallèlement à la sente que nous venons d'emprunter. Les bras tendus devant nous, nous nous efforçons d'éviter les fûts invisibles qui se dressent vers une nuit d'encre. Nous débouchons enfin sur la route.

-C'est à deux ou trois kilomètres, on y va ?

On y va.

La pluie se remet à tomber dru. Sans un mot, nous contournons Écublé dont je devine, au loin, le clocher de l'église. Il y a là un hameau de quelques maisons qui paraissent plus ou moins abandonnées. Joe repousse le portail branlant de l'une d'entre elles, farfouille sous un pot de fleurs et en retire une clé qu'elle insère dans la porte, non sans peine. Dans un claquement, le pêne finit par céder et la porte s'ouvre sur une pièce envahie par la nuit. Quand la lumière se fait, je ne peux éviter un mouvement de recul. Une pendule accrochée à un clou sur une poutre noircie par des années d'utilisation intensive d'une cuisinière à bois indique une heure. Le cœur de la nuit. Je sens mes dernières résistances céder. Le temps de tirer une chaise et je m'affale.

Légère, Joe se dirige vers la cuisinière.

-Vous voulez un café ?

Je la bénis en silence.

-Un double, même.

Tandis que Joe s'affaire autour des placards de la cuisine, je ferme les yeux, me laissant envahir par une quiétude étonnante. Très vite, l'odeur du café chaud me caresse les narines et les neurones. Il est brûlant, impossible d'en deviner le goût, mais tellement bon.

-Bien, à présent une bonne douche nous fera du bien !

Joe a balancé son pull mouillé au pied de la cuisinière.

-Vous venez ?

-Comment ça, vous venez ?

-Ben oui, prendre une douche ?

-Comment, tous les deux ?

-Oui, ça vous gêne? Après ce qu'on a vécu…

Je dois me décomposer.

-Mais non, je plaisante ! Vous n'êtes pas mon genre. Allez, passez devant mais faites vite ! Dans le placard, vous trouverez sûrement un peignoir.

Je me sens compressé comme un gigot d'agneau sous cellophane, dans le peignoir du tonton, lequel doit mesurer au maximum 1 mètre 46 et peser 38 kilos en armure. Le machin jaune canari m'arrive bien au-dessus des genoux. Le miroir qui double la surface du petit salon jouxtant la cuisine me renvoie sans réfléchir l'image ridicule d'un poussin mal rasé, le cheveu en pétard et l'œil glauque comme un marigot solognot. Pendant que je laissais l'eau chaude me redonner vie, Joe a eu la bonne idée de fourrer toutes nos fringues dans le lave-linge qui trône à l'autre bout de la cuisine. Auparavant, elle a eu une autre bonne idée : celle de retirer de mes multiples poches tout ce que j'ai réussi à sauver de la bibliothèque d'Alexandra. Ce fatras de papiers roussis et mouillés, de carnets détrempés et boueux achève de s'autodétruire sur la table en formica. J'entends en stéréo les uniques bruits de la maison. Le ronronnement du lave-linge et du réfrigérateur à ma droite, l'eau de la douche à ma gauche me murmurent une berceuse à trois voix. Nos téléphones se rechargent gentiment sur les ports USB d'un gros ordinateur.

Je pioche au hasard dans un calepin trituré, aux pages fripées et humides. La première page me livre une litanie de noms et de numéros de téléphone que je ne connais pas. Mauvaise pioche ? Voire. Je tourne les pages sans trouver de réponse. Jusqu'au L. La page est déchirée.

-Dans l'église, Alexandra m'avait confié ce bouquin. Mais elle m'avait dit que la clé, la véritable clé se trouvait dans son antre. Elle n'a pas voulu m'en dire plus.

Je n'ai pas entendu Joe s'approcher. Elle a posé sa main sur mon épaule en un geste naturel qui toutefois me fait rougir intérieurement. Elle s'est glissée dans un peignoir bleu de la même taille que le mien.

Force est de constater que sur elle, il n'a rien de ridicule. Quand elle se penche, je surprends le doux mouvement d'un sein. Je me mords une lèvre doucement, tentant de me concentrer sur l'ouvrage qu'elle vient de poser sur la table, à côté du carnet orange à petits carreaux. Il s'agit d'un petit in-12, un demi-maroquin bleu nuit aux plats à peine frottés, bleus également. « *La clé des songes* » peut-on lire en lettres d'or sur le dos.

-La prescience ou grande interprétation des songes, des rêves et des visions ! récite Joe dans mon dos.

Tel est en effet ce qui est inscrit sur la page de titre. Et ce n'est pas tout :

-Vous oubliez « *Traité curieux extrait de tous les ouvrages des anciens et des modernes qui se sont adonnés à l'étude de la philosophie et à l'explication des sciences occultes* ».

Sous le titre, la gravure de la clé des songes. Pas d'indication d'éditeur ni de date. « À Paris chez tous les libraires. »

Nous n'en saurons pas plus.

Je jette un coup d'œil sur les fines gravures en taille-douce qui émaillent l'ouvrage, sans doute un condensé de ces petits bouquins d'astrologie et de recettes occultes que les marcelots colportaient à travers la Beauce, d'un village à l'autre, entre la moitié et la fin du XIXème siècle.

-Elle vous a dit pourquoi elle vous le confiait ?

-Seulement qu'elle me fournirait la clé plus tard et que c'était important. Elle n'était pas bien ces derniers temps. Me disait qu'elle n'arrêtait pas de faire des cauchemars qui lui faisaient redouter le sommeil. Ces derniers jours, elle multipliait les cafés pour dormir le moins possible. C'est vrai qu'elle avait perdu sa sœur tout récemment et que ça la chamboulait.

Je feuillette les pages, un peu plus attentivement à présent. Aucun passage souligné, pas un astérisque dans la marge, pas une de ces détestables pliures en tête de page. Page 83, Adam et Ève ne font même pas attention à moi, occupés qu'ils sont à essayer de percevoir ce qui se passe au-delà du filet qui horizonne leur univers. Mon horizon également est bouché. Je ne parviens pas à saisir ce que je sais être là mais que mes sens ordinaires ne parviennent pas à effleurer. Jusqu'où me sera-t-il permis de penser pour comprendre ?

-Bon, on va tout reprendre depuis le début.

Joe tire une chaise, s'assoit en face de moi. J'aimerais qu'elle évite de se pencher trop en avant, histoire d'empêcher ma rougeur interne de gangrener mes joues. C'est vrai, c'est gênant, quoi...

Elle passe la main dans ses cheveux sombres tout en caressant le plat lisse du petit bouquin. Ce faisant, ses doigts effleurent les miens. Ils sont chauds, presque fiévreux.

-Je connais Alexandra depuis quelque temps. Moi aussi je peins, mais les associations, ce n'est pas mon truc. Toutes ces vieilles barbes qui se prennent pour des génies, ça me gonfle, vous voyez ?

Je vois.

-Je l'avais rencontrée à une expo organisée à Chartres, vous savez, dans la salle de la mairie.

Je sais.

-Elle m'avait dit qu'elle aimait bien mon travail, qu'elle recherchait des gens comme moi pour organiser des expos tournantes. Je lui avais répondu que j'étais très flattée mais que j'étais surtout une solitaire. Elle avait rétorqué que ce n'était pas grave et qu'elle aurait voulu voir ce que j'avais d'autre. Je lui avais proposé de passer à la maison, ce qu'elle a fait quelques jours plus tard. Et nous sommes devenues amies. Il y a quelques semaines, j'ai invité Alexandra ici. Comme je vous l'ai dit, c'est la maison de mon oncle, il s'appelle Clotaire. On n'a pas idée ! Il est actuellement dans le Sud chez son ex-femme ; ça peut paraître curieux mais ils ont gardé d'excellentes relations tous les deux ! Dans tous les sens du terme si vous saisissez ce que je veux dire...

Je saisis.

-D'ailleurs, ses escapades en pays cathare sont de plus en plus fréquentes. D'ici à ce qu'ils se rabibochent et reprennent une vie commune ! Ça fait rire la famille mais je crois que finalement tout le monde les envie un peu sans se l'avouer. Bon, j'en étais où ? Ah oui... Il y a trois semaines environ, j'ai montré à Alexandra l'atelier de mon oncle. Il est juste là, derrière. Un atelier de vitrail. Mon arrière-grand-père avait été maître-verrier. Il avait été formé aux établissements Lorin, vous savez, ceux qui bordent l'Eure en basse-ville, à Chartres. Puis il avait travaillé en duo avec un verrier du coin nommé Thiers, Edmond Thiers. Celui qui justement avait remplacé plusieurs vitraux de l'église Saint-Marc. Mais sa descendance, ça ne l'intéressait pas de bouffer du plomb, de rester debout toute la journée et de s'écorcher les mains. Seul mon oncle a fait de l'antique profession familiale un loisir. Il y a une quarantaine d'années, il a racheté le matériel et tout le fourbi de Thiers et de mon arrière-grand-père. Il ne se débrouille pas mal. Je vous montrerais si ça vous intéresse. En plus du matériel de verrier, il y avait une bibliothèque entière de livres sur ce qu'il appelait les sciences maudites : magie, sorcellerie, arts divinatoires, alchimie etc. Il l'a conservée des années puis finalement, comme il n'en faisait rien, a décidé de la mettre en vente. Alexandra est tombée dessus, je lui ai offert quelques ouvrages, lui ai raconté que mon oncle souhaitait s'en séparer. Elle m'a alors expliqué que sa sœur, Barbara, était bibliothécaire dans une association et qu'elle serait certainement ravie de racheter l'ensemble. Ce qui se fit rapidement. Je savais…

Je sens un « et », ou un « mais » qui se profile derrière les phrases presque enjouées de la jeune femme. Question de flair, peut-être, mais je pressens que Joe retarde le moment de me livrer une information intéressante. Je décide toutefois de ne pas la brusquer.

Je me contente d'acquiescer.

-En fouillant dans le bazar, au milieu des caisses d'esquisses, de projets, de pans de verre coloré, Alexandra est littéralement tombée en arrêt devant un carton. Un carton, vous savez, c'est le dessin qui préfigure un vitrail. Un rouleau banal en apparence. Elle l'a déplié. Il était haut de plus de deux mètres et large d'au moins un mètre cinquante. Les traits étaient tracés au fusain, mais le reste était à l'aquarelle. Il représentait une scène d'apocalypse, une scène terrifiante que je n'avais jamais vue, d'ailleurs. Je pensais qu'il était impossible de vendre un truc comme ça, sinon à un sataniste ou à un fêlé, vraiment. Il y avait au premier plan un gamin, ou plutôt une gamine, la bouche grande ouverte, les yeux fous. Encore plus terrifiant que le fameux tableau de Munch, vous savez ? Alexandra l'a déplié sur la table lumineuse, l'empêchant de rouler avec ce qui lui tombait sur la main. Et puis au second plan, mais envahissant tout, une cathédrale, sans doute celle de Chartres dans une lumière violente. Les flèches s'écroulaient sur une foule. Il y avait une Vierge, aussi. Cauchemardesque !

-Et Alexandra ?

Un silence.

-Elle a poussé un cri ! Quelle frousse ! Elle a pâli d'un coup et s'est appuyée sur la table lumineuse, affaissée je devrais dire. Dans le mouvement, elle a appuyé sur l'interrupteur et son visage s'est éclairé. Par en-dessous. Elle m'a fait peur, j'ai cru qu'elle avait une attaque, je vous jure. On aurait dit Boris Karloff, dans ce vieux film en noir et blanc ! Bon, j'exagère, elle était beaucoup plus jolie que Boris Karloff. On ne voyait plus ses yeux. Sans doute un effet dû à la lumière mais ça m'a fait un choc. Le rouleau s'est replié. Je lui ai demandé ce qui lui arrivait mais elle a très vite retrouvé ses esprits. Tiens, c'est marrant cette expression. Je n'avais jamais compris ce qu'elle impliquait jusqu'à maintenant. Elle m'a dit qu'elle était un peu sous tension avec la préparation de l'expo à Saint-Marc. Que tout le monde lui tirait dans les pattes, au sein de l'association. Qu'elle avait envie de laisser tomber. Et puis, elle m'a parlé de ses cauchemars. Des cauchemars récurrents. C'est vrai qu'elle avait des cernes pas possibles. Elle s'est affalée dans le fauteuil, là, dans le fond de l'atelier…

Écublé, de nos jours, quelques semaines auparavant

Cauchemar en deux dimensions

La lumière franche venue du nord traversait les hautes fenêtres étroites de l'atelier, entraînant dans son sillage de fines particules de poussière. Alexandra paraissait absorber l'aura à peine perceptible de cette pâle après-midi d'été. Elle reprenait ses esprits. Ou plutôt ses esprits, après un court moment d'absence, un incident éthéré, un accident astral peut-être, s'en revenaient après avoir été expulsés quelques millisecondes de son enveloppe corporelle.

Alexandra était belle, en ce moment de désarroi, plus belle peut-être qu'elle n'avait jamais été. Mais il n'y avait personne pour s'en rendre compte, surtout pas elle, surtout pas Joe tout occupée qu'elle était à s'inquiéter.

Sagement rangés sur le rebord de la fenêtre, quelques bilboquets de bois s'exposaient à contre-jour, offrant un premier plan coloré au jardin qui étalait ses dominantes vertes au-delà. La trille péremptoire d'un merle déchirait parfois le silence. Bien au-delà des murs de bauge clôturant la propriété, l'aboiement plaintif d'un chien traînant une chaîne la faisait frissonner.

Alexandra gardait les yeux rivés sur le carton multicolore qu'elle avait déniché contre un plan de travail inutilisé, coincé dans un coin de l'atelier. Dans un claquement furtif mais sec, il s'était ré-enroulé et avait été éjecté sur le pavé inégal où il achevait de s'immobiliser au pied du four électrique.

C'était inimaginable. Quel artiste fou aurait pu reproduire en deux dimensions ce cauchemar qui la taraudait ? En deux dimensions ? Voire. Était-ce cet « Edmond T.» dont le prénom seul apparaissait au bas du carton ? Lentement, Alexandra s'était relevée, avait récupéré le rouleau et, à gestes mesurés, l'avait étalé de nouveau sur la table lumineuse, le calant de coin en coin par tout ce qui lui tombait sous la main.

« Église St-Marc, 1922, commande Heurtebise.
Reprendre pour le Grénillet. »

parvint-elle à lire en marge du carton. Elle pressentait, en suivant du doigt le contour des êtres et des choses tracés sur le papier, une autre dimension, presque inaccessible mais bien présente, une réalité différente qui paraissait s'imposer en filigrane à travers les fibres et les pigments. Une dimension temporelle. Alexandra eut soudain la vision de son propre corps flottant entre trois réalités : le passé, le présent et le futur. Je deviens folle, pensa-t-elle. La panique lui vint, avec la même force que ce jour d'été, au large de la Vendée, quand le rafiot sur lequel elle avait embarqué pour se rendre à l'île d'Yeu avait été pris dans des creux de six mètres. La même angoisse, la même sensation d'inéluctable fin, l'impression que votre estomac est aspiré de l'intérieur, une nausée violente.

Elle ne pouvait détacher son regard du visage enfantin, au premier plan. À la réflexion, un visage qui n'avait plus rien d'enfantin, tant la terreur semblait l'affubler d'un masque grimaçant, semblable à celui que revêt la mort dans les danses macabres médiévales. Derrière lui, une foule hurlante s'égaillant de tout côté. Une silhouette piétinée. Une main crispée tendue vers le ciel hors d'atteinte. Et le vaisseau de pierre et de verre, dominant cette scène de terreur, l'écrin de lumière dédié voici 800 ans à Notre-Dame, s'affaissant sur sa base, se délitant littéralement dans une explosion colorée, inimaginable, projetant la pierre, le bois, le cuivre et le verre sur la foule et le cloître alentour. Une angoisse accentuée par les lourds traits de fusain préfigurant la mise en plomb. Alexandra imaginait la violence de l'œuvre achevée, quand à travers elle, la lumière la transfigurerait, éclaboussant d'or, de bleus et de rouges violents l'assemblée de fidèles. Jamais aucun curé, aucun évêque n'aurait accepté la pose d'un tel vitrail dans une église.

Le vitrail, c'est l'ouverture qui permet à la lumière divine de pénétrer le sanctuaire. Alexandra était convaincue du message érotique de cette transmutation quasiment alchimique entre l'obscurité de la matrice de pierre et le rayonnement fécond de la lumière. Le vagin céleste pénétré par le phallus divin, le septième ciel cosmique enfantant une humanité tendue vers la métamorphose, le retour au jardin d'Eden, à l'innocence.

Avec ce carton, qui datait des années folles, l'autre siècle déjà, on était là bien au-delà de ces bandes dessinées de lumière destinées à l'apprentissage des masses ignorantes venues cueillir la médiévale bonne parole. Alexandra était fascinée, troublée, apeurée. À bout de souffle, elle paraissait se fondre dans chaque fibre de l'immense toile qui semblait vouloir l'absorber, l'attirer à elle, l'attirer en elle. Elle se sentit prisonnière de cette scène qu'elle revivait en parallèle, certes sous une forme différente, sous un angle différent, mais qui, elle le savait au plus profond, ne faisait qu'une avec l'imaginaire d'un maître-verrier aujourd'hui disparu.

Elle sut alors que lui aussi savait. Bien avant elle. Lui aussi avait peut-être fait ce rêve qui était bien plus qu'un rêve. Pour lui aussi, un coin du voile sacré d'Isis s'était déchiré. Lui aussi avait dû se réveiller nuitamment, otage d'une mince pellicule de sueur glacée qui lui recouvrait le corps. Lui aussi avait dû écouter, ombre parmi les ombres, les battements d'un cœur devenu fou. Lui aussi avait dû frémir au moindre grincement du parquet, lui aussi avait cherché à exorciser ce cauchemar en utilisant, non les mots qui vous condamnent à l'incompréhension des autres, mais ce qu'il savait faire de mieux : le dessin et peut-être le vitrail, s'il était allé jusqu'au bout. L'art peut retranscrire au grand jour les bonheurs et les frayeurs, exciter au sens latin du terme, les sentiments les plus profonds sans qu'ils aient à souffrir des conventions sociales ou de la plus élémentaire pudeur. L'art est un voile qui, paradoxalement, révèle également. Il est la figuration de la pensée, par définition abstraite, la transfiguration d'un bout d'âme songeait Alexandra, se promettant qu'elle irait vérifier l'existence du vitrail à sa visite prochaine de Saint-Marc, son futur lieu d'exposition.

Puis elle songea à Barbara, sa sœur que l'on venait de porter en terre. Si jeune. Une mort qu'elle n'avait même pas été foutue d'anticiper. Alexandra fondit en larmes.

Écublé, de nos jours, le 12 août

Bidard, vous avez dit Bidard ?

Joe est avachie dans un coin du canapé. Elle a remonté ses genoux sous le menton, enveloppée dans son peignoir dont la manche affiche quelques broderies vaguement japonisantes. L'œil dans le vague, elle repousse machinalement une mèche qui s'obstine à lui tomber sur la joue.

-Je n'arrive plus à réfléchir. Impossible d'aligner deux idées ! regrette-t-elle.

La voir ainsi me perturbe. Sa morgue commence à me manquer. Il est vrai qu'en ce qui me concerne, je réfléchis à la vitesse de la lumière. Les idées ne se contentent pas de s'aligner. Elles se chevauchent, se superposent pour former un magma d'interrogations incompréhensibles. Le résultat revient au même, finalement.

-Je ne suis pas plus d'attaque que vous, si cela peut vous rassurer !

Elle relève la tête.

-Ça ne me rassure pas du tout.

Je ne réponds pas. Je me contente de fourrager dans les papiers que j'ai pu sauver de la catastrophe. En vain. Je reviens sur le carnet d'adresses roussi. Rien. Aucun nom connu pour me guider. La page des « L » est à moitié arrachée, noircie elle aussi, mais humide également. Machinalement, je fouille dans le tas d'objets hétéroclites que Joe a vidé de mes poches. Quelques euros, un portefeuille anémique et crotté, une vis (une vis ?), deux, trois relevés de carte bancaire datant du siècle précédent, un papier de bonbon, deux stylos dont un aux armes du journal. Un triangle de papier humide, chiffonné, moribond. Louvet Rémi, Laleu sans prénom (le nom est rayé au stylo rouge), Liviot Jacqueline, Livres… Et cette parenthèse : Guyon.

Guyon. Le nom m'explose sous les yeux. Si je n'étais assis, j'en chancellerais. Guyon. Le nom du libraire chartrain assassiné. Alexandra connaissait Guyon. Était-ce un ami, une simple relation d'affaire ? Est-ce Guyon qui l'approvisionnait en livres ésotériques ? Le rouge me monte aux joues sous la caresse de l'excitation. Les deux morts sont-elles liées ?

Sans doute me reproche-t-on parfois ma parano voire mon imagination, mais là, les coïncidences sont par trop coïncidentes.

-Vous connaissez Georges Guyon, le libraire chartrain ?

Joe paraît s'ébrouer, pose sur ma petite personne un regard interrogatif.

-Non, c'est pas celui qui s'est fait tuer ?

-Si. Apparemment, Alexandra le connaissait. Il figure dans son carnet d'adresses.

-Ouais. Comme des dizaines d'autres. Joe hausse une épaule, et cale de nouveau sa moue boudeuse sur ses genoux.

Elle recommence à m'énerver. Ce qui est plutôt bon signe. Je n'aime pas cette sensation de découragement qui nous a envahis peu à peu.

-J'aimerais savoir quelles sont les chances, ou plutôt les malchances, pour que deux personnes qui se connaissent soient assassinées à quelques jours d'intervalle.

Je reprends le calepin. Peut-être s'y niche-t-il quelque autre information. Je suis du doigt la litanie des noms anonymes qui, en cet instant, doivent avoir confié leur esprit au sommeil, rêvant à d'autres vies peut-être. Un prénom. Francine. À la lettre F. Se pourrait-il ?

Je bondis de ma chaise. Dans l'envolée, mon peignoir décide de s'en aller voir ailleurs. Ces foutus peignoirs. Tiennent jamais en place. Je me rabiboche comme je peux. Je dois être aussi rouge que la tomette. Joe ne semble s'être aperçue de rien.

-Francine, ça vous dit quelque chose ?

Joe réfléchit quelques instants.

-Vaguement. Elle a fait allusion à une Francine, un jour. Je m'en souviens parce que ça m'a rappelé une marque de farine.

-Et ?

-Et ? Je n'en sais rien, moi ! Vous êtes marrant ! Si on devait se rappeler toutes les conversations à la con qu'on peut avoir.

-C'était il y a longtemps ?

-Non, quelques semaines je pense.

-Essayez de vous rappeler. C'est peut-être important !

Joe a un geste de démission, secoue la tête. Là, non je ne vois pas. Pourquoi ?

-Il y a une Francine qui a également été assassinée à Chartres. Une bouchère. Ça fait beaucoup vous ne trouvez pas ?

-Et c'est quoi son nom ?

-Justement, il n'y a qu'un prénom dans le calepin d'Alexandra.

-Vous avez le numéro ?

-Oui. Il correspond bien à la région chartraine. 02 37 21…

Joe m'interrompt.

-L' ordi de mon oncle ! Attendez ! On va sur les pages jaunes lui balancer le numéro de téléphone et il nous donnera le nom.

Trente secondes plus tard, nous sommes dans la chambre du tonton, penchés sur l'ordinateur grâce auquel nos téléphones se gorgent d'énergie.

La lueur bleutée se reflète sur le visage tendu de la jeune femme.

-Boucherie Bidard, rue du Soleil d'Or.

Mon cœur bondit dans ma poitrine, se cogne aux côtes, joue les boules de flipper, les balles de baby-foot.

-C'est bien elle. Le doute n'est plus permis !

C'est une véritable rubrique nécrologique ce machin. Joe lance un regard épouvanté au calepin racorni resté sur la table. Et si ?

Je termine sa phrase.

-Et s'il y en avait d'autres ?

Joe est tremblante. C'est tout naturellement que je la prends dans mes bras. Son peignoir s'entrouvre, dévoilant un sein minuscule mais charmant. Je pense à Cam qui doit se faire un sang d'encre, à quelques kilomètres de là. Sans culpabilité. Il n'y a aucune arrière-pensée dans mon geste. Simplement le besoin de serrer un autre être vivant. Joe le prend comme tel et niche son visage contre ma poitrine.

-On doit prévenir les flics, maintenant.

Je me détache d'elle.

-Je ne suis pas sûr que ce soit la meilleure des solutions.

Cette fois ce sont mes mots que je détache.

Joe ouvre de grands yeux. Son peignoir est toujours à demi ouvert. Elle se tient près de la table commune.

-Mais, on ne peut pas continuer comme ça ! Les flics vont bien voir qu'il se passe quelque chose, quoi j'en sais rien, mais ils vont nous protéger. D'autres personnes sont peut-être en danger !

Je secoue la tête avec obstination.

-Les flics, dans le meilleur des cas, doivent se demander pourquoi j'ai fait sauter la maison d'Alexandra. Au pire, pourquoi je l'ai liquidée. Après tout, je suis officiellement et jusqu'à nouvel ordre le seul témoin, non ? Et avec les traces que j'ai dû laisser partout à l'église lors de notre petit match de boxe…

-Ça c'est pas sympa !

Joe se décide enfin à serrer la ceinture de son peignoir.

-C'est pas sympa mais c'est la réalité.

Je m'accoude à la table.

-Les flics vont peut-être tomber eux aussi sur des calepins comme celui-ci, s'enflamme Joe après quelques longues secondes de silence.

-Peut-être, mais pas sûr.

Une chape de silence s'installe dans la pièce. Comme si le Grand Marionnettiste avait décidé que cela suffisait pour cette nuit, qu'il était temps de nous bâillonner. La suite au prochain numéro. Je me perds dans mes pensées comme les héros de Jules Verne dans les méandres de l'Orénoque. Quel rapport peut-il exister entre un libraire homosexuel fan de Jules Verne, une bouchère sans histoire et la présidente d'une association d'artistes amateurs ?

-Je suppose qu'Alexandra avait de la famille. Un copain peut-être ?

Joe a repris sa place dans le canapé.

-Elle a une sœur. Enfin, je devrais dire avait. Elle est morte dans un accident de voiture il y a quelques semaines. Et pas de copain régulier. Je devrais mettre copains au pluriel. Elle a, elle avait tendance à papillonner, si vous voyez ce que je veux dire.

-Sa sœur est morte il y a peu ?

Joe se recroqueville dans son coin de canapé.

-Vous n'allez pas penser ?

-Et comment ! Un accident ? Vous croyez encore à toutes ces coïncidences ?

Joe secoue la tête.

-Qu'est-ce qui m'a pris de venir vous voir, mais qu'est-ce qui m'a pris ?

C'était il y a quelques heures à peine. Une éternité. On pourrait disserter longuement sur le côté extensible du temps. Mais là, pas vraiment le temps, justement.

À quelques pas de là, le lave-linge a un dernier soubresaut. Joe se lève, le vide et déverse nos vêtements dans le sèche-linge. Un ronronnement, plus doux que le premier s'élève.

-Qu'est-ce que vous proposez ?

C'est bien là le problème. Il y a trop d'éléments sans réponse pour proposer quoi que ce soit. Il nous faut continuer de réfléchir. Sans fléchir. Car le temps, ce foutu temps nous est compté. Qui avait intérêt à la mort d'Alexandra, de la fameuse Francine et du libraire ? Quelqu'un avait-il intérêt à la mort de la frangine d'Alexandra ?

-Vous m'avez parlé d'une clé, tout à l'heure, à propos de ce bouquin. Vous pouvez m'en dire plus ?

-Eh bien, c'est ce qu'elle voulait me remettre quand elle m'a donné rendez-vous à l'église, l'autre jour.

-Et ?

-Quand je suis arrivée, elle était encore vivante.

-Merde ! Le mot m'a échappé. Elle a dit quelque chose ?

-Elle a dit… des trucs incompréhensibles. Elle a dit la der, ou adhère, quelque chose comme ça.

-C'est peut-être la clé ? Je suggère.

-Je crois plutôt qu'elle délirait, ou qu'elle réclamait du secours. Elle n'était déjà plus là. C'est alors que j'ai entendu du bruit et que je me suis planquée.

-Non, je crois sincèrement qu'elle a essayé de vous donner la clé.

-La clé des songes, peut-être, comme ce vieux bouquin ?

Le vieux bouquin, Joe l'a attrapé et, excédée, l'a balancé à l'autre bout de la pièce. Je pousse une gueulante. On ne traite pas un bouquin comme ça ! Je cours le récupérer en vitupérant. Le dos en a pris un coup et le mors du premier plat a partiellement lâché.

-Vous m'avez dit qu'Alexandra faisait des cauchemars ?

-Ces derniers temps. Elle me parlait de rêves toujours plus précis, réellement effrayants me disait-elle. Des rêves de mort, d'apocalypse. Un jour, c'était il y a une semaine, je l'ai trouvée comme hypnotisée devant une pile de bouquins.

d' Imperatrice III

L'Impératrice III

Crucey de nos jours, quelques jours auparavant

Le livre fantôme

Les derniers rayons du soleil éclaboussent les vitres de la maison. Mais Alexandra ne peut les voir, les sentir effleurer sa peau. Comme chaque jour depuis quelque temps, elle s'est enfermée dans ce qu'elle appelle avec une pointe d'humour son antre. Jamais l'humour n'a côtoyé d'aussi près la réalité ; une crainte diffuse l'accompagne continuellement. C'est dans cette pièce tout au fond de la maison, dans cette ancienne marnière dont les voussures rappellent celles d'une chapelle gothique qu'elle se réfugie les heures de doute. Des heures qui se font de plus en plus nombreuses, de plus en plus longues tandis que s'égrènent des jours de plus en plus courts.

Alexandra, pourtant, ne dort presque plus. Son visage est marqué par les nuits et les jours sans sommeil ; par la peur, aussi, cette peur qui peut la laisser pantelante à tout moment de la journée, sans prévenir, cette peur qui l'oblige à se raccrocher ici à une table, là au chambranle d'une porte. Ce soir, elle ne doute plus pourtant. La fin est proche. Elle ne sait s'il s'agit de sa propre fin ou de la fin d'un monde, du monde peut-être.

Ils se sont voulus rassurants quand elle leur a fait part de ses doutes. Elle devait essayer de « voir » plus précisément. Eux aussi étaient en quête de réponses. Jusqu'à présent, elle avait toujours été une des meilleures. Ils lui faisaient confiance. Elle finirait par comprendre, par se rapprocher de la vérité. Et comme les autres fois, ils parviendraient au but.

Un motif de satisfaction, cependant. Georges a reçu le livre. Le manuscrit, plutôt. Enfin ! L'un des derniers gestes de sa sœur avait été de lui envoyer cet ouvrage. Étonnant destin que celui de ce livre. Il avait végété des décennies dans la bibliothèque d'un maître-verrier amateur avant d'être racheté avec des milliers d'autres par la fondation pour laquelle Barbara et Alexandra travaillaient. Barbara était tombée dessus en faisant l'inventaire. Elle avait téléphoné à Alexandra, un soir, affolée. Il fallait absolument qu'elle le lise, avait-elle insisté. Elle disait qu'elle quittait le département, qu'elle l'enverrait, en colissimo pour plus de sûreté, à son ami libraire. Lui adresser directement n'aurait pas été prudent, avait-elle assuré. Alexandra avait bien tenté d'en savoir plus, en vain. Quelques jours plus tard Barbara mourait, renversée par une voiture sur un pont enjambant une rivière du sud-ouest de la France. Le chauffard était toujours en fuite.

Le livre avait mis si longtemps à parvenir à la librairie Guyon qu'Alexandra avait pensé que sa sœur n'avait pas eu le temps de l'envoyer. Jusqu'au coup de fil de Georges.

-Je viens d'ouvrir le paquet. C'est un manuscrit, en état moyen, des pages semblent manquer en milieu et en fin de volume, avait expliqué le libraire tout en feuilletant l'ultime cadeau de sa sœur défunte.

Alexandra entendait le froissement des pages à l'autre bout du combiné.

-Il est écrit dans un style ampoulé, ce style affecté très en vogue à la fin du XIXème siècle quand il s'agissait d'édifier les masses, avait commenté Guyon. L'encre est restée fraîche.

Au fil des pages, le libraire avait pris conscience du caractère insolite du manuscrit. Il en bégayait presque. Alexandra entendait parfois une exclamation entre deux longues plages de silence. Puis, brusquement, le libraire sembla se rappeler qu'elle était toujours là. D'une voix cassée, il lui assura qu'il devait mettre fin à leur conversation. Il ne pouvait rien lui dire de plus par téléphone. Mais l'ouvrage le concernait lui, tout comme elle ainsi que « les autres ».

Guyon semblait paniqué.

Bêtement, Alexandra s'était sentie vexée que le libraire ait parcouru cet ouvrage envoyé à titre posthume par Barbara. Elle en voulait à Guyon. Il n'aurait pas dû. Elle s'était tout d'abord sentie trahie, humiliée, violée. Tu deviens folle, ma pauvre ! Elle aussi commença à s'angoisser. Elle se serait bien passé des commentaires alarmés de Georges. Voulait savoir. Maintenant ! Elle avait voulu faire la route tout de suite, mais son libraire l'en avait dissuadée. Il devait partir à Lyon et était déjà en retard. Il lui mettait le bouquin de côté et dès son retour, ils en discuteraient. Avec les autres promit-il.

Alexandra avait insisté, supplié presque.

En vain. Elle avait dû se contenter d'une promesse.

Il lui tardait de mettre la main sur ce mystérieux manuscrit que Barbara avait découvert fortuitement.

Levasville, juin 1919

Sous les coups la soutane

Je fus propulsé cul par-dessus tête, entraînant dans ma chute la petite chaise paillée sur laquelle j'étais assis. L'instant d'après, je gisais sans force sur la tomette de la sacristie, le visage en sang, trop surpris pour pouvoir esquisser le moindre geste. Le prêtre aux yeux pâles était assis à califourchon sur ma poitrine, m'écrasant de tout son poids, beuglant des mots sans suite, martelant mon visage de ses poings rugueux. À chaque coup, l'anneau qu'il avait au doigt paraissait m'arracher un morceau de joue. Je sombrai dans l'inconscience.

C'est une sensation de fraîcheur qui m'éveilla. Suivie d'une autre sensation : celle d'une douleur pure, au front.

-Buvez un peu d'eau. Cela vous fera du bien.

Je tentais de me redresser, sur un coude au moins. En vain.

-Attendez ! Je sentis que l'on me prenait par les épaules et que l'on me calait contre une surface froide, un mur sans doute. La fraîcheur sur mon dos me fit du bien. Je me retrouvais un verre à la main. Les premières gorgées d'eau me firent tousser. J'avais la gorge sèche, nouée.

-Lentement. Tout va bien à présent.

Un jeune homme était penché sur moi, le front balafré par une mèche de cheveux blonds. Un peu en retrait, une femme mince m'observait avec attention.

-Un peu d'eau bénite ne vous fera pas de mal !

Je me redressais, m'adossant plus confortablement contre le mur de pierre, non sans pousser un gémissement.

-Il s'en est fallu de peu !

La voix de la femme était douce, un peu rauque. Elle s'approcha et saisit ma main mutilée. J'eus un bref mouvement de recul. Elle sourit, un léger sourire empreint de tristesse, et me montra sa propre main. Elle portait la trace d'anciennes brûlures.

-Elles sont anciennes mais indélébiles !

J'observais, fasciné, ce lien qui si soudainement nous unissait.

Je parvins à articuler :

-Le prêtre ?

-Il a rejoint son Dieu.

Je crus percevoir une note méprisante dans la voix du jeune homme. Son regard se perdait quelque part, sur le mur opposé. Le prêtre était mort les yeux grands ouverts. Il était affalé contre le coffre de bois, les jambes écartées. Sa tête formait un angle étrange avec son torse.

-Nous aurions préféré lui laisser la vie sauve. Il ne nous a pas laissé le choix, soupira la jeune femme. Je sentis son souffle me caresser la joue, apaisant la douleur de façon éphémère.

Je pus enfin la dévisager. Elle m'apparut plus âgée que ne le laissait présager sa silhouette. Peut-être quarante-cinq, cinquante ans. Elle était plutôt jolie, les traits fins, le regard clair, pailleté, laissait deviner une étonnante détermination.

-Justine, il va nous falloir partir. Quelque paroissien pourrait vouloir assister à la messe et je doute que le spectacle…

Il ne termina pas sa phrase. L'église était plantée au bord de la route menant de Morvillette à Marville, au milieu du village. S'il se trouvait du monde aux champs, il devait également se trouver pas mal de vieux ou de femmes dans les jardins ou dans les cuisines. Et là, une porte venait de grincer de l'autre côté du mur. Nous restâmes silencieux, immobiles, guettant le moindre pas dans la nef. D'ores et déjà, le jeune homme glissait sa main sous sa veste de lin et en tirait un lourd revolver, malgré les gestes de dénégation de sa compagne.

Les secondes parurent éternelles. Un sentiment d'attente impuissante que je connaissais bien.

Puis, des pas claquèrent sur la tomette de l'église.

-Mon père ? Êtes-vous là ?

Le jeune homme fit mine de s'approcher de la porte de la sacristie. Mais sa compagne le devança et d'un geste énergique, tourna la clé. Nous étions prisonniers volontaires du minuscule endroit, en compagnie du cadavre d'un serviteur malintentionné de Dieu.

Une autre sensation que la douleur m'envahit de façon pernicieuse. Une angoisse. Plus qu'une angoisse : une frayeur née de mon séjour dans les tranchées. Depuis mon retour de la guerre, tout espace clos me paralyse. Au tout début, quand mon épouse poussait les portes de l'horlogerie Fresneau ou des établissements Seigne, je devais imaginer un prétexte quelconque pour rester dehors, à l'air libre. Même certaines pièces de la maison, notamment la chambre du fond, basse de plafond et à laquelle on accède par trois marches branlantes, m'étaient désormais interdites.

Une goutte de sueur perla sur mon front pour s'en venir me piquer l'œil.

Un tremblement me parcourut. Il faisait sombre, trop sombre dans cette casemate. La vision d'une montagne de boue glissant vers moi m'envahit l'esprit. Des hommes hurlaient, des mains lâchaient les fusils pour repousser la terre et le bois ou tout simplement pour prier. Du coin de l'œil, je vis le petit Mongin se saisir de son arme et se l'appuyer sous le menton. La déflagration étouffa mon cri.

La montagne de boue m'envahit, m'emplit la bouche.

-Chut. Calmez-vous !

Ce n'était plus la boue qui m'empêchait de gémir, mais une main ferme. Je laissais non sans peine refluer la vague de frayeur qui m'avait envahi. Puis je clignai des yeux pour faire comprendre au jeune homme qu'il pouvait retirer sa main. De l'autre côté de la porte, on pouvait percevoir un souffle de phtisique.

-Mon père, vous êtes là ?

Deux coups frappés. Deux explosions. Le bec de canne tourna lentement, en vain. Je suivais avec inquiétude sa course elliptique, d'abord vers le sol, puis vers le ciel.

-Mon père ?

Je perçus quelques jurons proférés à voix basse, mêlant Diable, Dieu et tous les saints. Puis les pas s'éloignèrent. Nous entendîmes la porte de l'église se refermer lourdement. Le soulagement était presque palpable et prenait presque trop de place dans notre petit réduit. Les battements de mon cœur recouvrèrent un rythme plus régulier.

-Je suis désolé.

Visiblement, mes deux compagnons ne me tenaient pas grief de mon instant de panique, qui pourtant aurait pu se révéler dramatique. Je revis un instant l'air déterminé du jeune homme quand il avait empoigné son arme. Je compris qu'il n'aurait pas hésité à tirer.

Écublé, de nos jours, le 12 août

Aberfan

Pendant que nous turbinons des méninges, je feuillette le petit bouquin. La der ? Pour un journaliste, la der, c'est la dernière page d'un journal. Se pourrait-il ? Je scrute le second plat. Rien, hormis quelques récentes rayures sans doute dues à la réaction violente de Joe. Je le tourne dans tous les sens, puis l'ouvre aux dernières pages. Sur la dernière garde, au crayon à papier, une série de chiffres se tapit entre deux traces anciennes d'humidité. 51-10.16.18.5.6.14.16.3.

-Je l'ai ! C'est un rugissement de triomphe qui fait sursauter Joe.

-Vous n'êtes pas bien ?

-J'ai le code, la clé ! Je suis sûr que c'est ça !

Joe me rejoint tandis que j'ouvre le bouquin à la page 51. Visiblement, Alexandra ne s'est pas trop foulée pour dénicher son code. Mais il est vrai que si l'on ne sait pas qu'il existe un code, il n'y a pas de raison de s'arracher le neurone pour le découvrir.

« Du Feu Céleste ».

Tel est le titre du chapitre.

Je brûle, j'en suis sûr ! Sans jeu de mots.

« Songer voir un feu modéré au ciel, pur et luisant, signifie menace de quelque prince ou grand Seigneur.
Voir en songe un grand feu au ciel, signifie agression de ses ennemis, pauvreté, désolation et famine, et du côté que ce feu tombera, les ennemis viendront ; et si l'on voit ce feu voler et descendre de part et d'autre, cela est encore plus défavorable.
Songer voir des flambeaux, ou des torches ardentes, des branches et des arbres en feu descendre du ciel, signifie guerre, querelle, stérilité, et celui qui fait ce songe est menacé d'être rudement blessé à la tête ou de courir un grand danger.

Des avertissements envoyés par Morphée qui paraissent coller avec les angoisses de la Sogar. Et avec les miennes par la même occasion. Je songe aussi au cauchemar de la petite.

-On dirait du Nostradamus, avance Joe qui connaît ses classiques.

-En plus clair, je précise, même si c'est écrit avec les pieds. En attendant, gare au feu du ciel ! Bon, c'est le moment de réfléchir. Le 10, c'est sans doute la ligne ou le dixième mot ou la dixième lettre de la première ligne. Là, ça se complique. Il va falloir tester. J'explique à Joe, en deux mots, la situation.

-Le dixième mot c'est « luisant », j'ajoute.

-Oui, sauf si l'on tient compte du titre, auquel cas c'est « ciel » remarque Joe.

Elle a raison. Je lui propose de noter une première série de mots en comptant le titre ; en ce qui me concerne, je ferai de même mais en commençant par le texte. En quelques instants, nous confrontons nos résultats.

-Ciel-de-prince-voir-un-signifie-de-céleste, tente Joe.

De mon côté, la teneur du message est aussi sibylline :

-Luisant-ou-seigneur-modéré-au-quelque-ou-un.

-Non, ça ne va pas ! Le fait qu'il y ait deux fois dix doit impliquer un doublement de lettre, pas de mot.

Joe a raison. Et si Luisant se rapportait à la ville du même nom, en périphérie de Chartres ?

Nos nouvelles recherches nous plongent dans un abîme d'interrogations.

Deux borborygmes s'étalent à présent en lettres capitales sur le papier à petits carreaux.

SGRUOSF pour Joe, RMDEERN pour moi.

-On dirait des sigles de syndicats agricoles ! Il ne manque plus que FDSEA ! s'exclame Joe

Après un léger silence.

-Des anagrammes peut-être ?

Je secoue la tête.

-Je ne pense pas. C'est la méthode d'interprétation qui pèche. C'est flagrant avec mon résultat. Pourquoi Alexandra aurait-elle utilisé deux nombres différents pour le « E » alors qu'elle a pris soin de doubler le R en utilisant un seul nombre, le 10 ?

-Et si le premier 10 indiquait autre chose qu'une lettre ? Il pourrait s'agir de la ligne dans laquelle il faut chercher ? En faisant abstraction de la tête de chapitre, ça nous donne:

« Songer voir des flambeaux, ou des torches ar »

Ce qui ne signifie pas grand-chose.

Il nous reste donc les 16.18.5.6.14.16.3. Soit... ABERFAN

Joe se laisse choir sur sa chaise...

-On est bien avancés ! Aberfan, ça ne veut rien dire !

-C'est déjà plus lisible. Enfin, plus prononçable.

Joe hausse les épaules, l'œil vide.

-Ça ne mène à rien. J'en ai marre et je suis crevée. Je vais me coucher. Vous trouverez des draps et des couvertures dans la chambre d'amis, juste à votre droite. Bonne nuit.

Elle ne me laisse pas le temps de répliquer. Son peignoir disparaît, et elle avec, dans le couloir. ABERFAN. C'est comme une litanie, un leitmotiv qui me trotte menu dans le cerveau tandis qu'à mon tour je pique du nez comme un Mitsubishi Zero sur Pearl Harbor. Je n'ai jamais entendu prononcer ce mot, mais il chante en moi comme un souvenir distordu, un peu comme ces mots que l'on cherche sans vraiment les trouver, comme l'ombre d'une ombre insaisissable. ABERFAN. On dirait... Du gaélique. Comme cette ville par laquelle j'étais passé lors d'un voyage scolaire quand j'étais ado. Dagelnau ou un truc comme ça. Aberfan. Aucun rapport et je n'y connais rien en gaélique. C'est pourtant comme une réminiscence indirecte, un coup de foudre spirituel. Et si j'avais raison ?

Je farfouille un peu partout dans ma mémoire. Songe à l'ordinateur dans la pièce à côté, où Joe doit s'être endormie. Je tente de trouver un dictionnaire dans le coin. Un vieux Larousse me tend ses pages illustrées. Pas d'Aberfan. Aberdeen, oui, petit port de pêche d'Ecosse, blablabla. Aberfan, Aberdeen. On n'est pas loin.

Je décide d'aller réveiller Joe.

Joe est concentrée devant l'ordinateur boutonneux du tonton. La moitié immergée de son visage est semblable à une carte marine, d'un bleu-gris maladif. J'ai l'œil en berne, la langue pâteuse, le cheveu fou de ma postière. Pas sympa, j'ai décidé de la laisser se prendre dans la toile.

Elle clique sur le moteur de recherches.

-Environ 319.000 résultats ! annonce Joe. « Aberfan Disaster. Catastrophe d'Aberfan… 1966 : Un terril s'effondre causant la mort de 144 personnes dont 116 enfants. »

-Ça va ?

Non, je suis un mort vivant en quête de Baron Samedi. Cette question ! À laquelle je réponds bêtement oui.

-Bon reposez-vous deux minutes, je lis, j'imprime et vous raconte tout dans la foulée.

Je la remercie en bâillant.

Je somnole sur le bord du lit défait dans lequel le corps de Joe n'a pas eu le temps de laisser d'empreinte.

L'imprimante vomit une page puis deux et quelques autres.

-Je suis tombée sur un de ces sites de paranos qui versent dans le paranormal, les conspirations et les complots en tout genre. Et vous savez quoi ? Notre ancien président, Nicolas Sarkozy serait le clone d'une identité extraterrestre issue de la constellation d'Orion.

-Tout s'explique, je réponds.

Je me sens plutôt bougon. Pense à Cam et à la petite.

-Mais quel rapport avec un site de paranos qui versent dans le paranormal ?

-Vous allez voir ! qu'elle murmure en récupérant ses sorties imprimante. Aberfan est une ville du pays de Galles. En 1966, le glissement d'un terril a englouti une école et une dizaine de maisons. Cent-quarante-quatre hommes, femmes et enfants ont péri écrasés. Tout est là-dedans ! J'ai trouvé également d'autres sites qui paraissent moins farfelus mais ils sont en anglais et moi j'ai fait allemand première langue !

Elle me tend les quelques feuillets. Le texte est, comme souvent sur la toile, une ode à la faute d'orthographe, un dithyrambe à la syntaxe approximative, une glorification de la photographie floue à la pixellisation incertaine. J'y apprends toutefois qu'à la suite de la catastrophe d'Aberfan, un psychiatre anglais aurait recueilli plus de soixante-dix témoignages de personnes affirmant avoir eu la prémonition de l'événement. Parallèlement, le Centre de Recherches Psychophysiques d'Oxford établissait un rapport concernant une cinquantaine de cas relatifs à des rêves prémonitoires et autres flashes prophétiques liés à la catastrophe. Enfin, un journal populaire, le News Of The World, y était également allé de son sondage. Il aurait recueilli plus de deux cents lettres à la question posée dans ses colonnes: « Avez-vous eu une prémonition au sujet d'Aberfan ? »

Un silence. Une moue.

-Le News of the world, ce serait pas ce tabloïd qui a mis la clé sous la porte suite à un scandale d'écoutes téléphoniques ? demande Joe.

-Si fait. Aussi, peut-on vraiment se fier à ce canard ?

Joe hausse les épaules.

-Apparemment, il n'est pas le seul à avoir rapporté cette histoire.

-Bon, les Anglais ont des prémonitions, et alors ? C'est toujours pareil dans ce genre de cas. On s'en rend compte après les événements. Ça n'a aucune valeur ! Tous les tarés de la planète, tous ceux qui veulent voir leur tronche à la télé ou dans le journal se damneraient pour faire leurs intéressants.

Je me sens grincheux comme une crème anglaise qui aurait tourné.

Joe ne se laisse pas impressionner par mon ton à la limite de l'agressivité.

-Lisez la suite. Après vous pourrez ronchonner. Je vais faire du café pendant ce temps.

Elle me plante là avec mes feuillets. Je m'assois devant l'ordinateur pour poursuivre ma lecture.

Les journalistes de News Of The World avaient enquêté afin d'appréhender au mieux les réponses à leur sondage. Ils avaient décidé de ne retenir que les personnes pouvant apporter la preuve de ce qu'elles avançaient et qui, donc, avaient évoqué leur prémonition avant la catastrophe. Sept cas répondaient à ces critères. Une habitante de Brighton avait été réveillée deux fois par le même cauchemar la nuit du drame. Elle avait raconté à son mari qu'elle se trouvait dans un standard téléphonique et qu'elle entendait des sanglots et des hurlements de petite fille puis elle voyait une fillette s'approcher d'elle au milieu d'une rue sombre tandis qu'une énorme masse noire faisait son apparition et qu'une voix lui disait « Toute la famille est dans la maison ». Ce n'est que le lendemain, après avoir fait part de son rêve à ses voisins qu'elle avait appris la catastrophe.

Mouais…

Une autre femme, domiciliée à Plymouth, avait, la veille de la catastrophe, déclaré devant sept témoins qu'elle avait eu la vision rapide d'énormes tas de charbon, vision qui l'avait fortement impressionnée. Elle avait ensuite vu un mineur et un enfant qui paraissaient terrorisés. L'enfant lui aurait dit avoir été « oublié »… Quelques jours après l'effondrement du terril, lors d'un reportage télévisé, elle avait reconnu l'enfant de sa vision. Il s'agissait d'un des rescapés. La mort l'avait oublié.

Mpfff…

L'un des cas les plus pathétiques rapporté par le papier était celui d'une petite fille âgée de six ans qui, à deux reprises au cours des jours précédant la catastrophe, avait affirmé à ses parents qu'elle avait rêvé d'un grand nuage tout noir qui l'enveloppait et l'emportait.

Je frissonne.

Me souviens du cauchemar de Lou.

De sa terreur Et même de l'odeur de brûlé qui m'avait caressé la narine.

Joe revient avec deux tasses de café fumant. Noir comme l'œil qui menace le toréador dans Carmen. Bouillant comme les tourments éternels.

-C'est horrible, le coup de la gamine, non ?

La jeune femme a l'air bouleversé.

-C'est horrible, oui.

Je consens.

-Vous pensez qu'Alexandra avait rêvé sa propre mort, comme cette petite ?

Joe a un geste de dénégation.

-Non, il ne s'agissait pas de ça. Je pencherais plutôt pour la prémonition d'une catastrophe comme Aberfan.

-Dans ce cas, pourquoi n'en a-t-elle pas parlé ? Pourquoi tous ces secrets, ce code bidon dans un bouquin ? Ça n'a pas de sens !

-Vous oubliez une partie de l'histoire ! me fait remarquer Joe. Vous oubliez, « pourquoi l'a-t-on tuée, pourquoi a-t-on fait sauter sa maison et nous avec, pourquoi a-t-on assassiné ceux qui la connaissaient ?

Elle s'affaisse sur le rebord de la vaste table qui supporte l'ordinateur et tout un bazar informatique. Une larme pointe au coin de son œil.

-Et à nous, qu'est-ce qui va nous arriver ?

Le Grénillet, juin 1919

Voyages à rebours

Nul n'aurait pu dire, en voyant la petite église dressée dans le couchant, le drame qui venait de s'y jouer. De lourds nuages noirs bouchaient pourtant l'horizon, menaçants. L'église était telle que je l'avais découverte un peu plus tôt, penchée sur son cimetière où, dans l'ombre, les morts côtoyaient les herbes folles. Un bouquet de fleurs blanches reposait sur le mur d'enceinte du cimetière. La femme s'en saisit et coupa court aux protestations de son compagnon.

-Je reviens tout de suite.

Elle repoussa la grille à travers laquelle se découpaient les stèles de marbre et de granit. Je la vis se pencher sur l'une des tombes, la plus fleurie, et déposer son bouquet. Son compagnon ne cessait de jeter alentour des regards inquiets. Une charrette tirée par un cheval filiforme arrivait par la route de Saint-Sauveur, celle-là même que j'avais empruntée pour venir.

J'avais également envie de déguerpir au plus tôt. Je ne cessais de jouer avec la carte, maintenant froissée, que m'avait laissée Mariel.

Son compagnon l'avait appelée Justine. Justine. La coïncidence n'en était certainement pas une, pensai-je en découvrant le spectacle de cette femme à présent recueillie devant la tombe qui était certainement la sienne.

Elle revint vers nous à grands pas.

-Je vous dois des explications, mais pas tout de suite ! reconnut-elle, une fois arrivée à ma hauteur. Nous devons partir avant que l'on ne découvre le corps de Dumont. Je m'appelle Justine et voici François. En route à présent !

J'acquiesçai sans un mot, impatient toutefois de comprendre dans quelle histoire Mariel m'avait entraîné. Car visiblement, le bougre ne m'avait pas tout dit. J'en conçus une soudaine amertume mais aussi, il convient de l'avouer, une certaine excitation.

Nous étions tous trois silencieux. Délaissant la route, nous avions emprunté les champs, puis longé un bois. Les bottines de Justine semblaient ne jamais toucher le sol. François avançait également d'un pas alerte, mais paraissait beaucoup plus tendu que sa compagne. Qu'était-il pour elle ? Un fils ? Possible. Un amant ? L'idée, sans raison, me causa un petit pincement au cœur.

Nous débouchâmes sur une route, à hauteur d'un petit oratoire. Non loin était garée une conduite intérieure. François s'installa au volant, Justine m'invita à monter puis prit place à son tour, à l'avant du véhicule. Ses cheveux bruns étaient relevés en chignon, un chignon un peu lâche qui dévoilait la courbe de son cou.

Derrière les vitres, le paysage défilait, succession de champs émaillés de bois. Ici et là, des flaques bleues ou rouges de bleuets ou de coquelicots brisaient la bichromie des lieux. Nous roulâmes ainsi, en silence, pendant quelques minutes. Justine avait posé sur ses genoux la cassette qui n'était pas parvenue à me fendre le crâne.

Alors que nous allions aborder un sous-bois, la voiture pila devant une haute grille en fer forgé dotée d'impressionnantes arabesques. François descendit du véhicule, repoussa les grilles qui s'ouvrirent en grinçant et engagea la voiture dans l'allée s'ouvrant devant nous. Il se gara devant une antique bâtisse, qui au temps de sa splendeur, dût susciter l'admiration mais n'inspirait aujourd'hui qu'une indicible mélancolie.

Tout ici paraissait à l'abandon.

Dans le parc, les buis n'avaient pas connu de taille depuis des lustres et empruntaient des formes étranges et inquiétantes. Un bassin de pierre circulaire ne recueillait plus depuis longtemps déjà que les eaux dispensées par les nuages et les orages. Il était tapissé de générations de feuilles mortes dont la majeure partie s'était métamorphosée en une espèce d'humus à l'odeur douceâtre. Le cadavre d'une couleuvre se lovait sur un petit mur de briques menant à l'escalier, un large escalier éventré par endroit. Les ronciers et mûriers avaient fini par tapisser une partie des murs de la demeure et les premiers fruits jetaient des ombres lugubres sur les murs pelés. La plupart des persiennes, mutilées par endroits, étaient closes. Les cheminées, nombreuses, griffaient un ciel trop bas.

C'était ici le royaume de la Belle au Bois Dormant tel que je me l'imaginais enfant, quand tard le soir, bien après que ma mère eut refermé le livre illustré, je restais les yeux ouverts à prolonger le rêve.

-Nous allons avoir de la pluie. Abritons-nous vite !

François avait déjà ouvert la porte de chêne à double battant. Nous pénétrâmes dans le hall qui desservait plusieurs pièces. Une agréable odeur de cire et de propre, contrastant avec l'extérieur, nous accueillit. Justine posa la cassette sur un petit guéridon d'acajou et alluma une lampe à pétrole, puis une seconde.

-L'électricité n'est pas encore parvenue jusqu'à nous ! Nous sommes à l'écart, ici, et c'est mieux pour tout le monde. Voulez-vous vous rafraîchir ?

Je la remerciai, non sans songer à Mathilde et Marthe qui devaient m'attendre à quelques dizaines de kilomètres de là. Je leur avais dit que j'en avais sûrement pour la journée, deux jours peut-être. J'espérais qu'elles ne s'inquiétaient pas trop.

François me conduisit à une chambre, à l'étage, désigna une petite coiffeuse. Sur la tablette de marbre se trouvaient un broc et une cuvette, ainsi qu'un énorme savon de Marseille.

-Prenez votre temps ! me conseilla-t-il en refermant doucement la porte.

Il avait un menton qui me rappelait quelqu'un.

L'eau fraîche me fit du bien.

Je me laissais tomber sur le lit, fermai les yeux un instant.

Il faisait nuit noire quand je les rouvris.

Les yeux de Justine d'Armoise ne cillaient pas, pas même à la lueur de la flamme de la bougie qui nous séparait. Nous avions dîné en silence, perdus dans nos pensées respectives qui devaient par moment être de même nature. De temps à autre, nous avions échangé quelques banalités polies. Nous devions être conscients que nous reculions ainsi le moment d'aborder les raisons de ma présence ici.

-Ainsi ce pauvre Mariel n'aura pas survécu à la guerre.

Je secouai la tête.

Une larme coula le long de la joue de mon hôtesse.

François était tout pâle. Il avait un je ne sais quoi dans la finesse des courbes de son visage, dans ces sourcils haut placés qui me firent penser à Mariel. Mais il avait le cheveu fin, la détermination dans le regard, qui n'appartenaient qu'à Justine d'Armoise.

C'était une évidence. François était le fils de Justine et de Mariel.

-Je n'étais pas loin quand il est mort, repris-je. Il savait qu'il ne survivrait pas à la guerre. Il l'avait lu dans les cartes.

Justine d'Armoise sourit, séchant ses yeux d'un charmant mouchoir brodé de bleu.

-Mariel et ses tarots ! Je l'avais rencontré dans des circonstances étranges. Au congrès international spirite de Paris, en 1900. Il y avait là tous les grands noms du spiritisme, du docteur Papus, tombé à la guerre lui aussi, à Léon Denis qui avait pris la succession d'Allan Kardec. Je dois vous dire qu'à l'époque, je ne croyais à rien de tout cela. Les tables tournantes, la communication avec les esprits. Elle marqua un temps. La prémonition et la vision du futur, tout cela…

-Et aujourd'hui ?

Justine eut un petit geste de la main, comme pour chasser une mouche trop entreprenante.

-Disons que je crois en l'inexplicable.

-Savez-vous ce qu'est ce coffret ?

-Oui. Il m'a un temps été confié. Mais comme Mariel savait son contenu convoité à l'extrême, il l'avait ensuite dissimulé à Levasville, où le père Ramboneau en avait la responsabilité. Jusqu'à sa mort, survenue d'étrange manière à l'automne 1914. Mariel en avait toutefois conservé la clé.

-Cette clé ? demandai-je en brandissant la pièce de métal de forme curieuse que m'avait remis Mariel peu de temps avant sa mort.

Justine haussa les sourcils.

-Peut-être bien. Seule cette clé peut ouvrir le coffret. Toute tentative d'effraction est censée se solder par la destruction des documents. Il y aurait une ampoule d'acide qui, en cas de force majeure, anéantirait le contenu du coffret. J'espère que le contact avec votre crâne n'a pas brisé cette fiole ! sourit Justine.

-Qu'y a-t-il de si précieux là-dedans ?

-Je vous dois quelques explications, répondit mon hôtesse. Sans trop m'en dire, pour me protéger, Mariel m'avait raconté l'histoire de ce coffret métallique. C'était au début de l'automne 1900. En Haute-Loire où je m'étais réfugiée quelque temps. Où nous nous étions réfugiés, rectifia-t-elle.

-Réfugiés ? l'interrompis-je.

Justine eut un léger mouvement du menton.

-Le terme est exact. Nous étions en fuite. Mariel et moi avions un ami commun, Victor Trann, un éditeur parisien. D'après ce que m'en a dit Mariel, Trann, en août 1900, avait hébergé quelque temps un ami italien, un jeune archéologue nommé Sergio Cagliostro ou Congliatti, ou Cogliare, je n'ai jamais pu retenir son nom, s'excusa-t-elle. Ce Sergio était l'auteur d'une découverte extraordinaire en Terre Sainte, des manuscrits prophétiques semble-t-il, datant de bien avant la naissance du Christ et susceptibles de bouleverser notre conception de l'histoire. La majorité des documents avait été volée à Rome alors qu'ils étaient entreposés chez un ami de Sergio, ami qui avait été assassiné lors du cambriolage. Sergio, qui avait conservé quelques-uns des documents les plus précieux et en avait traduit un certain nombre, avait aussitôt pris la fuite pour Paris. Il craignait pour sa vie et pour ces ultimes témoins de sa découverte et avait songé à les confier à Victor Trann, qui se trouvait être mon éditeur. J'étais écrivain, à l'époque, précisa Justine avant de reprendre : L'Italien avait pris le train à Rome avec ce coffret abritant les preuves de ce qu'il avançait mais, se sentant surveillé, avait estimé préférable d'envoyer la clé par la poste. Il pensait, à tort je pense, que Trann pourrait publier les documents ainsi que leur traduction. Une fois à Paris, rien ne se déroula comme il l'avait prévu. Il raconta son histoire à Victor Trann qui s'en émut fort mais ne put vérifier les dires de Sergio ! En effet, les clés se perdirent entre la France et l'Italie, et ce n'est que le 26 septembre 1900, six semaines après l'arrivée de Sergio à Paris, qu'ils reçurent enfin la précieuse lettre abritant la clé du coffret. Ils purent alors examiner les documents. Victor Trann en fut atterré, d'autant qu'il avait lu peu de temps auparavant le manuscrit que je lui avais confié, un petit livre peut-être prémonitoire qui évoquait, lui aussi, un événement décrit par d'autres voici plus de 2000 ans. S'il ne m'en laissa rien paraître, ou presque, Victor en fut choqué. Il s'en remit à Mariel qu'il savait passionné par ces choses.

Victor, Mariel et Sergio tinrent conseil. Je ne l'ai su que plus tard, par Mariel, mais ils glissèrent mon manuscrit dans ce coffret, avec les autres documents. Puis Victor remit la clé à Mariel qui suivait alors le congrès spirite de Paris.

Le lendemain, le 27 septembre 1900, c'est un Trann véritablement perturbé qui me reçut et m'échangea le double de mon manuscrit contre ce fameux coffret, m'expliquant qu'en cas de besoin, je devrais le remettre à Mariel. Se doutait-il de ce qui allait arriver ? Certainement. Sinon, pourquoi m'aurait-il confié un bien si précieux ?

Justine se tut un instant, rassemblant ses souvenirs.

-La nuit même, la maison de Victor Trann partait en fumée, laissant trois cadavres : Trann, sa gouvernante et certainement le jeune Italien. Je me rendis aussitôt au congrès spirite où je fis la connaissance de Mariel. Je lui racontais mon histoire et nous partîmes quelques heures plus tard pour la Haute-Loire, chez un de ses amis du nom de Sainte-Croix. Nous y restâmes cachés plusieurs mois. Notre… (Justine cherchait ses mots en rougissant légèrement) amitié se transforma et je vous présente François, notre fils !

Ce joli raccourci m'attendrit.

François, bien que très pâle, enveloppait sa mère d'un regard protecteur, très doux, très fier aussi.

-Mariel put étudier plus attentivement le contenu du coffret, notamment la traduction en français qu'en avait réalisée Sergio, mais refusa, malgré mes supplications, de m'en dire plus.

Je m'étonnais.

-Pourquoi les documents étaient-ils traduits en français ? Sergio était italien !

-Je l'ignore. Sans doute pour faciliter la tâche à Victor Trann en cas de publication ultérieure.

Justine marqua une pause. François lui prit la main, caressant ses doigts fins.

-Quelques jours plus tard, Mariel avait disparu, me laissant seule ou presque, poursuivit Justine à voix basse, se tournant vers François. Il développait dans une lettre les raisons de son départ. C'était pour me protéger, affirmait-il et je le crois volontiers. J'ignore s'il aurait agi de même s'il avait su que je portais le fruit de nos amours. Je me prends à rêver parfois qu'il serait resté, mais au fond, je pense que sa décision n'en aurait été que plus forte.

-Il m'a souvent parlé de vous…commençai-je.

Mais Justine m'interrompit.

-Vous êtes gentil et je vous en suis reconnaissante. Mais je suis sûre que non.

Je rougis jusqu'à la racine des cheveux, bafouillai un instant puis me tus.

-Mais vous, près de vingt ans plus tard, comment… se fait-il...

À mon tour je cherchais mes mots.

-Que François et moi nous soyons retrouvés au bon endroit au bon moment ? m'aida Justine. Depuis l'incendie du Bazar de la Charité au cours duquel je fus blessée, je suis sujette à certaines prémonitions. Elles sont assez rares pour que je puisse me fier à mes sentiments, mes impressions, mon intuition.

-Qui est donc l'homme qui m'a agressé cet après-midi ? demandai-je.

-Le jeune aventurier italien se sentait suivi. Depuis la Terre Sainte, en fait. Il avait croisé à plusieurs reprises un prêtre français aux yeux très clairs. Quand l'abbé Ramboneau est décédé, c'est celui qui allait être son remplaçant qui officia. C'est là que je rencontrai pour la première fois l'homme que François a tué cet après-midi. Ce prêtre aux yeux très clairs. Depuis toutes ces années il attendait la clé que vous a remise Mariel. Le coffret avait quant à lui été confié à l'abbé Ramboneau, en qui Mariel avait sans doute toute confiance. Bien que prêtre, Ramboneau était franc-maçon et très ouvert d'esprit. Mariel et lui avaient été initiés en même temps dans une Loge chartraine.

Je réfléchis un instant.

-Il y a quelque chose que je ne m'explique pas, tentai-je. Si ces documents sont tellement dangereux, pourquoi des hommes qui n'ont pas hésité à tuer à plusieurs reprises n'ont-ils pas tout simplement détruit la mallette et surtout son contenu ? Le successeur de Ramboneau a eu tout le temps pour le faire.

-Nous pensons qu'ils voulaient être sûrs de son contenu avant de le détruire ou de le soustraire au reste du monde !

Écublé, de nos jours, le 12 août

Auto tamponnée

-Voilà. C'est tout ce que j'ai à vous proposer…

La calandre de l'Ami 8 beige m'observe de ses yeux obliques. Depuis combien de temps dort-elle sous ce hangar, enveloppée dans un linceul de poussière, de suie et de paille, engoncée dans d'antiques sacs en toile de jute aux armes des Postes, Télégraphes et Télécommunications ? Mystère. Un de plus. Le pare-brise est aveugle, opaque plutôt. La vignette, la dernière en date, qui se décolle, se rebiffe sous le verre arbore un méchant 89. Je n'ose demander si l'assurance est à jour.

-Heu… Elle roule ?

Joe hausse les épaules.

-La dernière fois que je l'ai vue circuler, j'étais gamine. Mais elle roulait.

Je tapote du pied le pneu lisse qui me lorgne sans rien dire. Il mériterait un bon coup de gonflette. Je n'ose imaginer la tronche de la batterie. La portière s'ouvre sans un cri. Une légère bave de moisissure a blanchi le skaï marron des sièges et le tableau de bord. Une forte odeur d'humidité m'emplit les narines, qui me font payer l'affront par une demi-douzaine d'éternuements éberlués. Je n'ose songer à ce que je vais découvrir sous le capot. Je n'ose pas grand-chose, à dire vrai. Une manipulation sous le tableau de bord, toutefois. Je ressors, farfouille dans la ferraille comme un légionnaire sous la jupe d'une donzelle dans un port sud-méditerranéen, parviens à ouvrir le capot qui refuse de rester dressé, me retombe sur le crâne, m'arrache un juron. Joe le cale grâce à un manche de pioche esseulé qui traîne son ennui dans les parages et je replonge dans le noir en quête d'une batterie. Elle existe, elle est toujours là, les cosses nues, les fils collés ici et là grâce à deux morceaux de sparadrap. Je rebranche le tout, priant pour qu'il reste un peu de jus, m'engouffre dans l'habitacle. La clé est restée toutes ces années dans le neiman. Je tire, un peu sur le starter. Mets le contact. Appuie sur l'accélérateur. Bvlurpfft… Elle fait « BVLURPFFT », la gueuse, tandis qu'une odeur d'essence chasse celle de moisi ! Joe met sa main en éventail sous son nez.

-Je crois que vous l'avez noyée. Il ne faut pas appuyer sur l'accélérateur. Descendez, je vais vous montrer.

Je lui cède la place, vexé comme une chignole ripant sur du béton-armé.

Joe attend quelques minutes, des heures, des jours, des semaines. Puis elle met le contact. Le moteur tousse, tressaute, glaviote, gémit, grince, rote, pète. La voiture vibre, se cabre, se trémousse, gigote. Se tait. Joe attend quelques secondes, puis tente à nouveau. Les essuie-glaces dansent la gigue, le miroir de courtoisie se démantibule et s'écrase sur le tapis moisi. Et le moteur rugit, éructe, se racle la durite, s'époumone. S'essouffle. Joe appuie sur l'accélérateur en tirant à elle le starter. Pousse un cri de triomphe.

-C'est bon, il reste même un demi plein ! Seulement, tirez-pas trop sur la ceinture ! Grognon, c'était le chien de mon oncle, en a bouffé la moitié !

Je ne pipe mot, me contentant de fixer la ceinture en question effilochée sur la moitié de sa largeur. Mieux vaudra éviter un choc ou les flics.

-Chevalier, voici ton armure et ton cheval, je pense en observant d'un œil navré mon fier destrier et l'estafilade qui court de l'aile avant à la porte arrière.

Si avec ça je ne me fais pas repérer…

Le Grénillet, juin 1919

Piégées

-C'était en 1897. Une horreur sans nom. Les gens brûlaient comme des torches. Les façades des baraques s'embrasaient les unes après les autres. La fumée nous empêchait de respirer. Nous ne pouvions que courir au hasard, dans l'obscurité. Il y avait des hurlements, tous ces cris…

Justine avait l'œil fixe, comme hypnotisée par la flamme de la bougie. Elle n'était plus en 1919 dans le Thymerais, mais en 1897, dans les allées embrasées du Bazar de la Charité. Elle courait pour sauver sa vie. Un gros homme aux vêtements déchirés, les cheveux en flammes la bouscula, la projetant à terre. Une petite fille au regard fou lui piétina le ventre, puis tomba à son tour et disparut sous une marée humaine. Bousculée de toute part, Justine crut un instant qu'elle allait périr non dans les flammes mais écrasée par la foule. Elle parvint toutefois à prendre appui sur un élément de décor chauffé à blanc. La douleur fut insoutenable. Mais elle réussit à se relever, au prix de sa main. Elle se précipita à son tour. Quelqu'un hurlait « Par ici ! ».

Mais où était-ce par ici ?

C'est alors qu'elle la vit. La vieille femme se trouvait coincée sous une porte en proie aux flammes. Sans doute est-ce l'expression de tranquillité émanant de son regard, cette apparente certitude de l'inéluctable qui fit se rebeller Justine.

Elle se précipita, au risque d'être renversée de nouveau, et remontant la vague hystérique, parvint à la hauteur de la vieille femme. Celle-ci lui souriait. Ses cheveux blancs s'étaient dénoués et s'étalaient en corolle autour d'elle. La manche de sa robe était en feu mais elle ne paraissait pas souffrir. Elle se contentait de fixer Justine d'un regard étrange. Justine, dont la rage décuplait les forces, parvint à repousser la porte, malgré la chaleur intense et les brûlures. Elle ne sut jamais comment, hoquetant, pleurant, suffoquant, criant, elle parvint à dégager la blessée. Elle la serra dans ses bras, ce qui eut pour effet d'étouffer les flammes qui gagnaient son chemisier roussi, puis la poussa en avant, entre deux baraquements qui laissaient échapper vers le ciel de longs tourbillons fuligineux. Justine devinait qu'elle ne courait pas vers la sortie. Mais curieusement, une voix lui disait que le salut était à portée de main.

Les deux femmes coururent sans se retourner, évitant au mieux les flammèches et débris en combustion qui s'abattaient autour d'elles, oiseaux maléfiques embrasant tout ce qui se trouvait à portée. Les volutes de fumée et d'épais rideaux de flammes composaient autant d'obstacles qu'elles devaient contourner.

Pour aller où ?

Justine l'ignorait. Mais elle sentait, au fil des enjambées, que la confiance la gagnait. C'était comme si la main qu'elle tenait dans la sienne, cette vieille main ridée et douce à la fois, lui transmettait quelque fluide mystérieux. Même la douleur, si présente un instant plus tôt, paraissait lui offrir un temps de répit. Elle se sentait ragaillardie, ivre de vie, affamée d'avenir. La vie était merveilleuse et elle devait tout faire pour la conserver. Et elle courait, courait, entraînant dans son sillage la vieille femme qui, malgré son âge, la suivait sans une plainte.

Et puis elles entendirent des cris. Pas des hurlements, des cris. Des voix d'hommes. Des ordres. Des encouragements. Une palissade de bois, droit devant, parut éclater. Puis le coin d'une hache apparut. En quelques instants, la brèche était assez large pour leur permettre de passer. Elles s'effondrèrent sur la chaussée. Étroitement enlacées.

Justine comprit alors qu'elle s'était méprise quant à la signification du regard de la vieille femme prise au piège. Elle n'attendait pas la mort dans la sérénité. Elle attendait Justine. Et savait qu'elle allait être sauvée.

C'est à cet instant que Justine perdit toutes ses certitudes.

-Voulez-vous une tasse de thé ?

François me faisait face, une théière de porcelaine bleue à la main.

Je mis quelques instants à revenir à la réalité.

-Merci, non.

-Peut-être préfèreriez-vous quelque chose d'un peu plus fort ?

Je déclinai l'offre de nouveau, espérant ne pas vexer mes hôtes. Justine reprit le cours de son récit.

-C'est pendant mon transport à l'hôpital que j'eus ma première vision. Je me trouvais au pied de la cathédrale de Chartres, au milieu d'une foule incroyable. Tout autour de moi, des hommes, des femmes, des enfants habillés d'une façon étrange. Certains hommes avaient les jambes nues. Il y avait des jeunes filles dont les robes… Les robes, laissaient voir les genoux et laissaient même deviner les cuisses. C'était d'une indécence ! Mais personne ne paraissait y prêter attention. Les cloches sonnaient à toute volée. Il faisait très chaud. Quelqu'un cria, à côté de moi, dans un drôle d'accent : « Le pape, le pape ! Il arrive ! » Et je vis des chevaux blancs marchant au pas, puis des soldats aux habits d'or. Et un étrange véhicule de verre, une sorte d'automobile incroyable, avec un homme âgé, debout, qui saluait la foule. C'était lui, le pape sans doute. Il paraissait bénir ces milliers de gens. Je voyais mal, d'où j'étais. Et pour cause ! J'étais une petite fille ! Je portais une sorte de pantalon d'homme et un vêtement sans manches. Je me suis sentie gênée. J'aurais voulu pouvoir m'enfuir. Mais il y avait une femme qui me tenait la main. Ensuite, le pape est entré dans la cathédrale.

Quelques minutes plus tard, j'entendis un grand bruit. La terre se mit à trembler, à s'ouvrir sous la foule. Il y eut d'effroyables hurlements tandis que sous mes yeux des dizaines de personnes étaient comme aspirées dans de profondes crevasses. Puis l'une des flèches de la cathédrale vacilla. Une énorme fissure apparut sur la rosace. Des blocs de pierre furent projetés sur la foule. Les vitraux explosèrent. Une verrière retomba en milliers d'éclats mortels. Tout à côté de moi, un petit garçon se mit à hurler, un morceau de verre bleu fiché dans la poitrine. Une partie de la cathédrale s'effondra sur la foule des pèlerins coincés par leur trop grand nombre. La terre se fendit encore plus, engloutissant des centaines de badauds. Des flammes jaillirent de tout côté. C'est à cela que ressemblera la fin du monde.

La petite fille que j'étais se mit à crier elle aussi.

Et je reçus un coup violent à la tête.

L'ambulance venait de buter contre un trottoir. Un infirmier me fit boire un peu d'eau.

J'étais de nouveau en 1897. J'avais quitté un Enfer pour en retrouver un autre.

François était debout derrière Justine. Il lui massait doucement les épaules, les yeux perdus dans la masse de cheveux bruns rehaussés de fils d'argent. Il affichait une détermination qui par moments assombrissait son regard. Plus je l'observais, plus j'étais persuadé qu'il n'aurait pas hésité à tuer une seconde fois, tout à l'heure, dans la pénombre de l'église de Levasville.

-C'est trois ans plus tard, le 27 septembre 1900, que j'ai rencontré Mariel.

La Lune

Chartres, de nos jours, dans la nuit du 12 au 13 août

Mourir de nuit

À califourchon sur le faîtage, je ne sais si je dois poursuivre ou rebrousser chemin. Les tuiles plates, moussues par endroits, luisent sous la pluie qu'irisent les réverbères. Tu parles d'un mois d'août ! Une quinzaine de mètres plus bas, la rue serpente tel un reptile endormi aux pavés squameux. Les phares d'un véhicule percent parfois l'obscurité. J'ai soudain envie de tout laisser tomber (sauf moi), de retrouver le sol et de courir avenue Maunoury, cathédrale républicaine vouée à l'application de la loi et de la justice, demander asile et protection aux flics. Envie de tout balancer. De retrouver Cam, Lou et mon ordinateur, ma chambre d'hôtel sans âme.

Néanmoins, les muscles de mes bras, de mes jambes, me tirent en avant. Je me laisse guider, essayant de ne pas penser au vide qui m'appelle. J'ai toujours été attiré par le vide. Gamin, les falaises d'Étretat, passage obligé vers les vacances estivales, paraissaient me faire de l'œil. J'entendais presque les voix d'improbables sirènes m'attirer vers ce précipice béant comblé de galets émoussés et de rocs hargneux, stalagmites de craie semblables aux crocs d'un monstre marin échoué sur la plage.

J'ai passé la journée à dormir. Ai laissé un message, qui se veut rassurant, à Cam et à Lou. Prudemment, Cam n'a pas tenté de me joindre. Avant de partir, Joe et moi avons échangé nos cellulaires. Bêtement, je me suis dit que les flics auraient ainsi plus de difficultés à me tracer. Joe leur est encore inconnue. Si tout va bien. Si MonDédé n'a pas jaspiné.

Quelques centimètres.

Mes mains qui cherchent, qui se cherchent, glissent sur le faîtage humide, la tuile spongieuse. Je sens l'humidité transpercer la toile de mon jean, de ma veste. Quelques centimètres encore. Je parviens enfin à un espace plan, une aire constituée de plaques de tôles et de fibrociment. Je songe à l'assassin de Guyon : a-t-il eu autant de difficultés que moi à atteindre l'endroit ? Les flics n'ont rien trouvé. Pas plus dans la librairie que dans les appartements qui la dominent. Pas plus sur le toit que sur la lucarne qui lui a permis de pénétrer dans les lieux.

La lucarne close reste muette. Encore quelques tractions et je l'atteindrai.

Je suis à présent plaqué contre le toit de l'immeuble. Le bâtiment, sans doute érigé au moyen-âge, a depuis subi l'outrage des modifications humaines, au gré des époques, des modes et des besoins. Replâtrages en tout genre, sertissages alambiqués de matières et de matériaux, rafistolages partiellement éphémères. C'est un véritable puzzle à lui tout seul. Depuis le sol, le bâtiment parvient encore à faire illusion avec ses sémillants volets repeints en bleu et son crépi relativement récent. Mais ici, sous le maquillage de façade, c'est un visage de lépreux qu'il offre aux cieux.

Je me laisse glisser vers la lucarne. Je perçois à travers la vitre un cadenas flambant neuf. Un faible éclat de lumière lui affiche un air que je qualifierais de narquois si un cadenas avait la possibilité d'afficher un air quelconque, narquois de surcroît. Je songe un instant à donner un coup de coude dans la vitre mais au cœur de la nuit, difficile de faire moins discret. Je décide donc d'utiliser mon canif et entreprends d'ôter le mastic qui retient le verre prisonnier. La pâte, antédiluvienne, est dure comme de la pierre. Et humide, en plus. Mais l'acharnement finit par payer. Petit à petit, des lamelles puis des petits morceaux de mastic se détachent. Je reprends confiance. J'espère juste que la pince qui me troue la cuisse à travers la poche de mon jean sera assez costaude pour sectionner le cadenas.

J'entends soudain un vrombissement, le cri vindicatif d'un deux-tons et perçois au loin la flamme bleue d'un gyrophare. Début de panique. Aurais-je été repéré ? Un accès de sueur brûlante m'inonde la tempe, se mêlant à la pluie froide qui me mitraille. Mon cœur bat au rythme du Whole Lotta Rosie d'ACDC. Il tente de se faire la malle, le bougre, de broyer ma cage thoracique pour filer loin de moi, de se casser à mille miles de mon enveloppe vide et apeurée. Je tente de me fondre dans le toit. Le gyrophare et le deux-tons s'éloignent. Je suis à cran. J'ai même cru, tout à l'heure, alors que je passais devant la clinique Saint-François, qu'une grosse voiture sombre me suivait. Je l'ai guettée un moment dans mon rétroviseur, puis elle s'est perdue quand j'ai bifurqué devant l'Intermarché.

Je reprends mon travail, mettant un point d'honneur à bien dégager la vitre. Puis, j'engage la pointe du canif sous cette dernière, fouillant cette fois tout espace, tout vide qui pourrait m'être utile. Je gratouille ce que je peux, me découvrant des trésors de patience.

Enfin ! Un petit clac se fait entendre. Une explosion atomique. ZUTZUTZUTZUTZUT. Un long silence rythmé par les battements désordonnés de mon cœur. Lequel finit, après des heures, par se calmer. Un triangle de verre de quelques centimètres. Qui pendouille, retenu par je ne sais quel miracle. Qui refuse de lâcher prise. Ouf. Délicatement, je parviens à m'en saisir, à le coincer entre l'ongle de l'index et la pulpe du majeur, à le retirer. Je me suis toujours demandé quel plaisir je prenais à jouer avec la petite au Mikado et à Docteur Maboul. Je sais aujourd'hui, outre le plaisir de l'entendre rire à nos maladresses qu'il s'agissait tout bêtement d'un enseignement ésotérique, d'une préparation subconsciente et prémonitoire de cet instant précis, bref d'un entraînement inconscient.

Le hasard n'existe pas. Les faits découlent de milliards d'autres faits antérieurs dont on pourrait remonter le fil jusqu'au début du monde.

Mais non, je déconne. Une fois de plus.

Je parviens à ôter la vitre. Puis je sors l'artillerie lourde. Il y a quelques heures encore, la pince mesurait près d'un mètre. C'est une de ces pinces aux mâchoires talentueuses qui, par la seule force du poignet, (enfin, des deux) vous permettent de décapiter un boulon récalcitrant, une barre de ferraille ou un jambon sur l'animal. Un vrai truc de psychopathe. Sauf que pour l'embarquer au clair de lune, il a fallu l'amputer à la disqueuse. Ma pince cul-de-jatte à la main, je me penche vers le cadenas qui a perdu son air narquois et affiche plutôt une mine inquiète. Un claquement sec, presque joyeux. Le cadenas gît dans la paume de ma main. Je peux ouvrir la lucarne. Parviens à me faufiler dans le conduit obscur, me laisse tomber sur le plancher qui grince un peu mais sans plus. À tâtons, j'emprunte les marches que j'espère n'avoir pas à rendre plus tard : pas question de filer de nouveau par les toits. Une effraction interne et la porte d'entrée devraient me suffire.

Les rideaux métalliques de la boutique sont restés baissés. Je vais pouvoir utiliser ma lampe-torche, un minuscule machin sans doute acheté trois balles à la Foirfouille par le Tonton, à l'utilité contestable en toute circonstance normale. Je me prends à espérer que cette fois, sa faible luminosité me permettra d'éclairer ma lanterne.

La première partie de l'enquête semble être bouclée. Pour preuve, il ne reste pratiquement rien de la vision dantesque découverte quelques jours plus tôt. Les livres ont même regagné tant bien que mal leurs étagères. Quelques-uns s'empilent cependant dans les recoins de la boutique, oubliés, délaissés. Autant chercher un bœuf dans une motte de beurre comme dirait MonDédé, l'homme des néologismes et des dictons dévoyés.

La porte est munie de scellés et barrée de jaune, de grandes lettres en capitale indiquant qu'il s'agit là d'une scène de crime.

Mes pas résonnent sur le parquet. Chaque craquement, chaque grincement me fait sursauter. Le souffle court, je crois entendre le sifflement d'une respiration ; sans doute mes poumons qui ronronnent comme le moteur d'une 2CV asthmatique. Le faisceau de ma lampe joue en arabesques lumineuses sur les étagères tapissées d'ouvrages. Visiblement, tous les Jules Verne ont été retirés et leurs pages illustrées transportées ailleurs.

La lueur blafarde glisse sur le bureau en désordre du libraire. Peut-être les tiroirs recèlent-ils ce que je suis venu chercher, le fameux bouquin d'Alexandra dont Joe m'a parlé. Las. Les flics ont tout emporté. Sur le bureau, seuls l'écran et le clavier de l'ordinateur sont plantés là, inutiles sans l'unité centrale emportée aux fins d'analyse. Je tourne comme une âme en peine dans cet Enfer de papier en quête d'un emballage qui pourrait me mettre sur la voie.

Je pousse la porte de la réserve.

Elle s'ouvre sans un grincement.

Là, ce sont les cartons qui s'empilent; certains n'ont même jamais été délestés de leur papier collant brun. Sur une tablette, dans un coin, une pile d'enveloppes molletonnées comme des jambières de Poilu. Peut-être… Sans aucun respect pour les enveloppes blanches gonflées comme des poulpes morts sur la grève, je les dépèce à coups d'ongles, m'énervant sur le papier collant qui s'acharne à me momifier les doigts. Une édition pétrifiée de l'histoire naturelle de l'homme et des animaux en deux volumes, par Buffon, (une édition brochée de 1850), quelques San-Antonio aux couvertures criardes, un exemplaire de « Ma vie Secrète », un érotique anglais qui fit grand bruit en France lors de sa publication au milieu des années quatre-vingt-dix. Et puis, dans une enveloppe non scellée, portant la mention « Alex » au crayon à papier, un ouvrage assez mince, un cahier, plutôt, format in-12, relié (mal) en toile bleue, un dos et des plats muets. Quelques pages de garde nues, une page de titre ornée de quelques arabesques ; un titre et un nom écrits d'une plume élégante. « Les apôtres de l'Apocalypse », par Justine d'Armoise. Quelques pages manquent au début, en milieu et en fin d'ouvrage. Pauvre bouquin. Une écriture joliment galbée, régulière : un manuscrit. Je surprends quelques mots à la lueur de plus en plus diffuse de ma lampe électrique. Puis un prénom : Alexandra. J'agrippe un passage du coin de la cornée.

« Alexandra gisait au pied de l'échelle, sans vie, quand l'homme fit son apparition dans l'église Saint-Marc. Le morceau de vitrail qu'elle tenait à la main ne l'avait pas coupée, mais son éclat vermeil était semblable à une larme de sang figée entre ses doigts pour l'éternité. L'homme s'approcha, éclairé par le jour qui s'infiltrait à travers le vitrail de Saint-Eustache… »

Je passe quelques pages, le neurone en miettes, plus qu'intrigué par la coïncidence.

Coïncidence ?

« L'explosion fut violente. Dans un éclair bleu, des langues de feu s'échappèrent par les fenêtres de la maison, se propagèrent à travers le long couloir qui menait à la pièce secrète, s'insinuant dans les moindres interstices, faisant fondre instantanément la peinture qui embellissait les murs. Une table, ou ce qu'il en restait vint frapper le fuyard qui tomba à terre en criant. Sa compagne fut projetée contre le mur d'une pièce borgne taillée en ogive dans la marne. »

C'est impensable. Impossible. Quelqu'un nous joue un tour. Mais dans quel but ?

Quelques pages plus loin…

« Le policier le menaçait. Il se tenait debout, devant une pile de livres. C'est alors qu'il s'effondra, mort… »

-Si je m'attendais à te trouver là !

Je suis aveuglé par la lumière avant d'entendre la voix. J'en lâche le bouquin qui s'écrase sur la table dans un claquement sec.

-T'es dans un foutu pétrin !

Planté dans un imperméable vert de gris (quelle idée !), Pellegrin braque l'œil noir d'un pistolet sur mon nombril. Il secoue la tête, l'air aussi navré qu'une cellule sans prévenu.

-Qu'est-ce que tu fous là ?

Je ne peux tout à la fois gamberger sur le présent, me projeter dans mon avenir proche, réfléchir à ce que je vais dire et songer à mes possibilités, discutables, de fuite. Aussi je me tiens coi, la bouche sans doute bée, à détailler Pellegrin et à essayer de rassembler les morceaux épars et confus de mon esprit.

-Je…

C'est un bon début mais comme il n'est assorti d'aucune suite, je reste seul avec mon « je » comme un flan aux œufs oublié dans la vitrine réfrigérante d'un hôtel balnéaire en basse saison.

Pellegrin secoue la tête.

-Bon, tu peux garder le silence si tu veux mais…

-On a essayé de me tuer !

Enfin, c'est sorti, même si ce n'est pas la chose la plus intelligente à dire, au moins c'est un début. Pellegrin l'a compris et acquiesce, m'encourageant à poursuivre d'un mouvement du menton. Il me jauge puis, estimant sans doute que je ne lui sauterai pas à la gorge rengaine sa pétoire. Je me sens tout de suite plus à l'aise et m'effondre contre la table, masquant dans un mouvement volontaire l'étonnant petit bouquin dont le contenu n'en finit pas de planter des points d'interrogation dans mon système nerveux comme autant d'aiguilles chauffées à blanc.

-Tu savais que Guyon connaissait Alexandra Garbeau, la femme que j'ai retrouvée morte au pied d'une échelle, à Saint-Marc ?

-Ça c'est du scoop ! lance Pellegrin en se grattant le nez. Tu as vu ça sur le carnet de commandes de Guyon ?

-Non, c'était sur l'agenda d'Alexandra Garbeau dont la maison a explosé !

Pellegrin réfléchit un instant.

-Il faudra que tu me dises comment tu t'y es pris pour réduire en miettes cette foutue baraque ! D'après les premières expertises, le gaz n'a rien à voir dans cette explosion. Le coin était bourré de C4 ! C'est en tout cas ce qu'affirment les pandores qui aimeraient retrouver le conducteur de la voiture abandonnée à proximité, tu sais, celle aux couleurs de ton journal.

C'est à mon tour d'essayer d'ordonner mes pensées puis mes mots dans une suite cohérente.

-Il se passe quelque chose qui m'échappe. La bouchère assassinée connaissait aussi Alexandra Garbeau. Et la sœur de cette dernière est morte dans un accident de voiture il y a peu. Ça ne vous paraît pas bizarre, vous ?

Instinctivement, j'ai repris le vouvoiement de celui qui est pris en faute par l'Autorité.

Pellegrin ne paraît pas le remarquer.

-Ça ne me dit pas ce que tu fous ici. Moi, c'est une habitude de roupiller pendant quelques temps sur les lieux d'un drame. On me le tolère même si ce n'est pas une pratique très bien vue. Cela me permet de m'imprégner de l'ambiance, tu vois, et parfois de faire d'intéressantes découvertes. Tu sais qu'on dit que l'assassin revient toujours sur les lieux de son crime ?

Il laisse le point d'interrogation flotter dans l'air comme s'il voulait que je gobe, au sens littéral du terme, son insinuation.

Je lui renvoie un geste de dénégation.

-Je ne suis pas plus un tueur de libraire qu'un étrangleur de peintre.

-Pourtant, tu étais à Saint-Marc et pas loin d'ici au moment des meurtres.

Pellegrin a lâché ça du bout des lèvres, comme s'il n'y croyait pas vraiment lui-même.

-Appelez ça la faute à pas de chance, le hasard, la coïncidence.

Je tente de dissimuler le tremblement de mes mains en les mettant derrière mon dos. Mais Pellegrin interprète le mouvement.

-Non ! Tu laisses tes mains bien en vue… s'il te plaît ! conclut-il.

Après une pause :

-Bon, on va aller faire un tour avenue Maunoury et tu vas me raconter tout ce qui t'arrive. Ta femme et ta fille sont mortes d'inquiétude. On en profitera pour leur passer un coup de fil, histoire de les rassurer. Je préviens les gars.

Pellegrin sort de sa poche un antique cellulaire gros comme un paquet de biscottes, en déplie l'antenne et compose un numéro.

-Je sais, il n'est pas tout jeune mais je l'aime bien ! assure-t-il en clignant de l'œil.

Un silence. Sans doute une sonnerie à l'autre bout du fil. Un des flics en uniforme du poste de commandement qui décroche aussitôt.

-Ouais, c'est Pellé. Tu me rappelles qui est l'OPJ de permanence cette nuit ? Tranchet ? D'accord ! Tu lui dis de préparer le café et deux sandwiches au jambon. Ouais, avec du beurre salé tant qu'à faire ! Je suis avec notre copain le journaleux, chez le libraire. On est là dans dix minutes, d'accord ? À tout de suite.

La main de Pellegrin reste figée sur l'antenne. Il me regarde avec des yeux ronds. Puis cherche mes mains des yeux tandis qu'une tache sombre s'élargit sur sa poitrine. C'est alors que j'entends le premier coup de feu, un coup, assourdi, comme tiré à travers un oreiller, la volée de plumes en moins. Puis le second. Pellegrin s'en va percuter la vitrine qui explose tandis qu'un troisième coup de feu plonge la pièce dans l'obscurité.

Paris, le 27 septembre 1900

Spirituel spirite

Jacques Mariel écoutait avec attention le discours de Papus. Il buvait ses paroles en véritable disciple. Mais du coin de l'œil, il observait, au premier rang, le président du congrès qui n'était autre que le célèbre auteur dramatique Victorien Sardou.

Jacques Mariel avait eu l'occasion un peu plus tôt d'échanger quelques mots avec le grand homme. Sardou était une référence en matière de spiritualisme. N'était-ce pas lui qui, plus de quarante ans auparavant, avait fourni les conversations d'outre-tombe ayant permis à un certain Rivail, devenu depuis Allan Kardec, d'écrire la nouvelle Bible, ce « Livre des Esprits » que tout le monde s'arrachait depuis ?

Mariel était fier d'appartenir à cette communauté agissante qui tentait d'explorer les énigmes de l'Univers. Il regrettait que l'on arrivât déjà au terme de ce congrès si riche d'enseignements. Durant onze jours, les plus grands chercheurs s'étaient succédé à la tribune, évoquant les savoirs qu'ils avaient pu tirer du monde invisible depuis le congrès de 1889. Il y avait là Gabriel Delanne, l'un des pionniers également, Laurent de Faget, le président du comité de propagande, et le truculent abbé Nicole qu'une dame avait traité d'hérétique ! Nicole l'avait pris avec le sourire ! Il est vrai que la famille des spirites et des spiritualistes était nombreuse, d'obédiences très diverses. Si tous savaient ou pressentaient qu'il existe un au-delà, les caractéristiques et la géographie de ce dernier étaient loin d'être établies !

Il y avait ceux qui croyaient en Dieu, et les autres. Qui parlaient magnétisme, métapsychisme. L'abbé Nicole était des premiers. Et c'est dès le début du congrès qu'il avait suscité maintes protestations dans l'auditoire. Il avait bien fait rire Mariel quand il avait dit :

-On nie l'existence de Dieu parce qu'on ne le voit pas, mais lorsque vous vous servez de sel pour manger, ou bien quand vous mettez du sucre dans du café, le voyez-vous après ? Non ! Il en est de même pour Dieu qui est partout et qu'on ne voit pas ! Il y a cinquante ans, on aurait fait sourire en parlant de l'électricité, du téléphone ; on aurait crié aux sorciers, aux korrigans. C'est pour vous dire qu'il y a des vérités relatives et j'espère que bientôt la science aura fait disparaître tous les mystères ! »

La science pour prouver Dieu ? Quelle drôle d'idée ! Mariel sourit à l'évocation d'un Dieu barbu tapant du poing contre les parois de verre d'une éprouvette. Le visage du père Ramboneau, son frère en maçonnerie, s'imposa à lui. Il sourit derechef.

De son côté, il devait s'avouer qu'il n'était pas pressé de voir disparaître tous les mystères. Quelques-uns, bien sûr. Afin de pouvoir faire partager ses certitudes, sa foi, à ceux qu'il aimait. Mais que serait un monde sans énigme, sans interrogation ? Bien sûr, il était le premier à sortir ses tarots pour découvrir quelques pans possibles de l'avenir, mais connaître les rouages de l'univers, comme un horloger connaît tous les mécanismes d'une toquante, quel ennui !

La porte s'ouvrit sur une jeune femme, le rouge aux joues. Elle portait une robe à la nouvelle mode, une de ces robes non ajustée, aux lignes fluides, s'ouvrant sur un discret décolleté carré. Mariel sourit à l'autre combat qui se jouait à l'extérieur entre les partisans du corset et ceux qui en estimaient le port dangereux pour les poumons, le foie et le cœur.

La jeune femme aux cheveux bruns portait un petit chapeau à plume légère, un de ces couvre-chefs très féminins qui, une fois plié, pouvait être glissé dans la poche. Elle serrait sur son sein une pochette de cuir de belle taille comme elle aurait serré un enfant. Elle paraissait avoir couru, ou tout au moins marché vite. Ses bottines noires, que Mariel devinait le temps d'un mouvement, n'auraient pas permis de trop audacieuses enjambées. Dans ses yeux, l'angoisse se lisait. Mariel ne l'avait pas encore vue. Il est vrai que les congressistes étaient nombreux, mais il l'aurait remarquée. Elle cherchait visiblement quelqu'un. Un instant, elle parut s'intéresser au discours de clôture du docteur Papus.

-Nous persistons, comme l'a dit le plus grand et le plus divin des Maîtres : Jésus…

Il la vit faire une petite moue de déception, hésiter. Elle allait faire demi-tour et quitter la salle.

L'idée parut insupportable à Mariel, sans qu'il sache pourquoi.

Il fit un pas en avant, tendit le bras.

-Mademoiselle, permettez-moi de me rendre utile.

Elle se retourna dans un brusque mouvement de tissus et plongea ses yeux dans les siens. Il y lut une détermination presque effrayante mais également de la peur.

-Ne partez pas ! Je peux vous aider !

Il ne sut jamais pourquoi il avait prononcé ces paroles. Mais il put lire dans les yeux de la jeune femme une éphémère lueur d'espoir.

-Je cherche un certain Mariel !

Le Grénillet, juin 1919

L'arcane sans nom

-Quelques jours plus tard, Mariel me tirait les tarots, sourit Justine. Il en sortit l'arcane sans nom. Vous savez, le squelette ?

-La mort ?

-Non. L'arcane sans nom. Il représente la mort, mais la mort symbolique. La fin d'une vie au profit d'une nouvelle. Jamais carte n'aura aussi bien symbolisé ce que fut mon existence ! soupira Justine. Vous avez vu la tombe, dans le cimetière de Levasville. C'est là que repose de façon plus que symbolique celle qui fut Justine d'Armoise. Mariel fut le seul à qui j'osais me confier. Je lui appris la mort de Victor Trann, de sa gouvernante et de son ami italien, lui remis la mallette. Je lui parlai de mes rêves, de mon expérience troublante lors de l'incendie du Bazar. Il m'emmena voir l'ami d'un certain Bozzano, qui habitait en Haute-Loire, un joli moulin sur la Sioule. Le voyage en train jusqu'au Puy me parut interminable. L'homme étudiait les rêves prémonitoires, tout comme Camille Flammarion d'ailleurs. Il s'appelait Félix Sainte-Croix. C'était un tout jeune homme, en fait, alors que je m'attendais à être présentée à un vieux bonhomme à barbiche et lunettes. Il nous servit une cerise à l'eau de vie et nous fit asseoir à l'ombre d'un tilleul, dans son jardin qui dominait une partie des collines. Nous nous assîmes dans de charmants fauteuils d'osier, autour d'une petite table de bois. C'était une fin d'après-midi paisible et tant de sérénité me fit venir les larmes aux yeux après les épreuves que je venais de vivre. Je crois que c'est à cet instant que je pris conscience de ma sinistre réalité. Les morts, qui ne pouvaient être accidentelles, de mon éditeur et de sa servante, le troisième cadavre qui m'était alors inconnu, la disparition de mes manuscrits, ces visions qui m'obsédaient, l'absence d'êtres chers vers qui me tourner. Et puis ce coffret que m'avait remis Victor Trann peu de temps avant sa mort, ce coffret dont j'ignorais encore le contenu. Je pris en effet conscience de ma solitude, de la vanité de ma vie de femme sans être à aimer, sans épaule sur laquelle m'appuyer.

Mariel avait été prévenant durant tout le voyage. Sa conversation était agréable, enjouée. C'est dans le train qui nous emportait vers la Haute-Loire qu'il me tira les tarots pour la première fois. Je fus assez troublée, et dus me faire violence pour ne pas attacher plus d'importance aux indications des cartes. Mariel eut la bonté, je crois, de rester assez évasif, comme s'il craignait de violer mon intimité. Il ne tenta pas non plus de me persuader de l'efficacité de cette mancie, insistant surtout sur le caractère ésotérique des cartes, la signification des vingt-deux arcanes majeurs qui représentent un véritable parcours initiatique.

C'est la voix douce, presque hypnotique de Sainte-Croix qui me tira de mes pensées.

-Vous estimez avoir fait une expérience peu commune. En un sens, vous avez raison. Mais depuis que nous étudions ce type de phénomènes, nous avons pu constater des cas étonnants. Vous avez certainement eu une vision prémonitoire, vous avez lu le chapitre d'un livre qui n'est pas encore écrit. Votre esprit s'est projeté dans l'avenir. Cela arrive souvent en cas de choc psychologique ou physique important. Vous avez frôlé la mort, je crois ?

Je ne pus qu'acquiescer.

-Il est des mots ou des expressions qui paraissent plus proches de ce qu'elles évoquent qu'on ne pourrait le croire. D'un homme en colère on dit souvent qu'il est « hors de lui ». Le verbe exciter vient d'excipio en latin qui signifie « sortir de soi. » Nos amis Flammarion et Bozzano, mais bien d'autres encore, ont relaté les expériences de personnes proches de la mort qui se sont senties aspirées et se sont vues, allongées sur leur lit mortuaire. Elles ont pu décrire ensuite tous les faits et gestes des personnes qui se trouvaient dans la pièce.

À ces paroles, je me remémorai ce sentiment de vide qui m'avait envahie dans l'ambulance, cette sensation de perte d'équilibre, de oui, d'aspiration vers un ailleurs indéfinissable. Nul souvenir toutefois de flottement ou d'observation de faits se déroulant dans l'ambulance. Je le fis remarquer à Sainte-Croix.

-Ce qui est troublant dans les faits qui nous préoccupent, c'est qu'ils ne répondent pas tous à des règles précises. De fait, nous sommes la risée, bien souvent, des savants officiels, qui eux réclament la reproduction exacte et multiple des faits en laboratoire pour songer à s'y intéresser. La télépathie, la vision du passé ou de l'avenir, la télépsychie : les mots et les expériences qu'ils recouvrent sont aussi nombreux que les cas ! Nous sommes quelques-uns à penser qu'il s'agit là de réminiscences d'actions que les premiers êtres humains étaient capables de réaliser avant que les couches successives de vernis civilisateur ne viennent endormir nos instincts primitifs. Nous pensons que l'homme conserve en lui des facultés extraordinaires, celles-là mêmes qui furent à l'origine de ces pouvoirs que l'on devait qualifier par la suite de magiques. L'une de ces facultés permettrait à une partie de nous-mêmes de pouvoir s'affranchir des limites physiques de notre corps. Certains appellent cela l'âme, d'autres le périsprit. D'autres encore qui se réfèrent à la religion tibétaine parlent de corps astral. Toujours est-il que cette partie invisible de notre être aurait la faculté de voyager dans le temps et l'espace à notre insu. Et donc d'entrer en contact avec le passé, le futur ou des événements ayant lieu à des milliers de kilomètres de nous.

-C'est bien la première fois que j'entends parler d'une chose pareille ! C'est invraisemblable !

Sainte-Croix sourit.

-L'invraisemblable appartient à notre vie. Mais nous n'y prenons pas garde le plus souvent. Nous classons ces faits, de façon fort scientifique, dans des dossiers ayant pour noms « coïncidence », « hasard ». Ceux qui les vivent se taisent pour ne pas passer pour des fous, des hystériques. Nous avons désappris à lire en nous. Seuls les tout jeunes enfants, peut-être, conservent pour un temps ces facultés originelles. Mais ils sont trop immatures alors pour en parler ou les comprendre, pas assez expérimentés pour les utiliser, à bon escient en tout cas. Une frustration qui parfois débouche sur des effets spectaculaires que les Allemands nomment *poltergeist*. Les objets se mettent à voler, des portes claquent, des pierres surgissent du néant, des armoires se déplacent… Notre esprit est lui aussi fini, coincé dans notre enveloppe de chair. Ce n'est que lorsqu'il se relâche, qu'il occulte nos millénaires de culture, de civilisation, qu'il se permet de repousser le voile de l'infini. Quand je pense à ce pauvre Berthelot qui a affirmé voici peu qu'en matière de sciences il n'y avait plus rien à découvrir !

Derrière les murs d'enceinte du moulin, je percevais les monts du Velay, tout en rondeurs. À flanc de colline, la tache grise et mouvante d'un troupeau de moutons se dirigeait vers la rivière qui déroulait ses anneaux d'argent en contrebas. Pareils aux séculaires piliers d'une cathédrale gothique, les pins s'élançaient vers le ciel clair. Mais ici, il n'était nulle verrière colorée capable de laisser filtrer la lumière. La nef de la forêt était sombre, le labyrinthe invisible, recouvert de plusieurs générations d'aiguilles rouillées.

Je ne pus m'empêcher de frissonner. Les mots de Sainte-Croix m'attiraient au sein d'une contrée inconnue, sombre, mystérieuse et dangereuse, pareille au sous-bois menaçant qui bordait la propriété.

-Dans un de ses ouvrages, le docteur Papus a expliqué qu'il n'y avait pas de passé, de présent ou d'avenir, reprit Sainte-Croix. Il l'explique par la métaphore dite de la procession : Si vous êtes au cœur d'un défilé, vous verrez quelques personnes devant vous, quelques autres derrière. Mais imaginez que vous vous trouviez au sommet d'une tour sous laquelle passe cette procession. Si vous êtes assez haut, vous verrez le début et la fin du défilé. Quand votre esprit se libère il s'élève et peut ainsi voir le passé, le présent et l'avenir. C'est ce qui vous est arrivé en partie.

Les yeux noirs de Sainte-Croix me fixaient avec une acuité déconcertante. Je reconnais qu'il m'était difficile d'adhérer d'emblée à ces théories si soudaines et si folles. Je n'étais pas loin de reléguer, même, mes expériences au rang confortable de ces coïncidences, de ces hasards évoqués un peu plus tôt par ce curieux scientifique. J'aurais pu tourner le dos à ces théories, revenir ici, tenter d'oublier. Ma vie eût été tout autre ! Je savais au plus profond de moi, que Sainte-Croix disait vrai. C'était comme si ses mots avaient réveillé une partie ensommeillée de moi-même. Cette partie qui déjà avait fait le voyage.

Comme un torrent de montagne forçant une digue meurtrie, un flot de mots parut jaillir d'une source invisible mais intarissable qui m'étonna moi-même. Ce fut comme si une autre parlait à ma place. Je contai à Sainte-Croix tout ce qui m'était arrivé depuis l'incendie du Bazar de la Charité jusqu'à la mort de mon éditeur, insistant parfois sur des détails que je n'avais jusque-là pas encore livrés à Mariel. J'évoquai le coffret qu'il m'avait remis et que j'avais été incapable d'ouvrir, la clé en ayant été confiée à Mariel. Je versais parfois quelques larmes, non d'apitoiement sur mon propre sort, mais des larmes de rage et d'incompréhension. J'évoquais ceux que j'appelais dans mon livre « les Apôtres de l'Apocalypse » qui s'évertuaient à mettre fin au monde que nous connaissions. Les deux hommes m'écoutaient, concentrés et amicaux. Je me sentais en confiance. Mes réticences premières avaient été emportées par ce flot de paroles que je ne parvenais plus à contenir, moi d'ordinaire si réservée. Quand j'abordais les détails de ma vision, et surtout cette sensation de voir les choses à travers le regard d'une petite fille, Mariel et Sainte-Croix échangèrent un regard entendu, presque complice. Je fus un instant tentée de m'arrêter là, mais je ressentais un tel besoin de compréhension, de reconnaissance, que je parvins à poursuivre.

Il s'ensuivit un profond silence. Même les mille bruits de la montagne paraissaient plus étouffés qu'à l'ordinaire. Je me retrouvais haletante, la sueur au front malgré la fraîcheur du soir.

-Savez-vous ce qu'est le principe de métempsycose, que certains appellent réincarnation ? me demanda Sainte-Croix.

Je dus reconnaître que j'avais déjà entendu parler de réincarnation, qu'il s'agissait, pensai-je, de croyances indiennes.

-Selon les Indiens, l'âme changerait de corps et pourrait même intégrer le corps d'un animal si sa vie a été vouée au mal.

Sainte-Croix sourit.

-C'est un peu sommaire mais le principe est respecté. Sous hypnose, certains expérimentateurs sont parvenus semble-t-il à remonter le temps, à retrouver des vies qu'ils avaient vécues il y a parfois des milliers d'années. Certains s'expriment dans des langues ou des idiomes qu'ils n'ont jamais appris. D'autres évoquent des faits historiques comme s'ils les avaient vécus avec des détails d'un réalisme qui a ébranlé le scepticisme de plus d'un historien rationaliste. Si l'on part du principe que l'âme peut se réincarner, évoluer d'existence terrestre en existence terrestre pour s'épurer et finir par gagner sa place sur le plan divin, si l'on songe qu'affranchie de notre enveloppe terrestre, cette même âme peut voyager dans le temps et l'espace, il est possible, je dis bien il est possible, que ce soit à travers les yeux de votre future incarnation que vous avez vécu l'événement que vous venez d'évoquer !

Chartres, de nos jours, dans la nuit du 12 au 13 août

Satan bouche un coin

Pellegrin a un dernier sursaut. Sa main s'écrase contre les vestiges de la vitrine.

Poussée d'adrénaline.

Je me jette à terre non sans récupérer le bouquin que j'avais commencé à glisser dans ma poche. Un réflexe. Peut-être une voix qui me dit que c'est là le plus important, plus important que ma vie peut-être.

Je suis à croupetons derrière la table, protection illusoire contre le plomb. Je n'entends rien d'autre que ma respiration et un râle que j'attribue à Pellegrin. Peut-être est-il encore en vie, peut-être portait-il un gilet pare-balles ? Je crois percevoir une respiration du côté de l'escalier. Je tends l'oreille. Mais mon cœur bat le rythme comme une forge poussée à plein régime. Un craquement, plus haut sur ma droite. Une latte de parquet. Et puis plus rien pendant de longues, très longues secondes.

Je me prends à espérer. En ne le voyant pas arriver, les collègues de Pellegrin vont débarquer. Ouais, mais dans combien de temps ? J'estime à quelques secondes seulement le mitraillage en règle du malheureux flic. D'ici l'arrivée de ses collègues, le tireur a largement le temps de me transformer en petit tamis. L'idée me plait beaucoup… C'est vrai, un petit tamis, c'est plus joli qu'une passoire ! Je rigole…jaune… Je suis coincé. Le tireur doit être planté du côté de l'escalier, occultant l'accès à la lucarne. La vitrine de la boutique est brisée, mais le rideau de fer m'interdit tout accès à la rue. Quant à la porte blindée, inutile d'y songer. « Même pas en rêve », comme dirait la petite. À cette évocation, je sens poindre une larme. Pas question de m'apitoyer. Je lui dois bien de l'accompagner dans la vie, et je le dois aussi à Cam. Une colère sourde m'envahit, je me sens pâlir, ce qui n'est pas bon signe pour le type en face. « *Me quoque fata regunt* », « moi aussi le Destin me conduit » affirmait Jupiter. Mais selon un autre vieil adage, « les hommes sont ce qu'ils se font ! » Alors si mon destin est de crever là à côté de Pellegrin, qu'il en soit ainsi, j'appartiens à un destin, à un dessein qui m'échappe et je crèverai sans savoir pourquoi. Mais si j'agis, peut-être puis-je influer sur un destin qui m'a l'air bien compromis ? Ce petit cours de philosophie inconfortable m'arrache un sourire, mauvais sans doute, mais un sourire toutefois. Je me sens gonflé d'énergie. Quelqu'un, quelque part m'a-t-il entendu ? Peut-être suis-je finalement manipulé par quelque entité bienfaisante, à l'égal de ces malheureux héros grecs qui ne faisaient que jouer le jeu de dieux pervers s'ennuyant sur leur Olympe ?

Un nouveau grincement vient m'extraire de mes pensées. Un grincement plus appuyé qu'accidentel, il me semble. Visiblement, le type veut que je l'entende, sans doute pour provoquer chez moi un mouvement de panique susceptible de trahir ma présence.

Un éclair blanc, puis une détonation sourde, un sifflement, un claquement. Ricochets, miaulement de projectile. Le type est tout près. La balle n'est pas passée loin. Sans réfléchir plus avant, je me précipite sur lui en poussant un hurlement sauvage, un cri provenant de mes restes d'animalité, mes poings serrés partent en avant, atteignent quelque chose de mou, un cou peut-être, mais je ne prends pas le temps de m'attarder et, tout en me prenant les pieds contre le bureau trébuche vers l'escalier, le contourne vers une autre pièce que je ne connais pas. J'entends un grognement de douleur, une flopée de jurons puis un et deux autres coups de feu. Avec tout ce raffut, si les voisins ne préviennent pas les flics… Je me retrouve dans une pièce, une salle de séjour à en croire le canapé de cuir recouvert d'un sac de couchage grenat. La lueur jaune d'une lampe de chevet éclaire la couverture d'un bouquin martyrisé : « Le chien jaune » de Simenon. À côté, les restes d'un sandwich au jambon. Beurré. La dernière planque de Pellegrin. Je referme la porte derrière moi. C'est une lourde porte de chêne munie d'une clé et d'une serrure.

Et puis l'idée, lumineuse, inquiétante, terrifiante même. Je sors le bouquin de ma poche, en saute les passages déjà lus…

« L'homme était assis dans un angle mort par rapport à la lourde porte de chêne qui bloquait l'accès. Il savait cependant que quelques projectiles parviendraient rapidement à faire sauter la serrure qui le protégeait, pour l'instant, de son adversaire sans visage. Il songeait au policier, mort à quelques mètres de là, et au destin qui l'avait mené dans cette pièce sans issue. Il ouvrit le livre et lut. Et ce qu'il lut lui redonna espoir. »

Allez, allez… Ah ! Elle s'y entendait pour faire durer le suspense, Justine, l'auteure de l'étrange opuscule. Je saute quelques passages qui me paraissent bien inutiles. Psychologie de bazar, oui. Ah !

« Il ne vit pas la planche de salut tout de suite. Ses yeux parcouraient la pièce tandis que de l'autre côté de la porte, l'assassin nyctalope rechargeait son arme. Il repoussa le canapé de quelques centimètres et vit la trappe, un simple rectangle de planches mal équarries… »

Nyctalope, l'assassin ? Celui du livre, certes, mais le mien ? Mon cerveau déglutit. Il ne comprend pas ce qui lui arrive, ce qu'il lit. C'est une blague de mauvais goût, née dans l'esprit d'un psychopathe. Il avait raison, le poète, enfin, Villon je crois… je décide de surseoir à réflexion. Pour l'heure, il me faut survivre. Bêtement. Nyctalope, l'assassin, bon, admettons… Il a donc un avantage sur moi. Je sauterais bien quelques pages, histoire de voir comment l'histoire finit mais le temps est à l'action et non à la lecture. Je repousse le canapé. « Le chien jaune » file sans demander son reste. La trappe s'ouvre sans difficulté et je plonge littéralement dans le passage, tel un morceau de viande précipité dans un œsophage affamé. Je referme le quadrilatère de bois derrière moi, le bloque grâce à une targette métallique qui pendouille là et me précipite dans l'obscurité.

Là-haut, la porte du séjour a cédé. J'entends un, puis deux coups de feu. La trappe tressaute. Deux rais de lumière créent deux yeux ronds sur des marches vermoulues. J'entends une sirène au loin. Le deux-tons d'une voiture de police. Merci les voisins ! Je n'en continue pas moins de remonter (enfin, de redescendre pour être exact) le tunnel dont les parois dégagent une odeur douceâtre de moisi et de houblon, d'humidité et d'avoine dont sont sans doute pétris les murs. Par moment, sous mes doigts aveugles, les parois de bauge et de pierre se transforment en briques, portes muettes attestant la présence d'autres souterrains emmurés au fil des âges.

La ville de Chartres est bâtie sur une véritable fourmilière née de siècles et de siècles de constructions et de reconstructions, superpositions d'époques et de styles depuis les soubassements du centre gallo-romain jusqu'aux larges avenues du XIXème siècle sans oublier quelque cimetière mérovingien en plein centre-ville. Des caves, véritables souterrains aux multiples ramifications, des grottes métamorphosées en caves selon les besoins du temps, courent de la basse à la haute ville, de l'église Saint-Pierre à la cathédrale sans doute, jonglent à travers les diverses couches archéologiques, s'insinuent sous les maisons et offrent parfois la vision en trois dimensions de ce qui fut une échoppe du XIIIème siècle. Des cavités qui ne sont pas toutes recensées, loin de là, et s'enfoncent dans le sol, peut-être vers ce fameux Agharta, royaume souterrain où vivent les maîtres du monde et qui mit ce dernier en émoi dans les années vingt du siècle précédent ! Des cavités qui, parfois, au gré des intempéries, décident de se montrer au grand jour et provoquent des affaissements ici et là, implosions de terre et de bitume que, dans le meilleur des cas, les techniciens municipaux s'emploient à combler. Des cavités qui, selon certains adeptes de l'ésotérisme marial mèneraient à l'endroit secret abritant l'arche d'alliance rapportée d'Orient par les Templiers. Des « vouivres », courants telluriques arrosant de leur énergie des lieux sacrés tels que le tertre sur lequel est érigée la ville.

Mes jambes d'abord flageolantes ont repris de l'assurance et me portent le plus loin possible du cadavre de Pellegrin, du tueur (qui doit être occupé à prendre la tangente par les toits) et des flics qui eux doivent être occupés à ouvrir la porte muette de la boutique.

Régulièrement, du plat de la main, je m'assure de la présence du manuscrit dans ma poche. Les questions m'assaillent comme les guerriers du même nom, qui plantent sous mon crâne des sagaies affûtées. Je voudrais m'asseoir dans un coin, les genoux repliés sous le menton, et cesser de réfléchir.

Ben mon con ! Avec un tueur aux fesses et une tripotée de flics sans doute persuadés que j'ai refroidi ce pauvre Pellegrin, je suis mal parti comme dirait ma mère ! Une fois de plus, l'envie de me confier aux flics me replonge dans un abîme de doutes. Tendre les poignets aux menottes, m'affaler sur un siège de plastique gris tout sauf ergonomique, demander un café et livrer ma confession. Et puis dormir un peu, peut-être, au terme de mes quarante-huit heures de garde à vue…

Je dois appeler Cam, la prévenir, lui dire que je les aime, elle et la petite, quoiqu'il arrive. Lui dire de se faire oublier quelque temps, de se mettre sous la protection de la police, des gendarmes ou de qui sais-je. De filer dans le sud, peut-être, le temps que les choses se calment. Mais Cam a son reportage papal au programme et m'étonnerait qu'elle salue avec des hourras l'idée de prendre la tangente.

Le boyau s'agrandit. Mes yeux, peu à peu, se sont habitués à l'obscurité. Ils devinent plus qu'ils ne perçoivent, mais cela suffit. De toute façon, il n'y a rien à voir. Seulement des ombres plus sombres que des ombres à décrypter !

Le sol est changeant sous mes pas, parfois calcaire, parfois pierre.

Je pousse des portes de bois qui ne tiennent que par un gond, d'autres à claires-voies qui paraissent momifiées, qu'un seul coup de pied parvient à annihiler. Dans certaines pièces, je perçois les silhouettes affaissées de fauteuils éventrés, de vélos déstructurés, de matelas abandonnés servant de lit aux minuscules hôtes du pays de la nuit; carcasses de téléviseurs préhistoriques oubliées là à l'époque où le ramassage des monstres n'existaient pas encore.

Et puis, loin devant moi, une lueur, fragile, qui m'est intense cependant, qui me brûlerait presque la rétine. J'accélère le pas. Entends des voix, des chuchotements plutôt, émis par les fantômes qui errent depuis des siècles dans ces couloirs fantasmagoriques, antres tortueux faisant appel à des sens autres que les nôtres. J'ai mal au crâne, je délire. Une odeur. La fumée.

Je me mets à courir plus vite, oubliant toute prudence.

C'est à trois cents à l'heure que je percute une dérisoire plaque de placoplatre barrant le tunnel. Elle ne résiste pas. Moi non plus. Je m'affale au cœur d'une pièce circulaire, au milieu d'un chapelet de cris suraigus et de poussière blafarde. Moi, je me contente d'un grognement de surprise tandis que je vais rebondir contre un mur de briques.

Une baladeuse pend au plafond, éclairant la scène par intermittence. Quatre ou cinq silhouettes, je ne le saurai jamais exactement, ont bondi sur leurs pieds et dans un démentiel désordre ont filé dans la direction opposée, poussant des hurlements, des brames à réveiller tous les diables. Même pas le temps de leur adresser la parole, d'esquisser un mouvement de lèvres. La baladeuse, percutée par la bousculade échevelée, taillade la pièce d'éclairs mouvants. La moitié de mes côtes doit s'être brisée et menace dangereusement mes organes internes. Bon, faut toujours que j'exagère ! Je prends appui sur le sol pour me relever.

La plaque de placo brisée ne parvient pas à masquer trois pointes d'un pentagramme tracé sur le sol à l'aide d'une matière noire qui, à l'odeur, doit être de la peinture. Des bougies rouges se consument un peu partout dans la pièce. Sur une étagère en pin qui a dû connaître des jours meilleurs, se profile le visage grimaçant d'un bouc en résine synthétique. Un coupe-papier ouvragé gît dans la poussière.

Impossible alors de réfréner le rire qui monte en moi, un rire bestial, né de l'angoisse, de l'appréhension, de la colère, de l'impuissance mais aussi de la formidable et riante idée d'être encore en vie. Hahhahahahahah ! C'est le souffle vital que j'expulse avec toutes mes tensions, tempête intime se lovant dans un rire grinçant, caricature expressive d'une joie tribale qui doit broyer les oreilles des satanistes en herbe ! Je sens une explosion du côté de mes côtes malmenées.

J'en pleure ! Je les imagine, des ados sans doute, gothiques blasés peut-être, religieusement occupés à attirer quelque démon, Satan allez savoir, l'un dessinant dans l'air des signes cabalistiques à l'aide de son épée-coupe-papier à deux balles déniché à la foire à tout des Carreaux. Et puis la paroi s'effondrant avec moi collé dessus, moi et mon grognement démoniaque ! Et je ris, je souffre mais je ris, tandis qu'ils détalent en éclaireurs à travers la galerie, m'ouvrant le passage vers la sortie.

Je me relève, cours une quinzaine de mètres, grimpe quelques degrés de pierre, passe à travers une porte ouverte sur une cuisine, percute un type interrogatif en caleçon, aux yeux ensommeillés, qui va s'affaler contre un buffet Henri II en pestant, j'emmanche un autre couloir et puis… c'est la rue ! Et la pluie. La pluie première qui me révèle que je suis encore en vie, malgré mes courbatures et ma douleur dans les côtes, malgré mon avenir incertain de bête qu'on tente de mener à l'abattoir.

Je crois que c'est le plus beau jour, ou la plus belle nuit de ma vie.

Enfin, pour l'instant.

Le Grénillet, juin 1919

Un pan du secret

Mal à l'aise, je fis grincer les pieds de ma chaise sur le carrelage à décor d'entrelacs et de motifs floraux. Inconsciemment mon pouce et mon index vinrent caresser la petite tunique de la Vierge que je portais au cou. Sur la table, la mallette qui avait failli me décapiter semblait banale, inoffensive et sans intérêt.

Après son long récit, Justine s'humecta les lèvres d'un peu d'eau.

-Avez-vous la clé, monsieur Thiers ? s'enquit François. Je mis un moment avant de répondre.

-Dans ma poche.

-Souhaitez-vous que nous l'ouvrions ? demanda Justine.

-Et vous ? répondis-je du tac-au-tac.

-Depuis bien longtemps ! J'aimerais comprendre la raison de toutes ces morts. Et peut-être découvrir l'explication de ce qu'il m'est arrivé.

Je jouai un instant avec l'étrange clé, la faisant tournoyer entre mes doigts. Justine et François observaient, fascinés, les circonvolutions de l'objet dont la forme n'était pas sans rappeler ces clés gallo-romaines que le soc de la charrue arrache parfois à la terre. Trapue, costaude, le panneton pointant ses fers aux quatre coins cardinaux. François et Justine vinrent se poster derrière moi.

-Eh bien, je crois que nous avons mérité d'ouvrir cette caissette qui a failli me fracasser le crâne !

C'est en retenant mon souffle que j'insérai la clé dans la serrure du coffret.

La mallette s'ouvrit sans difficulté. J'ôtai avec précaution une fiole transparente faite d'une matière que je ne reconnus pas. Ce n'était pas du verre. C'était bien plus souple. On voyait à travers une solution ambrée qui devait être le fameux acide. Je posais le flacon sur la table et retirai les documents de la cache où ils reposaient depuis près de vingt ans. Justine se saisit du premier en tremblant. Il s'agissait d'un petit cahier toilé, relié.

Une étiquette en barrait le premier plat sur lequel on pouvait lire, en lettres manuscrites :

Les Apôtres de l'Apocalypse, roman, par Justine d'Armoise.

Justine l'ouvrit à la première page.

-Je ne pensais pas le retrouver un jour !

Elle me tendit l'ouvrage.

-Il s'agit-là du premier manuscrit que j'avais remis à Victor Trann peu de temps avant sa mort. Aujourd'hui, je suis persuadée qu'il évoque des événements qui vont réellement se dérouler. J'avais situé l'action au début du troisième millénaire. En fait, dans moins d'une centaine d'années ! Selon Sainte-Croix, ces événements se déroulaient au sortir de l'ère du Poisson.

Je parcourus les lignes serrées, déchiffrai sans mal l'élégante écriture. « Vous pourrez le lire tout à l'heure », m'autorisa Justine. .

Nous examinâmes ensuite quelques feuillets épars. Ils étaient signés Sergio Cogliandro. Ils étaient adressés à Victor Trann, dans un français très correct. Cogliandro expliquait avoir rapporté de Terre Sainte des manuscrits (dont il joignait une traduction) susceptibles, écrivait-il, de « faire trembler le monde tel que nous le connaissons ». Il soulignait qu'il s'agissait de textes écrits sur des rouleaux de peau, près de deux cents ans avant la naissance du Christ par une secte juive qu'il appelait les Esséniens. Ces rouleaux extirpés de façon illicite de Judée évoquaient nombre de paroles et de pensées attribuées à Jésus dans le Nouveau Testament. Sergio Cogliandro avait également découvert (l'original devait être confié à l'éditeur parisien) une carte du monde tel que nous le connaissions aujourd'hui mais gravée alors qu'une bonne partie des hommes pensait que la Terre était plate ! Il expliquait à Victor Trann qu'il y avait nécessité à publier ces documents au plus vite, le secret de leur existence pouvant se révéler mortel. Il en voulait pour preuve la mort violente d'un ancien professeur à qui il avait confié la majeure partie de sa découverte, laquelle avait disparu. Il craignait une action de la Sainte Alliance, les services secrets du Vatican. Il disait également joindre la traduction d'une prophétie annonçant la fin du monde ainsi que le texte original de cette dernière.

J'avoue que la lecture de ces lettres me déçut. Le style quelque peu exalté de l'Italien (peut-être dû au fait que le français ne fut pas sa langue maternelle) me rappela celui des charlatans et autres prédicateurs qui, très régulièrement, annonçaient la fin du monde ou remettaient en cause l'existence de Jésus. De prime abord, je ne perçus pas la portée historique de ces documents.

Justine d'Armoise s'empara de quelques autres feuillets. Elle lut à voix haute :

« Les Esséniens évoquent dans ces rouleaux la venue prochaine d'un messie.

Il sera salué du nom de Fils de Dieu et ils l'appelleront Fils du Très-Haut. Et cet Homme marchera sur l'eau et commandera aux étoiles. Et cet Homme soignera les malades et les débiles et multipliera les bienfaits. Et cet Homme préfigurera l'Homme Nouveau. Et les enfants de cet Homme, après neuf fois neuf générations, à l'aube du Verseau, apprivoiseront les Serpents qui roulent dans le ventre de la Terre. Et les Serpents jusqu'alors indomptés se plieront à la volonté des enfants de cet Homme. Les enfants de cet Homme les chevaucheront et à leur tour marcheront sur l'eau et commanderont aux étoiles, et les enfants de cet Homme soigneront les malades et les débiles et multiplieront les bienfaits. Et les enfants de cet Homme pourront voir l'avenir dans les yeux. Et les Enfants de cet Homme pourront changer l'Avenir.

« Et cet Homme se dira le fils de Dieu car les hommes ont besoin d'un Dieu, mais cet Homme sera le Fils de la Terre et non seulement du Ciel. Et les enfants de cet Homme, tout comme Lui, partageront les secrets de la Terre perdus depuis que l'Homme a été chassé de… »

Justine se tut un instant.

-Visiblement, il manquait des passages, reprit-elle. Cogliandro est tout de même parvenu à traduire certaines autres parties. Il y a quelques ratures, des repentirs visiblement. La traduction est-elle fiable ? Justine haussa les épaules. « Je vous lis le texte tel qu'il a été corrigé !

Il m'apparut que sa voix tremblait légèrement.

« De l'autre côté des eaux, il est un lieu où depuis toujours la Vierge devant enfanter est vénérée. Sur ce lieu, où le ciel rejoint la Terre, où l'oiseau converse avec le serpent, où débute et où finit l'anneau de la Connaissance, s'érigera un Temple dont les flèches s'élanceront vers le Divin. C'est en ce lieu qu'avec le Poisson, un monde s'éteindra dans un jaillissement de flammes froides. C'est de ce lieu que naîtra l'Humanité nouvelle laquelle saura se réapproprier les anneaux du serpent. »

Justine d'Armoise s'interrompit.

Pour finalement murmurer :

-Le poisson ! Sainte-Croix avait donc raison !

XIII
La Renaissance

Chartres, de nos jours, dans la nuit du 12 au 13 août

Une fuite humide

Je file enveloppé dans mon manteau de nuit humide, en quête de la moindre lueur bleue trahissant la présence d'une patrouille de police. Je dois aussi me méfier des hommes de la BAC, la Brigade Anti-Criminalité, au volant de leurs voitures banalisées. Le corps du malheureux Pellegrin ne tardera pas à être découvert si ce n'est déjà fait. Les flics vont être sur les dents, en quête de l'assassin. Ils savent que Pellegrin était avec moi, qu'il m'avait cueilli sur les lieux d'un crime et qu'on s'apprêtait à venir partager un jambon-beurre-salé au poste. Ils savent que les pandores avaient quelques questions à me poser à propos de la mort de la Sogar et de l'explosion d'une certaine maison à Crucey. Ils recherchent un assassin, un vrai, limite psychopathe sans doute, fan de Jules Verne. Mon portrait craché !

Je vole de réverbère en réverbère, en proie à de cataclysmiques pensées. Il ne faudra pas attendre longtemps pour que la ville soit bouclée, que tout véhicule roulant à cette heure fasse l'objet d'une fouille minutieuse.

Parvenu place Billard, je saute dans l'Ami 8 qui m'attend sagement sous la halle. Elle démarre dans une pétarade interrogative, m'envoyant au passage une bouffée de sans plomb 95. Je remonte vers le boulevard de la Courtille, prends à gauche et fonce, si tant est que l'on puisse foncer au volant d'une Ami 8 à la retraite. Elle vibre et vitupère de partout. Quand j'en suis redescendu, tout à l'heure, j'avais l'impression saugrenue d'avoir chopé un Parkinson. J'en tremble encore.

J'hésite un instant à emprunter la route de Paris, direction la rocade mais bifurque. Toujours pas de flic en vue, mais de loin en loin, la lancinante et caractéristique mélopée des deux-tons. Je songe un instant à passer par Lèves pour reprendre la RN154 mais estime le pari trop risqué. Je remonte donc, direction la gare, puis braque vers Mainvilliers. Un œil rivé sur la route, un autre planté dans le rétroviseur, je parviens à quitter Chartres. Mon bolide fend l'air ! Des gendarmes, couchés ceux-là, démantibulent le châssis du véhicule. L'engin atterrit en grognant !

Je ne sais si c'est la sueur ou la pluie qui colle mes cheveux.

Pluie salée sur le coin de la lèvre.

Par-delà le pare-brise, je sens un petit air de liberté. Mais jusqu'à quand ? Je passe enfin à hauteur de la clinique Saint-François. J'allume l'autoradio ; il pendouille sous le tableau de bord grâce à une vis en laiton qui doit laisser des traces sanguinolentes sur les genoux des passagers de l'inconstant véhicule. La voix magnifique d'Hugo Farell emplit la voiture. Au loin se profilent la longiligne flamme de l'usine d'incinération des ordures ménagères. Il me tarde de gagner Écublé.

C'est alors qu'apparaissent dans le rétroviseur deux points blancs qui n'en finissent plus de grossir. Bientôt, je suis aveuglé. Pleins phares. Je ne parviens pas à voir le véhicule. Mais ne perçois pas la lueur policée d'un quelconque gyrophare. Et puis c'est le choc. Peut-être aurai-je préféré découvrir un gyrophare républicain, finalement ? L'Ami 8 s'envole, comme victime d'un énorme coup de pied au cul. Grincement hallucinatoire de la ferraille qui se froisse, se plie, se recroqueville, s'arrache. L'atterrissage est brutal. Le nez s'écrase au sol dans une poétique nuée d'étincelles qui, telles des vers luisants, viennent s'ébouriffer sur le pare-brise.

Je parviens néanmoins à rester sur la chaussée et appuie comme un malheureux (que je suis !) sur l'accélérateur ! L'Ami 8 tangue, gémit, se révolte, s'indigne, pétule, ploie mais va de l'avant tandis qu'une douleur nouvelle me broie les côtes. 100, 110 kilomètres/heure. Une embardée à droite, un coup de volant à gauche. Les pneus étroits abordent l'accotement dans une giclée de terre et de cailloux. Je n'ai que le temps de voir l'œil rouge et clignotant sur ma droite. Et une masse sombre, tout là-bas, sur la voie ferrée. La barrière, la barrière en travers de ma route ! Et dans le rétroviseur, déchirant le cœur des ténèbres, les projecteurs éblouissants pareils à deux yeux monstrueux. Qui se rapprochent.

J'entends, couvrant la pétarade de la Citroën, le mugissement furieux du quatre-quatre lancé à ma poursuite.

Je braque à gauche, espérant pouvoir passer la voie ferrée avant le convoi pesant de sa ration journalière de céréales qui se dirige vers Chartres. Il n'est qu'à quelques dizaines de mètres mais, fort heureusement, la petite locomotive en provenance des silos de Saint-

Sauveur ahane à cinquante ou soixante à l'heure. Maximum. Enfin, j'espère.

Je vise.

Involontairement, mes mâchoires se contractent dans l'attente d'une collision avec barrière, auto, train, bateau, solex, âne bâté, mouche tsé-tsé géante, baignoire à pattes de lion, pain surprise, qu'importe… Je suis raide dans mon siège, si tant est que l'on puisse se tenir à la verticale dans le fauteuil défoncé qui vomit son skaï et sa mousse jaunâtre. Mes fesses touchent presque le plancher de l'Ami 8 et si j'avais le sens de l'exagération, je dirais que mes yeux voient à travers le volant.

Je ne prends conscience de ma situation qu'une fois la tête en bas. La voiture a bondi de nouveau, mais cette fois, a percuté violemment la barrière dont une partie a traversé le pare-brise, embrochant mon aura contre le siège qui s'est fait la malle, façon de parler, puisque la malle a dû filer de son côté à en croire le courant d'air qui s'engouffre par l'arrière. Une violente douleur m'étreint, sans jeu de mots, douleur difficilement localisable, peut-être parce qu'elle émane de mon corps dans son entier. Stupidement, alors que je devrais voir ma vie défiler sous mes yeux, avoir une dernière pensée pour Cam et Lou, dresser le bilan comptable des jours meilleurs, des pires aussi, c'est à la fameuse scène du Corniaud que je pense, et à Bourvil constatant les dégâts causés par de Funès sur sa voiture : « Elle va marcher beaucoup moins bien, maintenant ! » Pendant ce temps, l'autoradio, par l'intermédiaire d'Hugo Farell hurle sur fond de batterie et de cordes : « *Who wants to live forever ?* »

Moi, tiens, moi ! Et comment que j'ai envie de vivre ! Et de comprendre ! Et je veux vivre pour toujours, merde !

Par ce qui fut, il y a peu encore, une vitre latérale, j'aperçois la masse sombre de la petite locomotive venir à ma rencontre, dans un jaillissement d'étincelles dû à de dérisoires et illusoires tentatives de freinage. J'entends le crissement suraigu, agonisant, du métal contre le métal et le sifflet désespéré de la machine. Ducon, j'ai bien compris le message ! Faut que je me tire, mais comment ? Je panique. Vraiment. Difficile de réfléchir quand on panique. D'accord, la peur décuple vos forces, ce n'est pas une légende ou un dicton à deux sous, je peux en témoigner. La colère aussi. Me débats dans mon cercueil de métal et de skaï. Pas de fleurs ni de couronnes. La pesante intimité seulement.

L'Ami 8, ou ce qu'il en reste, semble avoir effectué un demi-tour parfait. Son capot et les roues avant sont abasourdis sur le ballast. Et au milieu de l'habitacle qui se trouve au milieu de la voie ferrée, il y a moi, la tête à l'envers, occupé à…

Je crains un instant que la voiture n'explose comme dans les films, imagine les gouttes d'essence embrassant quelque durite bouillante…

C'est alors que je constate que plus rien (ou presque) ne me retient ! La ceinture, la ceinture bouffée jadis par Trognon, Grognon ou Quel-que-soit-le-nom-du-chien-du-Tonton, loué soit-il, cette putain de ceinture a largué ses amarres ! C'est sans doute pour ça que je me retrouve en position de Kâma-Sûtra avec des bleus et du sang partout, sans doute à moitié mort mais à moitié seulement.

Une forte odeur d'essence me distille la narine. Ma main est trempée. Ma veste aussi pue l'essence. En de courts mouvements désordonnés, saccadés, angoissés, je l'arrache. L'autoradio a rendu l'âme. Je n'entends plus que les sifflements paniqués de la locomotive poussée par des tonnes de wagons de céréales et le torrent d'étincelles qui aborde l'ultime virage. Je parviens à glisser par-dessus les sièges-avant dans un mouvement certes peu élégant mais qui a le mérite d'être efficace. Pour peu, mon jean resterait en arrière, accroché au repose-tête couvert de poils de chien.

C'est à ce moment, enfin je crois, que la locomotive percute l'Ami 8 dans un hululement désespéré.

Le Grénillet, juin 1919

Hermétiquement vôtre

Un silence pesant clôt la citation de Justine d'Armoise, bientôt rompu par François.

-Cela pourrait ressembler à la description de la cathédrale Notre-Dame. Le Temple avec les flèches pointées vers le Divin, et surtout cette vierge devant enfanter.

Je me retournai, en quête d'explications.

-Certains prétendent que la cathédrale de Chartres fut le premier oratoire français consacré à la Vierge, commença François. Mais bien avant cela, dans la grotte transformée aujourd'hui en crypte, les druides auraient vénéré une « Vierge devant enfanter ». Celle qui allait donner naissance plus tard à l'une des deux vierges noires de la cathédrale : Notre-Dame de Sous-Terre. Celle qui est en bas, pendant de Notre-Dame du Pilier, autre vierge noire qui, elle, se trouve en haut.

-C'est un des axiomes de l'hermétisme, renchérit alors Justine d'Armoise : Ce qui est en haut est semblable à ce qui est en bas. Cela signifie que chaque chose, sur Terre a son double, son équivalent, dans le ciel, m'avait expliqué Sainte-Croix.

Je bus d'un trait l'or d'un verre de vin. Pendant ce temps, Justine examinait la copie d'une mappemonde, sans doute celle réalisée par l'Italien à partir de l'original. D'un continent à l'autre couraient des courbes et des lignes. Des cercles rouges ou verts d'importances diverses soulignaient des noms de lieux ou de villes. Des endroits dont la plupart m'était inconnue. Assurément, le cercle le plus important était celui qui entourait le mot « Chartres », avec un point d'interrogation. En y regardant bien, nombre de tracés en partaient, formant comme une étoile et se dispersant à travers le monde. Chartres, le centre du monde ? Je souris en songeant à notre petite préfecture perdue au milieu des blés.

François étouffa un bâillement. Je fis de même.

-La journée a été rude ! Je propose que nous allions dormir à présent !

La suggestion de Justine fut accueillie avec gratitude. J'emportai, comme promis, son manuscrit dans la chambre qui m'avait été allouée. Je le lus à la lueur d'une lampe à pétrole dont le verre était orné d'un paysage forestier peint en bleu. J'en achevai la lecture tard dans la nuit. Je sus en le reposant sur le marbre rouge de la petite table de nuit qu'il disait vrai. Et je sus en même temps que mon implication, et celle de mes descendants, allaient bien au-delà de notre époque. Il me revenait d'alerter mes enfants et petits-enfants de ce qui risquait d'advenir dans quelques décennies. Ou plutôt, *de ce qui allait advenir*. Mais pour leur éviter tout danger, il était important que la révélation de l'événement fût la plus tardive possible.

Je profitai du reste de la nuit pour, à mon tour, prendre la plume…

Près de Chartres, de nos jours, dans la nuit du 12 au 13 août

Du haut de cette pyramide…

Le fracas est effroyable et m'emplit justement d'effroi. Le tambour droit de l'engin s'encastre dans la voiture dans un jaillissement d'étincelles et commence à balader nos deux carcasses le long du ballast tandis que sous l'action conjuguée des étincelles et d'une jolie mare d'essence l'Ami 8 s'embrase. J'avais tout faux. L'Ami 8 ne sera pas mon cercueil mais mon four crématoire personnel ! L'Association des Crématistes du Drouais et du Thymerais aura trouvé là un adepte involontaire !

Pourtant, projeté contre le ballast, ce qui reste de la Citroën en flammes se coupe en deux (enfin je crois…). Je suis propulsé à travers l'absence de coffre et je me retrouve aplati sur le léger talus, presque un fossé. À peine écrabouillé comme une mouche sur une vitre, je me sens glisser vers le ballast, vers le convoi qui me paraît s'étendre sur des kilomètres, vers son train métallique qui ne demande qu'à m'écraser, me broyer, me pulvériser, me… Me non… Une explosion, là devant. Le convoi semble tressaillir. Et quitte la voie. Je crois entendre le cri du conducteur de l'engin, mais c'est peu probable. Dans un long frémissement de couleuvre mortellement blessée, le train se disloque, son ventre aux multiples compartiments laisse apparaître de nombreuses plaies béantes à travers lesquelles s'écoule un sang doré. Ma main rougie est restée accrochée à la racine nue d'une fougère. J'ai envie de rester là, à contempler l'agonie du serpent de métal terrassé par un minuscule insecte beige. Mais je sais qu'il me faut partir. Je me demande où sont passés les hommes du quatre-quatre. Je ne vois plus les phares, ce qui ne prouve rien.

Là-haut, la lune s'est dévêtue d'un nuage plus sombre que la nuit. Pareille à un soleil froid, elle dessine des ombres inquiétantes. La pluie a cessé.

Je me redresse, tentant d'apercevoir la chaussée, éclairée par les flammes. Le quatre-quatre se tient là, immobile, ombre mouvante d'un monstre ramassé sur lui-même, attendant son heure.

J'entends une voix. Grêle. La voix d'un homme choqué.

-Au secours ! Venez m'aider. C'est affreux. Il ...

Puis un coup de feu. Un second.

La nuit se drape de silence, hormis le crépitement rageur des flammes.

Ils ont flingué le ou les machinistes !

La peur, si elle ne donne pas des ailes, donne des jambes. Je ferai le décompte de mes bobos plus tard. Je fonce dans la campagne, sans trop m'éloigner de la route, enjambe à l'aveuglette les obstacles qui apparaissent sous mes pas. Je pue l'essence et le cramé, ma main gauche me fait souffrir, échappée du bûcher. Je ne vois pas grand-chose, bute parfois sur une souche ou un morceau de silex. Je fais du bruit, trop de bruit, mais que faire d'autre ? Attendre l'arrivée des tueurs ? Ou celle des flics qui me prendront pour l'homme à abattre ? Alors je cours, je cours, ou plutôt je trottine, je perds mon souffle. Et je regrette de n'être pas un de ces matinaux adeptes du jogging du bord de route, un de ces vélocipédistes fluorescents qui encombrent en lents troupeaux les routes départementales du dimanche, un de ces tennismen des trente-cinq heures qui se donnent rendez-vous le vendredi après-midi, parce qu'en principe, hein, on termine à 16h, le vendredi après-midi ?

Je fuis à travers un champ qui empeste. L'agriculteur du coin vient visiblement d'épandre les boues d'une quelconque station d'épuration. Sale journée. Je m'essouffle à travers bois, à petites foulées, me ramassant contre une souche ici, un roc là. Puis un champ de nouveau. Je tente à plusieurs reprises de joindre Joe sur mon portable. Car son téléphone a survécu à la balade sur les toits, à la fuite à travers les caves, à l'explosion de l'Ami 8 et que sais-je ? Mais je n'ai accès qu'à ma boîte vocale. Je m'entends dire sur un ton satisfait que non, je ne suis pas disponible, mais que si je veux bien laisser un message je me rappellerai... Je chasse quelques sombres pensées. J'enrage, je peste, je maudis la Terre entière et en particulier les opérateurs et tous les utilisateurs de portable qui ne répondent pas quand on cherche à les joindre.

J'aperçois les lumières de Bailleau. Et celles, grêles, qui colorent la départementale. Je songe un instant à traverser la route pour tenter de remonter la voie ferrée qui me rapprocherait d'Écublé. Mais les assassins, quels qu'ils soient, quel que soit leur but, doivent m'attendre au virage. Alors je continue à trottiner, à me gadouiller, à grimacer au rythme de la douleur. Je pourrais piquer une bagnole à Bailleau. Mais il s'agit là d'une science que j'ignore. Il faut que je prévienne Joe, qu'on quitte la maison de son oncle avant que les flics, ou les autres, ne débarquent. Les gendarmes ne mettront pas longtemps à identifier le propriétaire des vestiges calcinés de l'Ami 8.

Je laisse Bailleau derrière moi.

Une clôture défoncée, une montagne de boue. J'ai mis le pied dans cette fosse à gravats qui borde la départementale et où régulièrement, d'énormes camions bennes viennent déposer des tonnes de terre, de souches, de béton en tout genre bannis des chantiers de construction ou de démolition du coin.

Les silhouettes des pelles mécaniques se profilent ici et là, leur long cou d'élasmosaures menaçant les cieux ou d'improbables mais mortelles comètes. Dans un coin, près d'une tanière en préfabriqué, deux ou trois autres silhouettes plus massives, aux allures de brontosaures, veillent sur une mare d'eau croupie. Je distingue aussi trois ou quatre formes plus fluettes. Des voitures. La lune s'est de nouveau levée derrière sa voilette de pluie, me permettant d'ajuster ma vision. J'entends au loin des sirènes. La nuit finira-t-elle un jour ?

Je distingue à travers le rideau obscur un autre quadrilatère, plus pesant que le premier, sorte de hangar dans les tréfonds duquel j'espère trouver les clés de l'une des trois ou quatre voitures garées tout à côté. Je dévale ma montagne d'immondices arrachées à de multiples chantiers. Peut-être les gravats censés combler la marnière de feu Alexandra Garbeau provenaient-ils de cet étrange endroit ? Je n'ai pas le temps d'épiloguer sur le sujet. Un bruit métallique et un éclair blanc. La balle frappe la porte juste devant moi.

Ils m'ont suivi. Patiemment. Et ont décidé de se débarrasser de moi dans un endroit tranquille.

« Ils ». J'aimerais pouvoir mettre des visages sur ces « ils », et surtout un mobile à tous leurs crimes. J'aimerais surtout mettre la plus grande distance entre eux et moi. Je ne peux me permettre de fuir éternellement. Il me faut une voiture.

La leur, par exemple ! Je pourrais en outre y trouver des renseignements utiles, qui sait ?

Sur le papier, ou plutôt dans ma tête, l'idée est séduisante. C'est la seule qui vaille à vrai dire. Mais l'application n'en est guère aisée. Surtout dans mon état. Je me rue derrière le baraquement de bois tandis qu'une seconde balle s'enfonce dans la terre meuble à quelques centimètres de ma jambe. Je me jette à l'assaut d'une autre montagne de gravats. Décidément, l'histoire se répète.

L'idée me terrasse alors que je grimpe.

L'histoire se répète !

Le bouquin destiné à Alexandra n'est rien d'autre qu'un avertissement venu du passé. Ou plutôt l'histoire exacte de ce qui est censé se dérouler à notre époque ! C'est pour lui que des inconnus ont tué. Car ce bouquin dévoile ce qu'ils sont et surtout ce qu'ils s'apprêtent à commettre. Ce bouquin raconte notre histoire, mon histoire ! Racontait, plutôt. Il n'est plus que cendres à l'heure où il est et pas même la police scientifique ne se doutera qu'il a un jour existé. J'en pleurerais.

Si ces hommes sont prêts à tuer, même des flics, c'est que leurs projets sont à hauteur des crimes qu'ils comptent commettre. D'ailleurs, il est peu probable qu'un quelconque Nostradamus ait un jour décidé de coucher sur le papier les aventures rocambolesques d'un journaliste de notre siècle. À moins que ce journaliste ne joue un rôle dans la marche du monde…

Un troisième coup de feu me tire de mes réflexions. La balle rebondit au-dessus de ma tête sur l'affût d'un gigantesque canon, couleuvrine à moitié enfouie sous les blocs de plâtre et de ciment fossilisés qui pointe vers le sud sa menaçante silhouette. Il s'agit là d'une imposante portion de canalisation qui doit bien faire son mètre de diamètre et en mesurer trois ou quatre. Le tube de béton repose à flanc de montagne, soutenu seulement par quelques aspérités de bois et de métal. En prenant appui sur tout ce que mes semelles peuvent trouver, je parviens à gravir les échelons torturés de l'échelle improvisée. Quand je pose la main sur ce vestige de canalisation, il s'affaisse dangereusement.

Une poussée plus forte et je dévalais la pente entraîné sous son poids. Étonnant que personne ne l'ait encore pris sur le caillou.

Et si ?

Dans une dernière envolée, je me couche de tout mon long derrière la conduite sans doute arrachée aux vétustes entrailles d'une ville en quête de jouvence. Je tends l'oreille, que j'ai plutôt bien faite. Mais rien ne vient troubler le silence. Pas même le bruit d'un pas assassin désireux de s'offrir un holocauste.

Seuls les battements de mon cœur résonnent et déchirent la nuit glauque, appelant le bourreau de lancinants : « I-ci… I-ci…» que je suis seul, fort heureusement, à percevoir. Dans le même temps, je caresse le béton, en explore les accidents, les meurtrissures, en teste le poids et surtout tente d'en deviner l'équilibre, le degré de solidité de l'assise. L'idée est simple à pleurer, mais après tout ! Si je parviens à déstabiliser ce bloc de béton quand mon excité de la gâchette passera par-dessous…

Douleur fulgurante aux poumons. À force de retenir mon souffle, j'en oublie de respirer ! Je n'entends toujours rien. Où se cache-t-il ? Les secondes glissent entre mes doigts, longues comme un fil dentaire.

Et puis, soudain, oh ! presque rien. Le cri douloureux d'une hulotte puis, le bruit de succion d'une chaussure sur de la terre ou quelque compost meuble. « Il » est là ! Quelques mètres au-dessous. Je relève la tête, lentement, change légèrement de position pour y parvenir. Et je le vois. Lui, non. Il est occupé à scruter la rangée de Caterpillar agglutinés à quelques mètres de là. Il brandit une arme de poing. Impossible dans l'obscurité de dire s'il s'agit d'un révolver ou d'un pistolet. Peu importe, d'ailleurs !

De l'épaule, j'exerce le maximum de pression sur la canalisation oubliée.

Je la sens qui vibre, désireuse de se plier à ma volonté.

C'est à ce moment que l'Internationale retentit ! Là, au cœur de la nuit. Dans ce foutu dépôt.

Sous ma cuisse meurtrie.

La sonnerie de ce foutu portable.

Coincé dans ma poche !

Qui hurle au cœur de la nuit :

« C'est la luuuutte, finaaaale ! »

Le Grénillet, juin 1919

Savoirs cachés

Au petit matin, nous examinâmes de nouveau les mystérieux documents. Les antiques rouleaux de peau ne nous apprirent rien de plus. Aucun de nous trois n'était versé dans l'araméen ou l'hébreu ! Nous les observâmes en silence comme les reliques indéchiffrables qu'ils étaient, conscients que, s'ils se révélaient authentiques, ils représentaient en effet un danger pour l'Église. Et pour nous, comme le passé l'avait prouvé. Même s'il n'y figurait aucun nom de lieu, le planisphère original était un peu plus explicite, car grâce à la copie complétée de l'Italien, nous pûmes mettre des noms sur le tracé de l'étoile pentaculaire liant Chartres au reste du monde. Il convenait de mettre ces documents en lieu sûr, d'y adjoindre le manuscrit de Justine, les notes de l'Italien. J'y joignis également mes propres écrits en direction de ma descendance. Peut-être, découvrant ce dossier au moment opportun, parviendrait-elle à déjouer le futur, ce futur si proche et si lointain pourtant ? Farouche partisan du libre arbitre, j'étais persuadé que rien n'était écrit et qu'il était toujours possible de faire mentir l'inéluctable.

Les écrits étant toutefois susceptibles de disparaître, j'avais décidé également de laisser aux futures générations des témoignages d'un autre genre. Projet bien peu modeste, certes !

Cependant, à l'instar de ces tarots dont Mariel m'avait expliqué qu'ils représentaient les savoirs cachés des anciens mis au vu et au su de tous mais déchiffrables des seuls initiés, il m'apparaissait judicieux de procéder de même avec le talent qui était mien. Car révéler ce que nous savions aujourd'hui ne pourrait qu'inutilement faire peser une menace sur nos têtes et sur celles de nos familles. J'exposais mon idée à Justine et François. J'évoquais la magnifique verrière qui ouvrait leur demeure sur le ciel, leur proposant de remplacer le verre blanc par un vitrail qui condenserait en quelque sorte les enseignements que nous avions pu découvrir les uns et les autres.

J'avais en outre un projet pour une église toute proche, financé par un maquignon du nom d'Heurtebise, et je me faisais fort d'évoquer les ultimes moments de la cathédrale de Chartres sous couvert d'une parabole ou d'un symbolisme que je me promettais de rendre acceptable. J'envisageais un instant d'impliquer dans ce projet mon associé, Raymond Grévin, mais finis par renoncer à cette idée.

Cette fois encore, Justine d'Armoise et son fils m'approuvèrent. L'idée de me confier les documents ne fut même pas discutée. Justine et son fils souhaitaient tenter de vivre en paix, le plus loin possible de la menace que ces feuillets épars faisaient peser sur leurs épaules. Justine s'excusa, s'absenta un moment. François et moi continuâmes de deviser. Il me sembla que le jeune homme était délivré d'un poids, celui-là même qui désormais, allait peser sur mon existence et celle de mes enfants et petits-enfants. Justine revint avec un coffret métallique doté d'un cadran ou s'alignaient les onze chiffres d'une combinaison. Là encore, nous devions imaginer une suite qui pourrait être comprise de qui possèderait la clé.

Il ne nous fallut guère de temps pour élaborer une combinaison.

C'est en fin de matinée que François et Justine me conduisirent à la gare de Châteauneuf-en-Thymerais.

Je serrais sur mes genoux la mallette contenant, peut-être, le sort futur de la planète.

Je vais à présent y glisser ces derniers feuillets. En espérant que quand vous les lirez, il ne sera pas trop tard.

Entre Chartres et Châteauneuf, de nos jours, dans la nuit du 12 au 13 août

Un jeu de quilles en béton

« C'est la luuute finaaale ! »

La sonnerie du cellulaire de Joe résonne au sommet de ma montagne artificielle.

L'homme a bondi, sans doute surpris, mais s'est très vite repris, braquant son arme dans ma direction. Plus le temps de cogiter ! D'une ultime poussée, d'un dernier halètement de douleur, je parviens à tirer la canalisation de sa gangue de terre. Je perçois un juron, puis un et deux coups de feu. Et un cri. Plutôt que de prendre les jambes à son cou, le bonhomme continue de me grêler de plomb. Un pro, pas de doute ! Je n'ai que le temps d'apercevoir l'énorme masse fondre sur le tireur et lui passer dessus avant d'aller s'écraser contre la cabane de bois dans un fracas infernal. Je reste allongé sur ma montagne de détritus urbains et ruraux quelques secondes puis me précipite vers le corps allongé. Ma course m'entraîne un peu plus loin que je ne le voudrais et je m'en vais rebondir, moi aussi, contre le baraquement à moitié défoncé par la canalisation.

Le type paraît bien mort. Son visage n'est plus qu'une masse spongieuse et poisseuse, l'une de ses jambes est repliée sous lui dans un angle incongru. Je ne prends pas le temps de m'apitoyer. Peut-être n'est-il pas seul. Il m'avait semblé voir deux silhouettes à la lueur des flammes qui encadraient l'Ami 8 tout à l'heure.

Je récupère l'arme que le cadavre tient encore entre ses doigts meurtris. Un pistolet automatique. Sans trop penser, je me livre également à une fouille rapide. Sans trouver de papiers, comme je m'y attendais. Je mets la main toutefois sur un minuscule téléphone cellulaire qui pourra se révéler précieux. S'il a survécu au choc ! Ragaillardi à l'idée d'avancer désormais armé, même si j'ignore tout du maniement d'un automatique, je contourne lentement le baraquement, longe à pas lent les véhicules immobilisés, me glisse dans l'espace compris entre la grille du chantier et le talus qui fait office d'enceinte. Et tombe sur le quatre-quatre. Silencieux, sagement garé sur le bord de la route. Au loin, les lueurs jaune et orange de l'incendie ont fait place à celles, plus froides, plus lancinantes, plus autoritaires aussi, des gyrophares.

Je dois foncer récupérer Joe.

Nous devons prendre le large au plus vite.

Pour aller où ?

J'ai ma petite idée.

Je jette un coup d'œil sur le téléphone de Joe. Un appel manqué. Tonton ! Un tonton qui téléphone à sa nièce en pleine nuit ? Givré le tonton…

L'impressionnant véhicule glisse dans le noir. Je ne croise pas un pékin jusqu'au Mage où je tourne à droite, accélère. Vision fugitive d'un renard en chasse, ébloui par l'halogène des phares. La campagne défile, silencieuse, derrière le pare-brise. Autre vision nocturne révélée par les phares : un gang de mémés aux cheveux blancs entassées dans une Austin mini new-look.

Dans ma tête défilent des images.

Peu réjouissantes.

Dans un vrombissement que je ne parviens pas à maîtriser, l'énorme quatre-quatre taillé pour la savane africaine franchit le portail de la fermette du Tonton. Une explosion de gravillons et de plantes en pots, puis je pile devant la porte qui s'ouvre sur une Joe arborant l'air affolé d'un mulot unipattiste poursuivi par un chat-huant. Je pressens le malheur.

-Qu'est-ce qui se passe ?

Joe pousse un cri.

-C'est vous ?

-Ben oui ! Qui voulez-vous ?

Je réalise alors : la malheureuse, qui guettait depuis plusieurs heures mon retour, s'attendant à me voir débarquer au volant d'une Ami 8, a vu débouler à toute vitesse un quatre-quatre gros comme une maison Phénix. À quatre heures du matin. Il y a de quoi s'affoler ! Je coupe court à toute interrogation.

-Je vous explique dans deux minutes ! Il faut filer ! J'ajouterais bien « Il faut filer comme dirait mon boucher », mais ce n'est pas de circonstance. Dans peu de temps, on aura une tripotée de flics et d'assassins sur le dos !

Joe ne fait pas d'histoires.

-D'accord, mais avant on doit prendre les documents.

Nous nous ruons dans le salon.

-Merde ! éructe Joe en mettant la main sur une serviette au cuir noir élimé. Votre femme a appelé. Sur votre portable. Je lui ai dit où nous étions. Elle va nous rejoindre !

Joe m'aurait planté le talon d'un escarpin made in Italy dans l'œil, je n'aurais pas plus chancelé.

Il n'est pas question de vider les lieux sans attendre Cam.

Joe a déjà un pied dehors. Je la rattrape.

-Écoutez, vous allez partir avec le quatre-quatre. Moi, j'attends ma femme. On filera avec sa voiture. Vous allez vous rendre à Champhol. C'est sur les hauteurs de Chartres. Chez un type qui s'appelle Hirst. Vous lui expliquez rapidement la situation. Vous lui dites qu'on arrive.

-Attendez ! Y a que dans les films américains qu'il suffit de dire « Allez trouver ce type à Los Angeles à l'angle de la quatrième » pour dégoter une adresse ! Il habite où votre Hirst ?

Elle a raison. Je lui explique, lui donne l'adresse, lui décris la maison et même la baie vitrée qui offre une vue imprenable sur les flèches de la cathédrale, justifiant du même coup des impôts locaux phénoménaux.

Joe se penche vers moi, comme si elle voulait m'embrasser puis se reprend, brandissant la serviette.

-On les aura !

-J'aimerais en être aussi sûr que vous !

Ce n'est pas moi qui ai parlé.

La voix a claqué dans la nuit. Je tente de récupérer l'automatique qui déforme ma poche.

-Je vous le déconseille. Il y a déjà trop de cadavres autour de vous.

L'homme se tient derrière la portière ouverte du quatre-quatre.

-Vous m'avez donné du mal. Et n'avez pas été très charitable envers monsieur Roba. J'aimerais à ce propos récupérer son arme. Alors vous allez la prendre par le canon, et venir la déposer sur le capot du véhicule. Je me contenterai de viser votre délicieuse amie. Au moindre faux pas, je lui fais éclater la cervelle.

Ce ne sont pas tant les mots, pourtant violents, que la froideur et le détachement du ton qui me font frémir. Je saisis l'arme avec délicatesse, la tenant à hauteur des yeux par le canon, puis avance de quelques pas et pose le pistolet sur le capot. J'ai beau turbiner du ciboulot, je ne parviens pas à dénicher l'idée géniale qui sommeille, j'en suis sûr, dans les tréfonds de mon cerveau.

-Vous pouvez reculer. Rapprochez-vous de mademoiselle, que je vous aie tous les deux dans ma ligne de mire.

Je m'exécute (enfin, façon de parler).

-Voyager dans le coffre d'un quatre-quatre n'est pas de tout repos, ajoute-t-il. Mais rassurez-vous, je suis en pleine forme.

Au loin, la nuit cède du terrain. Une pâle lueur ronge froisse timidement le voile nocturne et des lambeaux de nuit commencent à se détacher de la voûte céleste. Il a de nouveau cessé de pleuvoir mais une fraîcheur humide a pris le relais. À quelques centaines de mètres de là, le ronronnement d'un moteur sur la route. Tellement près, tellement inaccessible.

-Bien. Vous allez à présent me donner gentiment votre serviette. Je pense qu'elle abrite ce que vous nous avez volé ?

-On ne vous a rien volé, espèce de, espèce de… cinglé ! proteste Joe.

Je me serais attendu à quelque chose de plus cru venant de la jeune femme. L'émotion doit lui ôter ses moyens.

-Tttt… Ne vous énervez pas mademoiselle. Cela n'a plus d'importance. Merci de me rendre le livre. Des gens malintentionnés pourraient en faire mauvais usage. Vous savez, ce livre qui nous a été dérobé et expédié avec l'intention de nous nuire chez certain libraire chartrain ?

-Vous allez être déçu. Votre petite partie de stock-car lui a été fatale.

L'homme fait un pas en avant, menaçant.

-Vous mentez !

-Vous pouvez me fouiller, chercher dans la serviette aussi. Et démonter toute la maison si vous voulez ! J'ai dû sortir un peu précipitamment de l'Ami 8, tout à l'heure. Les restes de ce foutu bouquin ont dû brûler avec la voiture.

L'homme semble décontenancé. Je vois mal son visage, seulement éclairé par le néon de la cuisine à travers la fenêtre. Mais j'y perçois des ombres qui ne doivent rien à l'éclairage. Il a une tronche de flic, ou plutôt de commando. Le visage carré, le maxillaire engagé peu engageant, le cheveu grisonnant coupé en brosse. Une véritable caricature d'homme du GIPN. Il est vrai que l'éclairage verdâtre du néon ne peut le servir. Il n'en est que plus inquiétant le bougre !

-Je vois. Vous ne me servez plus à rien, alors. Je vais vous demander de bien vouloir retourner dans la maison. Nous y serons plus confortables.

Le bruit de moteur ouï un peu plus tôt semble gonfler. Est-ce un effet de mon imagination, la réalisation virtuelle d'un vœu pieux ? Sans doute. L'autre ne bronche toujours pas et nous observe d'un sale œil. Je décide d'essayer de gagner du temps. On ne sait jamais.

-Ce serait dommage. Je n'ai plus le livre mais j'ai eu le temps de le lire.

Ce qui n'émeut pas outre mesure le bonhomme.

-Dans ce cas vous savez ce qui va arriver ? Je n'ai jamais envié les gens qui affirmaient connaître leur avenir. Ce doit être sacrément handicapant !

Je me surprends à lui sourire.

-Pas dans mon cas. Si vous me tuez tout de suite, si vous ne respectez pas ce qui doit arriver, tous vos projets vont tomber à l'eau.

-Que savez-vous de nos projets ?

-Parlez-moi d'Aberfan, je tente.

Là, je le sens vaciller.

Le bruit de moteur s'est rapproché. Il est sur nous. Le type le perçoit soudain et se retourne.

Trop tard !

L'énorme quatre-quatre est propulsé sur le côté, percutant de plein fouet le bonhomme qui s'en va rebondir contre le mur de la maison, poussant un juron douloureux et lâchant du même coup son arme. Je me précipite, donne un coup de pied dans le pistolet qui glisse sous le véhicule, hors de portée de qui que ce soit. Du coin de l'œil, j'aperçois Cam, mais oui, MA Cam, bondir hors de notre 4L au capot ratatiné et fumant. Je me rue sur Cheveux-en-Brosse, lui assenant un violent coup de genou dans le ventre. Le type est encore sonné mais il conserve de bons réflexes. Ma mâchoire peut en témoigner sur le champ ! La douleur décuple mes forces. Je lui assène un coup sur le crâne, puis un second, ce qui ne l'empêche pas de me repousser en dépliant ses deux jambes d'un brusque mouvement. Je vais me crasher contre le véhicule immobilisé. C'est Cheveux-en-Brosse qui reprend l'initiative et me vole dans les plumes, la tête en avant. Le choc m'irradie l'estomac. Le souffle court, je m'affaisse mais parviens à agripper mon bonhomme par la boucle de sa ceinture. Tandis qu'il tente de se dégager, il est pris d'assaut par deux ombres hurlantes et gesticulantes. Des ombres fluides mais faites de chair et d'os. Cam et Joe ne lui font pas de cadeau ! Toutes griffes dehors, l'une lui enserre le cou, l'autre le sonne à coups de pied. Nous nous retrouvons bientôt tous les quatre à terre. Je sens un ongle me griffer la joue, ma main empoigner un sein. Nous ne formons plus qu'un bizarre être nocturne, une monstrueuse araignée à huit pattes et huit bras, grognant, ahanant, invectivant, pestant, insultant, gémissant aussi.

Je parviens à me relever, m'appuyant contre le mur de bauge de la maison, un peu sonné je dois dire. Cheveux-en-Brosse parvient lui aussi un instant à sortir de la mêlée. Nous nous retrouvons face à face. Il saigne du nez et arbore un faciès peu engageant. Au moment où il lance son poing, j'attrape le volet bleu de la main gauche, un lourd volet de chêne percé d'une étoile et le referme brusquement. Le poing du type vient s'écraser contre les lourdes lattes de bois. Il pousse un hurlement atroce tandis que des deux poings je lui martèle la tempe. Il finit par s'effondrer, haletant.

-La cave ! On le balance dans la cave ! s'écrie Joe en se relevant. Elle s'engouffre dans la cuisine, en ressort avec une clé longue comme un discours sous-préfectoral, longe la maison. Pendant ce temps, Cam a récupéré l'arme que j'avais posée sur le capot du quatre-quatre et qui avait été projetée un peu plus loin dans la collision. Elle la pointe vers Cheveux-en-Brosse. J'ai beau me livrer à une fouille approfondie de l'inconnu, ses poches sont aussi vides que mon compte en banque.

-C'est ici !

Joe ouvre une porte métallique au bleu gommé par les ans, tâtonne un instant. Une ampoule nue éclaire un escalier de briques s'enfonçant dans les pâles profondeurs d'un boyau de marne. Des centaines de bouteilles montent la garde, leur goulot bouchonné menaçant quiconque viendrait troubler leur quiétude. Des théories de patates en grande discussion côtoient des pots de confitures et de gelées aux étiquettes manuscrites et colorées.

-Au moins, cette ordure ne crèvera ni de faim ni de soif !

-Non et c'est bien dommage, rétorque Joe.

-Attendez !

C'est Cam ! Elle fouille dans son sac à main. Un énorme truc en cuir qui pourrait contenir une demi-douzaine de bottins. En tire un minuscule appareil photo numérique. Le flash déchire la nuit, une fois, puis deux.

-Ça peut être intéressant de savoir qui est ce type ! avance-t-elle.

J'attrape notre agresseur par les bras, le traîne jusqu'à la porte de la cave et le laisse rouler jusqu'au bas des marches.

Je sais, c'est pas sympa, mais intellectuellement, c'est satisfaisant, ô combien ! Le type se retrouve sur le sol de terre battue en une réplique approximative du missionnaire abordant une terre inculte. Pas question cependant d'aller lui ausculter le gosier en quête d'une langue trop pendue. J'éteins la lumière, referme la porte de métal et donne deux tours de clé.

Alors, alors seulement j'enlace Cam, l'embrasse, sur le cou, dans les cheveux, sur la joue, sur les lèvres…

Joe gênée, enfin je pense, en profite pour s'esquiver.

Mais elle revient deux secondes plus tard.

-Je crois que la 4L est foutue.

En effet. J'ai beau tourner la clé de contact, bousculer l'accélérateur, pas le moindre signe d'obéissance. Reste le quatre-quatre. Les deux portes latérales du flanc droit sont enfoncées, leurs vitres ont explosé mais pour le reste, le véhicule paraît utilisable. Dès la première sollicitation, le moteur démarre. Les filles poussent un cri de joie.

-Bon. Les flics ne vont pas tarder !

-On devrait peut-être leur laisser un mot. Pour leur expliquer qui est le type, tente Cam.

-Si on s'attarde, on devra leur expliquer nous-mêmes !

-C'est mon oncle qui va être content, constate Joe à voix basse. Elle referme la porte.

-Ne la fermez pas à clé, les flics vont la défoncer, dis-je avec un ton de mère poule qui me surprend moi-même.

Elle hoche la tête puis récupère la serviette, la jette sur la banquette arrière sur laquelle elle s'affaisse à son tour.

Cam et moi grimpons à l'avant.

-Tiens, en parlant de tonton, le vôtre a tenté de vous joindre tout à l'heure !

-Ah ? Et qu'est-ce qu'il voulait ?

-Ça, j'en sais rien, j'étais occupé à ce moment-là…

Je me retourne et lui tends son téléphone. Elle me rend le mien par-dessus l'épaule de Cam.

Un échange qui pourrait presque me faire penser que les choses reviennent à la normale.

Quelques minutes plus tard, dans l'aube naissante, nous voyons surgir de terre les flèches de Notre-Dame de Chartres.

Champhol, de nos jours, le 13 août

La chasse aux vouivres

Josef Hirst est un savant, un type à qui on ne la fait pas, mais à l'esprit ouvert comme une grande surface un jour férié par autorisation préfectorale. Il a un temps travaillé sur les phénomènes dits paranormaux avec l'université catholique de Lyon et celle de Trois-Rivières à Québec avant de se mettre à son compte. Il flotte dans un survêtement large comme une camisole et, tout savant qu'il est, n'arrête pas de se gratter l'intérieur des cuisses pour employer une pudibonde métaphore. Il est avachi dans un fauteuil de cuir, un cuir fauve devenu presque noir qui a sans doute appartenu à un animal ayant brouté les prés du miocène.

De sa main libre, il contemple l'ambre d'un demi-verre de whisky qu'il s'amuse à faire tournoyer au soleil levant. Après nous être rafraîchis dans la salle de bain du savant, Joe, Cam et moi nous sommes coincés dans le canapé qui lui fait face. Le bonhomme n'a presque pas tiqué quand il nous a vus débarquer un peu plus tôt, tels trois spectres boueux. Nous a gentiment proposé de nous refaire une beauté. Et d'utiliser sa trousse à pharmacie.

La pièce est encombrée de bouquins qui courent tout au long des murs chaulés. Elle est basse de plafond, les poutres apparentes en paraissent presque noires et les premières percées du jour jouent avec les ombres formées par le mobilier et nos silhouettes.

-Je n'ai jamais entendu pareille histoire ! commente enfin le savant. Pourtant, j'ai pas mal bossé sur les prédictions, prémonitions et voyances en tout genre.

Il se replonge dans l'observation muette de son verre. J'en profite pour terminer ma grenadine. Trop d'eau et pas assez de sirop à mon goût. Une grenadine de cantine de centre aéré. Cam et Joe ont préféré un panaché. Nous aurions tous préféré une boisson chaude mais Hirst ne nous l'a pas proposé. Quand Hirst nous a désigné le canapé, Cam s'est précipitée, se calant entre Joe et moi, faisant un rempart de son corps entre son mari et celle qu'elle considèrerait presque en rivale. Une réaction qui m'amuse, mais qui m'honore également. Quand j'ai tenté de poser la main sur son genou, elle l'a repoussée, fermement, avec un zest d'agressivité. J'espère qu'elle n'a pas été suivie dans sa course nocturne pour me rejoindre.

-D'ordinaire, les grandes prophéties restent relativement sibyllines, et quand je dis relativement, relisez Michel de Nostredame, le fameux Nostradamus pour vous en convaincre ! Les prophéties du pape Jean XXIII, plus proches de nous, si elles ne sont pas apocryphes, peuvent s'appliquer à bien des événements, même si selon certains auteurs qui certifient leur véracité, elles se calquent curieusement sur la réalité. Mais, bien souvent, ce n'est qu'après coup que l'on découvre un lien entre les paroles et les faits. Et souvent les légendes, pour ne pas dire les esprits malintentionnés font le reste. Vous connaissez sans doute la prédiction de Cazotte ?

Quand bien même la connaîtrions-nous, il nous serait impossible de répliquer. Hirst ne nous en laisse pas le temps !

-Quelque temps avant la révolution, au cours d'un repas, l'auteur du Diable Amoureux aurait prédit à plusieurs de ses convives qu'ils allaient perdre la vie lors des événements dramatiques que l'on sait. Il détailla même son propre supplice. D'où tient-on cette anecdote qui passe pour véridique et que l'on retrouve depuis près de deux cents ans dans tous les bouquins d'ésotérisme voire d'histoire ? D'un ouvrage de La Harpe, l'homme de lettres, publié des années après la révolution. Avant cette publication, nul n'avait entendu parler de cette prédiction ; mais je serais un pitoyable homme de science si je me basais sur de tels exemples, aussi nombreux soient-il, pour nier la possible réalité des prédictions et de la vision du futur !

Se tournant brusquement vers moi :

-Là, là c'est inimaginable ! Ce n'est pas une blague, au moins ?

Son œil s'est fait soupçonneux. Il me crucifie sur le canapé de cuir assorti au fauteuil.

-Ce n'est pas une blague mais je ne peux plus le prouver, le manuscrit a disparu et définitivement.

Hirst secoue la tête.

-Et il ne peut s'agir d'un coup monté ?

-Non, personne ne pouvait savoir ce qui allait m'arriver. Enfin, nous arriver.

-Et tout ce que vous avez pu lire s'est produit ?

Bêtement, je sens comme une vague de fond de couleur rouge-sang affluer vers mon visage. Cela commence par les joues, puis, se dirige lentement mais sûrement vers la racine de mes cheveux. Je ne l'ai dit ni à Joe, ni encore moins à Cam. L'une des scènes entre « le fuyard » et sa compagne s'avérait sans équivoque, même si l'auteur du manuscrit avait jeté un voile pudique seyant à sa condition et à son époque sur un baiser qui en annonçait d'autres.

L'œil noir de Cam me scrute, me détaille, me fouille. Un archéologue découvrant sa première momie, un bibliophile inventant un incunable inestimable dans les réserves oubliées d'une bibliothèque, un chat jouant avec sa souris, ne me déshabilleraient pas autrement. Ma température interne grimpe à 451 degrés Fahrenheit, le volcan qui sommeille au sein de mes tripes se réveille et des torrents de lave m'envahissent, courant à travers mes veines et mes vaisseaux.

C'est tout écarlate que je réponds.

-Heu. Il y avait une scène qui ne s'est pas produite.

-Allez, dites-nous tout. Nous sommes entre nous ! sirote Hirst.

C'est bien ce qui me gêne.

-Dans le livre, le fuyard embrassait sa complice. Je décide de ne pas surenchérir.

-Et ?

-Et rien. Je n'ai pas embrassé Joe. Joe ne m'a pas embrassé.

Je n'ose tourner mon regard vers les filles. Les liens télépathiques existent. J'entends la voix de Cam dans ma tête : « Pas encore. Tu ne l'as pas *encore* embrassée ! »

-Vous ne l'avez pas embrassée ? Ou pas encore embrassée ?

La télépathie, c'est le mana des Océaniens, le rajmah des sorciers brésiliens, le fluide universel qui noie tout dans un grand tout, permettant aux êtres et aux choses de communiquer, de voir dans le passé, le présent, le futur et de lire dans les pensées. Le mana qui permet à l'aigue-marine de causer chiffons avec une mangouste, le mana qui offre la possibilité aux défunts de revenir tailler la bavette avec la famille attristée au cours d'une séance de spiritisme. Je tente de dresser une barrière mentale entre Cam et moi : manquerait plus qu'elle devine mon émoi quand j'ai serré

Joe l'autre soir, Joe et son peignoir à demi-ouvert, laissant apparaître un triangle de peau parfumée ! Manquerait plus…

-Non ! Dans le livre, la scène se déroulait avant mon départ… enfin, avant que le héros ne se rende chez le libraire.

-Et vous en déduisez ?

J'avoue que je n'en déduis rien.

-C'est la première fois que j'entends parler d'un livre prophétique qui raconte par le menu l'avenir comme s'il s'agissait d'un roman ou plutôt d'une histoire vécue. Un roman qui ne serait pas écrit au passé mais au futur. Bien sûr, il y a bien eu cet ouvrage de Robertson, « Le naufrage du Titan » racontant la catastrophe du Titanic tel qu'elle devait se produire quatorze ans plus tard. Mais l'on pense que ce sont les connaissances maritimes de l'auteur qui lui ont permis de « deviner » ce qui devait immanquablement se produire un jour. Votre histoire est inouïe. J'avoue que j'ai du mal à y croire. Heureusement que je vous connais, sinon, il y a belle lurette que vous auriez franchi le seuil de cette maison dans l'autre sens. Une attitude bien peu scientifique, je l'avoue.

Hirst pose son verre sur la table basse qui nous sépare, une immonde larme de verre reposant sur une callipyge sirène de fonte. Pour ce faire, il se lève à demi et me fixe

-Si ce que vous nous dites est vrai, (excusez le conditionnel !), vous avez pu changer le cours des événements, vous avez pu égratigner la prophétie, faire mentir le futur, ce qui était censé être écrit. Peut-être ce simple geste, ou plutôt ce non geste, va-t-il changer le cours de l'histoire. Encore faudrait-il savoir de quelle histoire il s'agit.

Il s'affaisse de nouveau dans son fauteuil, l'air à la fois satisfait et préoccupé.

Complètement barge, le bonhomme. Quelque peu illuminé.

-Vous parlez de la théorie du Chaos ? Cela s'appliquerait-il aux prophéties ?

Cam s'est arrachée à la contemplation de ma petite personne (merci mon Dieu ou quoi qu'il y ait quelque part pour veiller sur ma vie) et s'est tournée vers Hirst.

-Je ne sais pas, mais c'est un début. Après tout, doit-on croire que tout est déjà écrit ?

-Si l'on peut voir le futur, c'est que c'est écrit ! balance Joe, péremptoire. Ça me file le tournis vos histoires !

Je lui susurrerais bien qu'il s'agit également de « ses » histoires, mais ça ne serait pas sympa et surtout inutile.

-Il y a deux écoles qui s'affrontent quant à nos pauvres destinées, explique Hirst en se calant dans son fauteuil. Pour les Grecs, tout, absolument tout était écrit d'avance. Les hommes n'étaient alors que le jouet des divinités qui les menaient par le bout du nez. Avec le Christianisme est apparue une nouvelle sorte de philosophie. Le destin est tracé, mais l'homme peut le changer s'il sait se changer lui-même. C'est la théorie du libre-arbitre.

Joe secoue la tête.

-La Bible est pleine de prophéties qui se sont produites. Tout au moins, c'est ce que l'on explique a posteriori ! reprend Hirst.

-Mais l'Église ne condamne-t-elle pas la divination ? objecte Cam.

-Si. Les arts divinatoires ont rapidement été assimilés aux anciennes pratiques païennes pour lesquelles on pouvait être condamné à mort dès le IVème siècle après Jésus-Christ.

-Y a-t-il des prophéties bibliques qui ne se sont pas produites ? intervient Joe.

Hirst ouvre des yeux ronds.

-On connaît celles qui se sont produites. Celles qui n'ont pas abouti, on ne les connaît pas ! Comme je vous le disais, les prédictions sont toujours sujettes à interprétation et bien souvent lisibles uniquement *a posteriori*. Très peu vous indiquent qu'au 31 mars de telle année, il se produira tel fait précis.

-Donc on ne sait pas s'il est possible de changer le futur ? Dans ce cas, à quoi bon pouvoir deviner l'avenir s'il est impossible de le modifier ? rugit Joe en direction du malheureux Hirst comme s'il était le responsable de cet état de fait.

Il sourit tristement devant l'attaque, imperturbable messager des dieux, porteur de mauvaises nouvelles.

-Les voies du Seigneur sont impénétrables. Vous connaissez Belline, ce grand voyant des années soixante ? Non, sans doute pas, vous n'étiez pas nés. Dans un de ses bouquins, il raconte une histoire effroyable. Celle d'une femme qui vient consulter le voyant à propos de son mari. Belline a la vision d'un naufrage, de la mort par noyade du mari. Je crois me souvenir que la jeune femme explique que son époux a l'intention de s'offrir des vacances sur un bateau avec des amis. Le voyant lui demande d'inciter son mari à ne pas participer à la balade qui s'annonce tragique. De fait, le bateau sur lequel l'homme devait embarquer fait naufrage et ses amis périssent en mer. L'homme, lui, sur les conseils de sa femme n'a pas embarqué.

Hirst est un bon conteur, mais je connais l'histoire. Joe non.

-Vous voyez, il a été sauvé du naufrage, conclut-elle rageusement.

-Oui et non ! Il s'est noyé dans sa baignoire…

Cam en reste bouche bée.

-Vous voulez dire qu'il n'y a pas d'issue ?

Hirst bondit de son fauteuil, file vers un pan de bibliothèque, désigne d'un geste large des rayons entiers de bouquins.

-Il y a des milliers de pages là-dessus. Toutes je les ai étudiées, toutes vous m'entendez (sa voix grimpe dans les aigus comme le sifflement d'une bouilloire sur le point d'exploser). J'ai rencontré des dizaines de voyants sincères, de pseudo-voyants crapoteux, de mages lubriques et de sorciers déboussolés, de radiesthésistes de tout poil et de guérisseurs qui vous sauvent d'une verrue en plantant des oignons sous des chênes, j'ai rencontré des prêtres exorcistes qui ne croyaient pas au Diable, des psychiatres qui juraient que l'Enfer existe, des gourous de sectes millénaristes reconvertis dans l'immobilier depuis l'an 2000. J'ai travaillé avec des parapsychologues qui tentent de mesurer l'immesurable dans des laboratoires, qui voudraient que chaque fait soit reproductible scientifiquement ! Et je ne sais pas, je ne sais toujours pas ! L'inexplicable est partout autour de nous, mais quelle est son essence ? Je l'ignore ! Il est impossible de bâtir quelque théorie que ce soit ! Tout se contredit, comme si le monde était régi par des lois antinomiques. Les savants ne savent rien, pas plus hier qu'aujourd'hui… Certains redécouvrent des lois que les mages de Chaldée connaissaient et utilisaient il y a des milliers d'années. Pour demain ? Je ne suis pas devin, finit-il dans une note d'humour fort à propos mais qui ne fait sourire personne.

-Il y a des histoires de personnes ayant refusé de monter dans un avion parce qu'elles avaient eu un pressentiment, tente Cam.

-Dans certains cas, certaines personnes ont en effet pu changer l'avenir. En tout cas, leur avenir. Dans d'autres non. À moins que le destin des premiers n'ait été justement d'échapper au drame qui se préparait. Pourquoi cette différence ? Il y a ceux qui croient aux signes que les songes leur envoient, d'autres non. Les premiers peuvent les interpréter, bien ou mal, et changer, ou non, le cours des événements. Les autres suivent leur destin comme un bonhomme en papier prédécoupé suivra le sien. En suivant les pointillés. Il n'y a pas de règle. Il y a les visions, et les interprétations. Certains appellent ça le hasard, d'autres des coïncidences. Mais si vous me le demandez, très franchement, je ne crois ni au hasard ni aux coïncidences. Je crois aux faits, à l'enchaînement des actes et à leur résultat. Et au bout du compte, je suis autant perdu que vous. Je me demande même parfois pourquoi je continue à me passionner. Je crois qu'au fond, nous ne sommes pas conçus pour avoir des réponses à nos questions. Nous pouvons tout au plus effleurer des bribes de vérité, en des moments souvent dramatiques. Comment voulez-vous définir l'infini alors que nous-mêmes ne sommes que des êtres finis ?

Hirst tourne sa carcasse vers la fenêtre où à présent flamboient les premiers rayons du soleil. Les toits de Chartres gris et rouges se révèlent à nous.

-Certains occultistes voient dans le fameux Graal une pierre précieuse, la Lapsis Excellis figurant la glande pinéale, vous savez cette glande située au bas du cerveau qui pourrait être à l'origine du troisième œil. Cet « œil » pinéal est censé pouvoir faire reculer les limites du temps et permettre à celui qui sait l'utiliser de voir le passé et l'avenir.

Silence. On tourne et on retourne ce flot de pensées dans la masse spongieuse de notre cerveau.

Le temps reste en suspens, semant de petits points entre nous. Des points de suspension, bien sûr.

-Imaginez un peu, reprend Hirst en s'adressant à sa baie vitrée, et sans doute au-delà, aux flèches de Notre-Dame :

-La Tradition affirme que la ville de Chartres a été conçue à un carrefour, un carrefour entre les forces cosmiques et les courants telluriques, que les occultistes nomment aussi vouivres. Ces forces invisibles, qui présentent des caractéristiques pouvant s'apparenter aux forces électriques ou magnétiques, pourraient être à l'origine de maints phénomènes encore inexpliqués qui ont servi de terreau fertile aux superstitions les plus ancrées dans notre mémoire collective : ainsi les phénomènes de hantise, de *poltergeist*, la multiplication d'accidents sur certaines portions de route. Certaines morts à répétitions dans des lieux identiques pourraient être dues à ces forces mystérieuses déjà connues des milliers d'années avant l'ère chrétienne. Peut-être qu'après tout la magie, ou ce que nous appelons la magie, n'était-elle qu'une complémentarité d'actions entre les forces de l'homme agissant à l'unisson avec les forces de la nature.

-Vous parlez de vouivre. Ce n'était pas l'héroïne d'un roman de Marcel Aymé ? interroge Cam.

Hirst a un sourire.

-Il existe un rapport, bien sûr. Souvenez-vous, la vouivre de Marcel Aymé était une créature entre femme et vipère qui portait un rubis au front, une sorte de troisième œil. Le serpent est l'animal tellurique par excellence. Il est la sagesse, le savoir incarné. Il est le tentateur, celui qui offre la connaissance à l'homme et le précipite hors du jardin d'Éden, mais il est aussi l'Ouroboros des anciens Égyptiens et des alchimistes, le symbole du cycle éternel. Les vouivres qui serpentent à travers la terre proviennent, selon certains auteurs, du magma terrestre et fertilisent les lieux qu'elles arrosent. Il arrive (je devrais employer le conditionnel, ce serait plus scientifique ! s'amuse Hirst) que ces vouivres rencontrent les courants cosmiques qui bombardent la Terre. Ce sont ces carrefours intenses, véritables centrales énergétiques, que les hommes du passé ont souvent transformé en lieux saints. La rencontre des forces du Ciel et de la Terre. La base de la philosophie occulte. Comme le disait Hermès Trismégiste, qui a donné son nom à l'Hermétisme : « Ce qui est en haut est semblable à ce qui est en bas et ce qui est en bas est semblable à ce qui est en haut… » Les hommes ont compris cette analogie entre le macrocosme et le microcosme avant même de se lancer dans l'aventure de l'évolution. Carnac, Stonehenge et même les chœurs des plus grandes cathédrales sont érigés en des endroits où se conjuguent les forces du Ciel et de la Terre. Chartres n'échapperait pas à la règle. La cathédrale n'est-elle pas édifiée sur l'emplacement d'un antique temple lui-même bâti au-dessus d'un puits appelé aujourd'hui le « puits-Saint-Fort » ou « des saints fors » ? Un puits sur lequel veille la réplique moderne de Notre-Dame de Sous-Terre, la seule représentation connue d'une vierge aux yeux fermés. Et si je vous disais qu'au cœur de la forêt des Carnutes, sur ce tertre où se rassemblaient les druides bien avant l'ère chrétienne, les anciens habitants d'Autricum vénéraient une déesse-mère aux yeux clos ?

-Écoutez, moi aussi j'ai lu Charpentier et les autres et…

- Je sais, c'est grossier d'interrompre les gens comme ça, mais là, j'ai la friteuse en ébullition. Cam et Joe écoutent bouche bée votre belle histoire, qu'en d'autres circonstances je trouverais passionnante, certes, mais on a des tueurs et des flics aux trousses, notre vie détaillée d'une belle écriture dans un manuscrit vieux d'il y a plus de cent ans et une catastrophe imminente sur les bras. Alors, je m'excuserai sans doute plus tard, mais là…

La bouche ciselée en un O presque parfait, Hirst est resté figé comme s'il venait de croiser le regard de la Gorgone au détour du rayon « primeurs » d'une supérette. Visiblement, il se demande s'il doit m'envoyer sa bouteille de whisky entre les deux yeux ou poursuivre son cours.

-Mais je me laisse emporter, s'excuse-t-il. Juste un mot encore, cependant.

Magnanime, et heureux de m'en tirer ainsi, je décide de m'excuser également. J'évite ainsi le regard en coin de Cam et son étincelle glacée.

-Et si je vous disais, reprend Hirst, que certaines traditions occultes affirment que la cathédrale de Chartres a été construite en ce lieu par les Templiers qui connaissaient les atouts telluriques du terrain. Des Templiers qui, je vous le rappelle, avaient été officiellement envoyés en terre sainte pour veiller sur les pèlerins partis délivrer la Jérusalem Terrestre.

-Officiellement ? ne peut s'empêcher d'intervenir Cam.

Hirst hausse un sourcil.

-Officiellement. À l'origine, les chevaliers du Temple étaient au nombre de neuf ! Neuf pour veiller sur des milliers de pèlerins. Cela vous paraît-il crédible ? Leur véritable mission était de garder le Temple de Salomon mais surtout d'y dénicher l'indénichable, l'un des joyaux mythiques de la Bible : L'Arche d'Alliance, l'arche capable d'aider les hommes à lire l'avenir mais également le condensateur d'énergie divine effroyable, l'arme mortelle capable de réduire la Terre à néant, à la renvoyer au chaos, pour qui saurait l'utiliser.

-C'est n'importe quoi ! balance Joe.

-Ah, vous n'avez pas vu Indiana Jones, le premier volet ? s'enquiert alors Hirst.

Là où je m'attends à le voir exploser, Hirst sourit, l'œil malicieux, ravi de sa blague. Joe paraît scotchée sur son canapé, le rouge aux joues.

-J'ai lu quelque part qu'il y avait une représentation de l'Arche d'Alliance sur les murs de la cathédrale.

J'interviens, histoire de minimiser l'incident. Hirst, magnanime, saute sur l'occasion.

-Presque exact. Elle se trouve sculptée sur l'un des piliers du portail nord de l'édifice.

Je gigote du neurone. Me replie dans mon monde cérébral. Mieux vaut à cet instant ne pas me tripoter les chakras. Et je me mets à réfléchir à voix haute.

-Ce qui voudrait dire, si bien sûr tout cela était exact, qu'une formidable centrale d'énergie divine ou cosmique reposerait actuellement au cœur d'une autre centrale d'énergie tellurique, cette fois...

Hirst hoche la tête, m'encourage d'un œil pétillant à poursuivre.

-Les cathédrales sont censées faire le lien entre la terre et le ciel. Cette union, cette communion serait parfaitement physique à Chartres.

Hirst approuve de nouveau.

-Si je vous dis ça, ce n'est pas innocent, poursuit-il. Imaginez (il aime bien ça, nous faire imaginer, le savant !), que les vouivres permettent de décloisonner le temps.

Il laisse sa phrase en suspens. Puis poursuit.

-Imaginez une centrale d'énergie qui, quelques instants, quelques heures, a la faculté de gommer les lois de l'espace et du temps que nous croyons les plus élémentaires de la nature. Pourquoi certains d'entre nous ne pourraient-ils avoir accès non seulement au présent, mais également au passé et au futur ? Cela pourrait coller avec les théories d'Einstein selon qui, pour simplifier, les notions de passé, présent et futur n'existeraient pas. Le fait que les connexions entre les courants telluriques et les forces cosmiques puissent se déplacer pourrait en outre expliquer l'inconstance de certains faits non reproductibles en laboratoire…

-Ce que vous nous dites, c'est qu'à un moment ou à un autre, tous ceux qui ont eu ces visions ont caressé la queue de la vouivre ou les ailes de l'arche, voire les deux, et qu'ils ont vu, sans trop savoir comment les interpréter, des signes relatifs à l'avenir ?

-Un avenir qui passe par une catastrophe à en croire ce que vous nous avez raconté.

-Mais dans ce cas, pourquoi certaines visions paraissent-elles très précises et d'autres s'appuient-elles sur des symboles qui laissent une large part à l'interprétation ?

C'est Cam qui a parlé. Ses yeux sont magnifiques. Son menton est pointé en avant, en quête d'une réponse satisfaisante.

-Peut-être devant la gravité de certaines prédictions, notre esprit dénie-t-il le futur tel qu'il lui est présenté. Peut-être le futur doit-il alors être passé au tamis de notre cerveau qui métamorphose le film que nous visionnons en une espèce de bande annonce faite de symboles moins douloureux que la réalité en devenir. Peut-être notre cerveau refuse-t-il tout simplement de voir l'avenir. Quand bien même en aurait-il la capacité ? Peut-être notre culture nous interdit-elle de laisser libre cours à nos instincts primitifs ?

-C'est le principe des rêves ! reprend Cam. On dit qu'ils prennent parfois une tonalité absurde parce que notre conscience refuse d'admettre ce qu'ils révèlent.

Je dois dire que ça me laisse sans voix.

Joe, qui a arboré depuis notre fuite d'Écublé une moue boudeuse, voire farouche, se love comme une vouivre dans son coin de canapé.

-Et Aberfan, cela vous dit quelque chose ?

Hirst réfléchit un instant.

-Bien sûr, il s'agit de cette catastrophe minière qui a englouti une école, au Royaume-Uni... C'était dans les années soixante du siècle précédent. Il avait été prouvé, par la suite, que certaines personnes avaient prédit le glissement de terrain. Après cela, des chercheurs, des médecins mais aussi des hommes d'affaires avaient tenté de monter un projet fou : « embaucher » des personnes capables de prémonitions pour éviter les catastrophes !

Joe se penche en avant et se tourne vers moi, lorgnant par-dessus les genoux de Cam qui, l'air de rien, la bougresse, se penche à son tour vers la table basse pour tripatouiller son verre, m'évitant ainsi l'œil sans doute trop complice de sa supposée rivale. La manœuvre m'arrache un sourire de tendresse. Je décide toutefois de venir en aide à la jeune femme qui s'est projetée en arrière, contre le dossier trop moelleux du canapé.

-Pensez-vous que ce centre existe réellement ?

-Si tel était le cas, je doute qu'on aurait laissé passer des évènements tels que les attentats du 11 septembre aux États-Unis.

-Encore que, souvenez-vous de Pearl Harbor ! le coupe Cam. L'état-major américain était au courant de l'attaque de l'aviation japonaise mais aurait préféré fermer les yeux afin de justifier auprès de l'opinion publique son entrée en guerre.

-Dans ce cas, retour à la case départ. Tout est possible.

Hirst hausse les épaules.

-À l'origine, il s'agissait de créer un vaste central qu'auraient pu joindre, par courrier ou téléphone, tous ceux qui pensaient avoir eu des visions prémonitoires. Toutes ces informations auraient été injectées dans les ordinateurs de l'époque et analysées, comparées, mises en parallèle tout ce que vous voulez pour essayer de prévoir et bien sûr de déjouer les pièges de l'avenir.

-Vous pensez vraiment que c'est possible ?

Hirst me crucifie d'un coup d'œil.

-Recréer l'avenir qui, par définition si on le voit, est d'ores et déjà écrit ? Je n'en sais rien. Toujours est-il que cela pose de sacrés problèmes.

Joe lui coupe la parole, plongée dans ses réflexions.

-Comment être sûr qu'un événement doit arriver si l'on fait en sorte qu'il ne se produise pas ?

Cam, toujours les talons sur terre, renchérit :

-Impossible en effet de déjouer les pièges du futur comme vous dites si joliment. Si l'on annule votre avion sous prétexte qu'il est susceptible de s'écraser, il ne s'écrasera pas ! Impossible dans ce cas d'avoir jamais la moindre preuve qu'il se serait écrasé si vous l'aviez laissé s'envoler ! À ce compte-là, votre compagnie aérienne va rapidement déposer le bilan ! Si le nombre de cas semblables se multiplie, au bout d'un moment, le doute s'installera et l'on en viendra très vite à rigoler des prémonitions.

-À l'heure du principe de précaution roi, on serait dans une belle pagaille !

-En attendant, je ne sais pas quoi faire ! Les flics doivent être persuadés que je suis un dangereux psychopathe !

Je me lève. Un peu déboussolé. Un peu, vraiment ?

-Entre l'arche et la vouivre, nous aurions sous nos pieds la boule de cristal la plus efficace du monde.

-Pas seulement ! s'exclame Hirst. Un pli barre son front.

-C'est aussi et surtout une putain de merde de bombe atomique des millions de fois plus puissante que celle d'Hiroshima !

C'est la première fois que j'entends Hirst jurer.

La dernière aussi.

La Temperance
XIIII

La Temperance
XIIII

Chartres, de nos jours, le 13 août

Classé X

-Vous avez Internet ?

Hirst s'offusque :

-Vous me prenez pour un vieux clou ?

Cam rosit puis se reprend.

-Je voudrais juste envoyer une photo à un ami. Un ami Mimi…

Mais oui, Mimi ! Un grand bonhomme à la gouaille picaresque, ayant flirté pendant des années entre DST, RG, DGSE et autres sigles gouvernementaux moins connus mais parfois aussi nébuleux que les missions qu'ils recouvrent.

Dans une autre vie, il avait été (entre nombreuses autres activités de façade !) correspondant local de presse et avait bossé avec moi à plusieurs reprises sur des affaires industrielles pas très nettes. Sous couvert de reportage journalistique, notre duo avait ainsi infiltré quelques sociétés pharmaceutiques soupçonnées par l'État de se livrer à des petits extras non déclarés. Deux d'entre elles avaient ainsi pu être confondues et moyennant ce petit service, nous avions bénéficié d'exclusivités qui avaient permis de doper les ventes quelques semaines.

Depuis quelque temps, Mimi bosse dans un bureau parisien. Rectificatif : se flétrit dans un bureau parisien. S'emmerde, je devrais dire. Dans un bureau. Parisien. Le manque d'action lui pèse. Il traque le brigand sur Internet. Son feu dans un tiroir.

Je compose son numéro.

Tandis que je me remémore nos aventures communes, Cam insère sa carte photographique dans la tour de l'ordinateur. Cheveux-en-Brosse a les yeux fermés sur la photo, (et pour cause) mais les scanners de Mimi ne devraient pas s'en offusquer.

D'un clic de souris Cam envoie le fichier joint sur la toile, tandis que Mimi entreprend de m'engueuler.

-Dis, tu déconnes ou quoi ? Tu sais que t'es une putain de vedette ! Non mais qu'est-ce que tu fous ? Y a ton portrait placardé partout ici ! Enfin, c'est une image, merde, mais quand même !

Avec Mimi, vous avez deux options : petit un, vous causez tout le temps et ne lui laissez aucune chance de prendre la parole. Petit deux, vous le laissez ouvrir le robinet et vous vous acceptez la noyade sous un torrent de phrases à la syntaxe irrationnelle et au vocabulaire ordurier, ponctué de néologismes aussi tranchants que sibyllins. Nul pour l'heure, à ma connaissance, n'est parvenu à décrocher la première option.

Mais là, bien obligé.

-Ferme-là deux minutes. Cam t'envoie une photo par mail.

-Ha ! Parce que ta malheureuse épouse est avec toi ? De mieux en mieux !

-Mimi, s'il te plaît, je n'ai pas le temps de déconner. Y a tes copains qui me collent au train et ils ne sont pas les seuls. Le type sur la photo a essayé de me flinguer et a sûrement plombé un flic à Chartres. On aimerait que tu nous dises si tu peux l'identifier. Tu dois bien avoir une base de données qui…

-Non mais ! C'est pas légal ce que tu me demandes là. Et pis t'as déjà entendu parler d'Informatique et Liberté ? Et tout le monde te recherche, en plus ! Tu veux que je paume ma place et me retrouve dans la même cellule que toi ?

Cam s'est ruée sur le téléphone qu'elle m'arrache des mains.

-Nous emmerde pas Mimi, c'est vraiment pas le moment !

Pauvre Mimi.

-Cam, heu, comment tu vas ?

-À ton avis ?

Le ton glacial de Cam le sèche comme un encornet.

-Bon, attends, je ferme la porte et je vais voir.

À l'autre bout du fil, le bruit d'un téléphone que l'on pose sur un bureau, celui de roulettes que l'on propulse, le claquement d'une porte que l'on ferme et de nouveau la course des roulettes d'un fauteuil vers le bureau.

-Vous êtes encore là ?

-Non, on est partis aux champignons.

Mimi ne relève même pas. Se contente d'un pauvre « Ah ! » qui tire à Cam un sourire carnassier.

-Bon, j'ai la tronche de ton gus. Je vais voir ce que je trouve. J'espère qu'il s'est déjà fait remarquer chez nous parce que contrairement à ce que vous semblez penser, tous nos compatriotes ne sont pas fichés. Bon je vous joins comment ?

-Tu rigoles ? On te rappelle dans une heure !

-Une heu…

Mais Cam a déjà raccroché.

Pauvre Mimi !

Il est midi passé.

Hirst nous a proposé un casse-croûte léger que nous avons accepté avec reconnaissance.

J'ai laissé un peu plus de temps à Mimi. Mais pas trop.

Mimi décroche à la première sonnerie.

Il ne me laisse pas en placer une.

-C'est quoi cette connerie ? Tu sais qui c'est ce type ? C'est quelqu'un de chez nous. Du genre « classé X » tu vois ?

-Classé X ? C'est un acteur porno ?

-Confidentiel. Tu connais pas X-Files ? Un ponte. Les locaux viennent de retrouver son corps dans une cave à… (J'entends le bruissement des feuillets que l'on feuillette à l'autre bout du fil). À Écublé, dans ton coin. Suite à un appel anonyme.

Je me sens rougir comme un gamin pris en flagrant délit de destruction de boîte aux lettres à coups de pétards.

-Comment « ont retrouvé son corps » ?

-Il était froid comme un pain de grande surface un samedi soir !

-Mais c'est pas possible ! Il était vivant quand on est partis !

-N'empêche qu'il est mort. Je crois que le mieux serait de contacter le commissariat le plus proche comme on dit. Là, vous êtes mal, très mal ! Y a des morts partout autour de vous. Une vraie tempête tropicale.

-Écoute, si on ne fait rien il y en aura beaucoup plus que tu ne crois, des morts. Ton type, il fait partie d'une organisation terroriste.

-Bien, raconte-moi ça !

Quelque chose ne me plaît pas dans le ton de Mimi. Est-ce l'absence soudaine d'insanités verbales, son soudain désir d'écoute, le plissement d'yeux que je devine ?

-Salaud, je fais en raccrochant.

Joe et Cam ont pâli d'un même élan. Le regard d'Hirst va de l'un à l'autre.

-Il faut qu'on parte d'ici ! On vous a sans doute causé des ennuis, je suis désolé.

Hirst hausse les épaules.

-Il n'y a pas de problème. Je ne leur cacherai pas la teneur de notre discussion. Je ne suis pas censé être au courant de vos activités, mais c'est pour vous que je m'inquiète.

-Merci. Nous aussi.

Et ce n'est pas de l'humour.

Le Grénillet, de nos jours, le 13 août

Visite guindée

Je demande à la porte de m'excuser, lui assurant que mon geste inamical n'est dû qu'à un malheureux concours de circonstances, qu'en d'autres occasions j'aurais pris plaisir à glisser la clé dans la serrure et à la tourner à deux reprises, mais bon… D'un violent coup de pied, je fais sauter la clenche. Enfin, je me fais sauter la rotule, plutôt. Le temps d'épuiser la majeure partie des jurons sodomites et scatologiques dont je dispose, je recommence, un peu en dessous de la rondouillarde poignée.

Cette fois, la porte s'ouvre sur le ventre de la demeure.

Curieusement, je lui trouve un air plus accueillant que lors de notre première visite il y a des siècles. Il est vrai que cette fois, nous avons contourné la maison, délaissant la lourde porte veillant sur les marches de pierre, préférant pour faciliter notre intrusion l'apparente fragilité de l'entrée de service.

Cam marche en tête, déjà propriétaire des lieux ; nous nous engouffrons dans l'arrière-cuisine. L'impression ténue mais persistante de pénétrer dans un monde parallèle situé cent ans en arrière. Une légère odeur d'encaustique nous accompagne. Joe ouvre de grands yeux brillants dans la pénombre.

-Qu'est-ce que…

-Notre future maison, explique Cam en appuyant sur l'interrupteur. Je rêve ou elle a également appuyé sur le « notre » ? Marquant son territoire, auquel je suis attaché.

Je ne peux m'empêcher de soupirer. Cette fois, c'est dans le futur que je me projette. Car si tout va bien, il y aura un futur, fait de joie et de bonheurs, de travaux pour cent ans, de plâtre et de ciment, de poussière dans les cheveux, de bains communs dans l'une des larges baignoires à pattes de lion accrochées au parquet. Il y aura des poissons rouges et des carpes koï dans le bassin, des merles moqueurs et des mésanges charbonnières dans les arbres, une ou deux azalées, un camélia rouge et or et une antenne parabolique avec moteur sanglée à la cheminée. Non, je déconne. Il n'y aura pas d'antenne parabolique avec moteur sanglée à la cheminée.

Cam se laisse tomber sur un fauteuil paillé.

-Je ne sais pas vous, mais je m'offrirais bien un petit somme.

Ma mâchoire est également sur le point de décrocher.

Je bâille ô Corneille et le sommeil chez Joe semble également vouloir prendre Racine, suis-je sur le point de dire, mon naturel revenant avec ses gros sabots.

En fait, je propose une petite sieste histoire de nous remettre de nos nocturnes émotions. Nous tiendrons conseil une fois nos idées éclaircies.

Chacun s'installe comme il peut. Et s'endort goulûment.

Le cheveu fou, la cerne écarlate, la langue pâteuse, j'ouvre les yeux. L'après-midi est largement entamée. Mon estomac tente un cri d'alarme. Cam ouvre un œil, Joe se redresse.

-J'ai la dalle, qu'elle jette à la cantonade.

Elle ouvre un antique buffet. Vide, bien sûr, hormis quelques toiles d'araignées et quelques ratatinées carcasses d'insectes.

-Ça ressemble plus à l'antre de la famille Adams qu'à un grand restaurant ! soupire-t-elle en ouvrant tiroir après tiroir.

-Ça vous dit d'aller faire deux trois courses au Carrefour Market ? je demande à Joe. Je pense que de nous trois, c'est Joe qui est la moins repérable, la moins repérée je veux dire....

Joe se retourne, s'ébroue.

-Pas de problème. Vous voulez manger quoi ?

-Ce que vous trouverez pourvu que ça se mange. Pas des trucs trop compliqués. En plus, je doute qu'on puisse utiliser la gazinière. J'ai pas envie de faire la vaisselle ! je marmonne, déjà ailleurs.

Cam intervient.

-Vous comptez aller à Carrefour avec le quatre-quatre ?

Joe me jette un coup d'œil hésitant.

-On peut difficilement faire autrement.

-Mais c'est la bagnole d'un flic, un flic mort en plus ! Et dans son état, difficile de ne pas se faire repérer ! rappelle Cam.

Elle n'a pas tort. Seulement, nous sommes bien parvenus jusqu'ici sans encombre. Les flics doivent être sur les dents avec la visite papale et ont peut-être autre chose à faire que de mater les quatre-quatre de la région. Quant à Cheveux-en-Brosse…

-Je doute que notre bonhomme ait été en service commandé, hier soir. Pas de papier, pas de carte tricolore, pas de gyrophare. Et les flics ne tirent pas comme ça sur les gens.

-Tu oublies une chose : Mimi nous a dit qu'il appartenait à un service spécial. Qui te dit qu'il n'était pas en mission secrète ?

L'intervention de Cam me déstabilise. Là encore, elle n'a pas tort. Si tel est le cas, que Joe utilise ou non le quatre-quatre n'a pas vraiment d'importance. L'avenir s'annonce sombre, lugubre, bouché comme un ciel d'orage.

Je lui tends les clés de la voiture et trois billets de vingt euros. C'est tout ce qu'il me reste. Et pas question d'utiliser carte bancaire ou chéquier.

-Faites gaffe et ne roulez pas trop vite ! Prenez les petites routes.

Joe est déjà dehors.

J'entends le crissement du gravier sous les roues.

Le grincement d'une boîte de vitesse malmenée.

Un vrombissement qui se perd sous les arbres.

La respiration courte de Cam. Cam dans son fauteuil en osier.

Cam que je n'ai pas embrassée depuis…Je me retrouve à genoux.

Entre les genoux de Cam.

-Mais qu'est-ce que tu fais ?

-Devine !

-Mais...

-Chut !

Mes doigts courent le long de ses cuisses, puis sur quelques boutons.

Je me fais un coussin de son jean, puis de sa culotte. Plus confortable.

-J'ai envie de toi.

Cam passe ses jambes par-dessus les bras de son fauteuil.

-Ça pique les fesses.

-Alors ne bouge pas !

Elle ne bouge plus, se contentant de respirer et de pousser de petits gémissements tandis que ma langue creuse son sillon.

-Et si elle revient ?

-Chut. On a le temps…

Le soupir de Cam se fait plus profond.

-Et Lou ?

-Chut ! Tu l'as confiée à ta mère, elle est plus en sécurité que nous. Ne t'inquiète pas…

Au loin, un coq dénaturé se met à célébrer la fin du jour.

À moins qu'il ne s'agisse d'un avertissement auquel je reste sourd.

Thimert, de nos jours, le 13 août

Carrefour, ma quête

Joe n'aurait jamais cru qu'il lui fût possible d'éprouver du plaisir à pousser un chariot entre les rayonnages d'un supermarché ! Non, jamais ! Dans la normalité, dans son quotidien, elle repoussait toujours l'heure fatidique de la chasse aux viandes rouges, de la cueillette des pots de pâte à tartiner, de la récolte du maïs et des haricots en boîte. Elle confiait même à sa mère le soin de lui ramener deux ou trois bricoles quand cette dernière s'en allait remplir le coffre de son break. Sa mère, enfin sa génitrice comme l'appelait Joe, était trop heureuse de maintenir le lien ténu qui la liait encore, oh ! si peu, à sa fille : d'ordinaire elle s'exécutait avec enthousiasme, devançant ses désirs parfois, et ne manquait jamais de lui faire cadeau de la note.

Jusqu'à présent, Joe n'avait jamais culpabilisé. Elle rendait sa mère responsable du départ de son père, il y avait déjà quelques lurettes. Joe avait grandi avec une génitrice qu'elle jugeait immature et quelques éphémères pères de substitution à géométrie variable, la plupart du temps sympas, maladroits et inconstants, peu enclins à supporter plus de quelques mois les humeurs de leur compagne et il fallait bien l'avouer, de sa fille.

C'est vrai qu'il fallait s'accrocher. Joe elle-même avait fait des efforts ! Enfin, elle pensait sincèrement avoir mis le meilleur d'elle-même, au début tout au moins.

Que faisait sa mère en ce moment ? Poussait-elle également un chariot dans un magasin : les courses, c'était sa drogue, assurait-elle à toute oreille complaisante passant à portée de voix.

Joe haussa les épaules. Sa vie avait pris une direction inattendue quelques heures plus tôt et sa mère était déjà peut-être occupée à répondre aux questions des flics. Elle balança dans le chariot un litre de lait et une demi-douzaine de galettes bretonnes puis obliqua vers le rayon crèmerie où elle se jeta sur la dernière part de mimolette rescapée du rush de la fin d'après-midi. Elle pesta contre l'absence de pain frais, jeta son dévolu sur un sachet de pain de mie mou et torturé comme un bandonéon au repos.

Malgré tout, elle était heureuse de n'avoir à faire face qu'à ces petits tracas sans lendemain, heureuse de déambuler comme les autres, elle qui pourtant se définissait volontiers comme rebelle et crachait avec force sur la vie trop bien réglée du BDB : le Bourgeois De Base. Une parenthèse dans le chaos qu'elle vivait depuis quelques heures.

Elle songeait à ce que serait sa vie aujourd'hui si elle n'avait jamais poussé la porte de l'église de Saint-Marc, l'autre jour, si elle avait ignoré l'appel angoissé d'Alexandra. Peut-être serait-elle occupée à... pousser un autre chariot, dans une autre grande surface, malgré tout ? Elle sourit en évoquant cette absurde possibilité. La vie n'est qu'une succession de choix infimes qui tracent une trame, celle de votre destinée. Elle songea un instant à ces milliards de vies parallèles qu'elle aurait pu vivre si... Si !

Elle remonta le passé, déroulant le chemin de sa jeune vie en sens inverse, jouant des « si » comme autant d'improbables carrefours sur le chemin passé des impondérables.

Elle fut prise de vertiges et se dit que finalement, le hasard n'existait pas, que chacun de nos actes était conditionné par nos actes précédents. À partir de la connaissance profonde de ces actes, pouvait-on en déduire avec une certaine logique que le futur était tracé ? Du coup, peut-être était-il réellement possible de deviner l'avenir en se fondant sur le passé et le présent ? Mais une telle hypothèse était valable pour un être vivant dans une bulle, n'ayant aucun contact avec l'extérieur, avec les autres, qui eux, pouvaient modifier à tout instant votre propre parcours.

C'était à devenir fou. Hirst avait peut-être raison. Peut-être n'était-elle que le jouet de forces occultes qui la dépassaient, la marionnette inconsciente de gamins interstellaires qui la manipulaient comme bon leur semblait, un peu comme quand elle dirigeait le destin de ses poupées, autrefois. N'était-elle, sans le savoir, qu'une poupée Barbie dont une autre Joe disposait à sa guise, au gré de ses humeurs, tantôt joyeuses, tantôt homicides ? Qu'importait après tout de ressasser ? Quelle utilité ? Il lui fallait à présent opter pour de nouveaux choix afin de sortir de cette histoire. Jus d'orange ou jus de pomme ? Eau plate ou...

Elle fit main basse sur deux bouteilles de jus d'orange et un pack d'eau gazeuse. Un saucisson vint les rejoindre, ainsi qu'une dizaine de tranches de jambon sous cellophane. Rien qui n'ait besoin de se réchauffer, avait précisé le journaliste.

Il était entré dans sa vie par la grande porte, celui-là !

Qu'est-ce qu'elle avait eu besoin, aussi, d'aller le trouver ?

Si elle s'était abstenue…Si…

Encore une fois.

Si.

Joe sentit des larmes de rage lui monter aux yeux.

Ce n'était pas le moment de pleurer. Vraiment pas !

Depuis ces dernières heures, elle s'était souvent demandé pourquoi elle avait poussé les portes du journal. Sans vraiment trouver de réponse satisfaisante. Par amitié pour Alexandra ? Peut-être, mais elle doutait que ce fût là sa seule motivation.

Un gamin se mit à pousser des hurlements derrière elle. Joe sursauta. Le gosse tendait le doigt vers un camion militaire en plastique gros comme un scooter. Une jeune femme enceinte, sans doute sa mère, tenta de parlementer mais les cris ne cessèrent pas pour autant. En désespoir de cause, la jeune mère opta pour une méthode moins diplomatique, retournant une claque au gosse qui se mit à hurler de plus belle, mais sur un autre ton. Plus aigu. Joe s'éloigna du théâtre du drame (tiens, encore un terme de journaliste !), se dirigeant vers le rayon des plats préparés.

Un énorme type à la moustache en guidon de vélo poivre et sel remuait d'une louche alerte un odoriférant plat de paëlla. Il alpagua Joe d'un sourire enjôleur et d'une voix pointue, l'incita à s'offrir une part promotionnelle. Joe n'hésita pas longtemps, envieuse qu'elle était de se dégourdir les papilles avec un repas chaud. Elle commanda trois portions fumantes qu'elle posa avec précaution dans son chariot.

Le titre du quotidien local attira son attention alors qu'elle attendait à la caisse.

Elle prit le journal, le déplia. La Une était consacrée à la venue du pape à Chartres. Sa visite faisait l'objet d'un cahier spécial tout en couleurs, mais la manchette était consacrée à la « *folie meurtrière* » qui s'était « *abattue sur le Pays Chartrain et le Thymerais.* »

Il y avait deux pages sur l'affaire.

Des photos sans intérêt, le portrait de l'église Saint-Marc, les vestiges de la maison d'Alexandra, le visage d'Alexandra lors de la remise d'un prix de peinture pour son œuvre « Entourloupe dans l'Inconscient » assurait la légende.

Deux autres photographies dévoilaient le rideau fermé de la librairie chartraine et la porte entrouverte de la boucherie de Francine Bidard.

Aucune nouvelle fraîche cependant : aucune allusion à la mort du flic, dans la boutique du libraire, rien sur la collision entre un train bourré de céréales et une Ami 8, rien sur les deux autres cadavres de la nuit et peut-être trois.

Les journalistes s'étaient contentés de dresser la synthèse, en plusieurs papiers et encadrés, des différents meurtres qui avaient secoué la région, revenant sur les vies flinguées prématurément des trois victimes et surtout s'interrogeant sur les motivations desdits meurtres.

L'encadré le plus précis, sobrement intitulé « *Pourquoi ?* » s'interrogeait sur les liens possibles entre les trois homicides, affirmant que sur ce point, les autorités observaient « *le mutisme le plus complet* » mais que selon certaines sources non citées, un lien avait peut-être pu être établi entre deux des trois affaires.

L'auteur de l'article, dont on ne connaissait que les initiales, A.T, évoquait prudemment l'action d'un serial killer. Un encadré grisé évoquait « *l'ouragan qui s'était abattu sur le Nautilus et l'Île Mystérieuse* », la majeure partie de la collection du libraire chartrain ayant « essuyé la vindicte sans concession », celle du tueur qui avait rageusement détruit des dizaines d'ouvrages de Jules Verne. Il était dit que trois ou quatre cartonnages Hetzel avaient également été retrouvés au pied de la bibliothèque de Francine Bidard, dont un particulièrement rare et valant, en bon état, des dizaines de milliers d'euros. Jules Verne était peut-être le lien existant entre ces deux victimes. Quant à la troisième, ou plutôt chronologiquement la première des martyrs, la maison qu'elle occupait à Crucey avait été ravagée par les flammes et s'il y avait eu quelques ouvrages de l'écrivain nantais, ils étaient aujourd'hui rendus à l'état de cendres.

Devant Joe, une petite vieille fouillait ses poches et son cabas à la recherche de la carte de fidélité qui lui permettrait à terme de recevoir des bons d'achat, s'offrir un vélo tout-terrain ou une machine à coudre miniature.

Malgré les sollicitations un peu agacées de la caissière, une blonde aux cheveux ondulés, elle refusait de régler ses courses tant qu'elle n'aurait pas retrouvé le sésame plastifié, assurant en chevrotant qu'il était certainement quelque part, qu'elle l'avait rangé dans son portefeuille ou son porte-monnaie, qu'il était peut-être tombé au rayon charcuterie, mais non ce n'était pas possible, elle n'avait sorti ni son portefeuille ni son porte-monnaie dans le magasin, mais qu'elle allait le trouver, qu'elle ne voulait pas de son ticket de caisse, que de toute façon, ses tickets de caisse elle les perdait tout le temps ou les jetait au feu, alors elle préférait qu'on lui ajoute ses points sur sa carte, après tout elle était cliente régulière et elle aurait aimé un peu plus de considération de la part de quelqu'un qui, en plus, se rongeait les ongles, ce qui n'était pas pour faire de la réclame à la bonne tenue du magasin...

Derrière Joe, la foule s'étirait, atteignant la moitié du rayon des surgelés.

Joe se replongea dans son journal.

Pour l'heure, les journalistes faisaient l'impasse sur le nom des deux témoins principaux recherchés dans le premier meurtre, celui de « l'artiste peintre non figurative et minimaliste ».

Ils étaient d'ailleurs peu diserts sur le sujet, annonçant du bout du clavier que gendarmes et policiers souhaitaient entendre deux témoins, « *un homme et une femme semble-t-il* » qui se trouvaient à proximité de l'habitation de « Sogar » quand celle-ci « *s'était soudainement embrasée après une forte explosion sans doute due au gaz.* »

« *Nul ne peut dire encore s'il s'agissait là d'une explosion criminelle* » soulignait prudemment le journaliste, un certain J. Lavaterre. Pas une seule allusion quant à la découverte, sous les fenêtres de ladite habitation, de la voiture aux couleurs d'un hebdomadaire.

Derrière Joe, les soupirs commençaient à fuser.

-Y font chier les vieux à faire leurs courses aux heures de pointe ! Y z'ont toute la journée pour se payer leurs poireaux, s'offusqua une obèse au chariot débordant de victuailles à haute teneur en glucides, lipides et graisses en tout genre. Elle tenta de prendre à témoin un freluquet occupé à reluquer une paire de seins plantureusement étalés sur la couverture du Télé Magazine trônant en tête de caisse. Mais l'autre était trop absorbé par ses contemplations mamméliformes pour lui répondre. Elle haussa les épaules d'un geste agacé ce qui déboucha instantanément sur le tressautement laiteux de son quadruple menton.

Devant, la vieille éructa un couinement de joie qui sonna comme un pet aigrelet !

-Je savais bien que je l'avais !

Elle brandissait, triomphante, sous le nez de la caissière, son laissez-passer vers le bonheur.

La jeune femme lui arracha des mains, le scanna et le tendit à la vieille qui fila en bougonnant.

La caissière fit un clin d'œil appuyé à Joe.

-Elle me fait le coup à chaque fois ! C'est pas beau de vieillir !

Joe lui rendit son sourire sans apporter d'autre commentaire.

-Je prends le journal, aussi !

-D'accord, ça vous fera un euro de plus. Mais vous savez, y a pas tout dans le journal !

-Ah ?

Joe tendit l'oreille !

-Non, ils n'ont pas pu en parler parce que ça s'est produit cette nuit. Mais il y a eu des fusillades à la sortie de Chartres, un accident de train et il paraît même qu'on a retrouvé un macchabée à Écublé, dans une cave, vous vous rendez compte ?

Joe se sentit rougir. Il lui parut soudain qu'elle affichait une mine de coupable. Que la caissière, quand elle relèverait les yeux tout à l'heure, parviendrait à déchiffrer le mot gravé sur son front : COUPABLE ou alors EN FUITE.

-C'est un client qui me l'a dit. Soixante-trois euros et vingt centimes ! conclut la caissière qui ne parut pas remarquer le feu aux joues de Joe.

-Zut… Avec tout ça, je ne vous ai pas demandé si vous aviez la carte de fidélité !

Joe lui assura qu'il n'y avait pas de mal, que de toute façon elle n'avait pas la carte et se rua vers le parking. Le quatre-quatre l'attendait sagement près du « Drive » de l'enseigne.

Alors qu'elle ouvrait le coffre du véhicule, Joe sentit une main se refermer sur son épaule.

-C'est drôle ! La dernière fois que j'ai vu cette voiture, elle était conduite par un grand type baraqué aux cheveux coupés en brosse. Un type dont on a retrouvé le cadavre dans une cave pas loin d'ici.

La surprise plus que la frayeur rendit Joe muette.

Dans un premier temps.

-Et elle était en meilleur état !

Elle allait appeler de l'aide quand la main se fit plus pressante.

-Un cri et vous êtes morte. Ce n'est pas original, je vous le concède, mais je vous assure que je n'hésiterai pas. Mieux vaut ne rien dire. Mieux vaut !

Une pensée incongrue fit chanceler la jeune femme :

« La paëlla va refroidir ! »

Le Soleil
XVIIII

Le Grénillet, de nos jours, le 13 août

Légitime défonce ?

Cam raccroche, le sourire aux lèvres, mais la larme au bord des cils.

-Cette gamine est géniale. Je me dis parfois qu'on ne sait pas toujours apprécier la chance que l'on a !

-Tu parles du petit monstre ?

Elle sourit, encore en contact télépathique avec sa fille. J'hésite à briser ce lien éthéré capable de balayer les distances et les obstacles physiques. Ce n'était certes pas prudent de téléphoner ainsi chez belle-maman, mais l'idée de ne pas avoir pas de nouvelles de Lou et de ne pas lui donner des nôtres nous était insupportable. La gamine s'amusait bien chez sa grand-mère, nous avait-elle affirmé. Et puis papi et mamie lui avaient offert « un très joli pantalon avec de jolies fleurs brodées ». Quand je lui avais demandé si elle n'avait pas fait de mauvais rêve, Lou avait hésité un instant avant de répondre que non. Belle-maman s'était ensuite emparée du téléphone, la gorge nouée.

-J'ai eu la visite des gendarmes, aujourd'hui. Ils voulaient savoir où vous étiez. Je leur ai répondu que je n'en savais rien, que vous m'aviez confié la petite pour quelques jours, que vous vouliez passer une semaine en amoureux en Bretagne. Comme Camille me l'avait demandé. Mais ils ne m'ont pas cru. Qu'est-ce qui se passe ? Nous sommes si inquiets…

J'entendais, en fond, la voix de beau-papa. Sourde, interrogative.

-Ne vous inquiétez pas. On travaille sur un gros coup et il nous fallait du champ libre. C'est l'affaire de quelques jours.

S'était ensuivie une longue conversation entre Cam et son père, puis de nouveau Cam et sa mère, puis Lou et moi et enfin de nouveau Cam et sa fille.

Cam, perdue dans ses pensées, observe le parc de l'autre côté des hautes croisées. J'ai eu toute la soirée pour lui raconter dans le détail ce que je connais de l'histoire.

-Il est peut-être encore temps de contacter les flics et de leur expliquer ce que l'on sait ? insiste-t-elle.

Je la prends par les épaules, esquisse une tentative de massage ; je suis nul en massages. Dans la vitre je la vois grimacer de douleur. J'arrête aussitôt. Elle me prend la main.

-Non. Cheveux-en-Brosse était peut-être en mission, comme tu l'as suggéré. Je ne veux pas que l'on finisse en bavure au fond d'un commissariat.

-Que va-t-on faire alors ?

Ses yeux, dans le reflet de la vitre, me paraissent plus sombres qu'à l'ordinaire.

Oserai-je lui dire que je l'ignore, que je suis « border line » comme disent les Américains, fiévreux comme le thermomètre d'un grippé, déboussolé comme Charcot sur son Pôle, le cerveau vide comme un trépané ?

-Attends ! Et le portable du type ? Du type que…

Que j'ai tué !

Je vacille. M'accroche à l'épaule de Cam.

J'ai occulté cette évidence toute la journée : J'ai tué quelqu'un.

Cam s'est levée, s'est retournée.

-Ça va ? Tu es tout pâle. Viens t'asseoir.

Je m'écrase dans le fauteuil en osier qu'occupait Cam tout à l'heure. Mayday, mayday, pilote en difficulté, touché en plein réacteur. Impossible de m'éjecter. Demande assistance, mayday !

Je l'ai défoncé à coup de rouleau compresseur.

Légitime défonce, vraiment ?

J'ai tué quelqu'un !

Une douleur me broie l'estomac, comme un poing géant me fouillerait les entrailles.

La voix de Lou, il y a quelques jours à peine, sur le perron de la maison. De CETTE maison de princesse comme elle disait. Souvenir de dialogue, ou réinterprétation de souvenir de dialogue.

-C'est très méchant, de tuer quelqu'un ?

-Bien sûr que c'est très méchant ! avait rétorqué Cam.

-Et si papa, il avait tué quelqu'un, il irait au ciel quand même ?

Désormais, que répondre ?

Je devrai vivre avec ça toute ma vie, avec l'ombre indélébile de l'inconnu, doté d'une aura maléfique.

Un autre choc, une autre évidence.

Pourquoi Lou m'avait-elle demandé ça ?

Une langue de glace me lèche sournoisement le dos.

S'agissait-il d'une discussion prophétique ?

Je sens confusément que nous sommes quelques pièces d'un gigantesque puzzle que je ne parviens pas à reconstituer tant lesdites pièces sont éparpillées. Pourtant, il doit bien y avoir un lien. Des évidences. Nous sommes impliqués. Peut-être plus que nous ne le pensons.

Tenter de disséquer les dernières heures me permet de rendre plus léger, pour un temps, le poids de ma culpabilité.

Je le dis à Cam qui me serre dans ses bras. Il nous faut réfléchir. Révéler les liens, qui existent, je le sens.

Le cellulaire de mon agresseur ne nous apprend rien. À croire qu'il n'y a aucune information dans le terminal. Aucun numéro, rien.

Cam pousse un soupir.

-Quand je pense que c'est Lou qui a découvert cette maison !

Je bondis dans un grincement d'osier.

-Quoi ?

Cam a un mouvement de recul.

-Sans elle on serait complètement passé à côté ! Alain, l'agent immobilier, tu sais, celui que tu aimes bien et qui aime bien mes décolletés (je pousse un grognement : je sais qui est Alain et ce qu'il aime bien chez Cam !), Alain, m'a ramenée au journal l'autre soir, quand je suis venue récupérer Lou.

Je sollicite Cam de quelques points de suspension interrogateurs.

-Alain a emprunté la 154 pour retourner sur Chartres mais il y avait un accident à hauteur du Boullay-Mivoie. Alors il a bifurqué, a emprunté les petites routes. Et puis, on est passé devant les grilles de cette maison. Lou a poussé un cri ! Le pauvre Alain, il a eu la peur de sa vie, tu peux me croire ! Il a pilé ! (La peur de sa vie, tu parles !). Lou a demandé à visiter celle-ci. L'agent lui a demandé comment elle savait que cette maison était à vendre car il n'y avait pas de panneau l'indiquant. Il nous a expliqué qu'elle venait juste de « rentrer », comme il a dit. Il m'a assuré qu'il n'en connaissait pas le prix exact, qu'elle n'avait pas encore été estimée, qu'il y avait beaucoup de travaux à entreprendre. Mais Lou a insisté, tu sais comme elle est. Alain a cédé. Il a sorti son trousseau de clés. On a fait le tour. Et voilà, on a flashé !

-Et Lou ? Comment elle savait, pour la maison ?

Cam baisse les yeux.

-Elle n'a rien voulu répondre à Alain. Mais elle m'a expliqué un peu plus tard que c'était une dame qui lui avait dit. En rêve. La dame dont elle nous a parlé quand on y est revenus tous les trois. C'est ce même soir qu'elle a fait cet horrible cauchemar. Celui qu'elle a appelé le rêve du feu !

Les Grosses Pierres, de nos jours, le 13 août

Fortes têtes

Joe était assise sur ce que l'on appelle ici « les gros cailloux » ou les « grosses pierres », c'est selon. Une allée d'énormes blocs de l'ancien temps posés dans un cratère, au cœur de la forêt de Châteauneuf-en-Thymerais, mais pas très loin de la langue de bitume.

Elle n'osait dévisager l'homme qui s'était installé non loin d'elle.

Un peu plus tôt, il l'avait obligée à ranger ses courses comme si de rien n'était, puis l'avait invitée (selon ses propres termes) à se rendre avec lui jusqu'à une camionnette garée un peu en retrait du parking. Là, il s'était saisi d'un sac en toile kaki qui semblait peser une tonne et ils étaient retournés au quatre-quatre. Il avait déposé délicatement le sac près des courses de Joe.

Il lui avait demandé de prendre le volant, s'était installé près d'elle et lui avait indiqué la route à suivre. Ils avaient traversé Châteauneuf-en-Thymerais, emprunté la Départementale en direction de Dreux puis, à la Mare aux Cochons, avaient braqué à gauche vers Brouvilliers. Ils avaient suivi sur plusieurs centaines de mètres la route de la forêt, lambeaux de l'antique forêt des Carnutes où selon César, les druides se réunissaient lors de cérémonies occultes. Puis, il lui avait demandé d'effectuer un demi-tour et d'immobiliser le véhicule, le nez en direction de la départementale qui vrombissait à quelques centaines de mètres de là. Et tous deux avaient emprunté un petit sentier courant sous les chênes rouvres, les trembles, les bouleaux et les pins.

L'air était encore doux, l'odeur d'humus à peine perceptible. Les pierres, recouvertes de lichens par endroits, luisaient des derniers rayons du soleil. Quelques flaques de cire rouge témoignaient du passage récent d'amateurs de pique-nique nocturne. À moins que ces vestiges de bougies ne fussent ceux de quelque cérémonie obscure consacrée aux forces de la forêt ou à des êtres bien plus malfaisants.

-Je ne sais pas vous, mais j'aime beaucoup cet endroit. Il est d'une simplicité roborative, mystérieuse aussi.

Joe ne répondit pas. La façon qu'il avait de lui parler sur ce ton affecté, badin, l'énervait.

L'autre haussa les épaules.

-Je dois vous ennuyer. Il est vrai que je ne suis pas ici pour raconter ma vie. Ce serait plutôt à vous de me raconter la vôtre ! Nous n'avons pas eu l'honneur d'être présentés. Même si ce n'est pas la première fois que nos routes se mêlent.

Joe ne parvint à retenir un mouvement de surprise. Elle dévisagea son agresseur, sans pourtant se souvenir l'avoir déjà rencontré. L'homme sourit, fit mine d'ôter un chapeau invisible.

-Vous pouvez m'appeler Monsieur Chazam. Je vous ai vue l'autre jour, à l'église Saint-Marc. Oh ! Vous ne vous en souvenez pas ! Je me suis dissimulé dans la sacristie quand vous êtes entrée. Savez-vous que vous avez eu beaucoup de chance ce jour-là ? Sans l'arrivée intempestive de votre ami, le journaliste, je me serais vu dans l'obligation de vous éliminer ! Il s'en est fallu d'un cheveu !

Joe sentit toute volonté lui échapper. Elle se mit à trembler, rétrospectivement, à l'évocation de cette après-midi. Si… Encore ce foutu « si ».

-Il se dégage de ce lieu des ondes telluriques remarquables, ne trouvez-vous pas ?

Décidément, son langage affecté, précieux et maniéré, énervait Joe. Elle était persuadée que malgré ses manières, l'homme était capable de lui arracher la tête sans sourciller.

-Je me prends parfois à imaginer que ces tables de pierres ont recueilli le sang des sacrifiés. Ah ! Si les pierres pouvaient parler ! Quelles passionnantes histoires elles pourraient nous raconter.

« Si »… Encore. Joe n'était pas loin de croire, en cet instant, qu'il s'agissait du mot le plus important de la langue, de toutes les langues, de tous les idiomes, de tous les patois. En lui se concentrait toute l'histoire de l'homme et pas seulement. Et si ceci, et si cela. C'étaient les « si » qui bâtissaient l'histoire, les atermoiements, les hésitations et puis finalement les choix. Et si ceci, et si cela.

-Et si vous vous taisiez un peu ? Ou me disiez ce que vous voulez ?

Joe ouvrit de grands yeux, persuadée qu'une autre qu'elle avait osé prononcer ces paroles à sa place.

-T'es complètement barge, ma fille ! se morigéna-t-elle.

Mais il était trop tard.

Celui qui se faisait appeler Monsieur Chazam (Ce nom ridicule lui évoquait quelque chose mais quoi ?) sourit. Un sourire de curé songea Joe, elle qui pourtant n'avait que peu fréquenté les serviteurs du culte.

-Vous allez me dire tout ce que vous savez sur Alexandra Garbeau, sur le livre prophétique de Justine d'Armoise. Vous allez me dire ce que vous savez de nos projets et où se trouve votre compagnon. Et son épouse qui, ce me semble, vous a rejoints dans votre petite virée. Vous allez tout me dire. Mieux vaut ! Pour vous.

Tandis qu'il parlait, Monsieur Chazam se saisit du sac en toile qui ne l'avait pas quitté et qui intriguait tant Joe.

Il en sortit, d'une poigne ferme, ce qui parut être à Joe un ballon recouvert de peluche.

L'information mit quelque temps à parvenir au cerveau de Joe.

Puis elle se mit à hurler : depuis l'au-delà, les yeux de Hirst lui jetaient un regard accusateur.

Le Fou

Un moulin sur la Blaise, de nos jours, le 13 août

Réflexions fantômes

Les temps sont venus.

Elle fixe le dauphin poussiéreux qui caracole, immobile, sur le cartonnage plastifié du calendrier du service de nettoiement. On ne dit plus « le calendrier des éboueurs » de nos jours. Elle sourit à la date (1995), songe un instant à ces évolutions du langage qui tentent piètrement de masquer les réalités quotidiennes. De l'autre-côté aussi, elle-même devient au fil des quoi… des mois, des années ? Étonnante notion que celle du temps, très humaine au fond. Une non-voyante dit-on ici. N'empêche : elle devient aveugle, oui, elle perd la vue. Mais pas la tête, ça non ! C'est étonnant. Pourtant, de ce côté-ci, elle n'est plus toute jeune comme elle dit. Elle interroge parfois Hubert, son mari, sacrifie une larme sur l'autel des années passées. Mais Hubert ne répond pas. Ou rarement. Hubert, le tendre, le fidèle, l'ami, le confident, l'amant, Hubert son homme quoi ! Son portrait est suspendu pas loin du calendrier. Elle a cru comprendre que des sportifs posaient nus pour un calendrier ! Quelle drôle d'idée ! Elle se souvient du corps d'Hubert. Un peu. De ses yeux francs, aussi, ouverts. De son sourire. Elle le trouvait beau, son Hubert ! Aimait à lui faire l'amour en pleine lumière, entièrement nue. Pourtant, à l'époque, la plupart des femmes étaient unanimes, tout au moins en société : un corps d'homme ne pouvait être beau ! Hubert, son Hubert. Elle ne se souvient plus trop quand Hubert est parti. C'était il y a quarante ans, à peu près. La moitié d'une vie d'homme. Elle songe avec regret qu'elle a vécu plus de temps sans son Hubert qu'avec lui. Mais elle n'est pas triste. Elle sait que la vie est ainsi faite. Qu'Hubert n'est pas mort avec son corps. Que ce ne sont que ses os qui reposent dans le petit cimetière. Que son esprit est toujours vivant. Quelque part. Peut-être pas loin d'ici, peut-être à des années-lumière. Qu'importe, le temps et l'espace ne signifient rien. Elle le sait d'expérience. Elle est revenue pour une unique raison. Elle le rejoindra bientôt. Peut-être. Sans doute. Quand elle en aura terminé.

Une autre photographie, presque illisible. D'autres souvenirs, brouillons. Edmond Thiers, et sa fille, Mathilde, sept ans alors, posant fièrement devant un feu de cheminée.

Les temps sont venus.

Sujet, verbe. Pas de complément.

La phrase se suffit à elle-même.

Elle la tourne et la retourne dans son esprit.

Elle trouve cette simple phrase un peu ridicule, un peu trop prophétique.

Digne de figurer dans n'importe quel écrit apocalyptique ou eschatologique.

Il est temps toutefois de livrer bataille. C'est pour cela qu'elle est revenue.

Ensuite, elle pourra reposer. Enfin.

Sur le téléviseur débranché, le pape sourit à la foule.

L'Église avec un grand « E ». Elle trouve aujourd'hui son esprit bien éloigné de celui prôné par le message christique tel que le lui avait enseigné son père, il y a si longtemps. Il y a une vie. Les hommes ont toujours su déformer les grandes idées.

Edmond Thiers, son père. Malgré son jeune âge, à l'époque, Mathilde avait toujours estimé qu'il avait eu deux vies. Celle d'avant la guerre, la première de l'autre siècle ; et celle d'après.

Edmond Thiers avait toujours affirmé qu'il avait perdu son innocence à la guerre. Mais elle doutait que seules les tranchées fussent à l'origine de ce qu'elle avait pu appeler, une fois adulte, sa « conversion. »

Elle ne l'avait appris que bien après sa mort, mais Edmond Thiers avait été en contact étroit avec un petit groupe de spirites castelneuviens. Elle avait trouvé quelques liasses de correspondance avec un certain capitaine Cote, lequel avait dédicacé à son père ses « Aventures d'un libre spiritualiste ». Les deux tomes, jadis brochés, avaient longtemps figuré en bonne place dans sa bibliothèque. Chose curieuse : son père était décédé quelques semaines après avoir lu ces ouvrages. C'était… Il y a… Mathilde se refuse à calculer. Le pourrait-elle d'ailleurs ? Le temps ne signifie rien. Toute une vie d'homme, là encore ! Elle en conçoit quelque vertige. Qu'une vie pouvait être longue pour certains, courte pour d'autres. Était-ce injuste ? Elle n'aurait su le dire. Son expérience de l'autre côté était récente. Relativement récente. Thiers lui avait expliqué, plus d'une fois, le cycle de la réincarnation. Selon lui, nous vivons une infinité de vies dans des corps différents, en perpétuelle évolution. L'homme a un chemin initiatique à parcourir, à l'image de ce jeu de tarots que son père protégeait dans une bourse de cuir noire. Vous arrivez la plupart du temps vierge dans votre nouvelle incarnation. Il vous faut ensuite vivre selon la voie que vous avez choisie. Et ce n'est qu'après votre mort que le Bon Dieu (ou La Divinité, ou Le Grand Architecte, ou ce que vous voulez !) comptera les points que vous avez accumulés ! Les âmes noires doivent se réincarner plus souvent, les autres accèdent plus vite au plan divin. Mourir jeune signifie que vous avez rempli votre contrat, qu'il n'est plus nécessaire d'affronter de nouvelles épreuves pour accéder à l'état de Grâce : vos vies antérieures y ont suffi. Ainsi expliquait-il le décès de nouveau-nés ! Une lumière joyeuse allumait le regard de Thiers quand il évoquait ce parcours semé d'embûches qui permettait aux hommes de devenir un peu plus que des hommes. Il lui assurait qu'il s'agissait d'une croyance tibétaine que partageaient cependant de nombreux peuples.

Les temps sont venus.

La petite voix s'impose de plus belle.

Elle met de l'eau à chauffer sur la vieille cuisinière à bois.

Elle a beaucoup de mal à utiliser les objets. Doit se réhabituer. La sensation désagréable que ses doigts, parfois, la trahissent, ignorent la matière environnante.

Mathilde n'avait jamais voulu sacrifier au modernisme : la gazinière toute neuve que Hubert lui avait offerte après leur visite au Salon des Arts Ménagers de Paris, l'était restée, toute neuve, dans son emballage de carton et de polyuréthane, au grenier. Hubert s'était montré un peu vexé ; après tout, c'est avec l'argent gagné un dimanche au tiercé qu'il lui avait offert cette concession aux temps modernes ! Mais elle assurait que rien ne valait la cuisine au feu de bois, qu'elle aimait voir la flamme à travers l'œilleton du four, respirer l'odeur de la cendre dans laquelle on jetait les châtaignes à l'automne. La Godin blanche était toujours là, dorant de sa chaleur rassurante les murs peints de la cuisine, qu'il avait fallu, il est vrai assez régulièrement, débarrasser des traces de suie. Lesquelles formaient parfois des arabesques dans lesquelles on pouvait lire d'ineptes mais poétiques phrases écrites en des langues inconnues.

L'eau ronronne dans la bouilloire émaillée. Mathilde regarde autour d'elle, tentant de s'imprégner de l'atmosphère du lieu. Le paquet trône sur l'antique buffet mouluré.

Des décennies plus tôt, on lui avait fait promettre qu'elle ne l'ouvrirait pas. Très solennellement, on lui avait assuré qu'elle avait peut-être entre les mains l'avenir du monde. Elle devait le mettre à l'abri et ne le sortir qu'une fois *« les temps venus »*. Et elle ne l'avait jamais ouvert. Les années avaient passé. Elle avait oublié ce mystérieux présent. La curiosité des premiers mois avait fait place à l'oubli des ans. Elle n'avait pas d'enfant, nul à qui passer le relais. On lui avait également fait promettre de conserver Le Grénillet dans la famille. *Jusqu'à ce que les temps soient venus.* Et le Grénillet était resté une demeure familiale, même si Mathilde avait emménagé voici de nombreuses décennies chez son Hubert, au moulin.

Et puis, elle avait fait ce rêve. Là-bas.

-*« Les temps sont venus ! »*

Qui le lui avait murmuré à l'oreille ? Elle n'aurait su le dire. La voix était douce, mais insistante, pénétrante. Une voix sans visage. Sans sexe non plus. Une voix androgyne. Elle s'était réveillée en sursaut. Hors du temps. Puis s'était rendormie. Et de nouveau la voix. *« Les temps sont venus. La clé réside dans les étoiles »*. Une litanie hypnotique qui l'avait de nouveau tirée de son sommeil.

Elle s'était levée, pestant contre sa chemise de nuit qui, pareille à un linceul, la gênait dans ses mouvements. « *Les temps sont venus. La clé réside dans les étoiles.* »

Et ce fut soudain comme un écho du passé, à peine déformé par le temps. Un souffle qui se transforma en tempête.

La voix de son père, cette fois.

-Les temps sont venus.

C'était bien lui qui lui parlait, dans la cuisine du Grénillet. Il lui tendait un paquet, ce paquet, de la taille d'une petite valise.

-Tu ne l'ouvriras qu'une fois les temps venus. Et souviens-toi que la clé réside dans les étoiles.

Au cœur de la nuit, sa chemise de nuit diaphane flottant sur ses maigres épaules, elle s'était retrouvée sur la terrasse. Pieds nus. L'herbe était humide mais ne la mouillait pas. Elle avait alors couru la maison, en quête de l'héritage familial. Elle avait fini par le retrouver. Dissimulé dans une cavité, sous la cage d'escalier. Le paquet enveloppé dans un écrin de tissu brun, un linge serti d'un entrelacs compliqué de ficelle, l'attendait depuis toutes ces années.

Elle l'avait ouvert avec une fébrilité qui ne lui était pas coutumière. Ses doigts paraissaient vouloir s'enfoncer dans l'objet et elle dût s'y reprendre à plusieurs reprises pour le délier.

Il s'agissait d'un coffret métallique scellé. Portant un mécanisme où s'alignait une douzaine de chiffres. Onze, précisément. La clé était restée là-bas. Au Grénillet. Le Grénillet. Son père l'avait hérité de Justine d'Armoise, il y avait bien longtemps.

Mais peut-être allait-elle aujourd'hui connaître la vérité ?

Elle avait lu dans le ciel. Et le ciel était formel.

Les temps étaient venus.

Mathilde sursaute quand la bouilloire se mer à crier d'un ton suraigu.

Les Grosses Pierres, de nos jours, le 13 août

Mobile dans l'élément mobile

La violence de la gifle prit Joe par surprise et la fit vaciller. Elle lui fit également beaucoup de bien. C'était donc vrai ce que disait sa mère : qu'une bonne baffe vous remettait les idées en place ? Joe se contenta de sangloter en silence. Puis, à travers l'écran diffus de ses larmes, elle osa regarder l'homme qui se faisait appeler Monsieur Chazam. Celui-ci l'observait avec un triste sourire ; il paraissait éprouver, oui, de la commisération.

-Je sais que vous vivez des moments difficiles, alors comprenez-moi bien. J'ai également hâte que tout ceci soit terminé. Nous ne prenons pas plaisir à tuer, savez-vous ? Au contraire, par le passé nous avons sauvé des milliers de gens, des millions peut-être.

Il lui tendit une gourde métallique.

-Tenez, rafraîchissez-vous. C'est un mélange de plantes exotiques. Ne craignez rien, je ne cherche pas à vous empoisonner.

La voix de l'homme, son phrasé, son rythme quasi-hypnotique : Joe tendit la main.

Le liquide lui fit du bien. Un peu fade, mais avec un goût inconnu. Pas désagréable.

Tout de suite, elle se sentit mieux. La fatigue, la frayeur, la révolte paraissaient la quitter en vagues successives.

Monsieur Chazam parut sentir le changement.

Son sourire se fit plus franc. Peut-être n'était-ce qu'un sourire de victoire, mais Joe s'en fichait, après tout. À cette heure, elle ne demandait qu'un peu de repos. Une heure de sommeil sans rêve.

-Aimez-vous Jules Verne ?

La question ne surprit même pas Joe. Elle avait l'impression qu'une partie d'elle-même, la plus rebelle, la plus inquiète, la plus « elle » en somme, était annihilée. Sans doute l'effet de la boisson de Monsieur Chazam. Une bouffée de colère la submergea un instant, bien vite oubliée cependant. Elle se contenta d'un geste de dénégation.

-J'en ai lu quand j'étais petite. Mais c'étaient des histoires pour les garçons.

Monsieur Chazam acquiesça.

-J'ai toujours été passionné par Jules Verne, ses voyages et ses mondes extraordinaires ! Inutile de vous dire qu'il m'en a coûté de mettre à mal la collection de ce libraire, vous savez, Georges Guyon. Mais il fallait bien donner un os à ronger à nos amis policiers.

Joe releva la tête, intriguée.

-Un os à ronger ?

Monsieur Chazam changea de position, tentant une posture plus confortable sur son bloc de granit. Joe remarqua qu'il se tenait en équilibre sur une fesse.

-Je reconnais qu'il s'agissait là d'une improvisation. Qui semble avoir porté ses fruits cependant. Ce soir-là, je veux dire le soir du décès de ce malheureux libraire, j'ai pu constater qu'il était sur les traces d'un écrit original de Verne. Je savais qu'il était passionné. Aussi ai-je organisé cette petite mise en scène cataclysmique ! Non sans emporter quelques cartonnages Hetzel que j'ai pu glisser au pied de la bibliothèque de la pauvre madame Bidard, vous savez l'épicière. Après en avoir déchiré les bonnes pages, bien sûr. En outre, à cette heure, les forces de police ont dû découvrir, près du corps meurtri de monsieur Hirst, quelques autres ouvrages de l'inestimable visionnaire que revendiquent Rémois et Nantais. En piteux état également. *Mobilis in Mobile.* Mobile dans l'élément mobile. Comme Nemo et son Nautilus, j'évolue dans un monde qui bouge ! Je suis ici, je suis ailleurs. Et nul ne sait que j'existe. L'important n'est pas ce qui est mais ce que l'on croit. C'est un truc que j'ai lu sur une dédicace d'un bouquin, un polar rural, si je me souviens bien, qui se passait dans le coin d'ailleurs. L'important est ce que l'on croit ! J'ai beaucoup donné à croire, ces derniers temps, vous pouvez me… croire !

Joe buvait ses paroles, percevant peu à peu leur portée.

-J'ai le regret de vous dire que vous êtes complice d'un dangereux psychopathe qui s'intéresse de façon quelque peu morbide aux écrits de Jules Verne, poursuivait Monsieur Chazam. À l'heure qu'il est, la police scientifique, les profileurs en tout genre planchent sur le cas de votre ami journaliste qui a dû laisser ses empreintes un peu partout sur les lieux d'au moins trois crimes ; sans compter le meurtre de ce pauvre flic chartrain, chez le bouquiniste, hier soir. Ils doivent à présent avoir découvert l'identité du propriétaire de la carcasse d'une Ami 8 près de laquelle gisait le cadavre d'un conducteur de train. Et ne vont pas tarder, si ce n'est fait, à faire le lien avec votre oncle puis avec vous ! Ils doivent aussi avoir découvert les corps de mes deux amis tués par le vôtre, à Bailleau et Écublé. Je vous assure, vous êtes plus en sécurité avec moi sur ces grosses pierres qu'auprès de votre journaliste !

-Mais il n'a pas tué…

L'homme au visage poupin la coupa.

Non, ce n'est pas lui qui a tué l'homme que vous avez abandonné dans votre cave. C'est moi. Histoire d'accentuer un peu la pression. Il s'agissait d'un collègue. Que je n'appréciais pas, d'ailleurs. Trop solitaire, trop imprévisible. Trop intéressé, aussi. Et trop proche des autorités. Bref, trop dangereux. Il n'avait pas ma confiance, voyez-vous ? J'ai estimé qu'il avait toute sa place dans le tableau peint au fil des jours par votre ami….

L'air parut soudainement glacial à Joe. Elle se recroquevilla, passant ses bras autour de ses genoux. Elle pleurait à présent en silence.

-Il n'y a pas d'échappatoire, expliquait Monsieur Chazam d'une voix atone. Alors vous allez me dire où il se trouve. Et m'expliquer le reste. Tout le reste.

Monsieur Chazam n'eut même pas besoin d'employer un ton menaçant.

Il se contenta de jeter un coup d'œil au sac de toile abritant la tête de Hirst.

Et Joe parla.

Chartres, cathédrale Notre-Dame, de nos jours, le 13 août

Le mensonge est dans le puits

Notre-Dame de Sous-Terre a les yeux clos.

Mais « l'essentiel est invisible pour les yeux » comme l'affirme le renard de Saint-Exupéry.

Passé le portail roman creusant la pierre, l'homme a viré à droite, sans même jeter un regard aux trois maquettes représentant les trois âges de la cathédrale de Chartres : la mérovingienne, la carolingienne et la gothique. Il a suivi la crypte qui s'ouvre régulièrement sur des chapelles romanes ou gothiques aux magnifiques voussures. Puis, il a bifurqué à droite encore et s'est engouffré dans les galeries archéologiques récemment creusées dans la pierre et qui ont permis de mettre au jour des degrés menant à la cathédrale primitive. Il lui a fallu suivre les planches de bois mal arrimées, le dos bombé, les jambes pliées. Puis, il s'est accroupi, la paume caressant les vestiges de briques et de mortier millénaires jusqu'à trouver la cavité. Il en a ôté la bâche de plastique, a déniché le petit sac de sport bleu. À la lueur de sa lampe-torche, il en a inspecté le contenu. La bombe lui a paru inoffensive, lisse, presque minuscule. Redoutable. Mortelle.

L'homme a souri, rendant grâce à l'ingéniosité des hommes et à leur quête perpétuelle de la miniaturisation. Il ne lui avait guère fallu de temps, lors de l'inspection de l'autre jour, pour dissimuler l'engin. Au nez et à la barbe de ses collègues. Mais la bombe pouvait encore être détectée. Tous les services, y compris les plus secrets, ceux qui n'étaient même pas censés exister, pouvaient décider à tout moment d'une nouvelle inspection. L'homme n'y croyait pas trop. L'accès aux cryptes n'était guère aisé et une quelconque effraction ne résisterait pas à l'examen des portes y menant, que ce soit au nord ou au sud. De plus, l'accès avait été interdit au public depuis plus de quinze jours, au grand dam des visiteurs désireux de pénétrer dans les entrailles de la cathédrale.

Non. Comme on l'avait répété au cours des nombreuses réunions de préparation, l'essentiel de la surveillance porterait sur le trajet papal et la nef de la cathédrale, là où chaque année des milliers de visiteurs se pressaient et où des milliers de fidèles et de curieux se presseraient le jour de la fête de l'Assomption. Surveillance de l'espace aérien, des voies menant jusqu'à la cathédrale. Rafales prêts à décoller, hélicoptères en goguette, tireurs d'élite embusqués sur les toits…

L'homme replaça l'engin dans son sac et s'extirpa du conduit obscur. Il était pris d'une exaltation presque mystique à l'idée de marcher dans les pas d'hommes qui, plus de mille ans plus tôt, avaient monté les murs l'emprisonnant. Il songeait à sa mission. Une mission quasi divine, destinée à redonner à Dieu sa vraie place dans l'univers, au message christique sa véritable portée. Il était l'annonciateur d'une nouvelle ère. Il se morigéna un instant, tentant de faire refluer la bouffée d'orgueil qui l'envahissait.

Il atteignit enfin la crypte, revint sur ses pas, puis emprunta un nouveau couloir pour finalement déboucher dans la salle du puits. D'un doigt, il alluma les nombreux candélabres électriques jalonnant les voûtes de la crypte. Une lumière chiche aux reflets rouges fit reculer l'obscurité.

L'homme se retourna, leva la tête, contemplant les yeux clos de la copie moderne de Notre-Dame de Sous-Terre. Le visage de la vierge rayonnait d'une douceur et d'un amour infinis. Les traits de l'enfant-Dieu étaient, quant à eux, plus grossiers, moins expressifs, moins réussis, comme souvent les visages d'enfant, songea l'homme. Il se signa puis se dirigea vers le fameux puits dit des « saints-forts ». Un puits dont on devinait, au-delà de la grille de protection qui le barrait, une base carrée, témoignant d'une conception gallo-romaine. Et sûrement antérieure. Quelle chute, songea-t-il, ayant une courte pensée pour la malheureuse Sainte-Modeste précipitée, selon la légende, dans ses profondeurs lors des invasions barbares.

Il ne lui fallut que quelques instants pour ouvrir la grille métallique, dérisoire luette d'un gosier béant vers lequel l'homme se sentit un instant irrémédiablement attiré. Il lui semblait être en présence d'une de ces portes mystérieuses menant vers une autre dimension, peut-être l'une des portes de l'Agartha d'où le Grand Monarque, le Roi du Monde, veille sur les destinées des hommes.

En quelques instants, le treuil était arrimé ; solidement harnaché de cuir, l'homme disparut dans les profondeurs du puits à vitesse régulière. À mi-chemin, il s'immobilisa et entreprit de desceller une pierre. Sa perforatrice, un modèle anglais rapide et silencieux, s'enfonça sans peine dans le mortier. En quelques secondes, il parvint à retirer le bloc de pierre qu'il laissa tomber. La pierre blanche disparut sous lui. En quelques gestes précis, l'homme retira la bombe du sac qu'il avait placé en position ventrale, comme un parachute du même nom, puis la glissa dans l'espace qu'il avait dégagé.

Elle n'était pas faite pour tuer. Simplement pour semer la panique. Le vrai spectacle aurait lieu sur le parvis… Après…

L'homme eut un bref sourire de contentement quand il l'arma.

Le Grénillet, de nos jours, le 13 août

La clé des étoiles

Alain n'a pas trop fait d'histoires pour nous donner le numéro de téléphone. Pas trop. Le bougre a dû songer un instant qu'on voulait traiter en direct avec le propriétaire du Grénillet. Mais Cam a su se montrer rassurante, maternelle, persuasive, enveloppante, caressante, a deviné les mots justes, le ton de circonstance. Même ses silences étaient d'une haute teneur en érotisme. J'imaginais, à l'autre bout du fil, le regard congestionné, la joue tombante, la cravate en érection de l'agent immobilier. Mais oui ! L'affaire était conclue, assurait Cam, le rendez-vous pour la signature de la promesse de vente, c'était pour quand il voulait. Suffisait juste que son mari puisse anticiper le coût des travaux de réfection, mais elle était sûre de son approbation. Selon toute vraisemblance, flics et gendarmes n'étaient pas au courant de nos démarches immobilières. Pas encore. Cam avait expliqué son impatience de conclure l'affaire et sa volonté de visiter le grenier qui, s'en souvenait-il ? était clos. Mais oui, rappelez-vous, lors de notre première visite, vous n'aviez pas les clés. Alain ne s'en souvenait plus, ou plutôt si, effectivement. Et puis, Cam voulait entendre l'histoire de cette maison. Elle avait une si forte personnalité.

La personnalité de Cam, elle, exsudait à travers les ondes, ravageant tel un impitoyable tsunami les plages de conscience de l'agent immobilier.

À l'autre bout du fil, rien. J'imagine une sonnerie se noyant dans un vide abyssal. Et puis une série de cliquetis. Un souffle. Et puis de nouveau cette désagréable sensation de, de rien.

La vieille dame finit par répondre. Je m'attendais à tomber sur un homme jeune...

-Venez vite ! lance-t-elle. Le plus vite possible !

Je n'ai pas eu le temps de dire un mot. Pas eu le temps de me présenter. Pas eu le temps de rien.

Son « Venez-vite » me cueille comme un coup de poing au menton.

À croire qu'elle comprend l'urgence de la situation. Elle répète une adresse, deux fois, puis une troisième. Un ancien moulin sur la Blaise. Et nous exhorte à nous dépêcher. Alors qu'on ne se connaît pas. Qu'elle ne sait même pas pourquoi on l'appelle. Sa voix est étrange. Un filet de voix, plutôt. Qui s'interrompt par moment. Friture sur les ondes. Syllabes crachotantes. Mes poils se hérissent sur mon cou.

-N'attendez pas la petite. Elle a dû parler à l'heure qu'il est. Ou s'apprête à le faire ! Ils savent où vous vous trouvez. Vous avez juste le temps de monter au grenier et de prendre la clé. Je vous en supplie. Faites vite !

-Mais…

-Montez au grenier ! Je vous dirai tout.

-Mais nous n'avons pas la clé du grenier !

-Eh ! bien, défoncez la porte ! Vous trouverez un pied de biche sous l'évier de la cuisine. Je crois. Sa voix se perd un instant dans les limbes.

Cam sur mes talons, le portable collé à l'oreille, le pied de biche dans ma main libre, je grimpe l'escalier, puis un autre plus étroit qui mène au grenier. Dans les films, une porte, ça se défonce d'un coup de pied. Moi, j'ai déjà une expérience malheureuse en la matière. Pas question de me flinguer de nouveau la rotule ! Encore convient-il de manier le pied de biche avec une dextérité qui ne m'est pas coutumière ! Ça ripe, ça glisse, ça ne s'encastre pas. Je râle, je gueule, je souffle, je soupire et je m'énerve. Ça n'accroche pas, ça prend la tangente, ça me casse les pieds.

-En combien de temps les flics peuvent-ils nous repérer après un coup de fil, interroge Cam. Je soupire. Avoue que je l'ignore. Et puis… Le craquement d'une branche qui se brise dans la tempête.

La porte a cédé à mes menaces et mes mauvais traitements.

Elle s'ouvre sur une pièce qui n'a de grenier que le nom.

Oubliez toutes les images évocatrices d'un grenier traditionnel, sombre, poussiéreux, abritant les carcasses défuntes des objets devenus inutiles avec le temps, un antre à la pénombre inquiétante dédié aux peurs enfantines, le temple obscur des initiations juvéniles. Oubliez cette odeur âcre de poussière et d'humidité, les piles désagrégées de bouquins cornés et jaunis, le squelette fatigué du fauteuil Louis Philippe que jamais l'on n'osa réparer, chassez de votre esprit toutes vos références en la matière, l'odeur fade des crottes de souris, chauves ou non, celle bien plus prenante de quelque représentant désœuvré de la gent féline, niez l'obscur, les monts géométriques ou pyramidaux de cartons empilés, les débris de vaisselle de la liste de mariage relégués au rang de souvenirs éclatés, ébréchés comme autant de vies disparues. Oubliez !

Imaginez plutôt une vaste pièce, aussi vide que le cerveau d'une huître, aussi lisse qu'une tonsure monacale, surmontée d'un dôme translucide appelant la lumière du soleil puis l'emprisonnant à travers les aspérités légères de ses murs chaulés.

Imaginez plutôt une ode au plomb et au verre, un chant d'amour cristallin destiné à la transcendance des couleurs et des lumières.

Nous pénétrons au cœur d'un vaste vitrail de magnifique facture. La lumière estivale de cette fin de journée découpe des silhouettes de plomb et de grisaille qui accompagnent nos propres silhouettes fascinées. Un instant, l'impression fugace, fugitive, étrange, stupide, de me fondre dans ce vitrail, de devenir moi-même l'un des personnages figé là-haut, après une cuisson à 630 degrés, sur le verre.

De prime abord, l'ensemble est suffocant de beauté, indescriptible tourbillon d'images virevoltantes, où même les choses inanimées paraissent posséder une âme.

Et puis, l'œil, après s'être perdu dans cet océan sans limites, parvient à accrocher les détails, à ôter l'esthétique voile masquant la pernicieuse réalité. Et puis, le cerveau reçoit l'information transmise par cet œil étonné, tente de la décrypter sans trop y croire. Et puis, la lumière se fait, éclatante, irradiante, insoutenable. Comme la vérité aveuglée au sortir de son puits sans fond.

-C'est magnifique ! murmure Cam.

-C'est terrifiant, je concède.

Mes yeux s'attardent sur la cathédrale jadis révélée par Huysmans l'initié, sur les flèches irréprochables chantées par Péguy le poète. Sur les torrents de feu, les larmes d'or et de carmin qui jaillissent de Notre-Dame de Chartres en perdition, sur cet enfant qui s'étrangle de douleur, sur cette foule aux cris silencieux, aux hurlements de verre, à ces hommes, ces femmes en deux dimensions qui, sans doute victimes d'une antique malédiction, paraissent figés dans leur drame pour l'éternité.

J'ai sous les yeux le cauchemar de Sogar.

Mais de clé, point !

Il n'est nul meuble dans cet espace étonnant où se puisse dissimuler une clé, de quelque facture qu'elle soit. Rien. Pas le moindre meuble, pas la moindre niche, pas la plus minuscule fissure au plancher.

Zut !

Je me tourne vers Cam mais cette dernière est occupée à composer un numéro sur son portable. De nouveau cette friture agressive. Puis une voix. La voix d'une vieille femme.

-Madame ? Nous sommes dans le grenier. De quelle clé parlez-vous ?

La voix de la vieille dame grésille dans le haut-parleur. En pointillés.

-Je ne comprends pas, hurle Cam en se déplaçant, tentant d'obtenir une meilleure réception.

-Ce doit… pas… clé… symbolique… Je…

-Bon sang mais qu'est-ce qu'elle dit ?

-Chut ! intime Cam, si en plus tu t'y mets !

Puis s'adressant de nouveau à la mamie.

-Je ne comprends pas ! Vous pouvez répéter ?

-… dis… symbolique... chez… étoiles ?

-Les étoiles ?

-...toiles !

-Des étoiles. Sur le vitrail, traduit Cam.

J'ai beau m'écorcher la rétine sur le verre peint, nulle trace d'étoiles. La scène se passe en plein jour. La voûte céleste est aux abonnés absents.

-Il va falloir filer. Joe aurait dû revenir depuis longtemps. Il a dû lui arriver quelque chose ! avance Cam.

Je suis persuadé qu'elle a raison. Et le lui dis.

Pendant ce temps, son mobile n'arrête pas d'insister d'une voix métallique et aigrelette :

-La clé ! Cherchez l'étoile, ou les étoiles !

Sur l'une des pièces de verre d'un magnifique jaune d'argent s'alignent 8 chiffres. La date de réalisation sans doute. Je plisse les yeux, pour mieux voir. Un 15, un 8 et… cette année ! Le 15 août de cette année. Dans deux jours ! C'est n'importe quoi !

On ne comprend plus rien à ce que hurle à présent notre interlocutrice !

M'énerve, la mémé !

Et puis, au premier plan, à gauche, au-dessus de la porte sous laquelle je me trouve, une Vierge Noire, comme indifférente à la scène apocalyptique qui se déroule autour d'elle.

-Stella Maris...

-Qu'est-ce que tu dis ?

-L'étoile ! Stella Maris ! C'est aussi comme ça qu'on appelle Marie, rappelle-toi de ce que nous a dit Hirst ! L'Étoile. L'Étoile, c'est Marie. Il semble que les cathédrales consacrées à la Vierge aient été construites dans des villes selon des points qui forment je ne sais plus quelle constellation, la voie lactée je crois.

-Hon hon ! Et tu en déduis ? m'interroge Cam, adorablement septique.

-Que c'est Marie la clé ! Et ces chiffres, là !

Penché en arrière, je dévore la Vierge des yeux, tentant de découvrir dans les plis et replis de sa tenue médiévale la clé que me réclame, telle une litanie incantatoire crachotée par une voix désincarnée, le téléphone portable. Je ne sais pas moi, un phylactère, quelques mots en latin qui nous permettraient de découvrir la clé, une phrase en javanais ou en verlan, un truc, un code, un cryptogramme, des chiffres, un machin, quoi...

-Regarde ! Elle a les yeux fermés ! s'exclame soudain Cam

Elle a raison ! À présent qu'elle le dit, ça saute aux yeux !

-La Vierge de la crypte !

Les Grosses Pierres, de nos jours, le 13 août

Hurlements

-Vous voyez ! ricana l'homme en rangeant son cellulaire dans une de ses poches. Ce n'était pas compliqué. Ce sont les premiers mots qui coûtent. Ensuite, il n'y a qu'à se laisser guider par le flot. Je suis sûr qu'à présent vous vous sentez mieux. Vous devez être épuisée après toutes ces épreuves. Épuisée. On vit sa vie, tranquille, enfin, avec ses soucis, ses tracas, graves parfois puisqu'ils nous semblent à certains moments insurmontables, mais on les endosse au quotidien, comme une seconde peau. On baigne dans le courant, sans même se rendre compte de la chance que l'on a d'être vivant, sans prendre le temps de s'arrêter pour se dire, « tiens, je vis, je suis un être vivant... » Et puis un jour, le hasard, une série de coïncidences, et on se retrouve plongé dans l'horreur, sans rien comprendre. Et le caractère précieux de la vie se dévoile enfin !

Toujours ce ton monocorde, presque hypnotique. La nuit gagne du terrain, le ciel est gris à présent, déchiré de quelques cicatrices rouges et jaunes. Les ultimes traces de jour parviennent à peine à franchir la frondaison, au-dessus de son front, mais Joe sent comme une intense chaleur l'envahir. Elle s'est entendue parler, comme elle aurait écouté une autre parler à sa place.

À présent, il y a cette voix. Douce, amicale, condescendante. C'est vrai qu'elle est épuisée. Elle tombe de sommeil. Elle voudrait se nicher, là, sur ces pierres plates, rugueuses, mais chaudes encore du soleil du jour. Et puis ne plus penser à rien, oublier cette violence qui l'engloutit depuis... depuis quand ? Était-ce hier, avant-hier ? Elle voudrait faire du temps un complice et non un ennemi, revenir en arrière, se bercer d'illusions, gommer les heures noires comme une rature sur un cahier d'écolier.

Mais qu'est-ce qui me prend ? Je divague ? Qui parle ? Une autre Joe, une autre voix. Celle de la colère. Une autre Joe.

Joe gémit, enroule ses bras autour de ses genoux. Absence de sensations.

-Vous m'entendez, Joe ?

Toujours cette voix. Caressante, enjôleuse. Mortelle.

-Hé ! Regarde. Y a des gens là-bas !

Une voix, une autre. Enfantine. Aiguë.

Les gamins. Il n'y avait pas deux gamins à vélo, tout à l'heure, sur le sentier ?

Les souvenirs de Joe se mêlent. Elle se revoit sur son vélo, un jour de pêche, avec son père, sur les étangs de Mousseuse à la Ferté-Vidame. Elle farfouille dans la boîte d'appâts, en quête d'asticots. « Il faut que tu me trouves ceux qui ont les yeux bleus ! » plaisante son père, son vrai père, son géniteur. Aujourd'hui, elle sait qu'il disait ça pour rire, mais à l'époque, elle y croyait aux asticots aux yeux bleus !

Les yeux bleus. Les yeux du savant. Elle ne sait plus son nom. Cet oubli passager l'affole. Elle se concentre. Hirst, les yeux de Hirst. La tête de Hirst, là, dans le sac.

Elle pousse un hurlement.

Elle entend, un peu plus loin, un cri, puis un second, un fracas de pédalier qui s'emballe.

Sans réfléchir, elle se saisit du sac de toile qui la sépare de son ravisseur au visage étonnamment rond et d'un ample mouvement, à l'ellipse quasi-parfaite, lui en assène un violent coup. L'homme, surpris, a juste le temps de redresser le bras. Il pousse un cri, glisse de son rocher sans parvenir à se raccrocher à l'une des rares aspérités encore suintantes des bougies peut-être sacrificielles des gothiques locaux. Joe n'aurait jamais pu penser qu'une tête humaine fut aussi lourde.

-Cassez-vous ! hurle-t-elle aux gamins (ils sont deux), qui n'ont pas attendu son conseil pour appuyer sur leurs pédales et foncer à travers bois en direction de la lisière.

Joe se saisit des clés du quatre-quatre que l'autre avait posées bien en évidence sur un carré de mousse, sans doute pour l'écraser de son assurance.

Puis elle se relève d'un bond.

Mais une main puissante lui saisit alors la cheville.

Le Grénillet, de nos jours, le 13 août

La maison à hélice

-Dépêchez-vous ! avez plus le temps... fuir ! Partez, je… en prie ! s'impatiente le téléphone à l'autre bout de la mémé. Cam et moi ne l'entendons pas, plongés dans nos réflexion et dans ce vitrail fabuleux qui nous engloutit, nous possède presque. Et puis, un bruit, en-bas.

En un instant, nous nous retrouvons sur le palier. On commence à dévaler huit à huit le large escalier quand la pomme de pin stylisée qui trône tout en haut de la rampe explose, projetant des éclats de bois un peu partout ! La détonation nous broie les tympans.

Cam et moi poussons un cri. Un vrai cri pour Cam, franc, apeuré, surpris aussi ; un vague truc de marmouset pour moi, imaginez le mugissement que pousserait le mime Marceau, énervé. Un filet de cri, un « huiik » ridicule qui me reste collé à la gorge, n'ose franchir mes lèvres.

-Ne bougez plus !

Allez savoir pourquoi, il me semble que dans cette maison, le son circule mal, ou alors à contretemps. Cam et moi avons déjà tourné les talons, remontant l'escalier seize à seize quand la voix du type nous parvient !

-Je ne le répèterai pas ! Arrêtez-vous ou je vous descends !

Je suis sûr qu'il ne s'agit pas là d'un effet de style ! Au ton de sa voix, on perçoit bien l'énervement en passe de submerger notre tireur !

D'ailleurs, il recommence !

Je sens une chaleur intense sur le lobe de mon oreille droite, et un pan de mur vole en éclat juste sous mes yeux, m'éclaboussant de plâtre.

Cam pousse un second cri, un peu plus aigu que le premier, moins esthétique je dirais.

Le mien est beaucoup plus réussi, plus ample, plus rond, plus généreux cette fois ! C'est un vrai cri du feu de Dieu, un « Aïe ! » puissant, voire même un « Aï-heeuuuu ! », long, plein de peur et d'agacement, de douleur aussi.

-Allo ! Allo ! Qu'est-ce qui se passe ? Répondez-moi, enfin ! gémit le téléphone cellulaire que Cam empoigne de toutes ses forces...

-On nous tire dessus, merde !

Je ne sais pas si c'est l'information intrinsèque ou le gros mot, peut-être même le ton de Cam, mais durant quelques secondes le téléphone reste coi. Pendant ces vacances, nous courons comme des dératés le long du large couloir qui court lui-même le long de la vaste demeure. Tandis que je galope ainsi pour sauver ma vie me vient l'idée saugrenue qu'une fois que la noble demeure nous appartiendra, il conviendra de rafistoler la rambarde de l'escalier et le pan de mur éclaté. Faudra qu'on renégocie le prix avec l'agence immobilière. Une porte, juste en face de nous. Belle porte en chêne. Simple mais costaude. Pourvu qu'elle soit ouverte.

Elle l'est ! Nous la refermons sur nous. Cam fait jouer la clé dans la serrure.

La clé. Ça me rappelle la mamie.

Nous sommes dans une sorte de débarras, un genre de grenier, en fait, un vrai grenier, hein ? Pas comme celui de tout à l'heure. Avec des trucs et des machins. Un peu poussiéreux mais pas trop.

Sans faire montre d'une grande politesse, j'attrape le téléphone cellulaire.

Pendant ce temps, de l'autre côté de la cloison, derrière la porte de bois et le papier à fleurs typiquement seventies du mur (Drôle d'idée de poser du papier à fleurs sur les murs d'un grenier, même au nom du flower power, non ?), le type s'excite, balance des coups de pied qui n'ont d'effet que sur Cam et moi. Par précaution, nous courons de l'autre côté de la pièce.

Au moment où le type vide son chargeur sur la porte (Quand je vous dis que c'est un agité !), je parviens enfin à capter la mamie téléphonique.

-Mais où êtes-vous ?

-J'en sais rien, moi ! À l'étage, une sorte de grenier !

Un blanc qui s'étire à l'autre bout de la ligne.

Puis :

-Le matelas ! Il y a un matelas contre le mur, vous le voyez ?

Pas simple de voir quelque chose en ce lieu où seules deux ou trois lucarnes larges comme une boîte de vingt-quatre crayons de couleurs s'ouvrent sur le soir tombant.

Le type continue de pester à quelques mètres de nous, tentant cette fois de dégonder la porte qui malgré sa carrure ne va plus tarder à s'étaler par terre. Des éclats de plâtre et de bois sont propulsés dans notre prison, en éclaireurs. Qu'est-ce qu'elle veut que je fasse de son matelas, la mamie ? Une ultime partie de gros câlins, une petite mort avant la grande ?

-Je le vois ! s'exclame Cam, radieuse comme Lord Carnarvon découvrant le tombeau de Toutankhamon.

-Courez-y vite ! Il y a une petite porte derrière qui donne sur un escalier extérieur. Filez vite !

Merci du conseil !

Le matelas est repoussé sans ménagement, c'est pourtant un beau et lourd matelas de laine comme on n'en fait plus. Un coup de latte dans la porte nous ouvre une perspective de champs et de bois dans le couchant, une ferme fortifiée un peu plus loin, quelques moutons champêtres, un tracteur rouge. Un de ces paysages idylliques qu'affectionnent les artistes de la Garbeau !

Et puis, sur le chemin qui mène à la demeure, un véhicule, lien ténu avec la civilisation, une grosse bagnole qui approche lentement, mais trop lentement.

Derrière nous, l'autre porte, notre ultime rempart contre le zigoto défourailleur, cabriole à son tour dans un fracas homérique.

Je pousse Cam sur le petit palier de bois et trébuche à mon tour sur l'escalier en colimaçon, m'écorchant la main sur sa rambarde branlante.

-Arrêtez !

Un coup de feu, puis un second et un troisième.

Tonitruants, assourdissants, ravageurs.

Et un autre, et un autre encore !

Tout aussi tonitruants, assourdissants et ravageurs.

À tel point que notre petit refuge à degrés se sépare du mur de l'habitation !

Accroché, pendu à la rambarde, je vois le ciel tournoyer d'étrange manière, découvre les facéties de la gravité et de ses lois, observe de façon presque détachée les fesses de Cam glisser vers le sol. Je le jure, c'est comme une prise de vue au ralenti façon John Woo ! L'escalier rompt et nous emporte dans un lent mouvement de rotation hélicoïdal, une interminable reptation le long de la brique et de la chaux. L'équilibre est rompu, perdu. Nous ne sommes plus que deux poids morts attirés vers la terre à une vitesse exponentielle. Nous ne sommes plus qu'un cri, un cri pour deux.

J'ai la vision soudaine de cette lame du tarot de Marseille, la seizième, qu'on appelle la maison-Dieu. Une tour fracassée par un éclair et deux personnages qui en tombent, les bras tendus en avant pour amortir inutilement leur chute. Une lame qui annonce d'ordinaire une catastrophe imprévisible. Ou le signe d'une fin brutale nécessaire à l'évolution de l'être.

Tu parles !

Tandis que Cam s'écrase dans un massif de fleurs, je percute à 160 kilomètres/heure le capot d'une... voiture !

La grosse Allemande pousse un coup de gueule sous l'affront !

Mon cerveau hésite : doit-il enregistrer la douleur et m'en faire part ou tenter de comprendre ce qui arrive ?

Visiblement un peu paumé, il décide de couper la poire en deux. Mon épaule pousse un gémissement, et mes yeux enregistrent deux faits : le type qui se découpe dans l'encadrement de la petite porte, cinq mètres plus haut, et recharge son feu. Et la tronche exorbitée d'Alain, mais oui, mon Alain, mon agent immobilier, suant au volant de sa grosse berline.

-Mais que ?

Il n'a même pas le temps d'ouvrir la portière : j'anticipe !

-Vite Cam ! j'appelle, tandis qu'elle s'approche en boitillant, très jolie dans sa gangue de terre aux multiples tonalités, entre terre glaise, terre de bruyère voire quelques bavures du plus beau vert. Elle présente une coupure sur la joue.

-Mais que, que ? s'insurge Alain, mon interrogatif Alain, mon agent immobilier qui apprécie tant les décolletés de Cam et qui, actuellement est occupé à détacher sa ceinture de sécurité.

-Dégage, vite !

Je sais, ce n'est pas une réponse. Mais on n'a pas trop le temps d'échanger politesses et civilités, courtoisies et prévenances !

-Sur le siège passager, vite, merde !

-Mais, ça va pas ?

Il s'agrippe à son volant, le Alain ! Serre ses petits doigts contre le cuir elliptique ! Colle ses paumes sur le symbole de sa puissance mobilière. Bon d'accord, il ne doit pas piger ce qui lui arrive, mais il est tard, un peu trop, pour lui narrer par le menu le récit de nos trépidantes aventures. Alors, connement, je lui balance un coup de boule, mais un truc violent, là, à la base du nez. Un vrai coup de boule comme dans les films, un vrai de vrai, comme dans les rixes d'ivrognes, comme, amis footballeurs, celui qui est resté dans l'histoire ! Sauf que ma seule expérience en la matière, c'est une dizaine de nanars télévisés américains. Mon front percute son front.

-Mais vous êtes con ? Mais il est con ou quoi ? gueule mon Alain en prenant Cam pour témoin, les larmes aux yeux. Quant à moi, je suis dans l'incapacité de lui répondre, à moitié assommé que je suis, occupé à écouter les craquements de mon crâne, la dilatation de mes vaisseaux sanguins, l'hématome qui se forme !

Cam ne lui répond pas non plus.

Elle a ouvert la portière arrière droite et tente :

-Faites ce qu'il vous dit ! Il est dangereux !

-Ça je vois bien qu'il est dangereux ! renifle mon Alain ! Je veux plus vous voir ! Foutez le camp, bordel, bande de tarés !

-Mais pas lui, crétin ! C'est l'autre là, qu'est dangereux !

L'autre, il doit être en train de descendre les escaliers intérieurs pour tâcher de nous descendre nous !

Nous parvenons à repousser un Alain gesticulant, trépignant, trépidant, pétulant, sur le siège passager.

-Considérez que c'est un enlèvement, je lui balance en pleine figure en tournant la clé de contact !

Tandis qu'un sourd grondement monte du capot déglingué de la voiture, Cam se jette à l'arrière de tout son long. Dans le rétroviseur, se matérialise la grosse brute qui pointe une arme de poing vers nous. Un visage poupin. Un rictus mauvais. Je me mords les lèvres jusqu'au sang. Mon Alain a vu mon regard, s'est retourné.

-Et c'est qui çui-là ?

-J'en sais rien et je m'en fous !

Je passe la seconde, appuie sur l'accélérateur !

-Hé ! Doucement ! gueule Alain tandis que les pneus larges comme une fesse obèse font jaillir le gravier en tous sens.

La vitre arrière explose, puis le pare-brise, mais pas plus ma conduite un peu vive que les graviers n'y sont pour quelque chose ! L'énergumène à la pétoire vide de nouveau son chargeur ! C'est pas possible ! Il paie pas ses munitions, ce type, c'est l'État qui les lui fournit ! Ce sentiment renforce ma paranoïa ; j'enclenche la troisième, écrase la pédale d'accélération.

La bouche grande ouverte, l'agent immobilier tente de gober les moustiques qui volettent en masse laborieuse tout près du bassin que nous contournons à une allure folle.

Toujours dans le rétroviseur, je vois le tueur se précipiter vers un énorme quatre-quatre noir.

C'est dans un hurlement d'Enfer que nous franchissons les grilles de la propriété.

-Maintenant, indiquez-moi la route pour aller chez les Ranou !

Les Grosses Pierres, de nos jours, le 13 août

En route pour l'inéluctable

Un vertige saisit Joe, son genou proteste, elle manque de tomber. Donne un violent coup de pied. Elle entend l'autre pousser un grognement. Alors Joe, malgré les étoiles argentées qui dansent devant ses yeux parvient à se redresser, prend la fuite. Elle saute le fossé qui sépare les grosses pierres du reste de la forêt, bute contre une fourmilière, se prend les pieds dans les fougères. Au fil des foulées, ses enjambées se font plus fermes, plus sûres. Les étoiles d'argent regagnent leur nuit, la forêt s'éclaircit, à peine, mais suffisamment. Elle perçoit, à une centaine de mètres de là, le serpent de bitume. Au loin, la rumeur de la civilisation, le vrombissement des voitures et des camions qui roulent sur la départementale, qui vers Dreux, qui vers Châteauneuf.

Plus près, tout près, trop près, de nouveaux grognements. De douleur sans doute, mais aussi de rage. Mais Joe ne veut pas regarder en arrière. Voir son agresseur lui cisaillerait les pattes comme aurait dit l'un de ses pères de substitution. Alors elle continue. Une flèche rouge transperce le vert de la forêt à quelques mètres, en direction de Torçay. Joe esquisse un cri. Qu'elle laisse mourir. Trop tard ! À quoi bon gaspiller son souffle ? Elle commence à fatiguer. Mais la vue du quatre-quatre, de l'autre côté, la promesse d'un possible espoir lui redonne quelque vigueur. Elle entend des craquements derrière elle. Un souffle court, rauque. Pour peu, elle sentirait son haleine sur son cou. « Ce n'est que mon imagination » se rassure-t-elle.

Car Joe a pris trop d'avance. Sa paume s'est posée violemment sur l'aile du véhicule. Elle le contourne, les clés pointées en avant. Un double son. La portière est ouverte. C'est à ce moment, dans les films, que l'héroïne lâche ses clés. Joe en sourirait presque. Mais sa main ne tremble pas quand elle met le contact. Le lourd véhicule ronronne puis bondit en avant.

Dans le rétroviseur, Joe voit l'homme au visage rond se ruer sur la route. Il tient une arme à la main. Joe accélère. L'homme vise, prend son temps. Il est sûr de lui. Joe le sent. Joe le sait. Elle se met à prier pour la première fois depuis des années. « Petit Jésus protégez-moi... » La prière du soir, avant de s'endormir, avant de grandir et de laisser le petit Jésus dans son coin. « Petit Jésus... »

Elle croit entendre deux détonations. Mais rien ne se passe. Joe pousse un cri. Son pied appuie sur l'accélérateur. Le quatre-quatre fait une embardée, mord l'accotement. Joe tente de redresser. Trop violemment. Le véhicule fonce à présent vers le rideau d'arbres et d'arbustes qui longe l'autre côté de la route. Le tronc noueux d'un chêne emplit son champ de vision. Le vent lui claque au visage. De nouveau, Joe braque le volant.

Puis elle voit l'autre, sur la route, en face.

Elle écrase le frein.

Trop tard.

Beaucoup trop tard…

Un moulin sur la Blaise, de nos jours, le 13 août

Temps mort

Elle a dû être une très belle femme. Elle l'est toujours, d'ailleurs, malgré son grand âge, avec son teint hâlé, ses yeux d'un bleu profond presque violet, ses lèvres fines et ses cheveux blancs liés en une ample queue de cheval par un ruban de soie noire. Elle porte une simple robe verte et marche nus pieds. Rien à voir avec la mémé que je m'étais imaginée, une mémé en bigoudis, mal fagotée dans une blouse à fleurs dissimulant de ces horribles bas à varices qui feraient passer les bandes molletières des Poilus de quatorze pour d'avant-gardistes prototypes du collant Dim !

Depuis dix minutes, elle nous bichonne, Cam et moi, passant pommade sur nos bosses, désinfectant et mercurochrome sur nos plaies. La pulpe de ses doigts est d'une consistance étrange. Par moment, ses doigts fins et froids paraissent ne pas lui appartenir. Curieuse sensation.

La nuit n'a pas encore frappé aux fenêtres, ne tente pas encore de pénétrer dans la cuisine brillamment éclairée par un néon. De temps en temps, une bourrasque fait trembler le rideau métallique qui masque le foyer de la cheminée au-dessus de laquelle trône ce qui ressemble à une toile de Soutine.

La vieille dame sourit.

-Vous aimez Soutine ? Oui, oui, c'est un vrai ! Mon père lui avait acheté il y a des décennies. J'ai toujours aimé la façon tourmentée qu'il avait de peindre des scènes paisibles. J'aime aussi beaucoup Vlaminck. Il y a une vue de Châteauneuf sous la neige, dans le salon, je vous la montrerai tout à l'heure. Un vrai Vlaminck, précise-t-elle.

Alors que le monde s'écroule, que des tueurs et des tonnes de flics sont à nos trousses, elle devise peinture le plus naturellement du monde. Oubliés les accents angoissés qui nous parvenaient il y a peu par téléphone cellulaire interposé. On dirait que notre arrivée spectaculaire l'a calmée.

Le pauvre Alain est affalé sur une chaise paillée, face à la fenêtre. Il arbore un bandage de gueule cassée autour du front. Il attend sans la voir la nuit prochaine.

Après qu'il nous eut livré l'adresse des propriétaires du Grénillet, nous avions tenté de lui expliquer la situation, ce qui n'avait pas été chose aisée. Nous lui avions promis qu'il pourrait prochainement récupérer sa belle auto, laquelle n'a de belle à présent que l'image figée dans ses souvenirs. Nous l'avons planquée dans un hangar, derrière la maison de notre hôtesse, fumante, grinçante, brinquebalante, claudicante.

Je suis parvenu, je ne sais comment, à semer le quatre-quatre noir.

À moins que son conducteur ne nous ait laissé filer sciemment.

Ce qui signifie qu'il se doutait de notre destination. Après l'empressement dont il a fait preuve pour nous trucider, j'ai beaucoup de peine à croire à une nouvelle maladresse. Je suis persuadé qu'en ce moment même, il bat le rappel pour nous concocter une pétaradante visite nocturne.

J'ai confié mes craintes à Cam et à la vieille dame, mais cette dernière s'est voulue rassurante.

-Ils ne seront pas là avant le milieu de la nuit. Vous avez le temps de reprendre des forces, vous en avez bien besoin. Ensuite, je tenterai de vous expliquer.

D 928, la Mare aux Cochons, de nos jours, le 13 août

Robert le ravi

Robert est ravi. Il sifflote un truc, il n'arrive pas à se rappeler ce que c'est, mais on s'en fout un peu. Il jette un coup d'œil dans le rétroviseur, sur la Lamborghini qu'il trimballe sur sa remorque rouillée depuis Saint-Jean de Rébervilliers, c'est-à-dire à trois tours de roues d'ici. Tous ses collègues ferment au mois d'août. Lui, non. C'est un principe, qu'il dit à tous ceux qu'il dépanne. Non mais c'est vrai quoi, les bagnoles, ça tombe en panne même au mois d'août ! Faut penser aux clients, aussi ! C'est eux qui vous font vivre toute l'année, et vous, vous les laissez en rade tout le mois ? « *C'est pas commerçant* » qu'il leur assène à ses client d'août, le Robert. Et ça marche, le petit couplet ! Une fois sur deux, ses clients du mois d'août il les retrouve tout au long de l'année. Pour une vidange, l'entretien courant. Ou la grosse panne.

Bon c'est vrai, en août, faut pas être pressé ; c'est que c'est pas la foule à l'atelier ! Faut bien que ses gars prennent des vacances, aussi ! Et puis avec le 15 août, pour se fournir en pièces détachées ! M'enfin...

Il fronce sa moustache grisonnante. C'est quoi ce putain d'air qu'il sifflote ? Il l'a sur le bout de la langue. Un truc entendu dans une pub. Ouais c'est ça, une pub pour, pour quoi au fait ? Bon, on s'en fout. Il le connaît d'avant la pub, ce truc. C'est un petit énervé qui chantait ça dans les années quatre-vingts, ou un peu avant. Il le revoit avec sa casquette de voyou vissée sur son crâne de coprin chevelu.

Il pense à l'engin qui, pour une fois, ne le dépassera pas. Elle est bien calée derrière, la Lambo ! Il aime bien, Robert, les belles bagnoles ! Il calcule déjà ce qu'il va se faire sur ce coup-là. Déjà, il y a les 60 balles de dépannage. Enfin les 60 euros, ce qui fait quand même près de… de 400 balles ! Ça fait cher du kilomètre, d'accord, mais si t'as les moyens de te payer une Lamborghini, t'as les moyens d'assurer le plateau. Robert renifle. D'accord, si le type avait eu une 2CV, ça n'aurait pas fait de différence, il lui aurait fait payer 60 balles aussi, enfin 60 euros, mais bon, après tout chacun son boulot. Les mecs qui gueulent après les garagistes, ils ont qu'à se salir les mains dans leur jardin quand ils ont un pet à leur bagnole, ils verront bien !

Robert jette un nouveau coup d'œil dans le rétro, caressant du regard les formes élancées du bolide. Avec les derniers rayons du soleil, la sportive se teinte de rouge sang.

Tiens, c'est ça, la chanson qu'il fredonne ! *Highway to Hell.* L'autoroute pour l'Enfer. Dire qu'il aimait ça, avant, c'est dingue !

C'est l'œil vissé au rétroviseur que Robert, sa dépanneuse et la Lamborghini abordent le carrefour dit de la Mare aux Cochons. Oh, pas à grand vitesse, non, un petit quatre-vingts.

S'il avait regardé la route plutôt que de couver « sa » Lamborghini, à travers le rétroviseur, Robert, cela aurait-il changé quelque chose ? L'avenir aurait-il été modifié ?

Peut-être. Ou pas.

Toujours est-il qu'il ne voit pas le quatre-quatre débouler à toute vitesse de sa droite.

Un moulin sur la Blaise, de nos jours, le 13 août

Conseil de guerre

Alain chipote, l'air maussade, créant et modifiant sans cesse des labyrinthes de spaghetti qui refroidissent dans son assiette. Cam et moi avons dévoré notre part de pâtes, faisant honneur à la sauce bolognaise et au parmesan râpé ; pas du parmesan en poudre qu'on trouve en sachet, non, du vrai parmesan, du râpé, des copeaux de parmesan, pas de la sciure d'un quelconque fromage rappelant vaguement le goût du parmesan ! Pourtant la vieille dame s'est excusée de nous recevoir si mal. Je ne lui ai pas avoué qu'il s'agissait là d'un des meilleurs repas que j'aie jamais avalé, elle ne m'aurait pas cru, mais c'est pourtant vrai !

-Ne vous inquiétez pas pour votre amie, je pense qu'elle est en sécurité pour le moment.

Mathilde a dû lire dans mes pensées. Je songe à Joe, à sa mauvaise humeur, à son rire aussi, Joe dans son peignoir un peu trop lâche... Je ne voudrais pas contrarier Mathilde, mais il n'y a que Joe qui ait pu indiquer à notre tonton flingueur où nous avions trouvé refuge. Et je doute fort qu'elle ait survécu à sa rencontre avec le bonhomme ou l'un de ses associés. Nous baignons en plein cauchemar.

Mathilde pose doucement sa main sur mon poignet. Je repose ma fourchette dégoulinante de pâtes et de sauce bolognaise. De la vraie sauce bolognaise, avec des tomates du jardin et même quelques dentelles de ce basilic qui pousse dans une jardinière, sur le rebord de la fenêtre exposée plein sud.

-Ne vous inquiétez pas, répète-t-elle. J'aurais aimé pouvoir vous offrir du Chianti, mais je n'ai que du cidre ou de l'eau.

Cam accepte le verre d'eau, je dis oui à une bolée de cidre, Alain opte pour un silence bougon.

Un bruit de casse me fait sursauter. Mathilde regarde ses mains qui ont laissé échapper le verre. Son regard me fait frissonner.

-Je vous dois pas mal d'explications ! Mais terminez votre repas, nous serons mieux au salon pour parler, finit-elle par murmurer.

Alain repousse soudain son assiette, comme s'il venait de prendre une décision.

-Tout ce cirque a assez duré ! Je me casse !

Je bondis sur mes pieds.

-Pas question ! On aurait les flics sur le dos dans moins de cinq minutes !

-Ben justement ! Je pourrais leur expliquer ce que j'ai vu !

-Pour l'instant, dans leur petite tête, c'est moi le méchant psychopathe ! Ils sont persuadés que mon passe-temps, c'est le flingage d'artistes ou de flics, ce qui les rend particulièrement grognons.

-Et ce n'est pas le cas ?

Je pousse un soupir, excédé.

-Si c'était le cas, il y a longtemps que votre corps sans vie attendrait dans un fossé qu'un passant en goguette fasse une nouvelle « macabre découverte » ! Alors maintenant, aidez-nous à comprendre ce qui arrive et arrêtez de pleurnicher.

Cam lui pose la main sur l'épaule. Elle n'est pas gonflée ! Je lui jette un de ces regards au napalm dont j'ai le secret, elle réplique en fronçant les sourcils. Sa réponse est sans appel. D'un air doucereux, elle tente :

-Il a raison, vous savez. À présent, nous sommes tous dans la même galère, nous sommes tous victimes de quelque chose qui nous dépasse. Normalement, nous devrions être avec notre petite fille, vous savez, Lou. Croyez-moi, nous serions bien mieux ailleurs.

Sa voix est monocorde, basse, hypnotique. Elle insiste, toujours sur le même ton apaisant.

-Nous devons nous serrer les coudes. Je suis sûre qu'ils, quels que soient ces « ils », sont à présent persuadés que vous aussi en savez trop.

Là, elle exagère, Cam ! Je ne pense pas que les flics savent que notre agent immobilier préféré a pris la tangente avec nous ! Quant aux autres, ils n'ont sans doute pas eu le temps de relever le numéro d'immatriculation de la voiture. Quoique... De toute façon, visiblement, l'argument fait mouche ! Je le sens à une légère crispation au coin de la bouche d'Alain. Bravo, Cam !

-Alors reprenez des forces, Alain ! Elle glisse dans ce « Alain » une puissance érotique qui me tire un nouveau regard incendiaire, voire volcanique, mais Cam évite de tourner les yeux vers moi, penchée qu'elle est à l'oreille de ce foutu agent immobilier. À partir de ce soir, c'est décidé, je déteste les agents immobiliers !

-Reprenez des forces et après nous réfléchirons aux moyens de nous tirer d'affaire. Tous ensemble.

Le Alain en question finit par hocher la tête, imperceptiblement. On dirait un gosse que sa mère vient de sermonner après avoir signé un bulletin de notes trimestriel peu reluisant.

Mathilde se tourne vers moi, le regard dans l'ombre.

-Rien n'est perdu ! Mais vous avez encore un travail à accomplir.

D 928, la Mare aux Cochons, de nos jours, le 13 août

Le choc

Le choc fut terrible d'après le conducteur de la Mégane qui suivait Robert à distance respectueuse.

Selon la conductrice d'une Fiat qui, elle, se déplaçait dans le sens Châteauneuf-Dreux, le quatre-quatre avait foncé direct sur la dépanneuse. La conductrice de la Fiat avait pilé pour éviter l'amas de ferraille, heureusement elle ne roulait pas vite. « Je ne roule pas vite d'ordinaire monsieur l'agent, d'ailleurs. Pas une contravention en trente ans de permis, rendez-vous compte ? Le quatre-quatre s'est encastré dans le fourgon de monsieur Painchaud, oui, Robert le garagiste, il s'appelle Painchaud, c'est marrant pour un garagiste non ? Et puis il y avait une troisième voiture, une rouge, une sportive mais, je ne sais pas, elle devait suivre monsieur Painchaud, enfin en tout cas, tout ça s'est retrouvé au fossé, et c'est là que j'ai fait le 112 avec mon portable. Après j'ai attendu les pompiers. Non, je n'ai pas osé m'approcher, j'avais peur de, de enfin, vous comprenez ? Et puis, il y a d'autres gens qui se sont arrêtés, et qui sont allés voir... Moi, je n'ai pas pu, vous comprenez. Déjà à la télé, leurs pubs pour les accidents ça m'angoisse, mais un accident, un vrai, alors là... »

Un moulin sur la Blaise, de nos jours, le 13 août

Les Apôtres de l'Apocalypse

Mon regard se perd sur la route sinueuse qui serpente entre les premières maisons de Châteauneuf noyées sous une neige sale. Le ciel est bas, lourd, bleu métallique mâtiné de gris et de noir comme les affectionnait Vlaminck. Une silhouette voûtée, tache rouge perdue au milieu de la grisaille nonchalante, avance courbée sous les assauts d'un vent qu'on devine. Cette silhouette a-t-elle un jour existé ? Le peintre l'a-t-il vue, croquée sur place, réaffirmée dans son atelier de Rueil-la-Gadelière ? A-t-il immortalisé une personne réelle, une femme qui passait par là, emmitouflée dans sa capeline ? Ou bien l'a-t-il pensée, inventée pour l'occasion, anonyme silhouette pétrie par le seul esprit du peintre créateur, pâle représentation humaine n'ayant d'autre destinée que celle, esthétisante, d'apporter de la véracité à son œuvre ? L'imaginaire au service du réel, le faux pour ajouter à la véracité. J'ignore pourquoi, mais tandis que je me noie dans les neiges éternelles de Vlaminck, mes neurones tourbillonnent, pris par une tempête hivernale qui m'apporte le rouge au front. Qu'est ce qui est faux, qu'est ce qui est vrai dans toute cette histoire ? Qu'est-ce qui est illusion, qu'est-ce qui ne colle pas avec la réalité ?

Sous mes pieds, la Blaise rugit en silence. Un plancher vitré offre le spectacle changeant de la rivière. Impressionnant. Et vertigineux.

Mathilde Ranou habite un ancien moulin sur la rivière, sentinelle antique chevauchant de ses pieds d'argile et de brique, de pierre et de bois, les eaux tourbillonnantes. C'est à travers ce large plancher de verre traversant la salle aux tomettes flammées que les eaux se dévoilent, sans pudeur, avant d'être rouées sur les aubes de bois devenues inutiles.

Le spectacle de ce bief aux tonalités vertes et écumantes, révélées par un savant éclairage, est magnifique, envoûtant. Un sourd grondement, ténu mais omniprésent, me caresse l'oreille à travers la vitre. L'écume rage contre les murs de brique, les eaux se tordent, chantent en sourdine trois ou quatre mètres au-dessous du plancher.

Engoncé dans un confortable fauteuil club au cuir râpé, je perçois les voix de Cam et Mathilde, en grande conversation dans la cuisine. Elles préparent un thé ou quelque chose comme ça. Mes yeux glissent le long des murs sans vraiment s'y attarder. Puis, mon regard s'aventure sur une petite table basse en noyer où s'empilent quelques revues. Toutes, craquantes, flétries, jaunies, datent de plusieurs années. Sauf une. À la Une de Paris-Match, le visage souriant de Benoît XVII et ce titre :

« Benoît XVII en France : Les secrets d'une visite ! »

Et en sous-titre : « Pèlerinage marial entre Paris et Chartres ».

L'arrivée de Mathilde et Cam interrompt le fil tranchant de mes pensées. La vieille dame s'est délitée depuis tout à l'heure. Elle paraît fanée, fatiguée, proche du malaise.

Alain les suit avec un plateau de métal argenté supportant un équilibre précaire de tasses et offrant rempart à une théière au long bec recourbé. Arrivé à la baie vitrée, il la contourne, craignant sans doute que le verre ne se brise, l'entraînant dans une chute mortelle. Peut-être se voit-il broyé par les aubes du moulin, ou noyé sous les remous, ou étouffé par une fario récalcitrante ? Allez savoir avec ce type !

Mais tandis que la Terre entière est à nos trousses, Mathilde nous raconte son histoire.

-Comme vous le savez, mon nom est Mathilde Ranou. Je suis la fille d'Edmond Thiers, maître-verrier de profession.

Mon cœur marque une pause. La signature sur le vitrail de notre futur nid d'amour. Mais pas seulement… L'auteur des cartons qui avaient tant effrayé Alexandra Garbeau parce qu'ils replongeaient l'artiste plasticienne au plus profond de ses cauchemars. E.T, les initiales sur le verre brisé en l'église Saint-Marc…

-Thiers ? Joe, la jeune femme qui était avec moi, m'a parlé de lui. Son oncle est un verrier amateur. Il avait acquis une partie du matériel, des cartons et la bibliothèque de votre père. Certains de ses dessins avaient effrayé Alexandra Garbeau, une…

Je me rends compte que je dois parler toltèque à notre hôtesse et, pour lui expliquer qui sont Joe, Alexandra et les autres, me mets en devoir de tout lui raconter depuis le début. Mais elle m'interrompt.

-Veuillez excuser ma grossièreté, mais je suis au courant de vos mésaventures. (Mésaventures, tu parles !) Un peu de patience, écoutez-moi, nous avons encore du temps devant nous mais pas toute la nuit. C'est Edmond Thiers qui a réalisé ce vitrail dans la maison du Grénillet. Cette maison lui appartenait, j'en ai hérité. Oh, ne vous méprenez pas ! Ce n'est pas son art qui lui a permis de s'offrir cette magnifique demeure. Une certaine demoiselle d'Armoise lui avait léguée. La malheureuse était sans héritier, son unique fils étant décédé dans des circonstances mystérieuses à la fin des années vingt. Mon père et elle entretenaient une relation très particulière, en tout bien tout honneur, s'empresse de préciser la vieille dame.

-D'Armoise ? Justine d'Armoise ?

J'ai bondi dans mon fauteuil. Y retombe dans un étonnant bruit de succion et de pétard mouillé.

-Elle-même ! Je vois que vous connaissez son nom ! Elle fut une grande amie de mon père. Ma pauvre mère ne l'appréciait pas trop, vous savez. C'était une très belle femme. Intelligente et pleine d'esprit. Très indépendante également. Mais je ne crois pas qu'il y ait eu plus qu'une belle amitié entre mon père et elle. Ainsi qu'une passion pour les tarots divinatoires, les sciences dites maudites et le spiritisme.

-C'est elle qui a écrit ce bouquin qui semble être la cause de tout ! je m'exclame.

-C'est elle, en effet. Mon père en avait rédigé une copie, un peu tronquée, faute de temps. C'était une nuit de juin 1919, au Grénillet en 1919. La voici.

Mathilde me tend un petit ouvrage relié à la bradel, pleine toile beige, un peu fané.

Je m'en empare de façon bien peu courtoise, le feuillette, fébrile, saute de chapitre en chapitre jusqu'à la dernière page. Sur la page de garde, on peut découvrir ce qui m'apparaît comme un plan. Et le dessin d'une étoile. Aucune indication pour situer ce labyrinthe dressé à l'encre noire. Mais j'ai ma petite idée.

Les dernières pages sont consacrées à l'indicible vision de la destruction de la cathédrale Notre-Dame de Chartres, un anéantissement total décimant des milliers d'individus parmi lesquels bon nombre de personnalités politiques et religieuses. L'incendie du Bazar de la Charité me revient en mémoire. La similitude entre les deux catastrophes m'est évidente.

Mathilde me laisse opérer d'un air las, non sans souligner que son père avait recopié ce texte en deux autres exemplaires à plusieurs mois d'intervalle. L'un d'eux avait été dissimulé dans sa bibliothèque, abrité par une reliure factice. L'autre avait été confié à Mathilde en même temps qu'un jeu de tarot. Mathilde, peu désireuse de conserver en un même lieu deux copies du texte, avait confié un de ses exemplaires à un de ses neveux voici de nombreuses années.

Je relis quelques passages du monstrueux roman. J'en connais certains pour les avoir vécus. Oh, bien sûr, il y a parfois quelques décalages avec la réalité. Mais c'est un peu comme si un homme de confiance avait suivi au fil des jours mes dernières péripéties. Une biographie anticipée. Il n'y est point question de téléphones cellulaires ni d'autres prouesses technologiques actuelles ; elles ont été gommées, ou parce qu'incomprises, ou parce qu'inutiles. Mais j'y devine toutefois l'action de ceux qui m'en veulent. D'autres passages manquent, comme mes déboires avec Cheveux-en-Brosse et son copain…

« Les Apôtres de l'Apocalypse ».

Ça fait froid dans le dos.

Justine d'Armoise évoque un lieu, à quelques dizaines de kilomètres de Chartres, une abbaye abandonnée, siège de la confrérie occulte. Jamais entendu parler…

Je repose l'ouvrage sur l'accoudoir de mon fauteuil, un accoudoir large comme le tarmac de Roissy-Charles-de-Gaulle. Le moral en berne.

-Ce roman vous raconte, nous raconte, constate Mathilde. Il évoque notamment notre rencontre. Et l'arrivée des hommes qui vous poursuivent, cette nuit. Et l'agression de votre jeune amie, son accident, son hospitalisation, votre confrontation avec ceux que Justine d'Armoise appelle « les Apôtres de l'Apocalypse ». Votre rôle dans tout ceci. Et la catastrophe finale. Qualifiée de fin du monde.

-Mais qui sont-ils à la fin ? s'interpose Cam. « Les Apôtres de l'Apocalypse ! C'est ridicule, comme nom, en plus !

Mathilde hausse les épaules.

-Sans doute une double référence : les apôtres du Christ porteurs d'espoir en opposition aux quatre cavaliers de l'Apocalypse décrits dans le sixième livre de l'Apocalypse, cavaliers annonciateurs de la fin du Monde. Sous ce nom symbolique, Justine décrit un mouvement très puissant qui tente de réaliser ou de laisser se réaliser une ancienne prophétie. Il semble que le moment soit venu pour ses adeptes de passer à l'action. Justine prétend qu'ils veulent asseoir une nouvelle religion, ou plutôt restaurer celle des origines.

-Mais qu'est-ce que votre père vient faire là-dedans ? interroge Cam.

-Ne soyez pas pressée ! Pour bien comprendre l'implication de mon père dans cette affaire, je dois auparavant vous parler de Justine. Le ton de Mathilde ne souffre aucune contradiction.

-Justine d'Armoise était, à la fin du XIXème siècle, une de ces jeunes femmes fortunées dévorées par la passion de l'écriture. Elle a publié plusieurs romans qui avaient su trouver leur public. Certains pourraient aujourd'hui les qualifier au mieux d'édifiants, au pire de sans intérêt. Et puis un jour de 1897, alors qu'elle se trouvait à Paris pour préparer la sortie d'un nouveau livre, Justine s'est rendue, sur les conseils de la secrétaire de son éditeur, au Bazar de la Charité.

-Attendez... Vous voulez parler de l'incendie ?

Mathilde acquiesce.

-C'est quoi ce bazar ? intervient Alain dans une sortie à l'humour sans doute involontaire. (Mais je suis mauvaise langue).

Je lui explique du mieux que je peux.

-C'était une sorte de grande brocante organisée par la France d'en-haut de l'époque au bénéfice des pauvres, de la France d'en-bas. Une vente de charité qui s'étendait sur plusieurs hectares au cœur de Paris. Un appareil cinématographique s'est enflammé accidentellement et le feu s'est propagé vitesse grand V, anéantissant une bonne partie de ladite France d'en-haut, prise au piège de dizaines de baraquements de bois en fusion.

-C'est un peu caricatural mais c'est aussi un peu ça ! convient Mathilde. Justine parvint à sauver des flammes une vieille femme qui lui transmit un don, un don encombrant et dangereux.

-Un don ?

-Celui de prescience. La vision de l'avenir si vous préférez.

Une petite lumière s'allume dans un coin de mon cerveau. Une connexion.

Aberfan. Un article de journal des années soixante. Un appel à ceux qui auraient eu la vision prémonitoire de la catastrophe.

J'ai bien du mal à rassembler tous les morceaux du puzzle, mais j'ai bon espoir. Ils tournent en un kaléidoscope infernal dans ma tête, mais ils se mettent en place peu à peu.

-Toujours est-il que depuis cette rencontre Justine a multiplié ses visions, poursuit Mathilde. La toute première, d'ailleurs, s'est produite alors qu'elle était en route pour l'hôpital. Dans l'ambulance. Elle a reconnu la cathédrale de Chartres, ses flèches qui s'écroulaient sur la foule, a vu les explosions de verre et de pierre, une vague de feu haute de plusieurs centaines de mètres qui engloutissait des milliers de pèlerins, un enfant qui hurlait, le sol qui s'enfonçait dans un grondement dantesque. Une Vierge aux yeux clos également. Puis, les visions l'assaillirent, toujours plus précises chaque nuit. De ses cauchemars récurrents, elle fit un court roman qu'elle intitula « Les Apôtres de l'Apocalypse ». Ce roman se situait dans le futur, à une époque qui n'est autre que la nôtre malheureusement. Il racontait la prise de contrôle de l'avenir par un groupe de mystiques qui se faisait appeler « Les Apôtres de l'Apocalypse. » Ce livre raconte votre histoire, notre histoire, dans les moindres détails, insiste Mathilde avant de émettre un bémol : « A quelques détails près, bien sûr ».

Je confirme. Mathilde reprend :

-Longtemps Justine s'est demandé ce que signifiaient ces cauchemars. Quand elle a rencontré mon père, des années plus tard, elle analysait son rêve récurrent comme un avertissement : celui de la fin de la Chrétienté. Des rêves qui ont failli lui coûter la vie. Et ont coûté la vie à bien d'autres.

La vieille dame hoche la tête doucement, l'œil fixé sur le Vlaminck.

-Cette vision lui revint souvent. En fait, quand elle en parlait (je l'ai entendue une fois l'évoquer devant mon père), elle insistait sur le fait qu'elle observait cette scène à travers les yeux d'une petite fille drôlement vêtue. Une petite fille portant notamment des pantalons comme les hommes. Des pantalons rouges avec des fleurs brodées sur les genoux. Elle n'aurait su situer la scène dans le temps, mais elle était persuadée que ses petits enfants ou arrière-petits enfants seraient concernés. Elle a tenté en vain d'alerter le Vatican. Je pense que le pape de l'époque n'a jamais rien su de ses démarches. Et de toute façon, il avait d'autres soucis en tête. Léon XIII non content de tout mettre en œuvre pour éviter une guerre en Europe craignait de voir surgir des documents susceptibles de remettre en question l'origine des Évangiles.

-Que voulez-vous dire ?

-D'après mon père, Victor Trann, l'éditeur de Justine, hésitait à publier un petit ouvrage relatif à des documents trouvés en Terre Sainte, précisément lorsque Justine le rencontra. Qumrân : ce nom vous dit sans doute quelque chose ?

-Les manuscrits de la Mer Morte ! me devance Cam !

-Absolument.

-Mais je croyais que les manuscrits de la Mer Morte avaient été découverts peu après la seconde guerre mondiale ?

-La plupart d'entre eux oui. D'après mon père, à la fin du XIXème siècle, des documents fabuleux ont été retrouvés là-bas. À l'époque, et toujours actuellement, ils auraient pu faire vaciller l'Église sur ses fondations. Il est possible que la Sainte-Alliance, l'exécutrice officielle des basses œuvres du Vatican ne soit pas étrangère à certains faits morbides liés à cette découverte. La guerre était alors déclarée entre catholiques et juifs, laïcs et grenouilles de bénitiers, francs-maçons et calotins, libertaires et socialistes ! L'affaire Dreyfus avait laissé des cicatrices douloureuses... Victor Trann, l'éditeur de Justine, hébergeait alors l'aventurier italien qui avait mis au jour des écrits prophétiques vieux de plus de deux-mille ans ainsi qu'une carte et des textes jugés hérétiques. Quand il reçut et lut le manuscrit de Justine, en septembre 1900, Trann fut abasourdi par la concordance existant entre les « visions » de son auteur et celles inscrites depuis plus de 2000 ans sur les rouleaux de peau de Qumrân. Des rouleaux que leur inventeur avait traduits en français, car il était persuadé que seule leur publication serait, pour lui, gage de survie. Parmi les manuscrits mis au jour, il se trouvait des écrits prophétiques qui décrivaient la fin du monde, ou plutôt d'un monde, telle que Justine l'avait écrite de façon romancée. Justine évoquait avec force détails l'histoire d'un groupuscule utilisant des médiums pour faire fluctuer le monde à sa guise et amasser beaucoup d'argent. La prophétie de Qumrân, tout en récusant le caractère solaire et divin d'un messie, évoquait l'avènement de personnages doués de dons que l'on qualifierait aujourd'hui de paranormaux… et persécutés par l'Église. Vous imaginez sans peine la surprise de l'éditeur en lisant ce roman à la lumière des documents anciens que lui avait confiés son ami italien. Le 26 septembre 1900, Victor Trann, réunissait dans son hôtel particulier l'inventeur des manuscrits de Qumrân et un autre de ses amis, un amateur de spiritisme nommé Jacques Mariel, celui-là même qui initierait plus tard mon père au spiritualisme et aux arts divinatoires. Tous trois tinrent conseil et, conscients de l'importance mais aussi du danger que représentaient cet étonnant dossier, se jurèrent de le protéger jusqu'à publication. Trann était prêt à remettre en forme l'ensemble et à le publier sous un prête-nom avec l'aide de la communauté spirite, très active alors. Les trois hommes dissimulèrent les peaux gravées, leur transcription en français et le manuscrit de Justine dans une mallette piégée dont la clé fut remise à Mariel. Ils convinrent de se réunir trois jours plus tard en présence de Justine d'Armoise. Cette dernière avait rendez-vous le lendemain avec Trann. L'éditeur se fit alors remettre le double de son manuscrit. Eut-il lui aussi quelque prémonition ? On ne le saura jamais. Toujours est-il qu'il lui échangea la copie des « Apôtres de l'Apocalypse » contre le coffret métallique contenant les documents anciens auxquels il avait ajouté, mais cela, Justine l'ignorait, le texte original de son petit roman. Non sans lui demander de remettre la mallette à Mariel en cas de malheur.

La nuit même, l'éditeur, sa gouvernante et le jeune archéologue italien périssaient dans un incendie.

Justine parvint à rencontrer Mariel à un congrès spirite, lui remit la mallette et tous deux prirent la fuite, se réfugiant finalement chez un ami spiritualiste demeurant en Auvergne. C'est là que Justine fut initiée aux arts divinatoires et au spiritisme. Et à d'autres choses encore puisque c'est aussi dans le Velay que fut conçu son fils et celui de Mariel, sourit Mathilde. Mariel disparut de sa vie sans savoir qu'elle portait son enfant. Il l'aimait au point de se séparer de Justine pour toujours. Il savait le danger que représentait la possession de la mallette. Il ne lui dit jamais qu'elle contenait son roman ! Quant à Justine, elle décida de disparaître. Elle ne chercha jamais à le contacter pour lui dire qu'il était père. Elle organisa sa propre mort. Sa tombe, aujourd'hui occupée, indique son décès en 1903. Toutefois Justine vécut jusque dans les années trente, non loin d'ici mais sous un nom d'emprunt. Le manuscrit de Justine n'a jamais été publié. Quant à Mariel, mon père le connut à la guerre. C'était un « pays » comme on dit ici. Mariel, avant de partir pour le front, avait confié la mallette à un prêtre de ses amis. Ce prêtre qui, comme lui, appartenait à une loge maçonnique, devait veiller sur le précieux trésor jusqu'au retour de Mariel. Si ce dernier ne revenait pas des tranchées, un homme se présenterait à sa place, qui en gage de bonne foi, lui remettrait une lame du tarot divinatoire. Lui-même devrait présenter au messager une lame du même jeu. Mon père et Mariel se prirent d'amitié tandis que l'Enfer se déchaînait autour d'eux. C'est Mariel qui enseigna les tarots à mon père. Mariel dut sentir venir sa mort car c'est au fort de Douaumont qu'il remit à mon père la clé de la mallette ainsi que la fameuse lame de tarot divinatoire. Il lui confia ce secret, ce lourd secret qui pèse depuis un siècle sur notre famille…

-Mais que contenaient donc les manuscrits de Qumrân ?

-Rien moins que le message christique... mais professé deux cents ans avant la naissance du petit Jésus, rien moins que la carte de sites sacrés à travers le monde, une carte exécutée plus de 1500 ans avant la découverte de l'Amérique, rien moins que l'annonce d'une nouvelle ère censée naître ici, dans la douleur bien entendu…

Une abbaye oubliée, de nos jours, le 13 août

Premier brouillon

Il est grand temps que nous reprenions la place que nous avait promise Théodose, au IVème siècle de notre Ère !

À travers la fenêtre, les derniers feux du soleil teintent de sang le bureau sur lequel j'écris ces mots.

À cette heure, l'astre solaire, symbole de Notre-Seigneur, s'apprête à éclairer l'autre face du monde. Parfois, il m'arrive de douter. Peut-on se revendiquer soldat du Christ, lui qui ne fut qu'amour ? Je ne puis donner libre cours à mes incertitudes. Seulement tenter de dialoguer avec moi-même.

J'ai peur, parfois, Seigneur, je doute. Ma foi vacille. Pas celle que j'ai placée en vous, mais celle qui guide mes actes. Et si je me trompais ? Ma main tremble en écrivant ces lignes que nul ne lira. Pourtant, l'histoire et l'actualité semblent me donner raison. La Chrétienté ! Idée magnifique née d'une terre aride voici deux mille ans. Que reste-t-il de la ferveur communiante des apôtres des premiers âges ? J'en viendrais presque à regretter le temps des persécutions, quand la foi et l'espoir nourrissaient du sang des innocents le sable des arènes.

Que reste-t-il de cet espoir, du message de paix et d'amour du Christ ?

Des lambeaux misérables, des factions qui s'affrontent, des sectes politiciennes, un Vatican richissime dans lequel il est impossible de reconnaître autre chose qu'une jarre pleine d'or vacillant sur des pieds d'argile.

Au fil des siècles, la Chrétienté s'est divisée ! Les schismes se sont succédé. Les évangélistes courent le monde, s'accrochent aux dictatures pour tenter d'engranger de nouveaux adeptes. Les vestiges de l'Église byzantine ont payé le prix fort pour tenter de survivre aux jougs ottoman et communiste. Les sectes se réclamant du Christ, du Graal, de Dieu et que sais-je encore, fleurissent en surfant sur la vague du new-âge ! Une véritable tourbe dans laquelle chacun compose sa propre religion, son menu spirituel personnel. Quant aux catholiques… Combien sont-ils à communier dans les églises ? Combien seraient prêts à mourir pour leur foi ? Il me faut bien avouer que j'admire à ce titre les islamistes ! L'islam. Voilà bien la religion de l'avenir si nous n'y prenons garde ! Les moudjahidin ont su conserver le goût et la passion du sacrifice ! Aux États-Unis, en Espagne, à Londres, en Irak, en Afghanistan, en Égypte, au Pakistan, en Tunisie, en Lybie, au Mali, en France ! Ils tissent leur toile, entretiennent la haine, sont capables de fabriquer des gosses qui iront mourir avec ferveur et espérance. Pour eux, l'au-delà est une réalité tangible. En ce qui nous concerne, le doute a remplacé la foi. C'est cette incertitude qui fait, qui entretient nos faiblesses. Tel un coin fiché dans le chambranle d'une porte, le doute s'est insinué dans nos cœurs, dans nos esprits. Nous croyons mais n'avons plus la foi. Au contraire de Pascal, le doute, pernicieux, nous entraîne sur l'autre versant de la foi. Pourquoi croire ? S'il n'existe rien après la mort, pourquoi le sacrifice ? La raison l'a emporté sur la foi. La croyance est devenue un simple baume qui nous permet de tenter d'ignorer la mort, de la rendre plus supportable. De fait, privée de cette foi qui bâtit autrefois nos cathédrales, nos civilisations judéo-chrétiennes ont perdu le goût du sacrifice et de la lutte. C'est pourquoi elles sont menacées. Que peut-on faire, sans foi, face à une foi inconditionnelle ?

Le 15 août, nous saurons. Je saurai. Ceux qui nous ont précédés et veillent sur nous depuis l'Infinie Lumière savent déjà. Ce jour de la Renaissance est un jour béni. Le peuple de Dieu retrouvera sinon la vraie foi, tout au moins la haine qui lui permettra de réagir. Le pari est osé, mais il est accompagné depuis des décades par ces signes qui se sont multipliés ces derniers temps. Je sais que nous avons raison. Mais tant d'autres l'ont pensé avant nous et qui avaient tort. Seigneur, si nous pouvions avoir un signe, un signe ultime, celui qui…

Un moulin sur la Blaise, de nos jours, le 13 août

Énergies vitales

Je soupire. Encore ce vieux truc !

-Cela fait deux mille ans qu'ici ou là on tente de désacraliser le symbole de la foi chrétienne ! Tout récemment, j'ai vu un reportage à la télé dans lequel on nous expliquait qu'on avait retrouvé le tombeau de Jésus avec ses os et sa gourmette en or portant ses initiales. Il y a même une secte de Japonais qui croit dur comme fer que le Christ est enterré chez eux !

J'avoue que je suis déçu. Tous ces chambardements, toutes ces victimes pour une énième controverse autour de la personnalité de Jésus, son caractère divin ! Après tout, ne s'était-il pas présenté comme le fils de l'Homme ? Point barre.

Mathilde sourit tristement.

-Quoiqu'il en soit, c'est sur les indications de Justine d'Armoise que mon père a réalisé cette verrière que vous avez vue au Grénillet. Et puis ce vitrail, beaucoup moins explicite, qui se trouve à l'église Saint-Marc, pas loin d'ici.

Re-flash-back. Alexandra gisant au pied d'un vitrail brisé, un morceau de verre à la main. E.T.

-Justine d'Armoise et mon père estimaient qu'il était important de laisser un message au monde autre qu'un roman qui avait déjà causé la mort de tant de personnes autour d'elle. Mais un message voilé, qui ne serait révélé qu'au dernier moment à des personnes très précises. Un peu comme le message que véhiculent les tarots depuis des siècles. Et ce moment est venu. Et ces personnes très précises, c'est vous. Justine savait que le jour venu, quelqu'un saurait interpréter le message et parviendrait peut-être à déjouer les plans de ses ennemis. Elle connaissait la violence, la persévérance de ceux qui se font appeler les Apôtres de l'Apocalypse. Apocalypse, je vous le rappelle, ne signifiant pas « fin du monde » comme on le croit souvent mais tout simplement « révélation. » Vous savez qu'il se dit souvent qu'après l'Ère du Poisson, dominée par la pensée chrétienne, l'Ère du Verseau verra la réalisation d'une nouvelle religion. Nous sommes au début de cette ère du Verseau. Ces mystiques sont persuadés qu'il s'agit là de leur mission et qu'ils doivent tout mettre en œuvre pour parvenir à leurs fins, établir une nouvelle religion, ou plutôt rétablir ce qu'ils pensent être les origines véritables du Christianisme.

-On nage en plein délire ! Je comprends rien à ce que vous racontez !

Alain est affalé dans le canapé. Il hoche la tête, niant ce qu'il entend. Sait-il seulement de quoi l'on parle ? Le pauvre vieux.

Mathilde se tourne vers lui, dardant ses yeux bleu-violet sur l'agent immobilier déconfit.

-Je me doute que c'est difficile à croire. Et pourtant...

-Bon sang ! C'est du combat d'arrière-garde ! Les religions et puis tout ça ! Ils sont combien à aller à l'église le dimanche matin ? C'est de la connerie à l'heure d'internet et de la mondialisation, de Standard and Poor's et de Moody's, du chômage et du RSA, de la guerre en Palestine, du baril de pétrole à 250 dollars, de la crise de la dette ! A l'heure où l'on impose des financiers à la tête des états soi-disant démocratiques, je ne vois pas…

Mais les mots se dérobent. Je ne termine pas ma phrase.

Mathilde sourit. Elle est l'incarnation de l'Indulgence.

-Ne croyez pas cela, mon bon monsieur ! En cette ère bien trop matérialiste que vous décrivez si clairement en quelques mots, le monde occidental a besoin de spiritualité ; une spiritualité qu'il ne trouve plus dans les religions traditionnelles, les philosophies orientales ou dans ces sectes qui fleurirent durant la seconde moitié du XXème siècle. Et puis, il y a autre chose. De peut-être encore plus important ! Mon père évoquait souvent une carte gravée depuis plus de 2000 ans, carte mettant en évidence des centaines de lieux de par le monde. Et pas seulement du monde connu dans l'Antiquité ! Selon lui, enfin plutôt de l'avis de Jacques Mariel, il s'agissait là de points énergétiques particulièrement puissants. Chartres était l'un de ces sites, reliés entre eux par ce que Mariel appelait tantôt « des vouivres souterraines », tantôt « les veines de l'Ouroboros ». Il s'agissait selon lui de très puissants courants telluriques qui pouvaient agir sur les hommes et leur métabolisme. Mariel pensait que ce réseau d'énergie souterrain avait permis à l'homme de devenir ce qu'il était et de survivre aux dangers de la Terre. Au fil du temps et avec l'apport de la civilisation, l'homme se serait détaché de ses instincts primitifs en accord avec les vouivres et aurait perdu des facultés que seuls certains d'entre nous possédons. Justine d'Armoise était de ces personnes douées de prémonition.

Mathilde se dirige vers une commode en bois sombre, en ouvre un tiroir et en revient avec une mallette de cuir rigide. Qu'elle me tend.

-Tenez. Il doit s'y trouver le manuscrit original de Justine. Et surtout quelques exemplaires des rouleaux de Qumrân. Et leur traduction, ainsi que le fameux planisphère je suppose.

-Vous supposez ? je demande en me saisissant de la mallette. Elle pèse fichtrement lourd, la bougresse ! Doit être doublée d'acier ! Et sent le cuir fané. La vieille vache folle. Elle est close par une longue tige de cuivre.

-Je suppose car je ne l'ai jamais ouverte. À l'origine les documents étaient dissimulés dans un coffret métallique. C'est mon père qui avait remplacé ce dernier par cette mallette impossible à ouvrir sans la clé. Mon père m'avait interdit de l'ouvrir. Pour ma sécurité, affirmait-il. Et puis sans la clé…

-La clé ? Serait-ce celle des étoiles ?

-Celle-là même.

Je caresse d'un doigt hésitant le mécanisme de fermeture. Il ressemble à s'y méprendre à celui d'un antivol, d'un antivol de luxe. Sauf que là, ce ne sont pas quatre chiffres qui en interdisent l'accès mais onze ! Onze chiffres ! Je pense à Mimi (Le salaud !) et à ses ordinateurs surpuissants. Combien de temps faudrait-il à un ordinateur pour révéler le code ? Le pourrait-il d'ailleurs ? Impossible de repérer une suite logique dans un si petit nombre.

-Bon, ben si ce fameux manuscrit venu du fond des âges est de toute façon irrécupérable, pourquoi s'en faire ? Et puisque vous le possédez pourquoi ne pas le détruire ? Comme ça, plus de risque de propagation de ce message qui selon vous ébranlerait la religion actuelle. Ce dont, soit dit en passant, je me fiche pas mal, je n'ai jamais été trop...

-Souvenez-vous de ce que je vous ai dit tout à l'heure. Il y a deux sortes de manuscrits. Celui renfermant ce fameux message pré-christique et l'autre, le prophétique, celui qui annonce les conditions dans lesquelles va se dérouler l'Apocalypse. Les nouveaux apôtres veulent éliminer tout risque de mise en échec de leurs projets. Si tant est que l'on puisse changer l'avenir ! Si j'en crois les rêves de Justine...

-Les rêves ! Mais oui c'est ça ! Les rêves prémonitoires ! Aberfan !

Je me suis levé d'un bond. Comme si l'un des ressorts du vénérable fauteuil club venait de lâcher, me propulsant par fessier interposé en orbite autour de la table du salon.

-C'est pour ça que Sogar a été tuée à Saint-Marc ! Pour ça que le libraire a été éliminé ! Et sans doute la malheureuse Francine ! Aberfan ! C'est ça le lien ! Ils étaient médiums !

L'Empereur
IIII

Un moulin sur la Blaise, de nos jours, le 13 août

L'attaque du tac au tac

-Vos Apôtres de l'Apocalypse ont prévu je ne sais comment de détruire la cathédrale et le pape avec ! Et toutes les personnalités politiques qui seront présentes. Sans compter les représentants des autres religions monothéistes, juives et musulmanes ! C'est l'occasion idéale pour, heu, changer d'ère, sans jeu de mots (il est pourtant pas mal, comme jeu de mots, il faudra que je le replace). Ils seront ainsi en conformité avec les prédictions de votre manuscrit antédiluvien ! Le hic, c'est qu'ils sont surtout en conformité avec les rêves prémonitoires de Justine d'Armoise. Et de Sogar et des autres ! En cherchant bien, je suis sûr qu'on déterrera d'autres cadavres de malheureux qui ont, comme pour la catastrophe d'Aberfan, rêvé de la destruction de Chartres. Il fallait les réduire au silence pour ne pas contrarier leurs plans. Les rêves prémonitoires d'Alexandra Garbeau et les autres, c'est du lourd, du précis, du dangereux à l'état brut pour leur organisation !

-Mais sans le manuscrit, je veux dire, celui professant le message christique avant l'heure, cela ne sert à rien, estime Mathilde. Et ce manuscrit, vous l'avez entre les mains !

-Peut-être ont-ils un double ? À moins qu'ils n'en aient entendu parler ? Ou peut-être d'autres documents identiques ont-ils été découverts depuis à Qumrân ou ailleurs. On a mis au jour des centaines de jarres renfermant des manuscrits, sur les rives de la Mer Morte, depuis soixante ans ! Sans parler de celles qui ont été pillées et dont le contenu a été revendu à des collectionneurs ou à je ne sais qui. De plus, je ne voudrais pas faire preuve d'une paranoïa excessive, mais il me semble que depuis la découverte des manuscrits de la Mer Morte, bien peu de savants ont eu l'autorisation de travailler dessus voire de les consulter ! C'est vrai que là-bas, c'est la guerre depuis cinquante ans, ce qui ne facilite pas les travaux, mais quand même ! J'ai entendu dire que seules deux ou trois équipes triées sur le volet avaient eu l'opportunité de travailler sur ces manuscrits durant des décennies. Et qu'il existe peu de rapports relatifs aux résultats.

-Peut-être justement pour éviter un cataclysme religieux ! avance Cam.

Mais je reste plongé dans mes pensées comme le commandant Cousteau au milieu d'un banc de requins blancs. Sans trop m'agiter.

-Ou alors, ces types sont des timbrés de toute façon et ils se fichent bien du manuscrit et de son pseudo message religieux. Ils courent juste après ce qui pourrait compromettre leurs projets ! C'est juste le fric, leur Messie, et ils comptent peut-être sur le chaos pour s'en mettre plein les fouilles (Là encore sans jeu de mot, c'est dingue ce que les situations dramatiques peuvent m'inspirer). Je ne sais trop comment ! Ils s'appuient simplement sur la prophétie pour semer un peu plus la confusion ou par jeu, allez savoir !

-Vous êtes dingues ! commente simplement Alain.

-Ça me donne le vertige ! Tout ceci nous entraîne bien trop loin, je lance en me rasseyant, accompagné par le même bruit de succion qu'auparavant.

-Oui, mais justement, nous sommes en plein dedans, constate Cam.

-Nous devons prévenir la police !

-Tu crois qu'ils vont croire un psychopathe ?

-Alors de façon anonyme ?

-Ma pauvre chérie ! rétorque Mathilde. Vos policiers doivent recevoir des messages de menaces et des prévisions d'attentat depuis longtemps ! Si nous n'avons rien de précis à leur donner, ils vont nous rire au nez ou nous poursuivre pour outrage à agent !

Elle paraît vraiment fatiguée, la vieille dame. On dirait même qu'elle se fripe de minute en minute.

C'est à ce moment que la vitre se désagrège, projetant des milliers de lancettes mortelles dans le salon.

Dans la foulée, on perçoit le staccato caractéristique d'un pistolet-mitrailleur. Tout le monde se jette à terre, derrière le canapé, sous la table. Nous ne sommes qu'un cri de surprise et d'effroi !

Sauf Mathilde qui glisse vers la cuisine. Un instant, je la perds de vue, elle semble se dissoudre dans la fumée. Le temps de cligner des yeux et je vois sa silhouette disparaître enfin dans la cuisine. Le fauteuil derrière lequel je m'abrite est atteint d'une rafale. Il bondit, les accoudoirs en croix, et m'écrase le front. Je pousse un cri, un nouveau ! Derrière moi, le Vlaminck est plaqué contre le mur, éventré; la petite silhouette rouge a été frappée de plein fouet ; qu'elle ait ou non existé n'a plus d'importance. Elle n'est plus et ne sera jamais plus. Tout comme nous, peut-être. Des morceaux de briques et des plaques de plâtre prennent la tangente et rebondissent en tous sens. J'aperçois les pieds d'Alain un peu plus loin, dépassant de derrière le canapé. Mais où est Cam ? Je m'apprête à l'appeler quand une nouvelle rafale affole le lieu.

Une poutre est frappée de plein fouet. Cette fois, c'est une partie du plafond que nous prenons sur le crâne. L'air est irrespirable, envahi par la poussière de plâtre, la boue séchée et la paille de la bauge, sans oublier les particules domestiques en suspension. Je parviens à ramper jusqu'au canapé. Alain a les mains collées aux oreilles. Un filet de sang s'écoule de son crâne. Il a les yeux agrandis par la terreur. En ce moment, je suis sûr qu'on se ressemble comme deux frangins. Une reptation supplémentaire et j'aperçois enfin Cam. Elle est allongée contre le mur, sous la fenêtre, gisant au cœur d'une mer de verre hachurée de mortelles vagues effilées. Je lui lance un peu connement :

-Surtout ne te relève pas !

Elle parvient à sourire ; son visage est blanc comme celui d'une geisha qui viendrait de se repoudrer le nez.

-Toi, tu as le sens de l'à-propos !

Sa bouche s'orne d'un rouge suspect.

Elle passe sa langue sur ses lèvres. Et confirme.

-J'ai dû me mordre. C'est rien... Et Mathilde ?

-Elle a filé dans la cuisine.

Une nouvelle rafale interrompt la conversation. Cette fois, c'est le lustre qui valse et s'en va achever le Vlaminck. Le téléviseur explose puis implose dans une flamme bleue. Je tente de dénicher une idée (enfin, une bonne idée) mais mes neurones ont vidé les lieux. Impossible d'en rassembler quelques-uns. Je ne peux que répéter (mentalement) : Merde ! Merde ! Merde ! Merde ! C'est un peu court. Et puis un éclair : La mallette !

Un coup d'œil à 360 degrés. Ladite mallette trône au milieu du salon, ou de ce qui reste de ce dernier. Je me demande ce qui, pour nos agresseurs, a le plus d'importance. Nos petites personnes ou cette foutue mallette ? Je commence à ramper pour m'en approcher. Ce qui est sûr, c'est que sans elle, nous n'avons aucun moyen de négocier. Cam s'aperçoit que je quitte mon abri. Aussi précaire soit-il, il reste un rempart entre ceux de l'extérieur et mon corps.

-Qu'est-ce que tu f... ?

Elle n'a pas le temps d'achever. Sa phrase se perd dans une nouvelle fusillade. La poutre déjà mise à mal lâche prise et s'effondre, entraînant à sa suite quelques mètres cube de plâtre, de terre battue, mais aussi un lit, une table de nuit, une lampe de chevet et une dizaine de bouquins. Prévert n'aurait jamais rêvé d'un tel inventaire assassin. Cette fois, c'est un champignon de poussière brune qui envahit le salon. Je parviens, un instant, à apercevoir le plafond du premier étage, recouvert d'un papier peint bleu à motifs floraux. Puis, la pièce est replongée dans l'obscurité suffocante. Tout à l'heure, nous n'étions qu'un cri. Cette fois, nous ne sommes qu'une toux ! Je me retrouve au milieu de la pièce saccagée, la main sur la poignée de la mallette. L'air est irrespirable. Je suffoque. Je dois me lever, quitter ce foutu salon ; je me prends à rêver à une véritable goulée d'air frais, dans ce jardin un soir d'été.

Une silhouette frêle se matérialise à mes côtés. Il me faut quelques instants pour lui mettre un nom. Mathilde ? Mais...

Mathilde pointe sur moi un énorme fusil.

Les connexions ne se font plus dans ma cervelle ramollie et suffocante. Seul existe le gouffre noir du double canon pointé sur moi.

Mais pourquoi ?

J'ai à peine le temps de me poser la question.

Mathilde murmure simplement.

-Que le Ciel soit avec vous !

Et elle me tire dessus !

Je suis trop surpris pour esquisser un geste.

La double détonation m'assourdit.

Sur la D 928 entre St-Jean et Dreux, de nos jours, le 13 août

Convoi exceptionnel

Le VSAB, le bien nommé Véhicule de Secours Aux Blessés, file sur la départementale, direction le centre hospitalier de Dreux. La sirène en action. Joe gît sur la civière. Évanouie.

-C'est incroyable !

-Tu l'as dit !

-Jamais vu ça !

-Ouais, jamais vu.

Les deux sapeurs-pompiers veillent sur ce jeune corps qui devrait être en bouillie.

-Les gars du SAMU n'en revenaient pas.

-Ouais, jamais vu ça !

Joe paraît dormir. Ses vêtements sont en lambeaux. Ils laissent apercevoir ici une cuisse bronzée mais balafrée, là un avant-bras légèrement déchiré. Une coupure sur la joue, sans gravité, peut-être due à son atterrissage dans un roncier. Sinon, d'après les premières constatations, pas de blessure qui pourrait engager le pronostic vital. Son cou, son crâne, sa colonne vertébrale ne semblent pas atteints. Pas de suspicion d'hémorragie interne.

-C'est pas croyable.

-Ouais, pas croyable.

Et le VSAB continue de filer sur la départementale, direction l'hôpital de Dreux. La sirène en action.

Un moulin sur la Blaise, de nos jours, le 13 août

Aubes insolites

La plaque de verre qui me maintenait entre terre et Blaise explose sous le double tir de Mathilde.

Et je me retrouve précipité plusieurs mètres plus bas, dans les tourbillons de la rivière !

Pas le temps de comprendre ce qui se passe, ni même de retenir mon souffle. Je frappe l'eau violemment, sur le dos, puis m'enfonce un instant, ouvre la bouche. Mais ce n'est pas le bon moment ! J'avale une eau fraîche et boueuse, un éclair blanc, une douleur au poumon. Mes bras s'agitent comme deux fanions pris au cœur d'un typhon, inutiles. Mon pied touche une aspérité. Le lit de la rivière ? Ou un mur ? Ou quoi d'autre ? Je suis désorienté, à la limite de l'asphyxie. Ce n'est pas moi qui appuie ce pied contre cet élément solide perdu dans l'élément liquide. Mais je remonte. Ma tête est propulsée hors de l'eau. Je tousse, je crache, tente d'aspirer de l'air. Une douleur intenable me comprime les poumons. Une ombre dense faite d'aspérités régulières me barre la route. La roue pendante du moulin, aux aubes aujourd'hui immobiles.

Un plouf, puis un second. C'est Cam et Alain. Ils paraissent en meilleur état que moi. On ne voit presque rien mais je devine Alain occupé à sauter sur ses pieds pour se maintenir la tête hors de l'eau. Le bief n'est pas profond ; deux mètres, à peine un peu plus peut-être.

-Par-là ! crache l'agent immobilier qui, en cet instant ne ressemble plus guère à un agent immobilier ! Sauf que par-là, c'est direction le jardin et les amateurs de gros calibres. Il n'y a pas d'aubes pour nous barrer le passage, mais une sorte de petite cascade à paliers censée donner de la vitesse aux eaux paresseuses de la rivière.

-Si vous faites ça, ils n'auront qu'à vous tirer comme un lapin.

Une détonation claque au-dessus de nous.

Je me tourne vers Cam.

-Et Mathilde ?

Ma femme secoue la tête.

-Elle n'a pas voulu venir. Elle m'a dit qu'elle allait les retenir. Mais qu'on devait faire vite.

Un second coup de feu.

Puis une fusillade d'apocalypse. Le cas de le dire !

Une grand-mère seule avec un fusil contre une armada de mercenaires ; l'idée me révolte.

-J'y retourne !

Cam, dont les larmes se noient dans l'eau de la rivière me désigne l'ouverture rectangulaire, près de quatre mètres plus haut.

-Et tu y retournes comment ?

Sa voix n'est qu'un murmure. Pourtant elle a crié, j'en suis sûr.

Je me mords les lèvres. Un goût de sang m'emplit la bouche. Et de sel.

Le sel de larmes que je ne peux retenir.

-Putain ! Putain ! Putain !

Je pourrais dire la même chose, mais c'est Alain qui le scande en tentant, vainement, d'escalader les pierres rendues lisses par la caresse séculaire des eaux et par les algues moussues qui la sertissent. Commence à m'énerver le Séraphin Lampion de l'immobilier local ! J'attrape Cam par le poignet, qu'elle a fin (et glacé actuellement). Je la pousse vers l'aube qui déploie son ellipse de bois et de métal au-dessus de nos têtes.

-Si on peut passer de l'autre côté, le courant sera avec nous !

Elle acquiesce du menton sans ouvrir la bouche. Je l'embrasse sur la pommette, là où l'estafilade s'étend en un lugubre sourire. Je la prends par la taille, et tente de la projeter le plus haut possible. Curieusement l'eau facilite l'opération. Cam parvient à accrocher l'une des pales. Mes mains sur ses fesses lui font gagner quelques centimètres. Un pied. Un second.

-C'est étroit ! Et y a des machins partout. Mais ça devrait aller ! souffle-t-elle. Et en effet. Entre reptation et glissement, entre jeux de coudes et coups de reins, elle parvient à se glisser de l'autre côté de la roue.

À mon tour.

Je demanderais bien à Alain de me prendre par les hanches et de m'aider de ses mains baladeuses, mais l'idée même me fout en rogne. Et puis, le bonhomme est trop occupé.

Reste que la mallette me pèse. Je ne sais pas si ce précieux contenant a été prévu par ses concepteurs pour résister à une inondation et à vrai dire, pour l'heure je m'en fiche un peu.

-Lâche-la, je la rattrape !

Je suis le conseil de Cam, abandonnant la mallette aux fluctuations de la rivière. Elle se coince contre une pale, tourbillonne, reprend sa route, s'enfonce, réapparaît, puis se coince de nouveau. Au-dessus de nos têtes, la fusillade a cessé. Et je réalise le bien-fondé d'une expression que je pensais galvaudée, vide de tout sens : le silence est à cet instant assourdissant. Réellement. C'est le sang qui cogne à mes tempes, qui bat comme un tambour vaudou à un rythme effréné. Je n'entends plus que ce pilon régulier qui fait taire même les tourbillons grondants de la rivière. Cam également a « entendu ». Elle lève les yeux, en vain. Puis me fixe.

J'espère ne plus jamais lui revoir cette expression.

La foutue mallette tangue et valse, retenue par deux morceaux de ferraille qui me paraissent ici incongrus, elle tangue et valse contre une aube immobile. Elle se trouve à mi-distance entre Cam et moi. Je n'ai pas le choix. Cam était parvenue à grimper pour éviter les pièges de l'eau. Je vais suivre le même chemin mais en empruntant la voie aquatique. Et tenter de récupérer la mallette. Je respire un grand coup et plonge entre deux pales. Je n'aurais jamais cru qu'une aube de moulin fût si large. Je réapparais entre deux montants métalliques. La mallette est encore hors de portée. J'entends des cris venus du ciel. Enfin, du plafond. Des ordres plus que des cris. Tentative de reptation. Je projette mon bras. Ma main saisit un montant glissant. Mon genou, à présent ; qui glisse lamentablement sur une latte humide. Ma joue s'écorche à son tour. Je sens le goût acre du sang dans ma bouche. À force de mordre mes lèvres. Le mugissement sous mon crâne reprend de plus belle. À quelques centimètres de là, la mallette de cuir et d'acier paraît tapie, en équilibre, prête à bondir. Ses fermoirs en cuivre sont pareils à deux yeux plissés guettant mes réactions. Tu perds les pédales. Encore un effort. Je prends appui sur les coudes. Et si l'aube se mettait soudainement à reprendre du service ? Si les eaux de la rivière l'entraînaient de nouveau dans sa tâche centenaire ? Le mécanisme me broierait lentement, j'aurais le temps d'entendre mes os craquer avant de mourir, disloqué. Un frisson me parcourt. Mais c'est le froid, le froid et l'eau qui m'engourdissent. Je dois me concentrer. Mes doigts me paraissent loin, si loin devant, et pourtant tellement inutiles. Il manque quoi ? Trois, quatre centimètres. Il n'est rien autour de moi susceptible de m'aider à combler le vide.

À travers le grondement de l'eau, je crois percevoir de nouveau les voix venues d'en haut.

-Trouvez-les-moi !

À quelques centimètres de là, Cam me tend la main. Elle m'encourage mais je ne l'entends pas. Je ne vois que ses yeux saisis d'effroi, avec au premier plan la masse de la mallette que je peine à atteindre. Le « Trouvez-les moi » a toutefois un effet vertueux. Dans un dernier effort, et un ultime grognement, je parviens du bout des doigts à déséquilibrer la mallette qui, malgré son poids, est aussitôt emportée par les flots en tumulte, avant de couler lentement. Toutefois Cam parvient à l'attraper avant qu'elle ne s'enfonce plus avant. Elle la brandit en signe de victoire.

-Maintenant file ! Je te rejoins dès que je peux.

Ses yeux s'agrandissent !

-Tu rigoles ?

Je ne peux pas lui dire que je suis coincé.

-Dégage ! Je te rejoins ! Ils arrivent !

-Raison de plus !

Cam l'obstinée, l'emmerdeuse, l'aimante !

Je tente, en vain, de dégager ma chaussure prise entre deux claies glissantes.

-Ils sont partis par-là !

Les voix se sont rapprochées. Nos agresseurs n'ont pas été longs à comprendre.

-J'en tiens un au bout du flingue !

Jamais battement de cœur ne m'a paru si violent. Je sens physiquement la pointe d'une arme sur ma nuque. C'est la fin.

-Eh bien flingue-le ! Qu'est-ce que t'attend !

-Cam ils sont là ! Sauve-toi s'il te plaît ! Va retrouver Lou. Et les flics !

Cam fait enfin demi-tour.

C'est à cet instant que je perds connaissance.

Quelque part dans le Thymerais, de nos jours, le 13 août

Ça gamberge sur la berge

-Attrapez-mon poignet, vite ! La mallette, jetez-la sur la berge !

Cam hésite, songe un instant à donner du pied contre la rive pour s'en retourner vers le milieu de la rivière.

La silhouette à genoux perçoit son inquiétude.

-Je ne suis pas avec eux ! Dépêchez-vous ! Et vous aussi, lâche-t-il en se tournant vers Alain qui vient d'émerger.

L'agent immobilier patauge, crache, s'essouffle, tousse, bref se noie dans un mètre d'eau.

Un coup de feu déchire la nuit. Cam rentre la tête dans les épaules, puis d'une pulsion se rue contre la berge. Elle jette la mallette qui s'écrase contre un tronc rugueux. Tend la main.

-Allez ! s'impatiente la silhouette. Cam s'agrippe au poignet d'une main, de l'autre laboure la terre en quête d'une prise. Un instant plus tard elle gît sur la rive, les bras en croix, reprend son souffle. L'inconnu encourage Alain à voix basse. L'agent immobilier se retrouve à son tour sur la terre ferme, les jambes tournées vers les eaux noires qui tourbillonnent, impassibles, fendant la vallée.

La silhouette, grande, corpulente, aide Cam à se relever.

-Venez avec moi, intime-t-elle. Ils seront bientôt là !

-Mais mon homme. Il est resté là-dessous, implore Cam tout en se demandant comment Alain a pu la rejoindre, lui qui se trouvait loin derrière.

L'inconnu secoue la tête.

-Ne vous inquiétez pas pour lui ! Il va s'en tirer. Mais on doit filer d'ici rapidement, sinon…

Sa phrase s'achève par un soupir et quelques points de suspension inquiétants. Alors Cam se saisit de la mallette et emboîte le pas à l'homme, aussitôt suivie par un Alain reniflant et bougonnant.

Les trois silhouettes traversent une étendue herbeuse, franchissent une haie peu épaisse.

-Attention, il y a du courant. Du douze volt. Rien de dangereux mais ça peut surprendre, chuchote l'inconnu. Tous trois se faufilent sous le fil électrique. Le cou d'Alain frotte un instant. Il jure. Putain, aujourd'hui j'ai failli crever mitraillé, noyé et maintenant électrocuté, peste-t-il. Sa voix déchire la nuit. Un « chut ! » agacé lui répond. Alain s'étale contre une pancarte : « À vendre ».

Un fossé, puis le bitume, la route.

-Grimpez là-dedans, on dégage ! L'homme contourne le véhicule, une Méhari décapotée. Cam saute à l'avant, Alain s'écorche le genou en grimpant à l'arrière.

L'antiquité pétarade, démarre au quart de tour.

-Vous avez la mallette ! C'est bien ! constate l'inconnu en passant la première.

À ces mots, Cam serre de plus belle ladite mallette contre son sein en un geste protecteur.

L'inconnu sourit !

-Ne vous inquiétez pas ! Vous avez la mallette, et moi j'ai peut-être le code qui vous permettra de l'ouvrir. Mon nom est Thiers. Philippe Thiers !

Il dit ça comme le héros de Flemming aurait dit : Mon nom est Bond, James Bond.

Dans l'obscurité, Cam ne peut vérifier s'il plaisante ou s'il est sérieux. Philippe Thiers. Sans doute est-ce lui qu'évoquait Mathilde Ranou tout à l'heure. Sans doute est-ce lui qui a hérité de l'ultime copie du roman prophétique de Justine d'Armoise ; l'une des trois rédigées par Edmond Thiers. Cam songe un instant à la petite reliure beige qu'elle a vue s'enfoncer dans les eaux tout à l'heure….

Cam s'affaisse sur son siège, laisse l'adrénaline refluer, écrase une larme en pensant à son journaleux de mari. Où est-il en ce moment ? Dans quel état ? Elle pense à Lou, aussi, heureusement en sécurité chez ses parents. Elle songe aussi au reportage qu'elle aurait dû effectuer dans deux jours. À la sacro-sainte accréditation qu'elle a bien fait d'oublier dans un des tiroirs de l'hôtel. Qu'elle n'aura probablement pas l'occasion d'utiliser. Les peurs et les regrets se bousculent sous sa frange humide.

Thiers perçoit son inquiétude. Peut-être au rythme de sa respiration qui s'est accélérée.

-Ne vous inquiétez pas pour votre mari. Il ne risque rien ces deux prochains jours. Quant à votre bout de chou, on ira le récupérer demain matin.

Le petit véhicule roule à travers champs. Ses phares éclairent par moments un lièvre étonné, un renard en chasse, une effraie plantée sur un poteau mal équarri.

Alain râle à l'arrière. Cam se retourne.

-Putain, maintenant on va crever de froid avec ce vent ! On est trempés et on roule dans une décapotable ! C'est fin ! ronchonne-t-il.

-Désolé ! s'excuse son sauveteur. Je n'avais pas d'autre voiture à disposition. Et puis, cette petite balade va vous permettre de sécher…

Alain va rétorquer quand le conducteur reprend.

-Je plaisante ! Je sais que c'est désagréable. Mais nous sommes presque arrivés à destination. Vous allez pouvoir vous sécher et boire un café.

-Et appeler les flics ? s'autorise Alain.

L'autre lui jette un regard par rétroviseur interposé.

-Vous ferez ce que vous voudrez, mais je ne pense pas que ce soit une bonne idée. Pour le moment, en tout cas !

-Comment saviez-vous où nous trouver ?

Cam a repris la main.

La voiture s'engage en cahotant sur une petite route aux nids de poule invisibles mais qui arrachent des gémissements torturés aux amortisseurs de la Méhari. Un poteau indicateur traverse le paysage. Cam n'a pas le temps de saisir les noms qui y figurent.

-J'ai de bonnes lectures, croyez-moi ! assure le conducteur, mystérieux. Nous vous expliquerons tout dans quelques minutes.

-Nous ? interroge Cam qui a compris l'allusion. Philippe Thiers possède effectivement lui aussi une copie des Apôtres de l'Apocalypse. Combien d'exemplaires de cet ouvrage se baladent-ils encore dans la nature ? se demande-t-elle en décomptant sur ses doigts. L'original doit se trouver dans la mallette. Sa copie a dû disparaître dans l'incendie du domicile de l'éditeur de Justine en 1900. À moins qu'elle n'ait été volée par les incendiaires. De son côté, Edmond Thiers avait recopié une grande partie du texte à la main. C'est le bradel remis à Mathilde qui gît à présent au fond de la rivière. Et c'est sans doute l'une des copies de cette copie qui a brûlé dans une Ami 8, son double se trouvant selon toute logique entre les mains de Philippe Thiers. Cam réfléchit un instant : si son raisonnement tient debout, l'ouvrage qui est parti en fumée la veille provenait de la bibliothèque de Thiers, la fameuse bibliothèque rachetée voici plusieurs années par l'oncle de Joe…

Joe, qu'est-elle devenue, la pauvre ? Cam s'en veut de l'avoir brusquée à plusieurs reprises. Et Mathilde ? Une larme coule à l'évocation de la vieille dame. Elle se tourne vers son neveu, ouvre la bouche. Mais aucun son ne franchit ses lèvres.

-Encore un peu de patience, conseille le jeune homme qui a surpris son mouvement.

Les phares dévoilent partiellement un paysage riche de fossés, de talus herbeux, de prairies ceintes de barbelés, de petits bois plantés çà et là au milieu des champs, sans doute les vestiges inféconds de carrières ou de forges médiévales. Les yeux grands ouverts, Cam observe, hypnotisée, le double foyer jaune qui lui révèle la route. Des serpents sinueux dardent leur langue vipérine sur le bitume. Une chouette pousse son cri de mort et une pluie de sang s'abat sur le capot du véhicule.

C'est son propre cri qui réveille Cam.

-Nous sommes arrivés ! constate l'inconnu.

Combien de temps a-t-elle dormi ? Cam ne saurait le dire. Pas plus de quelques minutes, sans doute. Elle bâille. Puis, chancelante saute sur l'allée gravillonnée.

L'inconnu lui saisit le coude, la guide vers la silhouette avachie d'une bâtisse noyée par la nuit. Elle entend le crissement boudeur des pas d'Alain à quelques mètres de là.

Une lumière s'allume derrière une fenêtre. Une porte s'ouvre.

-Bonsoir ! Je suis heureux de faire votre connaissance !

La nuit est soudain déchirée par un cri, par un bruit métallique, celui que ferait une chaîne crissant sur le gravier ; un feulement rauque. Puis une masse s'abat sur la poitrine de Cam. Elle n'a que le temps de pousser un cri d'effroi, chute en arrière.

Puis c'est le noir…

Quelque part dans le Perche, de nos jours, le 14 août

Un nuage de poussière

-Bonjour, Gisèle ! On peut vous demander un petit service ?

-Avec plaisir Françoise !

À l'autre bout du fil, la voix est enjouée, comme toujours ! Gisèle et Michel sont des voisins formidables. Toujours de bonne humeur, toujours prêts à rendre service. De l'autre côté de la vitre de la cuisine, le soleil grimpe à travers les rares nuages blancs. Huit heures déjà, six heures au soleil et déjà quinze degrés affichés sur le thermomètre accroché à la porte. Le mercure va monter aujourd'hui. Mieux vaut faire provision d'eau !

-Voilà, nous avons la petite Lou à la maison. Et on se demandait si… La grand-mère de Lou s'interrompt un instant.

Elle suit des yeux un véhicule qui, derrière la fenêtre, s'engage sur le sentier escarpé qui mène à leurs deux seules maisons. Gisèle et Michel ainsi que Françoise et Philippe se partagent un ancien corps de ferme, énormes bâtisses plantées sur trois hectares de terrain qui furent dissociées quand l'ancien propriétaire, héritier sans enfant d'une vaste exploitation céréalière, vendit son bien pour s'en aller couler une retraite paisible sur la côte d'Azur.

Il n'est pas rare de retrouver dans la cour commune quelque automobiliste en perdition, une famille déboussolée en quête d'indications routières, voire un curieux attiré par l'isolement du lieu. Mais jamais si tôt le matin.

Tout en répondant machinalement à Gisèle, Françoise suit des yeux le nuage de poussière qui se forme en haut de la colline. Le véhicule s'immobilise sur le bas-côté, puis il entame un demi-tour lentement. Le soleil bas caresse de ses rayons la voiture et un éclair brillant frappe la rétine de Françoise.

Sans doute un reflet dans le rétroviseur, songe-t-elle en voyant s'éloigner le nuage de poussière ocre.

Il ne lui viendrait jamais à l'idée qu'il peut s'agir là du reflet d'une lentille appartenant à une paire de jumelles pointée dans sa direction.

Quelque part dans le Thymerais, de nos jours, le 14 août

Des lames et des espoirs

-Avez-vous bien dormi ?

Cam lève la tête de son bol. Le café est brûlant, salvateur. Cam s'est levée tôt, a pu se doucher et enfiler ses vêtements de la veille, certes déchirés par endroits, mais lavés et séchés au cours de la nuit. Alain dort encore. La mallette est posée sur la table en formica.

Derrière la porte-ferme, dont la partie supérieure est grande ouverte sur la cour, elle aperçoit la queue de Lady, l'énorme berger de Beauce qui la nuit dernière a salué sa venue en lui sautant dessus. La peur de sa vie ! Ou presque. Avec pour souvenir physique, un hématome violacé tirant sur le jaune sous le sein gauche.

Des raisons d'avoir peur… Cam en a eu sa ration ces dernières heures. Elle entend grincer la chaîne qui traverse la cour, offrant un minimum de liberté au molosse. Lady s'est rapprochée de la porte. Sa queue joyeuse bat régulièrement le bois peint en bleu. Elle souffle, bave, geint, aboie parfois.

-Beaucoup de rêves, pas agréables. Mais ça va. Je ne vous ai pas encore remercié ! remarque-t-elle en levant les yeux. L'homme est à contre-jour, mais elle perçoit cette fois ses traits. Un visage rond sous une tignasse grise, des sourcils fournis ombrant des yeux bruns, un nez bourbonien, des lèvres épaisses visiblement habituées à sourire. Thiers (elle ne se souvient plus de son prénom) est costaud, comme elle l'avait deviné quand il n'était qu'une silhouette nocturne et salvatrice.

-Je m'appelle Rémi Louvet.

Une autre voix. Cam se retourne, surprise. Rémi Louvet est un homme d'une quarantaine d'années. Le cheveu blond, coupé court. Une fine moustache. L'œil clair. La lèvre fine. Il lui tend la main. Qu'elle serre avec gratitude.

-Mon nom ne vous dit rien, sans doute. Peut-être parlerait-il plus à votre mari ?

Cam secoue la tête, dubitative.

Pour couper court aux gémissements canins qui saluent son entrée, ou tout au moins pour les atténuer, Louvet referme la porte. L'animal se tait, vexé sans doute.

-Est-ce que le nom d'Aberfan vous dit quelque chose ? s'enquiert alors Thiers (Philippe, c'est Philippe son prénom se souvient alors Cam, Philippe, comme son père, elle aurait dû s'en souvenir).

Cam rassemble ses idées. Elle se remémore leur entretien avec Hirst, le savant. Et surtout la conversation, quelques heures plus tôt, avec Mathilde Ranou. Qu'est devenue cette pauvre femme ?

-Oui, bien sûr. La catastrophe minière au pays de Galles. Et cette soi-disant organisation secrète qui utiliserait des médiums pour gagner de l'argent en pariant sur l'avenir.

Rémi Louvet s'assoit sur un coin de table.

-Il ne s'agit pas d'une « soi-disant » organisation secrète ! Le projet Aberfan existe. Aberfan Project comme se plaît à l'appeler ce psychopathe de Chazam. Oui le projet Aberfan existe bel et bien ! Ou existait. Il semble en effet que quelqu'un élimine l'un après l'autre les membres du projet. Jusqu'à ces derniers jours, Aberfan réunissait plusieurs médiums qui, pour la majorité d'entre eux, ont trouvé la mort dans des circonstances dramatiques. Sogar, l'artiste plasticienne, Guyon, le libraire, Bidard, la bouchère chartraine. La liste est longue car elle ne se limite pas à la France. Depuis deux jours, je me cache ici, et vis aux crochets de Philippe. Il se tourne vers Thiers, lui réitérant sa gratitude.

-Je pense que je suis le prochain sur la liste. C'est la raison de ma présence ici.

-Mais qui en voudrait à tous ces gens ? demande Cam. Elle est abasourdie. L'impossible vient d'enfoncer un coin dans son quotidien.

-Eh bien, ceux-là même qui ont présidé à la création du projet, bien sûr !

-Mais pourquoi ?

-La réponse se trouve sans doute dans cette mallette !

Louvet désigne le cuir fatigué qui repose sur la table blanche.

-Et peut-être aussi là-dedans ! poursuit-il en désignant sa tempe. Depuis quelques semaines, mes nuits sont écourtées par des cauchemars violents, qui s'apparentent plutôt à des rêves prémonitoires.

L'oniromancie, la vision de l'avenir par les rêves : c'est cette forme de préscience qui m'a fait intégrer le projet Aberfan il y a de cela plusieurs années, raconte Rémi Louvet en se servant une tasse de café. Les visions se sont faites de plus en plus précises au fil des nuits. Des visions d'horreur, de fin du monde. Il m'a fallu plusieurs nuits pour comprendre ce dont je « rêvais », même si le verbe est impropre. Il est en effet souvent difficile d'interpréter justement ses prémonitions. L'esprit use la plupart du temps de symboles pour nous permettre de voir. C'est là que résident les possibles erreurs d'interprétation de ces rêves. Mais ce que je vois, ce que je sens, ce qui m'éveille au milieu de la nuit, suant et tremblant, c'est un grand feu qui embrase soudainement la cathédrale, ce que je sens, ce que je sais, c'est un gouffre qui creuse le sol et engloutit la ville. Je vois des milliers de visages tordus par l'angoisse et la souffrance, des torches humaines se jetant à travers les blessures du bitume, des enfants écrasés par des gargouilles grimaçantes, des conduites de gaz soufflant des pans entiers de maisons !

Louvet s'interrompt, le souffle court, n'osant encore porter sa tasse à ses lèvres. Cam se remémore les passages du manuscrit de Justine d'Armoise évoquant la catastrophe. Ainsi que le vitrail peint du Grénillet s'ouvrant sur le ciel.

-Je suppose que les autres membres du projet Aberfan ont également prédit cette… Louvet cherche ses mots. Cette apocalypse, même si le terme est là encore impropre.

-Mais pourquoi les tuer, pourquoi vouloir vous tuer ? insiste Cam. Et quel rapport avec les livres de Jules Verne que l'on a retrouvés à côté des cadavres ?

Louvet avale son café d'un trait, réprime une grimace.

-Tout simplement parce que ce sont les concepteurs mêmes du projet Aberfan qui ont prévu l'attentat. Car c'est bien un attentat qui se prépare ! Mais ne me demandez-pas pour quelles raisons. Quant aux cartonnages auxquels vous faites allusion, il s'agit certainement d'un artifice inventé par monsieur Chazam, l'un des exécuteurs des basses œuvres du Projet Aberfan. Un homme intelligent, ce monsieur Chazam. Et dangereux. Son leurre a réussi puisque visiblement, les flics sont sur les traces d'un tueur psychopathe, un tueur qui pourrait être votre mari ! Monsieur Chazam semble en effet s'être donné bien du mal pour lui coller ces meurtres sur le dos ! Une façon de détourner l'attention du véritable enjeu de ce 15 août !

Une larme pointe au coin de la paupière de Cam.

-Un leurre qui ne tiendra pas deux jours ! répond-t-elle en serrant le poing. Il ne sera pas difficile de le disculper !

-Qu'importe ! rétorque Rémi Louvet. Dans deux jours tout sera terminé. Il s'agit juste d'amuser la galerie jusqu'à la visite papale. Car je pense que vous l'aurez compris ! En détruisant la cathédrale, c'est le pape qui est visé.

-Le pape et pas seulement ! s'écrie alors Cam. Il y aura là les représentants des plus hautes instances catholiques mondiales ! Ont également été invités plusieurs chefs d'État ou leurs représentants, ainsi que les grands pontes des différentes églises d'Orient et d'Occident. Des représentants des communautés juives et musulmanes ont aussi été conviés à participer à ce moment de confraternité. En ces temps de tension entre communautés, le Vatican a été assez habile pour transformer ces très catholiques fêtes mariales en un rendez-vous œcuménique réunissant les diverses tendances des trois grandes religions monothéistes. Vous devez alerter la police !

Louvet se ressert une tasse de café.

-Parce que vous pensez que les flics me croiront ? Dans le meilleur des cas je vais passer deux jours en garde-à-vue avenue Maunoury. Je préfère me tenir éloigné de Chartres ces deux prochains jours.

Cam frissonne. Se souvient du cauchemar de Lou, quelques heures plus tôt.

« … J'ai rêvé d'un grand incendie. Qui s'est passé il y a très longtemps. Ou qui va se passer, je ne sais plus. En fait, ce n'était pas comme un rêve. Ça paraissait plus vrai. Mais je n'arrive pas à expliquer. C'était comme si c'était vrai. Je sentais même la fumée… »

Un frisson glacial remonte le dos de Cam.

Lou. Elle est en danger ! Cam le sent.

Lou !

Quelque part dans le Thymerais, de nos jours, le 14 août

La mallette à molette

Rémi Louvet observe l'écume à la surface de son café.

Cam a respiré un grand coup. Inutile de paniquer ! Elle tente en tout cas de s'en convaincre. Elle aurait bien balancé son bol à la tête de Louvet, après tout, lui aussi appartient à cette confrérie sectaire qui l'a mise elle et son homme dans la mouise. Elle se jure que le bonhomme ne s'en tirera pas avec une mention.

Elle désigne la mallette écrasée sur la table.

-Nous n'avons qu'une partie du code ! rappelle Cam. S'il s'agit bien là de la clé ! tempère-t-elle. Le code compte onze chiffres et notre clé n'en comprend que huit.

-Onze. Le chiffre de la Force dans le Tarot divinatoire. Le symbole d'éternité, également, souligne Philippe Thiers. Quant au huit, il représente la Justice. Ma tante Mathilde m'avait confié il y a longtemps ces lames de Tarot, m'affirmant qu'il fallait en suivre l'ordonnancement pour permettre l'ordonnancement du monde. Elle m'avait dit que je devrais vivre mon destin quand celui-ci se présenterait à moi et que ces lames ajoutées à une clé permettraient de faire jaillir la lumière. Ce sont ses propres mots. Thiers sourit tendrement à l'évocation de la vieille dame. Il précède Cam de quelques secondes : « Ne vous inquiétez pas pour elle ! »

Il se dirige vers un livre de recettes coincé sur une étagère, entre le dernier bulletin municipal et un annuaire vieux de sept ou huit ans.

Il en revient avec trois lames de tarot. Il y a là le Bateleur, la lame première, symbole de la pulsion initiale de l'univers, l'énergie créatrice ; le Pape, la cinquième lame, symbole de protection. Et la Maison-Dieu, la seizième lame, laquelle évoque le bouleversement soudain, la catastrophe inattendue…

Cam a les yeux rivés sur les cartes aux couleurs vives, aux lignes naïves. La Maison-Dieu la met mal à l'aise. La tour de briques explosant sous le coup d'un éclair stylisé, les deux silhouettes sur le point de s'écraser sur le sol. Elle n'a aucun mal à calquer sur la réalité prophétique les images qu'elle a sous les yeux. Ce Bateleur inconnu qui joue avec la vie, ce Pape en visite à Chartres et cette Tour-Cathédrale qui s'effondre, promesse d'un changement brutal. La fin d'un monde. L'apocalypse…

Elle frissonne.

-Il y a un problème !

Thiers se penche. Observe à son tour les trois cartes divinatoires.

-Notre clé compte onze chiffres. Avec la Maison-Dieu, cela porte le nombre à douze ! remarque Cam.

Philippe Thiers a un geste de dénégation.

-Si vous additionnez le 1 et le 6 de la Maison-Dieu, vous obtenez le 7, la lame du Chariot. Elle aussi est symbole de transformation, mais surtout évoque l'ambition couronnée de succès, la transformation positive, l'idée de lutte mais aussi de triomphe. C'est un message d'espoir à travers le temps que mon aïeul, et Mariel avant lui, ont voulu nous laisser. Pour nous donner courage !

À ces mots, Cam se sent toute revigorée. Elle serre les poings, songeant à son homme, à sa fille, à la lutte qu'elle s'apprête à engager.

-Eh bien tout est dit ! Ouvrons cette foutue mallette !

Elle l'attire vers elle. Compose le 1, puis le 5. Suivent le 0, le 8, le 2, une nouvelle fois le 0, puis le 1 et le dernier chiffre indiqué sur le vitrail…

-À vous de jouer ! souffle-t-elle à Philippe Thiers. Celui-ci se penche sur la table. Ses cheveux sentent la noix de coco. Il tourne la combinaison pour atteindre le chiffre 1. Puis le 5. Et enfin le 7.

Tous trois en oublient de respirer. Cam ouvre la sacoche.

Rien. Elle insiste. En vain.

-Elle est peut-être grippée depuis le temps, avance Rémi Louvet.

-Non, ça bloque. Merde ! râle Cam.

Philippe Thiers secoue la tête, dispersant de nouveaux effluves de noix de coco.

-Attendez, il faut suivre l'ordonnancement des chiffres pour permettre l'ordonnancement du monde, c'est ce que disait Mathilde.

-Donc ? s'enquiert Cam.

-Le Monde, c'est également une lame du Tarot, la vingt-et-unième.

-Et ?

Cam, malgré elle, boit les paroles de Philippe Thiers.

-Cette lame symbolise la sagesse, le triomphe, les efforts récompensés, l'achèvement, l'équilibre entre le Haut et le Bas.

-Vous pensez qu'il faut additionner 2 et 1 comme vous l'avez fait pour la maison-Dieu ?

Philippe Thiers fait la moue.

-Ce ne serait pas logique. Nous avons nos trois lames. Même si symboliquement, celle du Monde à une signification dans l'action que nous allons mener.

Ses yeux se portent quelque part sur le mur de la cuisine, en un point connu de lui seul.

-Attendez ! s'écrie t-il soudain.

Il se rue sur la mallette, joue avec les chiffres de la combinaison tout en marmonnant :

-0, 0, 1, 1, 1, 2, 4, 5, 5, 7, 8, l'ordonnancement du monde, Une suite logique, un ordre croissant !

La mallette s'ouvre alors dans un claquement sec.

Quelque part dans le Perche, de nos jours, le 14 août

Dernière vision

-Où est la petite ?

-Pardon ?

-Je vous demande où est la petite ?

Elle jette un coup d'œil par-dessus l'épaule du type. Une grosse berline est garée dans la cour. L'une de ses roues mord sur la plate-bande éclatante de couleurs. Ce détail l'agace. Elle le dit.

Un type est au volant. On dirait qu'il lui adresse un sourire, puis un petit signe de la tête.

Elle se tourne vers l'intérieur. Sur le buffet, la télé est branchée en sourdine sur une chaîne d'information en continu. Lou dort encore.

-Chéri, tu peux venir s'il te plaît ?

L'autre n'a qu'à bien se tenir.

Quand elle se tourne, son front heurte un objet.

-Aïe !

Elle lève les yeux.

Le canon d'un pistolet automatique caresse sa peau, là, juste entre les deux yeux.

-Chut ! Vous ne voudriez pas effrayer la gamine ? demande l'homme.

Le pire, ce n'est pas le canon de l'arme pointé sur son front.

C'est le léger sourire qu'arbore le bonhomme.

Elle entend des pas dans l'escalier.

Le sourire de l'homme, ce sale sourire pervers et sadique.

La dernière image qu'elle emporte avec elle.

Quelque part dans le Thymerais, de nos jours, le 14 août

Monsieur Mickey entre en scène

Cam ne peut cacher sa déception. Son poing frappe violemment la table. Une fois, puis deux. Elle en pleurerait presque. La douleur qui remonte le long de son bras est bénéfique. Cette fois, elle en rirait. De frustration, de rage. Tout ça pour rien ! Tous ces mystères depuis une centaine d'années, toutes ces morts lointaines ou plus récentes pour une mallette vide, ou presque ! Il y a bien là les vestiges moisis de ce qui fut un livre, ou plutôt un manuscrit. Les pages s'effritent sous ses doigts en une poussière nauséeuse, douçâtre. Les champignons et l'eau ont eu raison du papier. La couverture toilée laisse apparaître une partie du titre, écrite à l'encre en élégantes arabesques : L… Ap-tres – Ap… lyps.

Les Apôtres de l'Apocalypse.

Voilà bien longtemps que les pages sont partiellement tombées en poussière. Cam ne peut y croire. Ici, quelques passages ont survécu. L'encre violette a bavé. Les mots se sont perdus dans l'humidité, ont pénétré le papier, l'auréolant de taches ésotériques. À peine si Cam peut en tourner les vestiges, capter un nom ou une phrase.

-Ça n'est pas grave ! Il nous reste notre copie du manuscrit ! murmure une voix apaisante à son oreille.

C'est Philippe Thiers qui a parlé. Il pose une main amicale sur son épaule.

-C'est grâce à mon exemplaire que je suis parvenu à vous récupérer hier soir. Certes il est incomplet mais s'est révélé très utile !

Cam plonge de nouveau la main dans la mallette. En ressort les doigts puants, les mains pleines de résidus de peaux, de parchemins. C'est là tout ce qu'il reste des écrits prophétiques censés corroborer les visions de Justine d'Armoise.

De nouveau, une intense lassitude s'empare de Cam. Si elle n'était assise, elle s'effondrerait sur la tomette. Un vide étrange s'insinue en elle.

Un vide froid, glacé, sidéral, qui lui gèle les boyaux, s'attaque à sa chaleur intime, transforme en givre son sang bouillonnant. Cam respire un grand coup, comme pour s'emplir d'autant de chaleureux espoir.

Ses compagnons ont réalisé, eux aussi. Ils n'osent poser le doigt sur ces vestiges de peaux qui après avoir résisté durant deux mille ans aux sables du désert se sont désagrégés en moins d'un siècle.

Les doigts de Cam fouillent fiévreusement le fond de la mallette, en quête d'un miracle.

Une sorte de chemise cartonnée, glissée dans une toile huilée, semble avoir survécu aux assauts du temps.

Cam s'en empare et sans précaution aucune, insouciante du déclenchement d'une possible catastrophe, en retire les papiers quadrillés qui s'y pressent.

Nouvelle déception. Il s'agit là de feuilles de papier détachées d'un cahier et noircies d'une écriture au stylobille. Ils sont toutefois parfaitement lisibles. Ils s'accompagnent d'une épaisse feuille blanche qui, une fois dépliée, offre aux regards la copie d'un planisphère. De nombreuses villes, tant en France qu'à l'étranger y sont pointées. D'un continent à l'autre, d'une ville ou d'un site à l'autre (nombre d'entre eux sont inconnus de Cam), courent des traits au crayon rouges ; des flèches enjambent les océans et les déserts, se perdent au cœur du désert de Gobie pour venir s'enfoncer, oui, dans les entrailles de l'ancienne Gaule.

Fascinés malgré la déception première, Cam, Thiers et Louvet suivent des yeux les vouivres qui déroulent leurs anneaux d'une terre à l'autre. Car, à en croire la légende écrite au stylo rouge, il s'agit bien de cela. Des forces magnétiques, telluriques, d'une puissance infinie qui forment les veines de la Terre. C'est ce qu'explique Philippe Thiers à Cam qui se souvient des paroles de Hirst.

-Voyez, tous ces sites ! Ce sont d'incroyables points d'énergie. Ils sont connus depuis des dizaines de milliers d'années. Ils ont nourri les temps anciens du paganisme, du panthéisme, ont été réinvestis par le Christianisme. Ils ont accompagné les hommes dans leur développement, ont été chantés dans les Mystères grecs, ont permis à certains d'entre nous de vivre à l'unisson avec la Terre-Mère. Ils ont fait la force des chamanes, des druides, des sorciers et des mages, ont conféré des pouvoirs qualifiés de magiques à ceux qui savaient les intégrer et les utiliser. Qu'on les appelle rebouteux, thaumaturges, magnétiseurs, chamanes ou voyants, ils se nourrissent de ce sang de la terre qui leur permet de voir au-delà de notre perception. Ils peuvent voir le futur, revivre le passé, ils sont capables d'allumer des feux à distance, de déplacer des objets, d'insuffler la vie aux malades et certains peuvent même communiquer avec les animaux ou avec les morts. Et Chartres est l'un des plus puissants centres d'énergie, le plus puissant peut-être, voire l'Originel. Voyez ce cercle rouge qui entoure la ville !

-Ha ! Vous avez finalement réussi à forcer cette embarrassante mallette ! Ce n'est pas trop tôt !

Tous trois se retournent d'un bloc.

Alain est accoudé nonchalamment à la rampe de l'escalier qui mène aux chambres, comme vissé de travers sur la cinquième marche de bois.

Il a un petit sourire goguenard qui ne lui appartient pas songe Cam.

Et il pointe sur le trio un lourd révolver gris.

-Permettez-moi de me présenter ! Monsieur Mickey pour vous servir ! Enfin, pour me servir serait moins courtois mais plus juste, finalement… Monsieur Mickey, pour me servir !

La Force
XI

Quelque part dans le Perche, de nos jours, le 14 août

Cartonnage amateur

Le véhicule démarre, arrachant à la terre meuble une demi-douzaine de géraniums orangé. Assis à l'arrière, l'homme au visage rond ôte enfin sa main des yeux de la gamine. Celle-ci est vêtue d'un joli pantalon rouge à motifs floraux tout neuf. Elle rue de tous côtés, réclame sa mère, sa grand-mère, son père, braille, donne du poing, du pied. Appelle son grand-père. L'homme lève la main, menaçant. Songe aux deux cadavres qui gisent dans la maison. Se demande si orpheline de grand-père et de grand-mère cela se dit. Décide qu'il s'en fout.

-Tu te tais maintenant !

Il n'a pas haussé le ton.

Mais Lou se débat. Ses mains se portent vers la portière. La sécurité est mise. Elle a beau actionner la poignée, rien ne se passe.

-Ne t'inquiète pas. Tu vas bientôt revoir ton papa ! ajoute l'homme. Tiens, mets ta ceinture, c'est dangereux de rouler sans ceinture. Lou hausse les épaules, se recroqueville dans le coin opposé de la banquette arrière. Et ferme les yeux.

Dans la maison de ses grands-parents gisent deux corps sans vie. Le sang de l'un s'est mêlé à celui de l'autre avant de s'en aller gorger une reliure amateur en cuir et percaline rehaussée d'or abandonnée sur la tomette.

Sur la table de la cuisine, un carton volumineux sur lequel repose une enveloppe à bulles, brune. Avec ces deux mots rédigés au marqueur :

« Pour Camille ».

Quelque part dans le Thymerais, de nos jours, le 14 août

Les noirs desseins animés de Monsieur Mickey

-Allez, dites-le, dites-le !

C'est Alain qui s'adresse à Cam. Alain ou Monsieur Mickey ? s'interroge la jeune femme. Elle cherche du regard quelque chose, quelque chose qu'elle pourrait utiliser.

-Dites quoi ? finit-elle par demander.

-Que je mérite un Oscar pour ma prestation d'agent immobilier quelque peu navrant, quelque peu entreprenant. Oh, je vous rassure, c'est ma véritable profession ! Bien ! Je suis heureux d'avoir retrouvé Monsieur Louvet, se rengorge-t-il en souriant. Louvet paraît tétanisé. Thiers s'appuie des deux mains sur la table, se mord les lèvres.

-Cela m'a valu quelques bleus mais le résultat est appréciable ! Je vais mettre la main sur le manuscrit des Apôtres de l'Apocalypse que Monsieur Thiers cache quelque part, je vais récupérer ce qu'il reste du contenu de la mallette. Je vais pouvoir me débarrasser de Monsieur Louvet et confier enfin sa mission à madame, énumère t-il en s'inclinant élégamment vers Cam.

-Ma…mission ? balbutie la jeune femme !

-Mais oui, ma chère ! Au fait, j'ai récupéré votre accréditation. N'oubliez pas que demain, vous avez un reportage de la plus haute importance !

Cam secoue la tête !

-Je ne comprends rien !

-Rassurez-vous, vous ne devez pas être la seule. Nous sommes sur la piste de ces documents depuis plusieurs semaines. Le hasard a voulu que nos chemins se croisent à l'église Saint-Marc. Ou plus précisément que le chemin de Monsieur Chazam croise celui de votre mari et celui de cette jeune amie de notre regrettée médium-artiste, Alexandra Garbeau. Les Apôtres de l'Apocalypse ! C'est ainsi que nous surnomme Justine d'Armoise dans son petit roman prophétique ! Un petit bouquin bien embarrassant pour nos projets ! Remarquez, demain, il n'aura plus d'importance ! Je suis heureux toutefois d'avoir pu mettre la main dessus.

-Je crains qu'il ne vous serve pas à grand-chose dans l'état où il se trouve ! intervient Philippe Thiers en désignant l'amas de papiers et de peaux gisant sur la table.

Alain sourit. Un sourire de requin avisant une paire de jambes lestes regagnant, insouciante, une plage tropicale.

-Je ne parle pas de cet exemplaire. Mais du vôtre !

Thiers se pince les lèvres, se contente de fixer Alain. Puis il semble se décider.

-Grâce à Justine d'Armoise, nous connaissons votre projet. Nous savons tout de la bombe dissimulée dans le puits de la crypte. Nous savons également que sa puissance n'est pas assez grande pour provoquer de réels dégâts, juste la panique suffisante pour permettre à votre tireur embusqué de faire des cartons sur les personnalités en présence. Mais nous savons aussi qu'il y a dans les entrailles du tertre où s'enfoncent les fondations de Notre-Dame une puissance énergétique à nulle autre pareille.

-Impressionnant ! Vous faites sans doute allusion à l'Arche d'Alliance ? l'interrompt Alain. Foutaises ! Conneries ! Élucubrations d'ésotéristes ! Ne me dites-pas que vous croyez vous aussi qu'elle repose dans le ventre de Notre-Dame de Chartres !

-Cela seul peut expliquer les visions de mort qu'Alexandra, moi-même et les autres membres d'Aberfan avons eu ces dernières semaines ! renchérit Louvet. Croyez-nous ! Vous allez être à l'origine d'une catastrophe dont vous n'imaginez pas les conséquences !

-Que si, plastrone Alain ! Nous avons au contraire longuement analysé ces éventuelles conséquences ! Nous allons accompagner l'émergence du Verseau et nous enrichir en même temps ! Bien, assez discuté ! Je vais vous demander de mettre ces documents, oui, même ceux dont il ne reste rien, dans cette mallette. Et monsieur Thiers, merci de me confier également votre exemplaire du manuscrit de Justine d'Armoise. Voilà… À présent, reculez-vous.

Alain descend les quelques degrés qui le séparent du trio, s'empare du manuscrit qu'il glisse dans sa poche, puis de la mallette, sans quitter la jeune femme et ses compagnons des yeux. Tout en les pointant d'un canon menaçant, il contourne la table.

-Merci de bien vouloir m'ouvrir la porte, ordonne-t-il à Cam. Cette dernière hésite, puis se dirige vers la porte-ferme.

-Et pas de connerie sinon j'abats tout de suite vos petits camarades !

Cam entend le gémissement derrière la porte.

D'un geste brusque, elle appuie sur la poignée. Ouvre la porte.

Le crissement de la chaîne sur le gravier. Un aboi rauque.

Une masse de chair, de muscles et d'os se rue dans la pièce, entraînant avec elle Alain, sa mallette et son arme !

Une abbaye oubliée, de nos jours, le 14 août

Devant l'abeille

Lou remonta jusqu'au nombril son pantalon rouge. Les fleurs de tissu dansèrent sur ses cuisses frêles. Elle leva les yeux puis observa, attentive, les ruines osseuses de ce qui avait peut-être été, autrefois, un vrai château de princesse.

Un léger souffle de vent caressait les cimes léonines des chênes démesurés qui entouraient l'enfant. Quelques chevaux caracolaient sur les berges d'un vaste étang aux eaux grises sur lesquelles fumaient les lambeaux arachnéens d'une opaline brume matinale. De longues fenêtres en ogives parsemaient la pierre à distance équivalente. Certaines en avaient conservé les vitraux d'origine dont le soleil matinal ne révélait que le réseau de plomb.

Lou se tourna vers l'homme au visage rond qui avait effectué le voyage à ses côtés. Le conducteur, lui, s'était déjà engouffré au cœur des pierres imposantes.

-Elle est où maman ?

L'homme cilla sous le regard péremptoire de la gamine.

-Elle ne va pas tarder à arriver. Pour l'instant, nous allons déjeuner. Je suis sûr que tu as faim !

Lou secoua la tête.

-Je n'ai pas faim. Je veux voir papi et mamie, et maman. Tu m'avais dit que maman était ici ! Je veux la voir ! Et papa ?

L'homme eut la tentation de lui faire tâter de son revers. Mais il laissa sa main ballante. Il se força à sourire.

-Je te l'ai dit, elle va bientôt arriver. Regarde plutôt. C'est une très vieille abbaye !

Une abeille, ça ? Il lui mentait, c'était certain. Et s'il lui mentait pour ça, il lui mentait aussi pour le reste.

Lou jeta à son interlocuteur un long regard soupçonneux. Qui le fit frissonner.

Soudain, la brise qui incitait au murmure l'érugineux feuillage des grands arbres lui parut porteuse d'insoupçonnables menaces.

Quelque part dans le Perche, de nos jours, le 14 août

Futur hanté rieur

Le pick-up tressautait sur le chemin étroit, nuage de poussière ambulant, grinçant, crissant, moutonnant à travers la campagne percheronne. Thiers était au volant, gringottant un air inaudible. Cam, à la place du mort, tentait de déchiffrer le manuscrit de Justine d'Armoise. Louvet avait été relégué dans la remorque bâchée du pick-up, chargé de la surveillance de Monsieur Mickey, Alain pour les intimes.

Ce dernier, un peu plus tôt, s'était retrouvé cul par-dessus tête sur la tomette de la cuisine, son arme avait voltigé contre le réfrigérateur. Tandis que Lady entreprenait de lui décaper le visage à grands torrents d'une bave épaisse et pestilentielle, Thiers et Louvet s'étaient rués sur « l'Apôtre » pour rapidement le maîtriser. Cam s'était quant à elle saisi de l'arme et l'avait pointée entre les yeux agrandis par la rage de l'agent immobilier.

Thiers avait détaché son molosse qui, reconnaissant, s'était éclipsé en jappant dans la cour gravillonnée puis s'était fondu dans une haie de charmilles, à la poursuite d'un couple de merles à la trille excédante.

Puis, toujours sous la menace, Monsieur Mickey avait été sanglé à l'aide de la chaîne de l'animal. Il avait été convenu que ce harnais de fortune, métamorphosant un temps l'agent immobilier en un adepte contemporain du grand Houdini, permettrait de le transporter sans risque jusqu'à la maison des parents de Cam. Cette dernière avait tenté de les joindre sans succès et la jeune femme ne parvenait pas à réfréner d'irrépressibles vagues d'angoisse. Thiers avait essayé de la rassurer en glissant la clé dans le contact de son pick-up.

-Justine d'Armoise ne fait pas allusion à un quelconque malheur survenu à vos parents ou à la petite !

Aussi, tandis que le véhicule brinquebalait à travers champs, Cam tâchait de s'imprégner de la teneur de l'ouvrage. En effet, les lignes prophétiques la voyaient, elle et ses deux compagnons, retrouver Lou en grande forme autour d'un copieux petit déjeuner. Remontant dans le temps, elle lut ensuite avec inquiétude la scène du moulin, l'attaque des

Apôtres de l'Apocalypse, leur fuite à travers le bief. Curieusement, il n'était pas fait mention de leur hôtesse aux cheveux blancs.

Un détail lui fit venir le rouge aux joues.

-Philippe ?

Celui-ci, concentré sur la conduite, ne lui répondit pas tout de suite. Il cessa finalement de chantonner.

-Oui ?

-Il y a un détail qui cloche !

Cam sentait une nouvelle vague d'incertitude la gagner.

-Dans votre manuscrit, il n'est pas fait allusion à Alain. Ni à Mathilde. Ni à certains autres évènements qui sont pourtant arrivés à mon mari.

Thiers leva le pied de l'accélérateur pour négocier un virage creusé d'ornières caverneuses. Il rougit violemment. Cam eut la curieuse et désagréable impression qu'il ne rougissait pas pour cette unique raison.

-C'est pourtant vrai… Avec tout ça, je n'y avais pas songé.

Il offrit un regard affolé à Cam.

-Pouvez-vous jeter un coup d'œil sur certains autres passages que vous êtes censée avoir déjà vécus ?

La rencontre de Joe et de son homme. La découverte du nom d'Aberfan… Leur intimité durant la nuit puis la journée passée à Écublé avant l'expédition nocturne chez le libraire. Terrorisée, Cam découvrit que dans cette copie, il n'était question d'aucun de ces baisers mentionnés dans l'exemplaire parti en fumée avec une certaine Ami 8.

-Les deux copies ne sont pas identiques ! gémit-elle.

Thiers la considéra de nouveau. L'effroi se lisait dans ses yeux. Le pick-up fit une embardée, vite maîtrisée.

-Qu'est-ce que…

Il ne termina pas sa phrase, réfléchissant. Son pied se fit plus lourd sur l'accélérateur.

-C'est impossible ! Edmond Thiers avait certes recopié à la va-vite le manuscrit de Justine d'Armoise, ce qui peut expliquer des différences entre l'original et ses copies. Mais les autres exemplaires qui ont été recopiés devraient être semblables !

Il réfléchit un instant.

-Si ça se trouve, nous avons fait fausse route ! Les manuscrits sont tous différents, il ne s'agit pas de copies mais d'exemplaires uniques offrant autant de possibilités, autant de champs pour un possible futur. Le fruit de rêves différents, de cauchemars vécus peut-être par mon grand-oncle ?

La mâchoire de Cam se serra.

-Il est temps d'oublier ce fichu manuscrit pour retrouver notre libre-arbitre !

Le pick-up fit une embardée, mordant le talus rêche, puis réintégra la ligne sinueuse du chemin empierré.

Quelques centaines de mètres au-delà se matérialisèrent les masses gorgées de soleil d'un ancien corps de ferme.

-Nous y sommes, lâcha Cam.

Les pneus firent jaillir les gravillons quand Thiers immobilisa le véhicule devant la porte restée ouverte.

Un détail, un infime détail clochait.

Le sillon creusé par un large pneu sur les plates-bandes, les restes déchiquetés de dizaines de pensées mauves et jaunes, de quelques géraniums orangé aussi.

Cam jaillit du pick-up. Une main ferme lui broyait le cœur, lui ôtant toute possibilité de respirer. Elle s'accrocha un instant à la portière ouverte, reprit son souffle et s'engouffra dans la bâtisse.

Son hurlement déchira le matin calme, faisant crisser les ailes d'un couple de pigeons en fuite…

Quelque part dans le Perche, de nos jours, le 14 août

Les oreilles de Monsieur Mickey

Cam, soulevant la bâche d'un geste brusque, se rua sur le plateau du pick-up, laissant des traces sanglantes sur le métal. Elle brandissait un imposant couteau à viande, cadeau antédiluvien offert à ses parents par une enseigne fameuse de vente par correspondance stéphanoise. La jeune femme se propulsa vers Alain, toujours saucissonné par plusieurs mètres de chaîne. L'homme avait perdu depuis longtemps sa morgue ainsi que son sourire idiot dont elle ne saurait sans doute jamais s'il fût naturel ou de composition. Cam, à genoux, attrapa celui qui se faisait appeler Monsieur Mickey par le col. Des larmes traçaient des sillons rectilignes sur sa joue pâle.

-Où est ma fille, espèce de salaud ?

L'autre déglutit mais ne répondit pas, se contentant de la fixer d'un air mauvais.

-Tu me dis comment retrouver Lou où bien…

-Ou bien ? parvint à sourire Monsieur Mickey.

Les doigts de Cam se raffermirent sur le manche du couteau.

-Ou bien Monsieur Mickey va perdre ses grandes oreilles.

L'autre secoua la tête, bravache.

-Il faut avoir du courage pour torturer quelqu'un ! Cela s'apprend, ce n'est pas à la portée de tout le monde, ma chère !

Cam lui lança un regard méprisant.

-Il n'y a aucun courage à avoir pour torturer quelqu'un. Par contre j'ai, moi, une bonne raison pour le faire : retrouver ma fille !

Cam fit jouer l'arme sous l'œil du prisonnier.

Puis, dirigea la lame mille fois affûtée par son père vers l'oreille de Monsieur Mickey.

Sur la route, de nos jours, le 14 août

Le cadeau empoisonné

Le lourd Nikon à l'ostentatoire téléobjectif vibrait, sur ses genoux, au rythme des cahots du mauvais chemin vicinal. Cam était fascinée par le commutateur orange placé à quelques millimètres du déclencheur.

Le cœur de Cam s'était arrêté de battre quand elle avait découvert, un peu plus tôt, les corps martyrisés de ses parents. En hurlant, elle s'était précipitée avant de constater qu'il s'agissait en fait des cadavres de Gisèle et Michel, leurs plus proches voisins et amis de longue date.

Elle avait couru à l'étage, avait poussé la porte de la chambre dévolue à sa fille.

Les draps du petit lit gisaient à terre, de même que son pyjama. La chambre était en désordre, ce qui ne signifiait rien, la chambre de Lou étant *toujours* en désordre.

Elle avait appelé, en vain, courant tout l'étage, ouvrant chaque porte, sondant chaque recoin.

Elle avait ensuite fouillé le rez-de-chaussée, avait couru à la cave.

Ce n'est qu'une fois de retour dans la cuisine, que Louvet lui avait désigné le paquet portant son prénom. Méfiante, elle l'avait ouvert avec précaution pour y trouver l'appareil photo numérique au drôle de bouton-poussoir orange. Ainsi qu'une enveloppe abritant un feuillet d'instructions et sa… carte d'accréditation. Alain avait évoqué ladite carte un peu plus tôt, chez Thiers. Alain… Folle de rage, elle s'était saisie du plus gros couteau de cuisine du râtelier et avait foncé vers le pick-up où leur prisonnier gisait toujours.

Elle n'avait pas mis longtemps à le convaincre de parler, se souvint-elle, un sourire mauvais sur les lèvres. Elle dût même s'avouer avoir pris un certain plaisir à l'effrayer, regrettant presque sa coopération. Presque…

Cam savait à présent où se trouvaient sa fille et sans doute également son homme. Elle avait été tentée un instant d'appeler flics et gendarmes et de leur laisser le soin d'opérer. Mais Louvet et Thiers n'avaient guère mis de temps à l'en dissuader. Les Apôtres de l'Apocalypse ou quel que fût le nom qu'on leur donnât, détenaient deux des siens et en cas d'intervention des forces de l'ordre, n'hésiteraient pas à s'en débarrasser. Les cadavres de Gisèle et Michel gisant sur la tomette, l'attaque du moulin de Mathilde Ranou et les exécutions multiples de Sogar, Guyon, Bidard, et sans doute d'autres encore, en témoignaient. Ces fameux Apôtres aux desseins apocalyptiques n'hésiteraient pas à semer d'autres cadavres ici et là pour accroître leurs chances de mener à bien leur projet destructeur.

Cam caressa l'objectif de l'appareil photo.

Demain, à cette même heure, elle était censée couvrir les fêtes mariales de Chartres.

Demain, à cette même heure, les Apôtres de l'Apocalypse comptaient sur elle pour écrire l'Histoire.

Une abbaye oubliée, de nos jours, le 14 août

Sortie de doute

Je voudrais pouvoir écouter un requiem, à la fois lourd et léger, un ensemble de voix graves d'hommes appliqués à la tâche, un requiem aérien mais enfoui au cœur des entrailles de la Terre, là où se lovent les telluriques vouivres de Hirst. Jamais je ne me suis senti autant perdu, l'âme aux abonnés absents, incapable de saisir la plastique des choses qui m'entourent et me harcèlent. L'orage, dehors, s'est éloigné, fuyant derrière les lourds nuages porteurs de pluie mais il rugit encore en moi, résonnant de ses appels péremptoires. J'ai les lèvres ouvertes sur des questions muettes qui ne parviennent pas à se formuler. Je dois avoir l'air fin, pathétique, débranché, décérébré, la tronche d'un has-been qui tenterait d'échapper à la noyade en se jetant dans la piscine chlorée d'une émission de télé-hilarité. J'ai soudain une envie pressante de m'éclater les tympans avec une vieille rengaine d'Alain Barrière ; l'envie de me coller les oreilles entre les baffles d'un tourne-disque frelaté et de m'enfoncer chaque note dans le crâne à l'aide d'un scalpel.

-Il reprend conscience.

Une voix de femme. Un peu rauque. Sexy. Un écho. Étrange.

Mon père se tient au-dessus de moi. Il a la tête un peu penchée sur le côté, et m'observe à travers ses paupières baissées. Je sais. Les yeux fermés, on ne voit rien. Mais lui si, il me voit. Il est mort. Normal. Je frissonne. J'ai envie de pleurer, de dire « papa », de lui dire tout ce que je n'ai jamais pu lui dire. Putain de pudeur. Si j'avais su. C'est toujours ce qu'on dit après : « si j'avais su ». Mais on sait. On sait toujours, on le pressent. On a beau savoir, on ne parle pas, on ne dit rien. Ou alors des conneries.

-Non… Il n'est pas encore là. Mieux vaut attendre encore un peu.

Attendre… Fœtus baignant dans son jus, je ne fais que ça, attendre. Je perçois bien des lumières au-delà (au-delà de quoi, déjà ?) mais je crains qu'elles ne me brûlent. Mon père est parti. Il avait sans doute mieux à faire qu'attendre. C'est drôle, enfin c'est triste, mais quand je l'ai vu étendu là, sur ce lit, les paupières closes et le corps sans vie, j'ai entendu comme un déchirement et n'ai jamais pu me rappeler sa voix, lui qui avait une voix si particulière. Cela fait des années que je n'ai pu me souvenir d'une quelconque intonation paternelle. C'est drôle, enfin c'est triste. Peut-être au fond cela n'a-t-il aucune importance…

J'entends des voix autour de moi, d'autres voix, mais je ne comprends rien… J'ai le crâne en cul de casserole après une séance de rétamage. Avec une éponge de mauvaise qualité, bien rugueuse au début mais qui très vite perd ses poils partout. Mais les éponges ont-elles des poils ?

-Vous m'entendez ?

Oui je l'entends… Mais je ne parle pas aux inconnus. On m'a toujours dit de ne pas parler aux inconnus. Je peux peut-être imaginer sa silhouette, sentir son odeur, mélange de sueur et de déodorant mentholé, l'entendre. Mais surtout ne pas lui parler. Ce qu'il me reste de conscience a reflué dans un coin sombre de mon esprit, s'agrippant de l'autre côté de la face obscure du cerveau, là où nul autre que moi ne peut se rendre. La lumière me fait mal, me brûle. Je pousse un gémissement. La lumière est en couleur. Du rouge, des traits bleus, épais. Elle passe à travers des vitraux. Non, en fait, c'est une lumière artificielle, blanche, transparente, vomie par un puissant projecteur.

-Vous ne pourriez pas lui faire une autre injection ? Il est dans les vapes.

-Non, ce serait trop risqué. Mieux vaut attendre encore un peu. Mieux vaut...

Je n'aime pas qu'on cause de moi à la troisième personne quand je suis là. C'est vrai, quoi, c'est grossier. Hé ! Les gars ! Je suis là, alors, vous pouvez vous adresser à moi directement. J'ai hurlé. Mais les deux loustics font mine de ne pas m'entendre.

Une voix de femme. La même que quand déjà ? Tout à l'heure. Oui, tout à l'heure.

-Il ouvre les yeux.

En effet. J'ouvre les yeux sur un brouillard glacé et coloré où paraissent se trémousser mille et un fantômes aux voix criardes. De leurs suaires raides comme des draps de lin séchant au soleil, s'échappent des bras tentaculaires aux ramifications multicolores. Je tente de me recroqueviller pour les fuir, mais je suis incapable d'esquisser le moindre geste. J'ai envie, non j'ai besoin, un besoin urgent, de sorbet au citron.

Et je le dis.

-Pardon ?

La femme s'est penchée vers moi. Un rideau de cheveux auburn se déploie sous mes yeux. Une brève odeur de pomme.

-Je voudrais un sorbet au citron. S'il vous plaît !

Sa main s'enroule autour de mon poignet. S'attarde.

-Son pouls est régulier, finit-elle par lâcher.

-Tant mieux, tant mieux. Mieux vaut ! dit une voix.

Une autre voix, l'autre voix masculine se fait alors entendre. Un peu rauque, cassée, comme après l'absorption de trente verres de vodka-grenadine et d'une demi-quinzaine de paquets de cigarettes.

-Comment vous sentez-vous, à présent ?

Mes yeux percent enfin le brouillard. Le dallage, irrégulier, me saute aux yeux. Les quadrilatères de pierre sont polis par les siècles. Par endroits, ils paraissent éclatés et des touffes d'herbes folles tentent de les étouffer, s'insinuant à travers les interstices qui courent ici et là. Je suis dans une sorte de nef à ciel ouvert, ruine épiscopale où subsistent, au-dessus d'un péristyle magnifiquement ajouré, quelques vitraux. Encombré de cartons de toutes tailles. La voûte appartient à un ciel piqueté de nuages effilochés.

-Comme si je venais d'assister à la fin du monde.

-Vous ne croyez pas si bien dire. Vous êtes étonnant ! Et vous nous donnez bien du mal.

Il y a encore ce clairon qui résonne dans ma tête. La sonnerie aux morts. Qui se fait de plus en plus ténue, toutefois.

-Vous m'en voyez fort marri, mais nous n'avons pas été présentés !

Je tente de me redresser. M'affale contre le fauteuil de cuir obèse sur lequel on a planté mon séant.

-Évitez tout mouvement brusque pour le moment. Vous êtes encore très faible.

La femme est à contre-jour. Elle a le cheveu long, un soupçon de maquillage. Une jolie bouche, galbée comme une conque précieuse.

Dans un coin de la nef, un téléviseur minuscule tenu en laisse par une longueur démesurée de cordon coaxial, fait office de fenêtre sur un monde enneigé. Mauvaise réception. On distingue toutefois une foule. Une papamobile qui se dirige vers Notre-Dame de Paris. Le commentateur parle dans le vide. Nul dans la pièce ne paraît l'écouter.

Un homme, derrière un bureau. Qui pousse un soupir de lassitude. Il arbore une tronche de présentateur télévisé américain, avec sa touffe de cheveux blancs soigneusement équilibrée, son visage tanné et son costume sombre à cravate rayée.

-C'est vrai. Bien qu'il soit un peu tard pour échanger des politesses. Un peu trop tard, répète-t-il en insistant sur le « trop ». Vous pouvez m'appeler…après tout qu'importe ! Sachez que je suis le responsable de tout ça et de vos soucis.

En disant « tout ça », il balaie la pièce du plat de la main, englobant le téléviseur.

-Dans quelques jours, tout ça aura bien changé, conclut-il.

M'aurait-il parlé moldave que je n'aurais pas moins compris la teneur de ses propos.

-Je suppose qu'il est inutile de vous demander où nous sommes et ce que je fais là ?

La femme se tourne vers mon interlocuteur. Interrogative.

L'homme sourit.

-J'ai toujours joué prudemment. C'est pour cela que je suis toujours là ! Non, vous ne saurez pas où nous sommes. Bah… Disons que nous ne sommes pas loin de chez vous ! Quant à ce que vous y faites… J'ai quelques questions à vous poser. Ensuite, tout cela n'aura plus d'importance, croyez-moi.

Cette fois, je parviens à me redresser, ce qui déclenche un mouvement brusque dans mon dos. Sans doute l'autre présence masculine. Costaud, le visage poupin. Qui me dit quelque chose. Un drôle de regard. Également vêtu d'un costume foncé orné d'une cravate rouge. C'est lui qui ne cesse de curieusement répéter « mieux vaut, mieux vaut. » Il est auréolé d'une forte odeur d'eau de toilette qui, dans le mouvement, vient m'envahir le naseau. Le costard-cravate derrière le bureau a un geste d'apaisement. Le costaud-cravate, lui, se fond dans l'ombre.

-Eh bien ! Quel effet cela fait-il de lire sa vie dans un livre ? Un livre écrit près de cent ans avant sa naissance ?

Une abbaye oubliée, de nos jours, le 14 août

L'attente canadienne

Les jumelles balayaient les imposants vestiges, révélant des trésors architecturaux malmenés par les siècles. Des restes de brume légère caressaient un étang aux eaux sombres. Une ceinture d'arbres séculaires aux ramages obséquieux voilait ici une voûte, là les ruines d'un clocher, ici la façade d'un bâtiment sans doute récemment restauré. Les bâtiments rappelaient à Cam une abbaye en ruines qu'elle avait photographiée sous tous les angles lors d'un reportage au Canada voici plusieurs années. C'est au cours de cet inoubliable voyage qu'avait été conçue Lou.

Pour la centième fois, Cam tenta de joindre ses parents sur leur portable. Une voix aigrelette, métallique, répondit enfin. Cam en aurait presque poussé un cri de soulagement.

-Vous êtes où ?

C'est la première question, incongrue, qui se présenta à elle.

-Cam, ma chérie, c'est toi ?

Cam confirma. Et reposa sa question.

-Nous sommes à la Loupe pour quelques courses. Il va faire chaud aujourd'hui et nous manquions d'eau. Ne t'inquiète pas pour Lou, nous l'avons confiée à Gisèle et Michel. Ton père est en train de payer, nous rentrons tout de suite.

-Non ! s'écria Cam. Maman, écoute-moi bien ! Ne retournez-pas à la maison aujourd'hui.

Les pensées se bousculaient. Par où commencer ? Comment leur annoncer à la fois la mort violente de leurs amis, l'enlèvement de Lou et de son père, les événements annoncés pour le lendemain. Comment ?

-Quoi ? Que se passe-t-il, ma chérie ?

-Je n'ai pas le temps de t'expliquer. Faites-moi confiance. Ne retournez surtout pas à la maison. C'est dangereux !

-C'est en rapport avec la visite des gendarmes ?

-Oui, c'est ça ! Il se prépare quelque chose de grave. Lou a été enlevée et sa vie est en danger.

-Enlevée, mais ?

Cam ne lui laissa pas terminer sa phrase.

-Elle a été enlevée ce matin. Gisèle et Michel ont été assassinés…

-Assassinés, mais ?

Cam avait du mal à garder son calme, à ne pas hurler pour demander à sa mère de cesser de répéter chacune de ses phrases.

Les jumelles de Louvet dessinaient le contour du corps silencieux de l'ancienne abbaye.

-Maman, s'il te plaît écoute-moi. Si nous n'agissons pas prudemment, Lou court un grand danger. Alors pas un mot aux flics ou à qui que ce soit. Jusqu'à demain soir en tout cas !

-Mais… balbutia sa mère. Elle ne put proférer d'autre parole. Sa voix se brisa. Les phrases de Cam et surtout leur signification, leurs implications venaient d'être assimilées. La voix rude et inquiète de son père prit le relais. Cam se répéta, le plus lentement, le plus clairement possible. Un silence pesant suivit.

-Que peut-on faire ? s'enquit finalement son père. Pragmatique, comme toujours.

-Rien pour l'instant, assura Cam. Tenez-vous éloignés de la maison jusqu'à demain. Demain, vous pourrez appeler les flics mais pas avant. Il y va de la vie de Lou et de ton gendre.

Nouveau silence.

-Et toi, ma puce… ça va ?

Cam se sentit fondre. Ces quelques mots paternels emplis d'amour et de sollicitude ouvrirent une brèche dans la digue qu'elle avait dressée autour d'elle ces dernières heures afin de faire face à la situation.

Et Cam s'abandonna à une inhumaine marée de pleurs amers.

Une abbaye oubliée, de nos jours, le 14 août

Projet d'avenirs

Je me tiens coi. Pas envie de répondre à ses questions. Mon cerveau en ébullition va jaillir de l'autocuiseur.

Costard-Cravate pousse de nouveau un soupir.

-Je crois que je vais devoir d'abord parler avant de vous questionner. Vous sembliez savoir tant de choses. Et si nous nous étions trompés ? murmure-t-il en se tournant vers la femme.

Cette dernière me jette un regard que je qualifierai d'interrogateur. Elle me présente un petit sourire triste qui lui va bien.

Le visage de Cam m'apparaît soudain.

-Cam ? Ma fille ?

C'est la femme qui répond :

-Ne vous inquiétez pas pour elles. Elles ne risquent rien. Vraiment.

-Et Joe ? La jeune femme qui...

Un temps.

-Pour elle, c'est un peu différent. Elle semble avoir, heu, quelques soucis…

Cette fois, c'est Costard-Cravate qui a répondu. Après quelques secondes d'un silence pesant.

-Je crois qu'elle a reconnu Monsieur Chazam dans l'église.

-Monsieur Chazam ?

Un toussotement discret dans mon dos. Costaud-Cravate a pris la parole. J'avise son visage dangereusement poupin à travers un haut miroir fixé sur la pierre. Et soudain je me souviens. C'est le bonhomme qui nous a alignés au Grénillet puis poursuivis un temps.

-Il s'agit de mon frère, en effet. L'autre Monsieur Chazam. Vous vous êtes manqués de peu en l'église Saint-Marc.

Je perçois une once de regret dans sa voix métallique, un peu grinçante comme le raclement d'une machine à laver en panne mal arrimée sur une remorque trimballée, disons, par une Ami-8. Avant qu'elle ne passe sous un train.

-Sans votre intervention, il aurait eu le temps de finir le travail.

Un blanc ; puis, comme s'il pensait que je n'avais pas compris ce qu'impliquaient ses propos :

-L'autre Monsieur Chazam, mon frère, savait qu'elle était là. Il l'avait entendue entrer, et n'avait eu que le temps de se cacher dans la sacristie. C'est pitié que de voir dans quel état les communes laissent péricliter leur patrimoine. Et puis, vous êtes arrivé.

Savoir que ce Monsieur Chazam, ou son frère, était planqué dans la sacristie quand j'avais poussé la porte de l'église me colle un frisson rétrospectif. Je sens une sueur glacée m'envahir avec la force d'une avalanche.

-Hé oui ! Il a entendu vos exploits d'où il se trouvait. Pauvre Alexandra ! Une belle fille, conclut-il comme à regret.

-Monsieur Chazam est parfois sentimental !

-Moins que l'autre Monsieur Chazam, tempère le bonhomme.

Mon regard se tourne vers l'homme qui a profité de l'intermède pour quitter son bureau. Ce dernier paraît incongru dans l'immensité de la nef, sans doute multiplié par les différents éclairages plantés çà et là qui ponctuent d'ombres vénéneuses la vaste pièce. Le soleil vespéral vibre au cœur d'un ciel porteur de fins nuages qui s'étiolent en lambeaux cotonneux. Il fait encore chaud. Pourquoi tant de lumière en plein jour ?

-Pourquoi avez-vous tué Alexandra ?

-Oh, comme on dit dans les polars, à la télé, il n'y avait rien de personnel ! Elle était devenue dangereuse.

Sogar, dangereuse ? Pour l'art et les vrais artistes, sans doute mais était-ce là une raison suffisante pour la faire passer de vie à trépas ? Je m'en ouvre à mon interlocuteur qui laisse filtrer une légère grimace. Je devine la réponse.

-Alexandra appartenait à ma petite famille, poursuit mon interlocuteur.

Je ne peux m'empêcher de le couper. Entre deux mots.

-J'imagine les repas de Noël en famille, chez vous ! Ils doivent valoir le coup.

L'homme a un haussement d'épaule agacé. J'ai le bête et vain sentiment d'avoir marqué un point.

-Sa frangine aussi, et la bouchère de Chartres aussi, tout comme le libraire, je pense ?

Costard-Cravate dodeline. Il a retrouvé son sourire.

-Et quelques autres qui ne fêteront plus Noël avec nous, je le crains. Il y a de cela quelques années, j'ai rencontré un homme, que nous appellerons Monsieur Smith. Un Anglais. Il avait travaillé, dans les années soixante, à l'élaboration d'un centre que nous qualifierons de prévention des risques majeurs.

Je l'interromps de nouveau. Je sais, ce n'est pas poli. Mais j'ai une furieuse envie de le déstabiliser.

-Vous voulez parler d'Aberfan ?

J'en suis pour mes frais. L'autre ne cille pas plus qu'un réverbère sous une brise matinale.

-Oui ! Aberfan, ville martyre du pays de Galles. En Grande-Bretagne, le projet avait avorté, faute de crédits suffisants. À cause de la mentalité du pays, aussi, je crois. Malgré les travaux de la célèbre Société d'Étude des Phénomènes Psychiques, bien peu de gens étaient prêts à jouer les mécènes pour financer un tel pari... sur l'avenir, sans jeu de mots. En tout cas, voici pour la version officielle. Rien ne dit que, finalement, dans le plus grand secret, le projet n'ait été mis en œuvre. Sans Monsieur Smith, en tout cas, qui était convaincu du bien-fondé de ses idées. C'est en effet grâce à Monsieur Chazam, l'indispensable Monsieur Chazam (aurais-je perçu comme une indicible note d'ironie dans sa voix ?) que j'ai rencontré Monsieur Smith, n'est-ce pas Monsieur Chazam ?

-C'est tout à fait véridique, grince l'autre.

-Jusqu'alors, nous visitions le futur de façon, disons artisanale. Grâce à Monsieur Smith (un temps mort) et Monsieur Chazam ici présent, nous l'avons pu faire de façon plus, heu, rationnelle. Et parvenons même parfois à le guider. Aménager l'avenir, dirons-nous. Grâce à des personnes telles que Madame Sogar, puisque c'est ainsi que vous l'appelez, ou encore monsieur Guyon, madame Bidard et quelques autres. Bien souvent, nous sommes parvenus à éviter des catastrophes, à détourner l'avenir de son cours parfois trop paisible, trop prévisible. Parfois, nous avons réussi à en tirer profit. Vous n'imaginez pas ce qu'un véritable médium, bien utilisé, peut apporter. La région compte quelques personnes particulièrement douées en ce domaine. Certains auteurs mettent cela sur le compte des forces telluriques du pays chartrain, d'autres en attribuent la cause à l'Arche d'Alliance qui serait ensevelie quelque part dans son ventre. D'autres préfèrent y voir le simple hasard. Ils sont des millions, nous sommes devrais-je dire, des millions dans le monde à être confrontés un jour ou l'autre au phénomène de la prémonition. Vous y avez-vous-même été confronté. À présent vous allez nous raconter la fin de l'histoire telle que vous avez pu la lire dans le manuscrit qui nous a été dérobé…

Centre hospitalier de Dreux, de nos jours, le 14 août

Joe chambre 612

Joe fut prise de tremblements. Ouvrit un œil. Avisa un verre posé sur une tablette proche. Tendit la main.

Joe but une gorgée. L'eau était tiède.

Joe reprit une gorgée d'eau. Reposa le verre. Sur un papier à en-tête. « Centre Hospitalier Victor Jousselin. Dreux. » Suivait un numéro de téléphone.

Des bribes de souvenirs affluèrent, vague après vague, sans toutefois jamais atteindre le rivage. Ils se perdaient et se brisaient en milliers de fragments constituant un puzzle mouvant impossible à reconstituer. Des pièces colorées qui semblaient ne pas lui appartenir.

À cet instant Joe se croit folle, s'affole.

Joe se retourna dans son lit. Se redressa.

De l'autre côté de la baie la nuit en devenir caressait la vitre. Joe détailla le reflet des lumières de la ville, celles immobiles des réverbères et des intérieurs des Drouais, celles aussi mouvantes des phares qui sillonnaient rues et rocades.

La lumière révélait des traces sur la fenêtre, souvenirs de nez trop curieux ou de doigts enfantins indélicats.

À l'autre bout de la pièce, quelqu'un tira une chasse d'eau. La porte des toilettes s'ouvrit.

Joe n'eut que le temps de fermer les paupières.

-C'est l'heure de la piqûre !

Une voix enjouée.

Leur laisser croire qu'elle dormait. Le plus longtemps possible. Et réfléchir.

Elle entendit le grincement caractéristique des roues du chariot, le cliquetis d'objets métalliques. Le chariot roula vers elle, bifurqua, stationna entre son lit et celui de sa voisine de chambre. Une odeur de parfum, de sueur aussi. Une odeur de « dessous de bras » comme elle disait, petite.

-Comment ça va, ce soir ? Pas trop encombrée ?

La sollicitude de l'infirmière. Qui n'attendit pas la réponse de sa compagne de chambre. Au moins, votre jeune voisine, là, elle ne vous casse pas les pieds ! Elle roupille depuis hier soir ! Allez, tendez-moi votre bras, et ne vous crispez pas !

Un emballage se déchira quelque part derrière les paupières closes de Joe. Joe comprit que c'était elle, « la jeune voisine qui roupillait depuis hier soir ».

Elle se mit sur le dos, rouvrit les yeux. À portée de main, sur le chariot gris constellé d'empreintes digitales, un bac en alu dans lequel s'accumulaient plusieurs seringues soigneusement emballées.

Joe tendit la main tandis que sa voisine émettait un petit couinement de douleur.

Cinq secondes, pas plus. La seringue était à présent sous le drap.

-Allons, ne faites pas la douillette ! chuchota l'infirmière en réajustant les draps autour du corps replet de la malade d'à-côté.

Puis le chariot brinquebalant quitta la chambre.

-Je peux éteindre ?

Joe mit un moment à comprendre que l'on s'adressait à elle.

La piquée.

Qui insistait. Elle avait dû la voir ouvrir les yeux. Peut-être même l'avait-t-elle vu piquer la seringue, sans jeu de mots ?

-La lumière ? Je peux l'éteindre ?

Joe répondit d'un borborygme que l'autre prit pour une bénédiction.

La chambre s'emplit d'une ombre grise. La porte resta grande ouverte sur un couloir empli d'une langue fanée de néons blafards. Cette manie qu'ils ont de laisser les chambres ouvertes dans les hostos, songea Joe.

Le raclement d'une chaise de l'autre côté de la cloison.

Le flic se leva, fit craquer les articulations de ses doigts. Avança deux ou trois mots à l'une des infirmières. Qui lui répondit d'un éclat de rire. Le flic jeta un coup d'œil à l'intérieur de la chambre. Joe frissonna. Baissa les paupières. Sa respiration s'accéléra.

Elle devait se tirer d'ici rapidement. Les autres n'allaient pas tarder à la retrouver. Hier soir. Vingt-quatre heures ou presque. Étonnant qu'ils ne lui aient pas déjà mis le grappin dessus.

Les autres.

Qui étaient-ils ? Que lui voulaient-ils au juste ?

Elle revit le visage blafard de, comment s'appelait-il déjà ? Hift ? Hurst ? Hirst, oui, c'est ça Hirst. Le copain du journaleux. Hirst, décapité, ses yeux morts la fixant d'une pupille éteinte mais accusatrice. Pourquoi était-elle encore en vie ? Son agresseur n'en avait certainement pas terminé avec elle. Cette pensée lui arracha une larme. Son estomac se contracta, elle se sentit rougir.

Elle devait se tirer d'ici à tout prix.

Les autres allaient venir la chercher.

Elle le sentait, le savait. Et ce n'était pas ce petit flic de l'autre côté de la cloison qui la protègerait. Il était juste là pour l'empêcher, elle, de vider les lieux.

Joe prit sa décision.

Elle profita de l'obscurité pour se tâter partout.

Une grimace quand elle atteignit la cuisse.

C'était impossible ! Elle déroula le film des événements sous ses paupières. Le choc, son cri d'effroi, l'airbag qui envahit l'habitacle, le vol plané à travers le pare-brise, l'atterrissage dans le fossé, la douleur, aussi vive qu'éphémère…

Elle aurait dû être morte.

Le Bateleur
I

Le Bateleur
I

Une abbaye oubliée, de nos jours, le 14 août

Un petit coin peu tranquille

-Excusez-moi ?

Je m'agite soudain sur mon siège.

-J'aurais besoin d'aller au petit coin. Vous voyez, j'ai du mal à suivre une conversation quand je me tortille.

L'homme se montre compatissant.

-Je comprends. Madame Marvel va vous montrer le chemin, n'est-ce pas ? Oh, ne tentez rien d'inconsidéré comme dirait le méchant dans James Bond. Madame Marvel et tous nos amis qui nous entourent, même si vous ne les voyez pas, ont ma bénédiction pour vous ramener dans le droit chemin.

-Mieux vaut, commente le poupin Monsieur Chazam dans mon dos.

Et Madame Marvel s'empresse de me montrer le chemin des toilettes, non sans m'avoir prié de façon fort élégante et polie de la devancer. Nous traversons ainsi la nef qui court sur une quarantaine de mètres. Je sens son regard rivé à mes omoplates (ou à mes fesses, allez savoir !). Tant d'humanité chez des assassins m'émeut. J'en profite pour repérer ce que je peux voir des lieux.

-C'est ici.

Elle ouvre une porte d'une quinzaine de centimètres d'épaisseur, savamment ouvragée.

-Je vous attends là.

-Heu...

C'est que moi, pour accomplir ma petite commission, il me faut un espace dégagé de toute présence humaine, disons, d'une cinquantaine de mètres, rideau d'arbres compris. Impossible de compisser dans les toilettes de grande-surface en présence d'autres urineurs. Il y a quelque chose qui bloque, du côté de ma vessie ou de mon cerveau. En tout cas, le résultat est là. Je peux rester deux heures à contempler connement le mur (qui reste d'ordinaire muet à mes interrogations, sauf bien évidemment quand il fait l'objet d'un tag licencieux) sans que la moindre goutte ne jaillisse. Alors avec une femme derrière la porte !

-Je...

Mes plus grands moments de détresse, je les dois à une flanquée de pissotières plantées sur le bord d'une quelconque route nationale américaine. Dans le désert, entre Los Angeles et San Diego. Pas de séparation entre les sièges. Hormis un rectangle de bois de quelques centimètres carrés à hauteur de l'estomac et du fessier, la plupart du temps ajouré mal intentionnellement par des coups de carabine 22LR ou des lattes signées Doc Marteens. Entre les remugles pestilentiels, les flatulences anémiques, les explosions scatologiques, les mitraillages constipatoires et autres éruptions anales, vous pouvez, tout en en évoquant les cours de la bourse ou la politique fédérale, détailler la cravate de votre voisin de droite et estimer le prix des chaussettes qu'arbore votre voisin de gauche.

-Eh bien ?

Oserai-je sentir une pointe d'impatience dans son interrogation semi-muette ? Je me sens rougir sous son regard.

C'est qu'à la vue de ces gogues en goguette, aux États-Unis, j'avais préféré prendre mon caleçon à mon cou et m'en aller faire derrière un buisson, osant l'hypothétique compagnie des ours, des serpents à sonnettes (ces charmants reptiles bénéficiant de la protection de l'État, là-bas !) voire de rangers imbibés de budweiser. Bon, dois-je lui raconter tout ça, à Madame Marvel, ou bien la lui faire courte ? Ou alors, tenter le tout pour le tout ! Lui donner un coup de pied dans le genou et partir en courant. Et me faire zigouiller. Ce serait con, quand même, pour une simple envie de pipi mal négociée.

Je décide de prendre sur moi. Et pousse la porte. Après tout, il y a quinze bons centimètres de chêne entre elle et moi.

Les toilettes sont propres et sentent le frais. Elles aussi sont à ciel ouvert. Après quelques instants de concentration, ou des heures, je ne sais plus, je parviens à me soulager. Il y a une fenêtre en ogive sur le mur de pierre, qui ouvre sur un jardin. Une fenêtre sans vitre mais aux épais barreaux. La vue est magnifique à cette heure où la nuit encore le dispute au jour, éclairée de façon fantomatique par des dizaines et des dizaines d'élégants réverbères. J'aperçois, nimbés d'une lueur orangé, une partie de bâtiments squelettiques, à l'ossature pierreuse, à la colonne vertébrale fêlée en maints endroits ainsi qu'un rectangle de verdure rase cerclée d'aulnes, de frênes et de chênes aux effrayantes voussures. À main droite, les eaux languissantes d'un vaste étang se reflètent derrière un autre rideau d'arbres. Un héron est planté sous la fenêtre, attendant le déluge ou une pluie de grenouilles. Le héron serait-il un oiseau nocturne ? Sur la gauche, une série de bâtiments ayant échappé à l'action conjuguée du temps et des termites, à moins qu'ils n'aient fait l'objet de restaurations. L'état poli des ardoises m'inciterait à défendre la seconde hypothèse.

En me penchant un peu, j'avise sur le mur un piton de métal rouillé qui pointe insolemment, quinze mètres au-dessus d'une cour pavée. Un machin pointu, ça peut toujours être utile. Je passe le bras entre deux barreaux, tâte le terrain, c'est à dire la pierre. Quelques centimètres encore. L'épaule est passée, mais ma joue est collée contre les barreaux. Encore un effort. Je parviens à saisir le clou, enfin le machin, du bout des doigts, puis raffermis ma position. Lentement, je parviens à lui imprimer un lent mouvement de balancier. J'entends des raclements de gorge de l'autre côté de la porte.

-Un instant, je quémande. Le fer s'imprime sur ma joue. Encore quelques secondes… Entre l'ongle de l'index et la pulpe du majeur, j'attire, millimètre par millimètre le morceau de ferraille.

Une abbaye oubliée, de nos jours, le 14 août

Vallée d'armes et de larmes

Au-delà des murs blancs, le soleil vespéral s'étirait lascivement dans un rougeoiement éthéré.

Du haut de son observatoire, le trio s'était relayé tout l'après-midi derrière les jumelles. De leur poste de guet, Cam, Thiers et Louvet tentaient vainement de percer le secret de la cour pavée. Seule la colossale grille ouvragée permettait d'y deviner une inquiétante absence de vie. Thiers s'était même risqué un moment à descendre la colline pour contourner l'étang et tenter de rapporter quelques informations. Une mission inutile…

Deux véhicules massifs qu'il identifia comme une Porsche Cayenne aux vitres noires et un quatre-quatre BMW au verre également teinté, étaient garés contre ce qui apparaissait comme un labyrinthe végétal. Mais de mouvement, point. Cam était pourtant persuadée que son homme et sa fille étaient retenus quelque part, derrière ces remparts médiévaux.

Louvet, curieusement, ne connaissait pas l'endroit. Il avait profité de cette journée de veille, pour se raconter et raconter sa vie d'Apôtre : ses cauchemars ou ses rêves qu'il tentait d'analyser le jour venu ; les décoctions à base de plantes exotiques d'un certain Monsieur Chazam, un inquiétant barbouze nyctalope, qui lui permettaient d'explorer plus profondément ses prémonitions ; la salle de débriefing souterraine creusée dans la marne d'une propriété de Crucey, domicile officieux d'une de ses consœurs récemment défunte, l'artiste plasticienne Alexandra Garbeau. Il évoqua les réunions interminables avec Chazam, Garbeau, Guyon le libraire, Bidard la bouchère et d'autres encore, les séances d'interprétation des rêves ou des visions des uns et des autres, les « paris » sur l'avenir effectués par le petit groupe, les considérables sommes d'argent engrangées grâce à des catastrophes telles que celles du 11 septembre 2001 ou Fukushima, mais aussi sur des événements plus « confidentiels » tels qu'accidents ferroviaires ou aéronautiques voire événements boursiers de second ordre. La crise de 2008 puis celle des dettes trois ans plus tard avaient considérablement gonflé les portefeuilles des « Apôtres ». Des gains mirifiques qui, après un passage obligé dans quelques compréhensifs paradis fiscaux tels qu'Antigua, les Caïmans, le Liberia, Panama, Sainte-Lucie mais aussi la Suisse, le Luxembourg ou Jersey, se voyaient ensuite blanchis par le biais de sociétés-écran à l'irréprochable fiscalité voire même d'organisations philanthropiques et autres associations humanitaires aux finances sans aspérité. Les cerveaux du projet Aberfan, par le biais de clubs politiques en vogue, étaient même parvenus à financer de façon occulte certaines campagnes électorales, arrosant au gré de leurs intérêts hommes et partis.

Bien sûr, il y avait des ratés. Les prémonitions s'avéraient souvent exactes après-coup, mais leur interprétation pré-événementielle était parfois sujette à caution. Aussi s'agissait-il de décrypter le symbolisme des visions des uns et des autres et seule une confrontation des différentes « prophéties » permettait d'orienter au plus près de la réalité l'appréhension de l'avenir. Toutefois, le pourcentage de réussite était tel qu'il ne pouvait que se révéler lucratif.

C'est la mort de Guyon qui avait alerté Louvet. Guyon avait évoqué un manuscrit intitulé « Les Apôtres de l'Apocalypse » dont la teneur générale décrivait une vision profondément malsaine et troublante, vision que le libraire partageait depuis quelque temps avec l'auteur du livre, une certaine Justine d'Armoise. L'ouvrage venait de lui être envoyé par Barbara Garbeau, la sœur d'Alexandra qui travaillait également pour les membres du Projet Aberfan. Louvet lui-même avait rêvé avec une troublante acuité et une insolente récurrence de cette mer de feu qui devait engloutir la cathédrale et la ville de Chartres. Il en allait de même pour Alexandra Garbeau, à qui était adressé l'ouvrage.

Il n'avait pas fallu longtemps à Louvet pour trouver la solution à cette addition de morts violentes. Leur employeur faisait le vide parce qu'il craignait que leurs visions apocalyptiques ne connussent quelque écho auprès des forces de l'ordre et ne parvinssent à déjouer leurs projets. Le projet Aberfan s'était retourné contre ses initiateurs ! Les médiums recrutés par les « Apôtres » étaient devenus des menaces ! Louvet en était persuadé : c'était l'avenir du monde qui allait se jouer le lendemain.

Cam étouffa un bâillement, grignota sans plaisir une barre chocolatée aux céréales. Bientôt vingt heures. Elle descendit vers le pick-up dissimulé un peu plus bas dans un bosquet et mit le contact. Une voix de femme se répandit dans l'habitacle. Le pape, après la cérémonie sur le parvis de Notre-Dame de Paris préparait les fêtes mariales de Chartres du lendemain. La présentatrice évoquait une visite papale qualifiée d'historique mais rendue dangereuse en ces temps troublés par la configuration même des lieux. Elle rappelait que la cathédrale s'élevait au sommet d'un tertre auquel on avait accès par d'étroites ruelles, qu'elle était visible à des dizaines de kilomètres à la ronde, que les cérémonies mariales attiraient régulièrement à Chartres des milliers de pèlerins venus rendre hommage à la sainte relique dite du Voile de la Vierge, laquelle fut offerte par l'empereur d'Occident Charles le Chauve au IXème siècle…

Cam écoutait distraitement.

La journaliste rappelait que la cathédrale, inscrite au patrimoine mondial de l'humanité, était le plus bel exemple de cathédrale de style gothique dit lancéolé, érigée sur les ruines d'une cathédrale romane détruite par un incendie en 1194, laquelle s'élevait, « dit-on », précisa-t-elle, sur une ancienne grotte druidique où déjà dans les temps pré-christiques l'on vénérait une « vierge aux yeux fermés », une « déesse prête à enfanter. »

Suivit un petit commentaire ironique formulé par un co-présentateur, qui en vint à évoquer l'autre actualité du département, « une série de meurtres mystérieux et atroces ». On dénombrait en effet depuis le début du mois plusieurs assassinats, dont celui d'un policier. Deux cadavres avaient également été retrouvés le jour même dans une ferme aux limites du Perche et de la Beauce et « des témoins, notamment un journaliste de la presse hebdomadaire régionale, étaient activement recherchés ». Un autre journaliste, « envoyé spécial en Eure-et-Loir », évoqua dans la foulée l'omniprésence auprès des cadavres de romans de Jules Verne. Il rappela que quelques heures auparavant, les policiers chargés de l'enquête s'étaient rendus au domicile d'un habitant de Champhol, près de Chartres, « le très contesté professeur Hirst, adepte d'un grand nombre de thèses paranormales et bien peu scientifiques », dont on avait « retrouvé le corps décapité auprès de deux ou trois ouvrages ensanglantés de l'auteur des Voyages Extraordinaires. »

Après avoir rappelé les origines chartraines de Hetzel, l'éditeur de Verne, le journaleux radiophonique conclut en assurant que, « de source proche de l'enquête », un témoin en la personne d'une jeune fille d'une vingtaine d'années avait été hospitalisé à Dreux et que « son témoignage pourrait jeter quelques lumières sur cette sombre affaire ».

Cam soupira, rassurée. Joe était donc en vie. Elle regretta de nouveau son comportement de femme jalouse chez Hirst, attitude qui, après coup, lui parut ridicule. À l'annonce de la mort de Hirst, Cam n'avait pu toutefois retenir ses larmes. Très égoïstement, elle songea que c'étaient ses assassins sans scrupules qui détenaient sa fille et son mari.

Son poing se serra, la rage afflua.

À cette heure, Cam était prête à tout pour sauver les siens.

Y compris à tuer.

Elle souhaita même en avoir l'occasion.

Une abbaye oubliée, de nos jours, le 14 août

Les porteurs de folie

Je referme lentement la porte des toilettes.

-Allez-vous mieux ?

-Pardon ?

-Je veux dire, votre mal de crâne.

J'ai toujours comme des flashes blancs derrière les paupières, des images fugitives qui me suturent le cerveau. Prémonition, divination... Les mots farandolent derrière mes paupières. Une tête grimaçante de Baphomet, les ailes impeccablement cirées d'un centaure antédiluvien. Une petite fille encapuchonnée dans un linceul de nattes telle une momie vivante mais immobile.

-Les effets de l'agara peuvent être pernicieux...

-L'agara ?

Madame Marvel se remodèle le sourcil, qu'elle a fort arqué, l'air embarrassé.

-C'est un arbre que l'on trouve en Malaisie et en Australie. Un grand arbre. Les Papous utilisent ses feuilles et son écorce pour mijoter un breuvage très puissant. Et très intoxicant. On a dénombré une trentaine d'alcaloïdes dans cet arbre.

Je ne peux m'empêcher de grimacer.

-Ce breuvage plonge celui qui le boit dans un sommeil profond. D'ordinaire il est consommé par les sorciers et les chamanes qui, grâce à lui, sont visités par des visions et des rêves souvent prophétiques.

-Super. Je ne sais vraiment pas ce que je vais faire des visions qui m'habitent.

Madame Marvel hausse les épaules, qu'elle a fort fines.

-Ne vous inquiétez pas. Cela ne durera pas. Nous utilisons régulièrement l'agara, tout comme d'autres plantes d'ailleurs. Nous n'avons jamais connu d'incident. Bien, je connais quelqu'un qui est impatient de vous parler. Allez-y, je vous suis.

-Il faut deviner ou mourir ! a prévenu en son temps Stanislas de Guaita, vous savez, cet initié de la fin du XIXème siècle. Lui évoquait alors les secrets de l'hermétisme. Et leurs dangers... « La haute science ne saurait être l'objet d'une curiosité frivole. À votre demande indiscrète, l'inconnu formule une réponse inattendue, si troublante que l'obsession en demeure à jamais en vous... »

L'homme marque une pause mélodramatique, l'index levé en direction des cieux rougeoyants.

Des points de suspensions à travers lesquels s'engouffre Monsieur Chazam.

-Le voile du mystère irritait votre curiosité ? Malheur à vous de l'avoir soulevé. Il retombe aussitôt de vos mains tremblantes et l'affolement vous possède de ce que vous avez cru voir.

Ton théâtral. Ridicule.

L'homme sans nom applaudit lentement.

-Bravo Monsieur Chazam.

Puis, se tournant vers moi.

-Vous voici donc au seuil du mystère pour reprendre le titre de l'admirable ouvrage qui nous a permis de vous présenter ce petit numéro de duettistes. J'ose croire que vous nous permettrez cette frivolité, certes un peu déplacée. Mais les occasions sont rares de nos jours de faire montre de nos talents respectifs, n'est-ce pas ? Oserez-vous donc franchir ce seuil ?

Tout m'agace dans le bonhomme. À commencer par sa façon de parler, son costume vieillot et sa cravate immonde. Oserais-je avouer toutefois que je sens l’angoisse me titiller le neurone ? Dans ce cas, je pâlis et suis capable de m'enfoncer en eaux troubles comme un godillot balancé par-dessus le plat-bord d'une péniche dérivant du côté de Marly-le-Roi.

Moi aussi, je connais mes classiques sur le bout des lèvres. Mais ce ne sont pas les mêmes !

-Méfiez-vous des rôdeurs devant le seuil, j'expire, inspiré.

-Pardon ?

J'ai le plaisir, dérisoire mais unique, de voir le sourcil de Costard-Cravate se soulever en un signe ostentatoire d'interrogation. Le sentiment d'avoir marqué un point. D'interrogation.

Mais Madame Marvel vient au secours de son patron.

-C'est le titre d'un ouvrage signé Howard Philips Lovecraft. Vous savez, l'auteur américain ?

L'autre me fixe un instant, visiblement songeur. Tel le dieu Thot, il soupèse mon âme (si j'en ai une, rien n'est moins sûr à cette heure...), un léger rictus aux lèvres.

Sur l'écran pâle du téléviseur, l'image du pape a été remplacée par celle plus rock'n'roll d'une jeune tahitienne occupée à des jouissances savonneuses sous une douche de pacotille.

-Les temps vont bientôt changer ! Voyez-vous, depuis deux-mille ans, on tente de nous faire croire que la religion chrétienne plonge au cœur du Judaïsme. En fait, le Christianisme, s'il puise sa source sur les bords du Jourdain, ce n'est pas du judaïsme mais de l'hellénisme qu'il procède. Ce n'est pas dans les prophètes juifs des premiers temps comme Josué ou Samuel mais dans des prophètes nés bien plus tard, quelques centaines d'années avant le Christ, que s'est ancré, malencontreusement, ce que l'on appelle le Judéo-christianisme. Et le Christianisme n'est pas la continuité du judaïsme, mais au contraire une véritable cassure ! Jésus était sans doute un thaumaturge mais comment aurait-il pu métamorphoser le dieu vengeur et sanguinaire des Juifs en un dieu de bonté, de pardon et d'amour ?

Il peut aller se faire voir chez les Grecs, mon bonhomme. Où veut-il en venir ? Et quel rapport avec la Garbeau, le bouquin de Justine d'Armoise et tout le reste ?

-Et n'est-ce pas Saint-Paul qui a écrit dans une de ses épîtres que la recherche du salut par la loi de Moïse est incompatible avec la recherche du salut par le Christ ? renchérit, ravi, aux anges, extatique presque, le poupin Monsieur Chazam.

Je m'attends à ce qu'il cite le passage, genre Matthieu V-6, comme le font les timbrés qu'on voit dans les films.

Mais non.

-Vous savez, les évangiles, qui furent écrits en grec, furent choisis parmi de nombreux autres, dont certains, dits apocryphes, n'en sont pas moins intéressants. Le grec est resté la langue officielle de l'Église jusqu'au troisième siècle de notre ère. Les Grecs furent en effet très nombreux en Judée et dans la plupart des villes de Palestine on ne parlait que le grec ! Certains pensent que pour se faire comprendre, ce n'est pas en araméen mais en grec que Jésus s'exprimait !

C'est Madame Marvel qui a pris la parole. Quelques intonations un tantinet émerveillées. Elle aussi ! Et de fait inquiétantes. Des cinglés, des cinglés de la pire espèce. Des psychopathes ! Des tordus ! Des, des... les synonymes me manquent !

-À en croire les gnostiques, au fil des traductions et des intérêts politiques du temps, certains passages des Évangiles auraient été altérés. Pour les rendre disons, plus conformes aux aspirations de l'époque.

-Oh, on peut leur faire dire n'importe quoi aux Évangiles ! La multiplication des sectes qui s'en réclament en témoigne. Et puis, comment prendre au pied de la lettre des bouquins écrits bien après la mort du Christ ?

J'ai décidé à mon tour de prendre part à la conversation. Histoire de le titiller, le trio infernal. Je n'aime pas vivre dangereusement. Mais pourtant !

-C'est là une question de foi, mon ami. C'est Costard-Cravate qui a repris la parole, en se penchant vers moi. Je dirai même : là est toute la question. Question d'intime conviction, de foi qui fait fi, sans le nier, du raisonnement.

-Et... ?

-Et moi j'ai foi dans certains écrits. Selon Nietzche, pour qu'un sanctuaire apparaisse, un sanctuaire doit disparaître. Les religions sont vouées à se succéder, tout en conservant ce que j'appellerai leur moule initial, un tronc commun venu du fond des âges, qui se transforme au fil du temps. De cycle en cycle. Vous remarquerez que la plupart des religions et des mythes évoquent de concert l'existence d'un déluge. Le déluge chez les juifs, l'Atlantide chez les platoniciens. Et bien d'autres chez lcs mayas, par exemple. Certes ces derniers s'étaient trompés sur la date de la fin du monde, mais... nous arrivons au terme de l'actuelle religion judéo-chrétienne. Le Christianisme sera revivifié par un retour à ses origines a écrit quelqu'un. L'ère du Poisson, celle du Christianisme est révolue. Celle du Verseau verra poindre immanquablement une nouvelle religion pour la plus grande gloire du Créateur. Nous y travaillons depuis quelque temps déjà !

Ce type a des yeux d'un gris qui vous font tressaillir. Des yeux d'allumé. Me fichent la trouille, vraiment. Des yeux qui ne vous donnent pas envie de causer philosophie ou théologie avec lui le soir au coin d'un bois. Involontairement je déglutis. Une fois, puis deux. Et ironise cependant.

-Vous ne faites vraiment pas votre âge.

Ou peut-être ai-je seulement voulu le dire.

Ses yeux gris se tournent vers le poste de télévision où le visage souriant du pape vient de remplacer celui d'une grand-mère ridée comme un cul de babouin et vantant les qualités d'une assurance-décès particulièrement adaptée à ses futurs besoins.

-Il n'y a plus de place pour lui dans le caveau du Vatican.

L'homme m'a de nouveau cloué à mon siège de ses yeux de calot en acier.

-Non, plus de place.

Il balance ça sans aménité, dans un souffle, comme il réciterait un poème à l'occasion de la fête des mères.

Un ton atone mais chaud comme un souffle volcanique qui fait se dresser les cheveux sur ma tête.

Ce type est cinglé.

Et les autres le sont tout autant.

Des cinglés, des cinglés de la pire espèce. Des psychopathes ! Des tordus ! Des aliénés. Des fêlés… Mon dictionnaire intégré des synonymes vient de s'ouvrir à la bonne page, sous le souffle fécond de l'angoisse la plus noire. J'ai affaire à des déments, des désaxés, des déséquilibrés, des maniaques, des furieux. Des azimutés, des barjos, des branquignoles, des braques, des frappadingues, des folasses, des mabouls, des siphonnés, des sinoques, des timbrés !

Étonnant comme notre langue peut compter de mots pour évoquer la folie et ceux qui en sont porteurs…

Centre hospitalier de Dreux, de nos jours,
dans la nuit du 14 au 15 août

Tragédie en sous-sols

La mini-pendule de la dormeuse d'à côté indiquait le cœur de la nuit. Ce dernier battait au rythme du service : encéphalogramme plat ou presque. Quelques ombres parfois se projetaient dans le couloir. Joe perçut près de la porte la jambe assoupie du jeune flic. Il était temps de vider les lieux. Joe déchira discrètement l'emballage de la seringue qu'elle dissimulait sous sa cuisse depuis quelques heures. Puis elle repoussa le drap rêche et la couverture grisonnante, posa un pied précautionneux à terre. Pas de douleur, rien, juste le contact désagréable du sol. Elle se dirigea à pas mesurés vers le placard qui abritait sans doute ses vêtements. La porte d'aggloméré ne grinça pas quand elle tira la poignée. Mais Joe déchanta aussitôt. Les étagères étaient vides. Elle ouvrit le second placard. Tomba sur un infâme caleçon à fleurs, un pull mauve avachi et différents sous-vêtements en cours d'équarrissage. Joe grimaça. Sa voisine de chambre avait décidément tout pour elle. Joe délaissa les sous-vêtements, enfila le caleçon susceptible d'abriter toute une famille de la bourgeoisie versaillaise, se glissa dans le pull aux étonnantes senteurs vespérales. Ses orteils buttèrent contre une improbable paire de Repeto. Au moins, la pointure correspondait !

Passage obligé aux toilettes. Sans tirer la chasse. Puis, soulagée, elle remplit d'eau sa seringue.

Joe s'immobilisa à deux pas du couloir. Elle surveillait le ronflement discret du flic endormi. Tendit l'oreille. Aucun bruit. Le pouce calé sur le piston de la seringue, elle glissa jusqu'à la porte. Le jeune flic en uniforme était avachi sur sa chaise inconfortable. Le couloir était vide. Une lumière jaunâtre s'échappait du poste des infirmières, à une quinzaine de mètres de là. Joe respira un bon coup. Puis colla l'aiguille sur le cou du flic. La seringue ne contenait que de l'eau, mais ce dernier n'était pas censé le savoir. Et puis, elle avait entendu dire ou lu quelque part qu'une injection d'eau dans le sang pouvait être mortelle.

Le flic sursauta, ouvrit grand les yeux. Joe lui colla sa paume sur la bouche tout en lui murmurant.

-Si tu bouges, tu te prends une seringue de saloperies dans le sang. Tu me comprends ?

L'autre acquiesça.

-Bien. Je n'ai rien à perdre, alors je n'hésiterai pas ! insista Joe. C'est bien compris ?

-Hmmmm, hmmmm ! hoqueta le flic.

-Bon. Maintenant, je retire ma main de ta bouche. Si tu l'ouvres, tu te prends une injection de cette merde…

-Hmmmm, hmmm !

Joe s'exécuta.

-Déconne-pas, calme-toi ! souffla le flic.

-Ferme-la ! enjoignit Joe en accentuant sa pression.

Une goutte de sang, vite avalée par l'aiguille

Tout en maintenant la pression sur le cou, où palpitait une veine nerveuse, de sa main gauche Joe libéra l'automatique de son étui.

-Et maintenant, on fait quoi ?

Le flic avait légèrement tourné la tête. Il tentait de capter le regard de Joe. Elle cogita. Il lui était impossible d'armer le flingue sans lâcher sa seringue. D'ailleurs le saurait-elle ? Sa science des armes se limitait aux scènes d'action des séries télévisées et des thrillers qu'elle accumulait sur grand écran. Elle sentit le bras crispé du flic contre sa cuisse. Commença à paniquer. À vue de nez, il était plus grand qu'elle. Dans ces conditions, difficile de lui ordonner de se lever tout en conservant la seringue contre son cou. Le flic perçut son hésitation. Fin psychologue, il abandonna le tutoiement pour le vouvoiement. Il chuchota.

-Écoutez, ne faites pas de bêtise. Retournez dans votre chambre. Cela restera entre nous !

-Tais-toi ou je t'assomme ! Tu as une voiture ?

Le policier hésita une seconde. Une seconde de trop.

-Non. Mes collègues m'ont déposé. Je n'ai…

Mais Joe s'en fichait. Tandis que l'autre réfléchissait à ce qu'il disait, elle lui planta l'aiguille dans le bras. Le flic tressaillit, émit un sifflement de douleur.

-Chutchutchutchutchut ! souffla Joe. Lève-toi. On va passer par le sous-sol.

Le flic se redressa. Il la dépassait d'une tête. La trentaine. Plutôt mignon, l'œil brun, la lèvre fine, le sourcil interrogateur.

-Qu'est-ce qu'il y a là-dedans ?

-Qu'est-ce que j'en sais ? répondit Joe. Une saloperie. Et puis, bravache : « Peut-être rien de dangereux. On parie ? » osa-t-elle en enfonçant un peu plus la seringue dans la chair policière.

Le flic grimaça. Une fossette apparut au coin des lèvres.

Vraiment mignon, songea Joe.

-Allez. On remonte le couloir jusqu'aux ascenseurs.

À pas lents, le couple glissa le long du couloir. Une cafetière glougloutait dans le local des infirmières. Personne en vue. Joe s'humecta les lèvres. Une petite tasse ne lui aurait pas déplu. Son estomac gargouillait. Elle se contracta naïvement, persuadée que la protestation stomacale résonnait d'un bout à l'autre de la coursive peinte en vert et où s'exposaient de loin en loin, les œuvres colorées d'artistes locaux.

-Vous devriez manger quelque chose ! murmura le flic.

Instinctivement, Joe passa également au vouvoiement.

-Taisez-vous et avancez !

Le policier soupira. En quelques secondes, ils parvinrent aux ascenseurs. Deux portes closes.

-Appelez-en un ! ordonna Joe.

Son cœur cognait dans sa poitrine. L'image d'un oiseau mourant blotti au creux de sa paume quand elle avait douze ans lui revint en mémoire. Le cœur de la minuscule boule de plumes battait à tout rompre puis s'était tu, d'un seul coup. Joe en avait pleuré toute la journée. Troublante analogie.

-Si vous pouviez éviter de trembler comme ça, ça m'arrangerait, souffla le jeune flic en appuyant à plusieurs reprises sur les boutons des deux ascenseurs. Je vous rappelle que vous m'avez planté une seringue dans le bras.

Joe allait pour s'excuser quand elle se reprit.

La porte de l'ascenseur le plus proche s'ouvrit enfin. Elle y poussa le flic.

-Niveau moins deux !

La porte coulissa, les enfermant dans la boîte. Joe détestait les ascenseurs. Les étages défilaient. Lentement. Trop lentement. Elle croisa les doigts mentalement. Le flingue pesait lourd dans sa main gauche. La porte de la cage s'ouvrit enfin dans un chuintement.

Les sous-sols du centre hospitalier étaient plongés dans la pénombre. Des néons lymphatiques éclairaient le sol de ciment sur lequel était peint un labyrinthe de lignes droites. Des wagonnets transportant ici du linge, là des produits pharmaceutiques en tout genre, suivaient docilement ces lignes jaunes, ici vers la lingerie, là vers les différents services. Étonnant mais aussi inquiétant ballet informatisé de quelque 300 choses inanimées évoluant sur quelque 400 mètres de lignes.

-Tournez-vous ! Et appuyez sur le sixième.

-Quoi ? Vous voulez remonter ?

-Ne jouez pas au con. Vous avez très bien compris. Allez ! Et merci de ne rien tenter. Je vous laisse avec votre seringue !

Les portes coulissantes commencent à se refermer. Au dernier moment Joe s'éjecta de l'ascenseur.

-Ah, ma chère ! Je ne pensais pas vous retrouver aussi rapidement ! Vous m'épargnez quelque peine et m'en voyez ravi !

L'air effectivement ravi, ses yeux luisant dans la pénombre Monsieur Chazam braquait sur Joe le trou béant d'une arme munie d'un silencieux.

Une abbaye oubliée, de nos jours, dans la nuit du 14 au 15 août

Les voix du chapitre

Nous traversons le chapitre en silence. La beauté du lieu me fait oublier un instant la délicatesse de ma situation. Le bâtiment est recouvert d'une voûte en plein cintre qui culmine à des mètres et des mètres du sommet de mon crâne. D'aériennes lancettes, fines comme des trompes de colibri s'entrecroisent sous des arcs communs, prolongeant, au centre de la pièce, deux énormes cheminées capables d'avaler des forêts en fusion.

-C'est au XIIIème siècle qu'a été bâtie cette abbaye… Mais, allez-vous bien ?

Le ton de Monsieur Chazam est empli d'une suspecte sollicitude. Celle du bourreau qui constate avec effroi que son client s'apprête à passer l'arme à gauche avant même qu'il ait pu, lui-même, officier. Mes paupières battent telles deux papillons bleus batifolant au-dessus d'une plantation de cannabis. J'ai envie de courir, nu, au cœur d'un labyrinthe de troènes noircis par le soleil et les vents d'ouest. La voûte du chapitre n'est plus faite de pierres grises mais d'une toile bleue tendue par les branches d'un noisetier gigantesque. Je perçois par-delà les murs, au-delà devrais-je dire, les flèches illuminées de Notre-Dame de Chartres. Elles ont l'air hagard.

-Il n'a pas encore récupéré. Un peu de repos dans sa chambre lui fera du bien. Nous reprendrons après.

Je connais cette voix. Sortie d'un organe distendu, d'un puits sans fond. Je me mords les lèvres au sang. La douleur parvient à peine à projeter un mince rai de lumière dans mon esprit. Je déguste. Désagréable impression d'assister, impuissant, à ma déchéance. Schizophrénie, râle un grillon écrasé sur mon épaule. Les larmes jaillissent et m'inondent, tombant en cataractes furieuses sur mes joues, imprégnant mes vêtements. Je me recroqueville sur mon lit. En quelques secondes, l'eau clapote au pied de la paillasse. Une eau rougeâtre. Un flot de sang bouillonnant qui renverse l'unique chaise plantée contre la fenêtre en ogive. L'eau s'écrase avec virulence contre la porte de bois de la pièce.

Une main géante, aux ongles sales, brandit une torche au-dessus de moi. Puis la lâche tandis que je m'en vais cogner contre le mur. L'eau de sang se met soudain à s'embraser. Les flammes sont monstrueuses, lèchent les murs comme la langue d'un chien fidèle lècherait la paume de son maître. La paillasse sur laquelle je gis, immobile, impuissant, commence à prendre feu. Puis elle s'embrase, d'un coup. Je perçois la morsure des flammes sur ma peau. Je hurle tel un damné. Ma punition sera éternelle. Je voudrais mourir, sombrer dans l'oubli.

Une piqûre à la saignée du bras. Un liquide froid, non, glacé, qui s'empare de mes veines. Qui glisse jusqu'à mon cœur. La délivrance, enfin ?

Des voix. Celle d'une femme. Visiblement en colère.

-Mais qu'est-ce qui vous a pris ? Vous êtes cinglé, Chazam. Cinglé !

Me revient un nom. Madame Marvel.

-Buvez un peu d'eau, cela vous fera du bien. Un contact frais sur mes muqueuses. Un liquide sur ma langue serpentine. Je tousse.

-Allez, sortez, Chazam, je m'occupe de lui.

J'entends une porte se refermer.

-Il a des attitudes de psychopathe, parfois. Et son frère ne vaut pas mieux !

Curieusement, cette simple phrase, prononcée dans un soupir me remet les idées en place. Ce type EST un psychopathe, un assassin qui a croisé ma route à plusieurs reprises. Et ce n'est certainement pas grâce à lui que je suis encore en vie, en mauvais état mais en vie, aujourd'hui. Et ses copains, même Madame Marvel, sont aussi cinglés que lui.

-Il vous a concocté un mélange de sa composition. Agara, Ereriba et Maraba. Cela aurait pu vous tuer !

Elle m'observe avec curiosité.

-Ma femme ? Ma fille ?

Madame Marvel se redresse.

-Ne vous inquiétez pas pour elles, je vous l'ai dit. Votre fille est en sécurité et je pense que votre épouse n'est pas très loin. Enfin, préoccupez-vous plutôt de vous. Ne cherchez pas à trop savoir. Trop de gens sont morts depuis trop d'années. Je ne sais même pas pourquoi vous êtes encore en vie. Tâchez de dormir un peu.

Quelques instants plus tard, je me retrouve seul sur ma paillasse. Seul et en vie. Pourtant, je m'endors comme une masse. Dans mon sommeil, j'entends une porte s'ouvrir, se refermer.

Puis plus rien.

Centre hospitalier de Dreux, de nos jours,
dans la nuit du 14 au 15 août

Le retour de Monsieur Chazam

Hypnotisée, Joe fixait la bouche béante du silencieux.

Celle de Monsieur Chazam était, quant à elle, pincée.

-Ne bougez surtout pas ! Je vous autorise seulement à lâcher votre arme. Mieux vaut !

Monsieur Chazam la dominait de toute sa taille. Les jambes écartées, les deux mains jointes sur la crosse de son arme, légèrement plié en avant, il observait le moindre de ses gestes, guettant le plus infime mouvement, le moindre soupir.

Derrière lui, insensibles à la scène, les bennes roulantes allaient et venaient dans de chaotiques cliquetis. Leurs ombres glissaient sur les murs de parpaings au gré des néons.

-Vous allez vous agenouiller gentiment, poser votre arme et vous relever. Ensuite, du pied, sans brusquerie, vous allez la faire glisser vers moi.

Joe jetait des regards désespérés alentour. N'y avait-il donc personne dans ce foutu hosto ? À part des bennes robotisées ?

Elle s'apprêtait à s'agenouiller quand, entre les jambes solidement plantées de Monsieur Chazam, elle découvrit le tracé d'une ligne jaune parfaite. Les chariots se déplaçaient le long de deux rainures parallèles creusées dans le sol, guidant les quatre roues des chariots. Un caniveau les séparait dans lequel tournait et vibrait inlassablement une barre cylindrique.

L'une des jambes de Monsieur Chazam mordait sur le trajet des chariots. Joe se remit à espérer. Il lui fallait gagner du temps. Une masse sombre se profilait, tressautant, une trentaine de mètres derrière la silhouette menaçante. Se pouvait-il ? Gagner du temps, oh pas beaucoup, quelques secondes suffiraient. Joe leva la main gauche, offrant à la vue de Monsieur Chazam la crosse de son automatique en un geste de reddition vu cent fois à la télé.

-Très bien, ne vous énervez pas. Je vais le poser par terre.

Elle fixait les pupilles sombres de Monsieur Chazam, s'efforçant de ne pas regarder par-dessus son épaule. Encore quelques secondes. Monsieur Chazam paraissait extrêmement concentré sur sa proie.

Lentement, elle s'agenouilla.

Entre les cuisses de Chazam se profila l'ombre rectangulaire du chariot qui, indifférent à l'obstacle, s'apprêtait à le percuter, à quatre ou cinq kilomètre/heure. Pas de quoi l'estropier mais suffisant pour détourner son attention et peut-être même lui faire lâcher son arme.

Joe posa son propre pistolet à plat sur le sol, mais conserva un instant sa main sur la crosse. Quelques secondes encore. Irrité, Monsieur Chazam lui fit signe de se relever.

Encore un instant et elle pourrait récupérer l'arme.

Son œil glissa entre les mollets de son agresseur.

Le coup d'œil de trop.

Chazam bondit sur le côté.

Le chariot le frôla, mais Joe resta figée dans la ligne de mire de l'assassin.

C'est à cet instant que les portes de l'ascenseur s'ouvrirent dans un chuintement.

Une abbaye oubliée, de nos jours,
dans la nuit du 14 au 15 août

Le projet Aberfan

Il fait nuit noire quand je m'éveille. Il me faut un peu de temps pour rappeler tous mes esprits qui se baladent à droite et à gauche dans les limbes. Finalement, à part quelques lambeaux diaphanes d'une migraine ancienne, je me sens plutôt en forme. Je constate, mal à l'aise, que je suis nu. Mes vêtements sont suspendus à un cintre qui pend bêtement à la crémaillère de ma fenêtre. Ceux qui ont découvert le dernier héritier des Condé pendouillant à sa croisée ont dû avoir le même mouvement de recul à la vue d'une telle silhouette chiffonnée accrochée à la crémone.

En quelques secondes, je suis redevenu un être civilisé. Mon portefeuille et mon cellulaire ont disparu. La faim me tenaille.

Curieusement, la lourde porte de chêne qui me sépare du couloir n'est pas fermée à clé.

Le dallage est magnifique, poli par les siècles. Et absorbe tout bruit de pas. Il n'y a pas d'éclairage mais la demi-lune qui m'observe de loin en loin, entre les fenêtres en ogive, suffit à guider mes pas. Les souffles de la nuit me murmurent une mélodie irréelle. Au loin, une effraie en chasse pousse son cri de mort, le dernier qu'entendra sa proie, petit rongeur surpris par le diable blanc.

Je me laisse guider jusqu'aux toilettes. Me penche sur la cuvette. Ma main furette un instant, se saisit du piton ferreux, gentiment rouillé, déplanté du mur un peu plus tôt. Long d'une quinzaine de centimètres, il ressemble à un burin affûté à la pointe légèrement émoussée mais menaçante. Je le dissimule dans la manche de ma chemise.

Je poursuis mon chemin.

À ma gauche, une porte close qui laisse filtrer, au ras du sol, une lumière bleutée, mouvante.

Je colle l'oreille contre les planches séculaires, mille fois vernies. Le ronronnement d'une machine, d'un ordinateur, sans doute. Je retiens mon souffle. N'entends que les battements affolés de mon cœur.

Battements de tambour ; grondements qui tentent de percer la nuit chargée des vibrations d'une cérémonie magique. Rien. Je devrais tenter de fuir. Mais je sais que mes hôtes veillent. Cette apparente liberté de mouvement n'est qu'un leurre. Il doit y avoir toute une escadre de types armés jusqu'aux dents tout autour de l'abbaye. Quand bien même n'y aurait-il que Monsieur Chazam.

Visiblement, la joyeuse équipe veut obtenir de moi des informations. Lesquelles, je ne sais pas. Mais les « apôtres » croient que je détiens quelque secret et tant qu'ils le croient, j'ai toutes les chances de rester vivant. Peut-être même souhaitent-ils que je pousse cette porte pour y découvrir… Quoi ? Je n'en sais rien. Ils doivent sans doute penser que l'objet de mes recherches répondra à leurs questions. Dans ce cas, tâchons de ne pas les décevoir.

C'est ce que je me dis alors que d'une main peu ferme je tourne le bec de canne ouvragé.

La pièce baigne dans la pénombre.

Une bibliothèque. Immense. Un vaisseau immobile emportant dans ses soutes de multiples voyages. Les rayonnages se déclinent à l'infini. Le rêve de tout amateur de livres. Ici, la voûte n'est pas étoilée, mais solidement charpentée de châtaignier et de tuiles de pays dont pas une ne doit manquer à l'appel.

Mais pour l'heure, c'est la lueur de l'écran de veille de l'ordinateur qui m'attire. Un doigt sur la souris. Un grésillement. Rien de particulier. Un logiciel de gestion de bibliothèque. Pas de mot de passe, aucune difficulté pour y accéder. La partie émergée de l'iceberg ? Voire.

Pris d'une brusque inspiration, je tape quelques lettres.

« Justine d'Armoise. »

En quelques dixièmes de seconde, des Justine par centaines apparaissent.

Agacé, je constate qu'il n'y a pas d'Armoise.

Je réitère la recherche.

« Darmoise… »

Rien, me balance à la figure la foutue bécane.

J'essaie Armoise, mais rien n'y fait.

L'écran arbore un fond désespérément vide et un peu railleur me semble-t-il.

Je repense au mot de mon délégué du personnel :

-Parano !

Je gratifierais bien l'instrument informatique de quelques coups de pied ou de poing. Mais à quoi bon ? Sage attitude témoignant de la présence persistante de quelques grammes de raison dans l'habitacle compressé de mon crâne. Debout, je réfléchis un instant. Juste le temps que la lumière soit. Vu la quantité d'ouvrages en présence, il ne serait pas étonnant que la majeure partie n'aie pas encore été entrée dans la base de données ! Je farfouille à droite et à gauche, essayant de ne pas me laisser perturber par les trésors qui m'entourent. Et finis par trouver un meuble d'acajou grand comme une caravane où reposent des centaines de milliers de fiches, plus ou moins jaunies. Je furète là-dedans.

En vain.

Et puis, je tombe sur une feuille de papier bristol.

Avec un nom, tout en bas : Barbara Garbeau.

Barbara. La sœur d'Alexandra.

Que vient faire en ce lieu la frangine d'Alexandra ?

Barbara Sogar, pardon Garbeau, a trouvé la mort il y a peu. Joe l'avait évoquée. Elle travaillait pour une association qui avait racheté la bibliothèque du Tonton à l'Ami 8.

Elle est passée par ici. Et pour cause !

Tu parles d'une association ! De malfaiteurs, oui !

Mes yeux s'habituent peu à peu à l'obscurité. J'erre à travers les travées, sans autre entrave que les chaises et les tables disséminées un peu partout. Les dos des livres, qu'ils soient reliés ou simplement brochés, dorment sur leurs étagères, attendant qu'une main vienne les réveiller, les caresser, les retirer délicatement. Sciences humaines, pneumatologie, sciences spagiriques, mythologies, religions… Les espaces défilent, tout comme le temps qui m'est compté. Enfin, je repère une série de rayonnages : Écrits Apocalyptiques. Il y a là le tout premier, celui de Jean, dans différentes traductions, accompagné de sa cohorte de commentateurs, les pessimistes (les plus nombreux !) et les optimistes. Je connais celui sur vélin bouffant, un exemplaire numéroté introduit par Couchoud. Il y a là des ouvrages anciens en latin et en grec, larges plaques de vélin ou de maroquin, aux titres qui me sont intraduisibles ; il y a également des ouvrages plus récents, tel ce « Livre des Cycles » de Raoul Auclair, à la jaquette bicolore protégée par un voile de papier cristal. Je parcours les titres et les références : Jean Fervan, La Fin des Temps ; Apocalypse de Harold ; Notre Époque et la destinée du Monde, de Spicer. Les prophéties du pape Jean XXIII, ainsi que plusieurs versions de celles de Malachie, les conférences de Steiner l'anthroposophe...

Et soudain, la lumière est. Éblouissante.

-Ne scelle pas les mots de la Prophétie de ce livre
Car le temps est proche !

Je pousse un profond soupir. Pour un peu, je lèverai les mains en l'air.

-Je suppose que vous n'avez pas trouvé ce que vous cherchiez ?

Je ne sais si Monsieur Chazam attend une réponse.

-Et que supposiez-vous que je cherchais ? je rétorque en me retournant.

-Certaine référence à un manuscrit, un modeste roman jamais édité, cause de la mort de nombreuses personnes. À commencer par celle qui l'écrivit.

C'est Costard-Cravate, l'homme dont j'ignore toujours le nom qui a pris le relais.

-Mon père m'a toujours appris qu'il ne fallait pas parler aux inconnus !

-Vous me vexez, cher ami. Puisque vous insistez, appelez-moi Monsieur Bleck.

-Avec un C ou un K ?

-Les deux.

Monsieur Bleck, Madame Marvel, Monsieur Chazam. Et puis il y avait l'autre, là, qui s'est pris une malencontreuse turbine de béton du côté de Bailleau… Monsieur Roba !

J'éclate de rire.

Monsieur Bleck paraît décontenancé.

Je me calme un instant, le temps d'éructer entre deux hoquets :

-Je suis tombé sur le gang des bédéphiles, n'est-ce pas ? Ce serait drôle si vous n'étiez pas aussi dangereux !

-Je vous l'ai dit tout à l'heure. Quelques facéties aident à survivre au cœur d'un monde qui ne prête pas toujours à rire ou à sourire.

Bleck. Je turbine à fond. La quittance d'électricité chez la défunte plasticienne, découverte avant l'explosion. Elle était au nom de Bleck. Le réel propriétaire des lieux…

-Je suppose que Monsieur Popeye est aux fourneaux, dans votre joyeuse association ? Et que Michel Vaillant veille au bon fonctionnement des véhicules ? Et Stan Lee ? Il est à la comptabilité ? Et Mickey ? Et Pif le chien ?

-Presque ! Il y a bien un Monsieur Mickey, chargé d'ailleurs de veiller sur votre charmante épouse ! admet Monsieur Bleck tandis que Madame Marvel semble hésiter encore à sourire.

À ces mots je me rue sur le bonhomme. Un croche-pattes de l'indispensable Monsieur Chazam me cloue au sol.

-Espèce de salaud, si vous touchez à Cam…

- Tttttt… rétorque Bleck. Vous n'êtes pas en mesure de nous menacer. Je vous suggère de vous calmer. La colère est mauvaise conseillère. Votre fille n'est pas loin, et je gage que votre épouse non plus. Alors, ne tentez rien qui puisse leur être préjudiciable.

Abasourdi, furieux surtout, je me masse le genou.

-Que savez-vous des « Apôtres de l'Apocalypse » ou du projet Aberfan ? relance Monsieur Chazam.

-Pas grand-chose. Si ce n'est que j'ai eu ce bouquin en main quelques minutes.

-Et ?

-Et qu'il m'a paru très instructif. C'est notamment grâce à lui que j'ai pu m'enfuir de la boutique du libraire, quand vous avez tué ce pauvre Pellegrin.

Pas question bien sûr d'évoquer la mallette remise par Mathilde.

Et Mathilde, qu'est-elle devenue ?

Et Alain, ce con d'agent immobilier ?

Alain… Une image me revient. C'était dans le bief, tandis que nous tentions d'échapper aux tueurs de Bleck. De l'eau jusqu'à la poitrine. La mallette récupérée par Cam. Le visage grimaçant d'Alain. L'arme au poing. Le coup de crosse. Alain, le salaud. Alain, Monsieur Mickey ?

Je pose la question, craignant la réponse.

Monsieur Chazam émet un curieux raclement de gorge à l'évocation de ce qui doit lui apparaître comme un échec. « Il est injoignable depuis ce matin mais il a toute ma confiance », confesse-t-il. Puis Monsieur Bleck pousse un soupir.

Mes idées s'embrouillent.

Je voudrais laisser affluer la rage et la violence et leur éclater la tête à tous.

J'inspire profondément, tentant de faire refluer le flot des émotions. La vengeance, s'il peut y en voir une, sera pour plus tard.

-Attendez ! Si vous possédiez ce manuscrit, comment se fait-il que vous…

Je cherche mes mots, incapable d'aligner deux pensées cohérentes. Sachant ce qui était écrit, il était aisé pour Bleck et ses copains de détourner le futur ou de le laisser suivre son cours. À moins…

-Et si nous nous asseyions ? Je pense que tout le monde est un peu fatigué et nous sommes à quelques heures d'un événement qui va bouleverser nos vies… à tous, termine-t-il en me fixant.

Bleck nous guide jusqu'au fond de la bibliothèque, transformé en un petit salon cossu. J'investis d'une fesse dubitative un tabouret métallique aux angles inconfortables.

-Vous connaissiez cette malheureuse Alexandra. Elle travaillait pour nous depuis six ans je crois

-Sept, intervient Monsieur Chazam en produisant un curieux petit bruit du coin des lèvres.

-Sept, donc reprend Monsieur Bleck. Grâce à elle, et à d'autres médiums tels que monsieur Guyon et mesdames Bidard et Garbeau, nous avons pu éviter quelques catastrophes dont bien sûr vous n'avez jamais entendu parler… puisqu'elles n'ont pas eu lieu ! Nous en avons aussi laissé d'autres se produire. Dans l'intérêt, toujours du plus grand nombre, je puis vous l'assurer.

Je suis consterné ! Bleck et ses copains auraient ainsi *réellement* recréé une centrale de type Aberfan, un centre de divination occulte destiné à servir leurs intérêts ?

Une image me vient à l'esprit. Celle de deux tours jumelles s'effondrant au cœur de New York un certain 11 septembre.

-Vous n'aviez pas prévu le 11 septembre.

Monsieur Bleck pousse un soupir.

-Si… Mais il nous était impossible d'agir. Trop d'éléments intervenaient dans cette tragique affaire. Et puis, je reconnais que cette spectaculaire déclaration de guerre a plutôt servi nos projets. Outre le fait qu'elle a attisé les tensions et les peurs entre communautés religieuses, nous avons pu revendre des milliers d'actions de certaines compagnies aériennes les jours précédant le drame, ce qui nous a permis de gonfler notre trésor de guerre. Lequel a été mis en œuvre pour la réalisation de notre grand dessein. Nous n'agissons pas pour nous, mais pour le Très-Haut.

C'est fou comme nos divinités sont depuis des temps immémoriaux prétextes à toutes les turpitudes, justifications éhontées de l'irrépressible désir de puissance des hommes !

Je serre le poing.

-Parfois, nous nous sommes trompés, je vous rassure ! Mais pas cette fois. Toutefois, c'est à partir de ce moment que quelques-uns d'entre nous ont commencé à se poser des questions. Et force m'est de constater que certaines réponses n'ont pas été des plus satisfaisantes.

Ça ne me rassure pas du tout, mais ne le lui dis pas.

-Voyez-vous, il est difficile de naviguer dans l'avenir. Même avec d'excellents médiums et les potions extraordinaires de Monsieur Chazam. Car les facultés de concentration, de méditation, l'ouverture des portes de la perception chères à Huxley, peuvent être orientées grâce à l'utilisation de certaines drogues. On a souvent évoqué les effets du peyotl, mais il ne s'agit pas là de la seule plante permettant à l'homme d'atteindre les plus hauts niveaux de conscience. Ce que les Chrétiens appellent la Grâce…

À ces mots, Monsieur Chazam s'incline, pas peu fier de l'hommage qui vient de lui être rendu.

-Les visions ne s'accordent pas toujours. C'est un peu comme si le futur prévoyait qu'il peut être déjoué et qu'il brouillait les pistes. Les absences ou rêves prophétiques tiennent souvent du symbolique. Un symbolique qu'il nous échoit de décrypter. La traduction peut être fidèle, hésitante ou pleine de contre-sens. Mais dans l'ensemble, nous parvenons à tirer notre épingle du jeu. Nous obtenons 40% de réussite, ce qui n'est pas si mal. Grâce aux grandes catastrophes notamment.

-Pas si mal, renchérit Monsieur Chazam.

-Mais que vient faire la sœur d'Alexandra Garbeau dans tout ça ?

Bleck m'offre une moue ennuyée.

-Barbara travaillait pour nous depuis le début. C'est elle qui, voici sept ans (il se tourne vers Monsieur Chazam qui lui accorde sa bénédiction, c'est bien cela, sept ans) nous a parlé du don de sa sœur. Une femme très active Barbara. Je l'aimais bien. Elle s'occupait des documents de notre... de notre association. De la bibliothèque, notamment. C'est elle qui était chargée de courir les salles des ventes à la recherche d'ouvrages rares et précieux. Elle était chargée de restaurer les documents qui pouvaient nous être utiles, de les classer. Il y a quelque temps, elle a racheté à un maître-verrier amateur une riche bibliothèque qui, semble-t-il, abritait un étonnant petit manuscrit signé d'une certaine Justine d'Armoise. Un ouvrage qui d'après les passages que nous avons pu lire, évoque dans le détail qui nous sommes et ce que nous nous apprêtons à faire, force détails gênants à l'appui. Barbara l'a lu et a très vite deviné que les révélations formulées dans ce livre étaient susceptibles de mettre à mal notre projet. Elle a voulu nous faire chanter. De façon anonyme, bien sûr, Barbara nous a envoyé les bonnes feuilles de l'ouvrage. Nous avons tout d'abord cru à un faux, tant la description de notre organisation, celle de nos activités précisément décrites, correspondaient à des faits. Mais elle nous a transmis des parties de l'original.

Bleck m'offre une moue désapprobatrice.

-Mutiler ainsi des ouvrages, pour une bibliothécaire, il s'agit là d'une faute lourde méritant punition. Heureusement, Monsieur Chazam, enfin, l'autre Monsieur Chazam, a rapidement découvert l'identité de notre maître-chanteur. Indispensables Messieurs Chazam, reprend Bleck.

Chazam se rengorge mais ne pipe mot.

-Quand elle s'est su découverte, Barbara a contacté sa sœur. Et a fait en sorte de lui faire parvenir le manuscrit. Bien sûr, elle ne lui a pas envoyé à elle directement.

Mais à notre ami Guyon, le libraire chartrain.

Une abbaye oubliée, de nos jours, quelques semaines plus tôt

Trafic de mots

Barbara jeta un coup d'œil par-dessus son épaule. Le couloir était désert. Elle devenait nerveuse. Mauvais signe. Les seuls bruits qu'elle parvenait à entendre n'étaient autres que les battements irréguliers mais tonitruants de son cœur. Elle avait l'impression qu'ils se répercutaient le long des couloirs, résonnaient entre les murs de pierre, franchissaient les portes ouvragées. Était-elle allée trop loin ?

Elle poussa la porte de la bibliothèque. De là, elle pourrait téléphoner à Alexandra. Après tout, si quelqu'un entrait, sa présence, bien que tardive (peut-on dire « tôtive » ? s'interrogea-t-elle) pourrait se justifier. C'était son lieu.

Alexandra. Comme elle regrettait aujourd'hui de l'avoir présentée à Monsieur Bleck et aux autres.

Barbara travaillait pour eux depuis sept ans maintenant. Sept. Le nombre magique. Magique ? Voire.

Elle referma la lourde porte. Puis alluma la lumière du fond. Du côté des réserves, des bouquins inclassables ou à trier.

Des années qu'elle tentait de rendre cohérente cette masse de savoir, cette somme de connaissances qui valait toutes les bibliothèques d'Alexandrie. Chaque jour, elle découvrait un nouveau trésor, tirant de l'anonymat et de l'indifférence des reliures ou simples brochures parsemées parfois de tâches de rouille. Elle les compilait sur le disque dur de son ordinateur, leur redonnant un nom, ainsi qu'un indispensable numéro. Ça, c'était pour les plus courants, les plus communs, si tant est qu'il y eut du commun dans ce fonds prestigieux. Et puis, il y avait les autres. Les autres. Les extraordinaires. Qui méritaient, parfois, une jouvence complète. Alors, Barbara les emportait dans ce qu'elle appelait son « labo ». Elle se mettait au travail, ôtant les vestiges de reliures de cuir ou de vélin, débrochant l'ouvrage, séparant délicatement les différents cahiers. Elle aimait jouer du scalpel sur les ficelles séculaires. Il lui fallait ensuite éliminer les colles anciennes, réparer les manques avec du papier de soie et cette colle qu'elle fabriquait elle-même. Plus de soixante-dix manipulations étaient nécessaires pour redonner vie à un livre souvent moribond, entre le passage au cousoir et la mise sous-presse.

Barbara caressa les montants de la lourde presse de bois et de cuivre qui trônait au fond de la pièce. Le bois et le métal luisaient de façon rassurante sous la lumière chiche. Elle fouilla dans sa poche, en quête de son portable minuscule. Alexandra était en danger. Par sa faute.

Barbara, depuis quelque temps, se livrait à une autre activité que celle pour laquelle Bleck et les siens la payaient, plutôt bien, d'ailleurs.

Une activité, disons, parallèle. Qui avait débuté comme un jeu. La petite « Clé des Songes » était en piteux état quand elle l'avait dénichée. L'ouvrage, broché, était partiellement déchiré, corné sur toutes les pages. Fort heureusement, les nombreux manques n'entachaient ni les textes ni les gravures, dont certaines étaient superbes. Barbara le mit de côté, et soir après soir, après le boulot, se mit en devoir de le restaurer. Après des heures de travail, il présentait une nouvelle reliure bleue dont elle avait soigneusement travaillé les dorures, repoussant le cuir avec une patience infinie.

Elle l'avait conservé quelque temps, attendant le bon moment, puis l'avait envoyé à Alexandra pour son anniversaire.

Alexandra. Et ses rêves prémonitoires.

Barbara ignorait pourquoi Alexandra avait écopé de ce don qui, après la première surprise passée, s'était révélé encombrant et angoissant. Nul dans la famille n'avait jamais possédé aucun don de ce genre, à part peut-être un lointain arrière-grand père qui savait, paraît-il, guérir les brûlures.

Ce don, (tu parles d'un cadeau !), s'était manifesté le jour du cinquième anniversaire d'Alexandra. Au cours du goûter, qui réunissait une demi-douzaine de copines, elle s'était brusquement détournée de la table regorgeant de brise-dents en tout genre : gâteaux au chocolat, bonbons, réglisses, pâtes de fruits, dragées : la totale, sans compter les sodas de toutes les couleurs ! De quoi se transformer en caramel en passant près d'un radiateur ! Tandis que ses copines engloutissaient quatre-vingt milliards de calories, Alexandra avait éclaté en sanglots. Aucune caresse, aucun cadeau n'était parvenu à endiguer le flot de larmes de l'enfant.

La fête avait été écourtée au milieu des murmures déçus.

Tandis que sa copine Marie s'apprêtait à enjamber son vélo, Alexandra s'était précipitée sur elle, l'avait serrée dans ses bras et lui avait dit quelque chose à l'oreille. Marie l'avait repoussée, dardant ses yeux clairs dans ceux d'Alexandra.

-Arrête, tu me fais peur !

Et elle avait franchi le portail à toute vitesse sur son petit vélo rose.

-Mais qu'est-ce que tu lui as dit ? avait demandé Barbara qui avait assisté à la scène.

Un sanglot !

Alexandra avait répondu, dans un langage qui n'était pas celui d'une fillette:

-Je lui ai demandé de ne pas prendre son vélo pour rentrer chez elle.

-Mais pourquoi ? avait renchéri maman.

-Parce qu'autrement elle va se faire écraser.

D'après les informations données par la police aux journaux locaux, Jean Servin, circulant au volant de sa Volvo descendait la route de Paris quand, dans le virage, à hauteur des feux tricolores, sa remorque s'était détachée. L'engin, rempli de souches et de gravats avait filé, traversant la chaussée pour aller percuter la petite Marie N. (les journaux ne donnent jamais l'identité des mineurs impliqués dans un accident) qui remontait la rue au guidon de son vélo.

Marie avait survécu à l'accident.

Mais elle n'avait plus jamais voulu jouer avec Alexandra.

Barbara repensait à tout cela en pianotant le numéro du cellulaire d'Alexandra. Quelques semaines plus tôt, grâce à sa sœur, Barbara avait acquis une bibliothèque riche de milliers d'ouvrages. La bibliothèque d'un ancien maître-verrier au cœur de laquelle elle avait découvert… l'impensable !

Sa petite sœur n'allait pas apprécier d'être ainsi réveillée au cœur de la nuit. Mais ce qu'avait découvert Barbara était épouvantable. Et s'accordait si bien avec ce cauchemar récurrent qu'Alexandra lui avait raconté. Et si ce manuscrit disait vrai, Alexandra allait mourir. Tout comme elle. Et d'autres encore. Et puis des milliers d'autres !

Quand elle avait commencé ce qu'elle appelait son petit trafic, Barbara ignorait qu'il déboucherait sur une telle découverte. Depuis la restauration de cette fameuse « Clé des Songes » offerte à Alexandra, elle avait pris soin de récupérer, de plus en plus régulièrement, des ouvrages en mauvais état et qu'elle pensait mineurs (tout au moins, en moindre rapport avec les recherches menées par Bleck et les autres). Elle les restaurait et les mettait en vente aux enchères sur Internet. Discrètement, elle s'était ainsi constituée un joli pactole. Évidemment, ce qui, au début n'était qu'une manière dilettante d'arrondir ses fins de mois était devenu un besoin dévorant. Les prix flambaient au rythme de ses découvertes. Barbara prenait de plus en plus de risques, opérant même parfois au grand jour. Elle ne savait plus si elle était accro aux enchères (qu'il était excitant de voir les prix s'envoler au cours des toutes dernières minutes précédant la clôture d'une vente !) ou à ce jeu dangereux au sein de l'équipe de Bleck.

Jusqu'à l'autre jour. Jusqu'à la découverte de ce manuscrit mal relié. Signé Justine d'Armoise. Une écriture d'homme pourtant. L'encre violette s'était par endroits évaporée avec le temps.

Barbara en avait lu les premières lignes. Il s'agissait d'un avertissement. Ce livre avait été conçu pour changer le destin du monde. Par-delà les décennies, il représentait l'évocation d'une apocalypse annoncée. Les Apôtres de l'Apocalypse, héros sulfureux de l'ouvrage, ressemblaient étrangement aux membres du Projet Aberfan que Bleck dirigeait. Les médiums devenus encombrants et qui étaient assassinés les uns après les autres par leur sordide employeur rappelaient étonnamment ceux qu'elle connaissait. Quant au personnage de la bibliothécaire trahie par son petit trafic (il n'était pas question d'internet ni de vente aux enchères dans le manuscrit datant de la fin du XIXème siècle !), il lui rappelait sa propre existence de façon effroyable.

À l'autre bout du fil, une sonnerie (sans doute l'air de la Reine des Neiges de la Flûte enchantée) retentit à quatre reprises. Puis la voix enregistrée d'Alexandra lui apprit qu'elle n'était pas joignable. Merci de lui laisser un message.

Barbara, prise au dépourvu, ne sut que lui dire. Les mots se bousculaient, les idées s'embrouillaient. Par où commencer ? Simplement l'avertir.

-Tu es en danger. Je vais te poster un manuscrit. Enfin je vais l'envoyer à Georges. Tu dois le lire. C'est épouvantable. Je te rappelle. Méfie-toi de Bleck. Je… Sois prudente.

Barbara se pensait découverte. Elle avait cru le lire dans les yeux de Bleck. Et de Chazam, surtout, ce cinglé de nyctalope. Mais non. Elle se faisait des idées. Il était normal d'être à cran en pareil cas. La paranoïa s'insinuait en elle comme un fiel dangereux. Pouvait la pousser à commettre une faute. La faute de trop. D'ailleurs, elle prenait un gros risque en téléphonant d'ici.

Elle s'était crue maligne. Elle avait pensé pouvoir récupérer un pactole en échange du manuscrit. Elle en avait photocopié les bonnes feuilles et les avait fait parvenir à Bleck. Puis avait soigneusement découpé quelques pages de l'original…

Bien sûr, l'argent en poche, elle aurait pris la fuite et envoyé le manuscrit aux flics. Assorti de quelques éléments relatifs à Bleck et à son organisation.

Pour le cas où.

Pour se donner bonne conscience, peut-être.

Car Barbara était persuadée que le profane, et le flic à plus forte raison, ne pourrait pas prendre cette histoire au sérieux. Elle se voyait débarquer dans un commissariat avec le manuscrit, annonçant la destruction de la cathédrale de Chartres, la mort du pape, la fin de la Chrétienté, la fin du monde peut-être… Elle imaginait la tête qu'ils feraient quand elle évoquerait des attentats qui n'ont jamais eu lieu, des catastrophes aériennes bien réelles qui auraient pu être évitées si son patron l'avait estimé nécessaire. Quand bien même un flic doté d'une large, très large ouverture d'esprit l'aurait-il crue, les délais étaient trop courts pour mener à terme une enquête. Elle avait songé un moment passer un simple coup de fil anonyme pour prévenir les flics de l'attentat. Mais là encore, ils devaient en avoir reçu des menaces et avaient sans doute prévu des moyens en conséquence. Dans le contexte politique international, les risques d'attentats étaient multipliés.

Et puis, au fond, elle conservait un mince espoir. Les scènes apocalyptiques décrites dans ce bouquin, fallait-il y croire réellement ? Là encore, se morigéna-t-elle, la supercherie ou les coïncidences paraissaient douteuses. Cette histoire, tout au moins les scènes finales, semblait calquée sur les rêves de plus en plus nombreux d'Alexandra. Ce qui lui donnait un sacré crédit. Auprès de ceux qui savaient. De ceux qui avaient la clé. Elle s'était beaucoup interrogée sur l'identité des protagonistes.

Mais n'avait pas trouvé de réponse satisfaisante.

Barbara frissonna.

Elle devait fuir.

Mais où ?

Elle était sûre que Bleck et ses sbires la retrouveraient. Où qu'elle soit.

Elle connaissait ses « collaborateurs. » Mais pas tous. Elle savait que certains occupaient des postes importants dans l'administration. Des années, des décennies que Bleck et les siens orientaient avec succès la marche du monde. Oh, rien de flagrant, non ! Rien de remarquable ! Ils étaient trop futés pour ça. Quiconque aurait tenté de vouloir dénoncer leurs agissements se serait trouvé confronté à un mur d'incompréhension. Allez donc ! Les théories du complot, les révélations des conspirationnistes de tout poil étaient multiples et multiformes. Les projets de Bleck se fondaient dans ce flot de paranoïa qui submergeait la planète depuis plus de vingt ans. Dans cette partie d'échecs planétaire, Bleck et les siens n'avaient joué pour l'instant que les pions, sans chercher à inquiéter le roi ou la reine.

La fin de la partie n'en serait que plus terrifiante. Et définitive…

La Roue de Fortune X

Centre hospitalier de Dreux, de nos jours,
dans la nuit du 14 au 15 août

Exit Monsieur Chazam

Un roulement, un grincement, une lueur pâle.

La cabine d'ascenseur s'arrêta au second sous-sol.

Chazam, surpris, se retourna... Et fit feu sur l'ombre qui s'apprêtait à sortir de la cabine.

Le jeune flic fut propulsé dans l'ascenseur. Rebondit contre la paroi. S'effondra. Joe poussa un cri. Elle l'avait oublié, son geôlier en uniforme. Elle se saisit de son arme. La braqua sur Chazam. Ce dernier sourit.

-Votre feu. Vous devez l'armer pour pouvoir l'utiliser ! articula-t-il d'un ton badin.

Ce type vient de tuer quelqu'un, se répétait Joe en boucle. Ce type vient de tuer un homme et il me sourit comme si c'était naturel.

-Qui vous dit qu'il ne l'est pas ? demanda Joe.

-Cela se voit d'ici ! répondit l'autre.

Bluffait-il ? Chazam était trop loin pour qu'il puisse voir quoi que ce soit dans l'obscurité généreuse du sous-sol.

-Je suis nyctalope. C'est-à-dire que je vois dans le noir, précisa Monsieur Chazam.

Joe déglutit. Considéra qu'il disait sans doute vrai. Joe ne connaissait vraiment pas grand chose aux armes. La différence entre un pistolet et un révolver, peut-être.

Les portes de l'ascenseur se refermèrent. Puis s'ouvrirent. Et se refermèrent. Pour s'ouvrir de nouveau dans un souffle irrité. Un bras dépassait de la cabine d'ascenseur, bloquant la fermeture des portes.

Chazam poussa un soupir impatient.

-Faites attention avec cette arme. Vous pourriez vous blesser. Il s'agit d'un semi-automatique. Quand vous tirez, la culasse opère un brusque mouvement de va-et-vient. Si vous laissez vos pouces, vous risquez de vous faire très mal.

Inconsciemment, Joe vérifia la position de ses pouces.

-Bien je vous propose de lâcher cette arme, à présent. Vous allez me suivre. Quelqu'un est impatient de vous rencontrer. Ce quelqu'un a changé d'avis finalement et j'ignore pourquoi ce sursis. Mais j'obéis, mieux vaut !

Joe se sentit soudain vidée. Elle reposa l'arme. Se releva, donna un coup de pied. Le pistolet glissa sur le sol lisse. Chazam l'intercepta du talon, s'en saisit sans quitter Joe des yeux, observa l'arme d'un œil appréciateur.

-Un Sig Sauer. SP2022 ! Intéressant. Comment une arme de flic a-t-elle atterri entre vos doigts délicats, jeune fille ?

-Elle me l'a piqué, c'est tout !

Chazam eut un brusque mouvement vers l'ascenseur. Tout son corps sembla suivre le mouvement de son bras au bout duquel pointait le silencieux.

Mais il n'eut pas le temps de faire feu.

La tête de Monsieur Chazam explosa.

Et puis, pour Joe, vint le néant salvateur.

Une abbaye oubliée, de nos jours,
dans la nuit du 14 au 15 août

L'autre Monsieur Chazam

Bleck achève son récit. Sur un ton badin qui me fait froid dans le dos.

-Barbara a bien tenté de fuir, multipliant les kilomètres entre elle et nous. Elle aurait pu s'éviter tous ces efforts, toutes ces frayeurs. Monsieur Chazam, je veux dire, *l'autre* Monsieur Chazam, a fini par la retrouver. La malheureuse a été victime d'un accident de la circulation. Dont bien sûr, nul n'a pu retrouver l'auteur. Quelle fin tragique, ne trouvez-vous pas ? s'enquiert poliment Bleck.

C'est à cet instant que Chazam se met à hurler. Un cri strident, effroyable.

J'en ferais pipi dans mon pantalon !

-Monsieur Chazam, l'autre Monsieur Chazam, il est mort ! Elle l'a tué ! Mon frère, l'autre Monsieur Chazam ! La fille ! C'est la fille qui l'a tué !

Le bonhomme s'effondre, à genoux, colle ses paumes contre ses tempes. Il a l'air peiné, vraiment, déverse des torrents de larmes qui glissent sur le dallage séculaire.

Les monstres auraient-il une âme ?

C'est certainement pour cela qu'ils nous effraient : les monstres sont des êtres humains, *comme nous !*

Madame Marvel se précipite. L'aide à se relever.

Je leur balancerais bien un sarcasme du style : « vous n'aviez pas prévu ça ? ». Mais juge préférable de me tenir en retrait. Si c'est vrai, Joe est encore en vie. J'en suis ravi.

-Mon Dieu.

C'est tout ce que Bleck trouve à dire.

Sommaire épitaphe.

Une abbaye oubliée, de nos jours,
dans la nuit du 14 au 15 août

Trio de choc

Le hurlement strident les figea.

Silhouettes lunaires à peine esquissées sur la pierre, Cam, Thiers et Louvet retinrent leur souffle. Un autre cri de détresse se propagea à travers les vitraux insensibles dont les couleurs s'étaient effacées peu à peu sous les assauts de la nuit. Cam songea un instant à Alain, toujours ligoté sur le plateau du pick-up. Elle espérait que le bonhomme ne parviendrait pas à se détacher pour s'en venir alerter ses complices. Louvet était partisan d'une exécution, Thiers et Cam s'y étaient opposés. C'est en bougonnant que l'ex-Apôtre avait vérifié la rigidité de la chaîne qui emballait l'agent immobilier. Il lui avait appliqué sur les lèvres une quintuple épaisseur de papier collant plastifié puis lui avait violemment cogné la tête contre l'habitacle du pick-up, histoire de lui octroyer quelques heures de sommeil. Cam avait râlé à voix basse, Louvet avait haussé les épaules, arguant qu'ils allaient à la rencontre d'individus qui avaient tué ou torturé « un bon paquet de pellos » selon son expression. L'argument avait fait mouche et Cam avait serré les dents en partant à l'assaut de la forteresse qui retenait prisonniers son mari et sa fille. Même si Louvet oubliait un peu trop rapidement à son goût qu'il y a quelques jours encore, il appartenait à cette confrérie de cinglés qui n'avaient pas hésité à tuer ou laisser tuer pour parvenir à ses fins.

Thiers avait récupéré l'arme de Monsieur Mickey, Louvet s'était muni du fusil de chasse de Thiers. Cam s'était armée d'une lourde clé à molette récupérée dans la boîte à gants du pick-up. Les Pieds Nickelés contre Monsieur Mickey, songea Cam en se faufilant jusqu'à une porte de chêne élancée.

Les hurlements s'étaient tus. La porte s'ouvrit sans une plainte sur une vaste salle au parquet damé comme un jeu d'échec gigantesque.

-Ça ne se passe pas comme ça dans mon manuscrit ! souligna Philippe Thiers.

-Et ? tenta Cam.

Thiers la dévisagea un instant. Elle pouvait voir ses prunelles briller dans la nuit, mais pas grand-chose d'autre.

-Et comme vous l'avez dit ce matin… On s'en fout et on agit !

Cam ne se souvint pas avoir prononcé ces paroles. Mais elle acquiesça.

-Alors, on y va…

Centre hospitalier de Dreux, de nos jours,
dans la nuit du 14 au 15 août

Nuit complice

Joe ouvrit les yeux. Quelques secondes à peine s'étaient écoulées depuis le coup de feu. Autour d'elle, les chariots poursuivaient leur ronde nocturne comme si de rien n'était. Le corps de Chazam croupissait à trois mètres de là, dans une mare de sang. Le jeune flic s'était extirpé de l'ascenseur mais il gisait sans connaissance. Mort, peut-être ? Joe rampa jusqu'à lui, le cœur battant. Hésita avant de le toucher. Se saisit du revolver qui avait rebondi au pied d'un pilier de béton. La manche du jeune homme était humide, poisseuse. À la lueur des néons, le sang sur les doigts de Joe paraissait vert. Le pouls battait gentiment mais sûrement. Joe hésita. Passa sa main sur le front du blessé. Ce dernier ouvrit les yeux. Grimaça.

-Vous avez de drôles de fréquentations, parvint-il à murmurer.

Et Joe se mit à pleurer. Oh, quelques secondes seulement.

Le flic se redressa.

-Là, il va falloir m'expliquer.

Joe acquiesça.

-Mais pas maintenant. D'autres vont venir. Il faut partir d'ici. Je vous raconterai en route.

-En route, il n'en est pas question ! J'appelle les collègues, on soigne mon bras et vous nous expliquez !

Joe se releva.

-Restez pour vous faire soigner. Moi, je me tire !

Joe lui tourna le dos. Surmontant sa répulsion, elle s'approcha du corps de Chazam, s'accroupit. Fouilla dans sa poche. En retira des clés. Et un téléphone portable. À priori, si les clés de sa tire sont dans sa poche, c'est qu'il est venu seul, réfléchit-elle.

Elle se tourna vers le jeune flic.

-Si vous le sentez, vous venez avec moi et je vous dis tout en route. Sinon, j'espère qu'on se reverra un de ces jours.

-Vous savez, il n'y a que dans les films que les flics se prennent des balles dans le bras sans broncher. Dans la vraie vie, on risque l'amputation. On peut même en crever !

-Dans ce cas appelez les secours en vitesse. Allez, bonne chance !

Et Joe disparut entre deux chariots. Elle revint quelques secondes plus tard.

-Au fait, merci ! Sans vous…

Elle ne termina pas sa phrase.

Le flic haussa une épaule.

-Maintenant, tout le monde va savoir que je me trimballe avec deux feux…

L'air frais de la nuit la cueillit au détour d'une porte métallique. Un halo de sodium écrasait la ville. Joe contourna le lourd bâtiment juché au sommet d'un promontoire. D'un pas rapide, elle se dirigea vers le parking en contrebas. Elle s'engagea dans le parking dévolu aux visiteurs où sommeillaient quelques rares véhicules. Brandit sa clé. Plusieurs essais infructueux. Et puis, enfin, la quintuple lueur orange et le cri caractéristique des portières qui se déverrouillent. Joe ouvrit la portière de la BMW, une X3 noire à la sellerie cuir d'un beige sans tache. Joe s'écrasa sur le siège. Fouilla dans la boîte à gants. Y dénicha deux berlingots de lait concentré. Banane et vanille. Arracha le papier avec les dents. Mordit et aspira l'épaisse friandise avec délice. Les pensées se bousculaient. Le plus simple ne serait-il pas d'aller voir les flics et de raconter ce qu'elle savait ?

Le sucre lui donna un regain d'énergie. L'arme posée sur le siège du mort lui rendit confiance. Joe démarra le véhicule.

Elle pianota un instant sur le GPS incrusté dans le tableau de bord.

Et entra pour unique donnée : « Retour domicile ».

-Veuillez rejoindre la route en surbrillance, récita une voix féminine.

L'arrivée était prévue pour dans 43 minutes. Dans moins d'une heure, Joe saurait. Et pourrait peut-être agir, appeler les flics avec une preuve de sa bonne foi, qui sait ?

Les pneus firent jaillir le gravillon.

Elle s'apprêtait à quitter le parking quand, dans la lueur des phares, une silhouette brandissant une arme de poing surgit devant le capot.

Chazam n'était donc pas seul !

Une abbaye oubliée, de nos jours,
dans la nuit du 14 au 15 août

Ascenseur pour le Paradis

-Tout ceci est l'aboutissement d'une longue, très longue histoire. Nous sommes à la veille d'un changement radical. Je ne sais par où commencer.

Bleck avait chuchoté quelques mots à l'oreille de Chazam. Ce dernier, l'œil rougi, la pupille folle de celui qui vient d'absorber certaines substances, m'avait tendu un doigt haineux sans mot dire, puis avait quitté la pièce.

Bleck s'était raclé la gorge, avait jeté un long regard ennuyé à Madame Marvel, puis s'était adressé à moi.

-Croyez-vous au message des astres ? intervient Madame Marvel.

Je ne peux m'empêcher de sourire. Il n'est pas loin de deux heures du matin, les cadavres s'accumulent autour de nous, et nous devisons gentiment astrologie.

-Je suis sûr que mon horoscope du jour était pourri ! J'aurais mieux fait de le lire. C'est tout ce que je trouve à dire. En attendant mieux.

-Vous connaissez Chartres et l'aura de mystère qui entoure cette ville, réplique Monsieur Bleck. Même si côté spiritualité, de nos jours, elle laisse fortement à désirer ! Vous savez donc qu'il se dit que les Templiers (je ne peux m'empêcher de lever les yeux vers les cieux !) auraient dissimulé l'arche d'alliance à Chartres même. Au sein même de notre petite confrérie, cette théorie fait débat. Quoiqu'il en soit, l'arche des juifs était sacrée. Savez-vous pourquoi ? (Il ne me laisse même pas le temps de répondre, le bougre, s'en fout de ma réponse, de si je sais ou ne sais pas). Parce que, tout comme les tables de la loi et la baguette magique d'Aaron, elle permettait de lire l'avenir.

Là, je reconnais qu'il pique ma curiosité. La douleur, pourtant, ne me fait pas tressaillir. Mais Bleck s'en aperçoit et ne peut s'empêcher de sourire, un sale petit sourire de caïd de halte-garderie.

-L'arche d'alliance était en bois d'acacia, son l'intérieur tapissé de lames d'or. Sur l'or du couvercle étaient sculptés deux chérubins, ou deux sphinx à corps de taureau et à ailes d'aigles, dont les faces étaient tournées l'une vers l'autre. C'est entre ces deux visages que les juifs pouvaient ainsi voir l'avenir se matérialiser sous leurs yeux. Nous, nous n'utilisons pas ce genre de méthode pour voir l'avenir.

Je le coupe, je sais c'est grossier, mais je m'en fous.

-Je croyais que la Bible condamnait ceux qui tentaient de lire l'avenir ?

Bleck se contente de sourire.

-Les interprétations de la Bible sont multiples. C'est bien là le problème. N'oubliez pas que Jésus a dit qu'il y avait plusieurs appartements dans la maison de Dieu. Et donc plusieurs modes de vie, de pensées, de façons d'accéder au plan divin. Les prophètes de la Bible sont triés sur le volet !

-Et vous, pour accéder plus vite au plan divin, vous prenez l'ascenseur ! Vous m'excuserez, mais je doute que vos motivations soient seulement spirituelles. Jésus n'a-t-il pas placardé partout « tu ne tueras point ? » Et chassé les marchands du Temple ?

-Homme de peu de foi ! L'aspect matériel de la vie se révèle souvent très utile pour aider à l'évolution de la vie spirituelle.

Je décide, sagement je pense, de m'en tenir là. Toute discussion philosophico-théologico-ésotérique serait de toute façon inutile avec cet Olibrius.

-Bien. Quel rapport entre vous, l'arche et tout ça ?

-L'Avenir. Dans tous les sens du terme. Sous toutes les coutures. Pour la plus grande gloire de Dieu.

Le pire, c'est qu'il balance ça sans emphase, comme s'il vous invitait à reprendre un doigt de pousse-rapière ou une portion de purée de carotte. Pour la plus grande gloire de Dieu, ben tiens…

Rocade de Dreux, de nos jours,
dans la nuit du 14 au 15 août

Coup de blues

-Merde, vous avez failli m'écrabouiller !

-Faites gaffe vous allez coller votre sang partout ! Ce serait con dans une belle bagnole comme ça !

Joe avait retrouvé le sourire. Du coin de l'œil, elle observait le jeune flic. Il avait les cheveux en bataille. Et ça lui allait bien. Il soupira.

-Il était moins deux !

-Aussi quelle idée de vous jeter sous mes roues un gun à la main ? J'ai juste pensé que vous étiez l'un d'eux ! Vous ne voulez vraiment pas que je resserre votre garrot ?

-Ah non, ne me touchez plus ! Sans rire, vous ne saviez pas ce qu'il y avait dans la seringue ?

Joe éclata de rire.

-De la flotte. Mais on s'en fout, non ?

-Parlez pour vous, soupira le flic. Et maintenant on fait quoi ?

-Vous ne craignez plus l'amputation ?

L'autre haussa les épaules. Retint une grimace.

-En fait, c'est juste une égratignure. Bon, destination le commissariat…

-Vous rigolez j'espère ! Le dernier flic avec lequel j'ai été en contact m'a vendu à ce bonhomme que vous venez de flinguer.

Le flic soupira de nouveau.

-Bon, je dirai que vous m'avez pris en otage.

-Z'êtes pas gonflé ! Je vous ai rien demandé, vous pouvez descendre tout de suite ! rétorqua Joe en levant le pied de l'accélérateur.

-Bon, bon d'accord. Je ne sais pas pourquoi, mais j'ai l'impression que vous allez faire une connerie. Enfin, une autre connerie à en croire les collègues.

-Et qu'est-ce qu'ils en savent vos collègues ?

-Suffisamment pour m'avoir demandé de veiller sur vous… Enfin, de vous surveiller ! Avec votre pote le journaliste, vous êtes une célébrité ! Les psychopathes sont plutôt rares en Eure-et-Loir !

-Ce n'est pas mon pote, se renfrogna Joe. En fait je le connais depuis quelques jours seulement. Et depuis, c'est la merde !

Joe leva cette fois complètement le pied. Le véhicule cala, s'immobilisa sur le talus herbeux longeant la rocade. Elle s'effondra sur le volant. Versa une mer de larmes.

Le jeune flic n'osait bouger.

Posa enfin une main maladroite sur l'épaule de Joe.

-Je crois sincèrement que nous devrions aller au commissariat !

Une abbaye oubliée, de nos jours,
dans la nuit du 14 au 15 août

La plus grande gloire de Dieu

-Pour la plus grande gloire de Dieu !

Ces quelques mots agissent sur moi comme un catalyseur, comme la phrase magique censée réveiller l'hypnotisé. Marre de ses conneries, au Bleck, marre des soupirs compatissants de la dame-pipi qui m'observe derrière ses sourcils arqués. Par-delà les murs, j'entends le mugissement d'un moteur qu'on martyrise. Un double signal. Bleck m'a assuré un peu plus tôt qu'ils étaient nombreux dans les parages, les Apôtres ! Mais pour l'heure, je n'ai vu que trois de ces vaillants zigotos : le poupin Chazam qui a, je ne sais comment, deviné ou cru deviner la mort de son jumeau. La conciliante Madame Marvel et le fantomatique Monsieur Bleck, le Grand Ordonnateur de tout ce cirque. Je décide de parier sur ce trio perdant.

Prenant appui sur ma fesse gauche, je bondis de mon siège, coupant Bleck dans son propos oiseux et lui file un méchant coup de crâne en plein dans le ventre. Bleck fait « ouf », me refile un coup de genou (involontaire, c'est ça le pire !) dans le menton et s'affale sur le sol. Madame Marvel écarquille grand les yeux, ouvre la bouche pour dire quelque chose, sans doute pas la recette du pain perdu, plutôt un juron ou un hoquet de surprise puis plonge la main dans sa poche, certainement en quête d'une arme.

Sans attendre, j'attrape Bleck par le cou, lui colle ma hampe en ferraille sur la tempe où palpite une veine bleue, le fais pivoter. Madame Marvel me menace d'une arme de poing, un minuscule Derringer qui paraît ridicule.

Mais Madame Marvel n'a pas le temps d'ajuster son tir à venir.

Un vacarme intempestif se fait entendre derrière elle, celui que ferait une porte qui claque misérablement contre un mur de pierre.

Madame Marvel sursaute, se retourne à demi…

Et s'écroule comme une masse sur le dallage sombre.

Quelque part en Eure-et-Loir, de nos jours,
dans la nuit du 14 au 15 août

Collision

Plus que quelques centaines de mètres. La voix du GPS conseilla l'emprunt d'un chemin sur la droite. Joe conduisait d'une main ferme, attentive au moindre mouvement dansant dans les phares. Les deux yeux blancs révélaient les ombres fantômes des arbres et des clôtures de barbelés veillant sur les fossés.

Après avoir quitté la sinuosité rafraîchissante de la vallée de l'Eure et côtoyé un instant la langueur uniforme d'une Beauce sereine, le puissant véhicule circulait au cœur d'un ensemble baroque de bois et de prés accrochés à flanc de collines.

Durant tout le trajet, Joe s'était mise à nu, évoquant tour à tour les derniers événements, ses relations conflictuelles avec sa mère et les ex de cette dernière, revenant sur son amitié avec Alexandra Garbeau, la découverte de son corps à l'agonie en l'église Saint-Marc, sa bagarre avec le journaleux, son propre enlèvement sur le parking de la grande surface de Thimert, la tête de Hirst dans un sac sanglant, l'attentat décrit dans un manuscrit de la fin du XIXème siècle qui racontait sa propre histoire par le menu, l'accident auquel elle avait survécu sans une égratignure ou presque… Elle avait narré tour à tour et dans le désordre Aberfan, le code dissimulé dans une « Clé des songes » du XIXème siècle, l'explosion de la maison de Sogar, l'intervention des Apôtres de l'Apocalypse, les vouivres et les puissances telluriques dans lesquelles baignaient les fondations de Notre-Dame de Chartres. Et peut être même l'arche d'alliance. Elle souligna que les assassinats de Hirst et de plusieurs Chartrains n'étaient pas le fait d'un psychopathe amoureux de Jules Verne mais d'un tueur à la solde d'un groupe ayant pour vocation la lecture de l'avenir par médiums interposés… Elle parla, parla, parla, parla, réalisant, au fil de son discours décousu, toute l'inanité, la vanité de celui-ci. Pourtant, Joe ne parvenait pas à endiguer le flot de paroles qui, elle le sentait, noyait lentement mais sûrement l'esprit de son interlocuteur. Ce dernier l'avait laissé parler sans jamais l'interrompre.

-Attention !

Le jeune flic avait crié. Trop tard.

Les deux conducteurs parvinrent à éviter le choc frontal. Mais leur vitesse conjuguée les emporta au-delà de la route. Les roues mordirent l'accotement. Les humains, faisant corps avec le plastique et le métal, tentèrent de redresser, mais dans un grincement sinistre les deux véhicules rebondirent d'un fossé à l'autre, s'immobilisant sur le toit au milieu du chemin pour l'un, se déchirant contre un rideau d'arbres pour l'autre qui finit sa course contre le talus. Tandis que son véhicule tournoyait comme une toupie à la lueur ténue de la lune, Joe pensa que la mort, finalement, avait fini par la rattraper.

Une abbaye oubliée, de nos jours,
dans la nuit du 14 au 15 août

Trio gagnant

Cam, Thiers et Louvet n'avaient eu que le temps de se dissimuler contre le large escalier de pierre. L'homme, un géant à la bouille ronde et torturée, reniflant et gémissant, avait dévalé les larges degrés polis par les millions de pas des moines anciens, avait claqué la porte que le trio venait de refermer avec précaution. Ils avaient entendu le vrombissement colérique d'un moteur malmené, le crissement furieux de pneus violemment sollicités et perçu la course fiévreuse du véhicule qui, en quelques secondes avait quitté la propriété. « Un de moins » compta Cam en serrant de plus belle dans son poing une menaçante clé à molette.

Délaissant le cloître ouvert sur la nuit, le trio, Thiers en tête, grimpa à l'étage de l'austère bâtisse.

Le petit groupe se trouvait assurément dans la partie restaurée de l'édifice. Quelques vasques discrètes et modernes projetaient de loin en loin une lueur diffuse sur le dallage séculaire, jouant avec les ombres exaltées des silhouettes courbées.

Ils suivirent sur plusieurs dizaines de mètres la théorie rectiligne de pavés lissés par les ans, guettant au pied des portes quelque lumière révélatrice.

Très rapidement, des voix se firent entendre. Ou plutôt une voix. Elle provenait de l'envers d'une porte entrouverte sur une pièce brillamment éclairée, sur les murs desquels s'alignaient des kilomètres de rayonnages. À pas mesurés, Thiers, Cam et Louvet s'approchèrent.

-Pour la plus grande gloire de Dieu ! proclama une voix derrière la porte.

Le trio entendit un bruit mat, perçut le choc étouffé d'une collision entre deux corps, ouït l'écrasement au sol desdits corps, un grognement de douleur, peut-être deux…

Cam sans réfléchir plus avant bondit, percuta d'un pied impatient la porte qui s'ouvrit sur une scène étonnante : son mari gisait à terre, écrasant à mi-corps un type au regard fou sur la tempe duquel il pointait une sorte de clou rouillé de belle taille.

Face à eux, à deux mètres à peine de Cam, une femme menaçait les deux hommes avec un objet que Cam ne distinguait pas. La femme se retourna, brandissant un minuscule pistolet. Mais Cam ne lui laissa pas le temps de l'utiliser. Sans réfléchir, elle joua de la clé à molette.

La femme s'affaissa sans un cri.

Thiers et Louvet se précipitèrent, relevant l'inconnu, tandis que Cam se jetait dans les bras de son homme.

Quelque part en Eure-et-Loir, de nos jours,
dans la nuit du 14 au 15 août

Force... majeur

Un liquide poisseux glissait le long de la joue de Joe. Malgré les coussins de sécurité, qui dans un sifflement léger se dégonflaient lentement, leur mission salvatrice accomplie, son crâne n'avait pas été épargné au cours de l'accident.

Une forte odeur de fumée et d'huile chaude lui caressait désagréablement la narine. Elle détacha sa ceinture, tenta de se repérer dans l'inamicale obscurité. À ses côtés, le jeune flic gémit. L'odeur de caoutchouc brûlé se fit plus insistante. Joe commença à paniquer, craignant l'embrasement du véhicule voire une explosion. Elle tenta vainement d'ouvrir la portière, secoua le policier. Celui-ci se tâta les côtes.

-Qu'est-ce qu'il foutait ce con à rouler sans feux ? grogna-t-il en se détachant. Puis il se tourna vers Joe.

-Rien de cassé ?

-Vous en faites pas, j'ai l'habitude, se contenta-t-elle de lui répondre, bravache. Sa « bravitude » comme aurait dit une ancienne candidate à la présidence de la république l'étonna. Voulait-elle prouver quelque chose à ce flic qu'elle ne connaissait pas deux heures auparavant ?

Elle s'interdit de réfléchir plus avant à cet intéressant sujet.

-Il faut qu'on se tire d'ici et vite !

-J'ai déjà entendu ça quelque part ce soir, rétorqua le flic, peu soucieux de se laisser distancer dans la course à l'humour salvateur et roboratif.

Le lourd quatre-quatre gisait dans le fossé. La portière côté passager était bloquée contre le talus, et sa vitre inutilement brisée, ne s'ouvrait que sur un tertre glacé nourri d'herbes rases. L'autre portière refusait de s'ouvrir sur le ciel de suie où, à travers la vitre intacte, perçait un frêle reflet de lune.

-On va devoir briser la vitre, c'est bloqué, constata le policier en tripotant rageusement les commandes du véhicule blessé. Le pare-brise était étoilé mais avait tenu bon. Avachi sur le capot du quatre-quatre, un arbuste de belle taille arraché durant la course folle de la voiture, bouchait l'horizon. Une lumière brillait au-delà.

-Nous allons changer de place, proposa le policier. Au fait je m'appelle Théo Fervex.

-Moi c'est Joe, répondit Joe.

-Nous allons changer de place et je vais descendre cette vitre à coups de crosse. Vous allez vous retourner vers le talus pour éviter de prendre des éclats de verre, d'accord ?

La jeune femme approuva, tout en se disant que Fervex était un drôle de patronyme pour un flic. On aurait dit un nom de… de boisson énergisante ! Ou de héros de manga.

L'odeur de brûlé la ramena à des pensées moins badines. Elle se faufila sous le policier tandis que lui tentait de prendre sa place, tout en essayant, gentleman, de ne pas effleurer tout ou partie compromettante du corps sinueux de la jeune femme.

Une fois calé sur le siège du conducteur, Fervex se protégea le visage du bras et, tenant son arme par le canon, frappa la vitre à coups de crosse. L'obstacle finit par éclater, projetant des myriades de larmes de verre dans la nuit et dans l'habitacle. Fervex nettoya d'un geste ample les éclats encore accrochés à la portière, puis, d'une traction passa la partie supérieure de son corps à travers le passage ainsi dégagé. Il se laissa glisser doucement dans la nuit, se releva, s'époussetant les genoux, encourageant Joe à l'imiter. Le visage blême en partie rougi de la jeune femme apparut, puis à son tour, elle fit basculer son corps souple. Fervex la rattrapa doucement et la tira sur le chemin vicinal.

-Pas de mal ? demanda-t-il en observant d'un œil inquiet le sang qui dessinait une cataracte sinueuse sur la joue de Joe.

-Ça ira, merci ! Partons, j'ai peur que ça pète !

Elle crut voir le flic sourire dans la nuit.

-Ne vous inquiétez pas pour ça. Allons voir la tronche de notre putain de chauffard.

La Porsche Cayenne de leur putain de chauffard gisait sur le toit. On eut dit un gros scarabée écrasé les pattes en l'air sur une sente sylvestre.

Un téléphone cellulaire se matérialisa dans la main de Fervex. Joe le lui avait rendu au cours de leur balade à travers l'Eure-et-Loir. Il appuya sur un bouton. Et la lumière fut, tailladant l'obscurité.

L'homme coincé dans l'habitacle, gisant sur de diaphanes lambeaux d'air bag, offrait à la vue une position étrange. Une tache de sang circulaire s'étalait sur la toile, qui de, blanche, se teintait de rouge.

Joe poussa un hurlement d'effroi !

-C'est Chazam, l'homme qui a voulu me tuer, Chazam que vous avez descendu à l'hôpital. C'est impossible ! Vous êtes mort ! rugit-elle en direction du blessé !

Fervex avait reculé d'un pas. En une milliseconde, il se remémora, brut de décoffrage, l'histoire impossible que lui avait racontée Joe durant leur pérégrination nocturne. Le monde était devenu fou !

-Vous, c'est vous qui l'avez tué, mon frère, l'autre Monsieur Chazam ! parvint à articuler le moribond.

Joe cilla sous le regard haineux de Chazam. Elle comprit alors. Elle s'accroupit enfin, le visage à hauteur de Monsieur Chazam.

-Là où vous allez, dites-lui bonjour de ma part.

Chazam se débattit furieusement, tentant de se dégager de sa prison de cuir et de métal, puis, s'avouant vaincu, brandit en gémissant un bras menaçant vers Joe.

Joe leva son majeur bien haut.

-Si tu es comme ton frère, tu dois le voir ! souffla-t-elle.

Monsieur Chazam fixa le doigt de Joe puis, dans un ultime râle empreint de rage et de regrets acides, mourut.

VI

Une abbaye oubliée, de nos jours,
dans la nuit du 14 au 15 août

Pour un bisou mouillé

Je serre Cam dans mes bras. Je resterais bien des heures ainsi, mais il y a urgence. Nous mêlons nos larmes, une bulle de bonheur éphémère nous enveloppe, nous coupant du monde, de Bleck qui se relève encadré par deux inconnus, de Madame Marvel qui, dans une parodie de position latérale de sécurité, geint sur la tomette. Cela ne dure que quelques secondes.

-Et Lou ? je demande.

Cam secoue la tête.

-Ces tarés l'ont enlevée. Ils ont prévu de la conduire sur le parvis de la cathédrale aujourd'hui !

-Quoi ? Mais pourquoi ?

Je me tourne vers Bleck, vers son masque de présentateur de télé bronzé à la léonine crinière blanche. Il sourit. Ce con sourit ! Je me précipite. Envie de le découper en tous petits morceaux, de lui péter les dents, de lui crever les yeux, de lui extirper les intestins de mes mains, de lui arracher les…

Je ne suis plus un homme. Juste une bête avide de meurtre. Un monstre, comme eux. Peut-être. Sans doute. Cam m'agrippe le bras.

De nouvelles larmes perlent à ses paupières.

-Ils ont planqué une bombe sous la cathédrale. Et comptent sur moi pour la déclencher !

-Quoi ? Je…

J'en balbutie, j'en baragouine, j'en bafouille, j'en perds mes mots. Ce que me dit Cam ne parvient pas à m'atteindre. Je ne comprends pas, tout simplement. Il y a un truc qui coince.

-Si je ne déclenche pas la bombe, ils tueront Lou !

Madame Marvel se lamente gentiment sur sa tomette.

Je lui balance un coup de pied dans le ventre, comme ça, par pur dépit, par pur plaisir. L'image que je me fais de ma petite personne en devient brouillée, brouillonne. Pas vraiment ragoûtante. Je regrette aussitôt cette violence qui m'étreint à toute vapeur. J'aide la femme à se relever, bredouille dans ma barbe une vaine excuse.

-Où se trouve Lou ? Madame Marvel, c'est une petite fille !

Madame Marvel se masse la base du crâne, là où Cam a frappé. Elle gémit de nouveau et me fixe un moment avant de répondre.

-Nous sommes à quelques heures d'un événement qui nous dépasse tous. Vous m'en voyez désolée, mais ce qui doit être fait sera fait. Votre fille ne court aucun danger si votre épouse accomplit sa mission. Elle-même ne craint rien, elle aura le temps de fuir. Si vous-même ne tentez rien, vous pourrez vous retrouver tous les trois. Je vous en prie, faites-nous confiance !

Elle divague la Marvel ! Faire confiance à ces psychopathes qui ont enlevé ma fille, ont tenté de nous tirer comme des garennes depuis trois jours ? Veulent déclencher l'Apocalypse et déclencher une nouvelle guerre de religion ?

Je me mords les lèvres et serre les poings. Un goût de sang. Une envie de meurtre. Que je parviens à réfréner toutefois.

-Il est trop tard ! confirme Bleck en caressant d'une paume machinale son coude meurtri. Puis se tournant vers l'un des deux hommes qui le maintiennent d'une poigne ferme :

-Monsieur Louvet ! Je suis heureux de vous revoir parmi nous !

Louvet. Le nom me taraude comme un vague souvenir. Mais oui ! Garbeau, Guyon, Bidard, Louvet. Son nom figurait dans le carnet de la défunte Sogar. À la lettre L. Comme Louvet. Logique.

-Tout le déplaisir est donc pour moi ! grince l'intéressé.

Bleck hoche la tête lentement.

-Vous vous êtes ratés de peu avec Monsieur Chazam. Celui-ci était enfin parvenu à vous localiser. Chez ce monsieur, monsieur Thiers n'est-ce pas ?

Thiers… La coïncidence serait trop étonnante.

Je prends la main.

-Thiers. Vous êtes en famille avec Edmond Thiers, le maître-verrier ?

L'homme se tourne vers moi.

-Un parent, effectivement !.

Peu à peu, les pièces du puzzle s'assemblent.

Mais pour l'heure, nous nous retrouvons devant un choix impossible, une alternative diabolique.

Dans quelques heures débuteront les fêtes mariales.

Et peut-être avec elles la fin du monde.

Et, surtout, surtout, peut-être celle de Lou.

L'idée m'est insupportable.

À cette heure je sacrifierais la terre entière pour un bisou mouillé de la petite.

Une abbaye oubliée, de nos jours, le 15 août

Des plaies et des Beauce

L'horizon se teintait d'un drapé mouvant de déchirures colorées, où le noir cédait peu à peu la place au carmin, à l'ocre et au mauve en des unions que seuls les ciels de Beauce sont capables de susciter.

Joe et Fervex avançaient à grands pas vers la silhouette de l'abbaye qui se découpait à quelques centaines de mètres du lieu de l'accident. Ils parvinrent à la grille s'ouvrant sur une cour où dormait paisiblement une grosse BMW.

Fervex avait fini par appeler ses collègues. La fuite de la blessée qu'il était censé surveiller, sa propre disparition, le cadavre sans papiers découvert dans les sous-sols de l'hôpital drouais avaient mis en émoi le commissariat. Tout au moins ce qu'il en restait. La plupart des flics du département avait été déployée à Chartres et dans ses faubourgs, visite papale oblige, et l'affaire du centre hospitalier de Dreux avait été mise en suspens. Les questions avaient fusé, il n'avait répondu à aucune, se contentant de leur indiquer l'emplacement de l'accident.

Devant le peu d'enthousiasme de ses collègues (il ne restait plus que deux ou trois clampins à la boîte, lui assura-t-on), il avait raccroché furieux.

Mâchoire serrée, Fervex convint avec Joe que le mieux était de gagner le lieu indiqué sur le GPS, lieu qui sans doute n'était autre que cette abbaye en ruines.

Le couple s'engageait dans la cour quand une imposante porte s'ouvrit sur un petit groupe de personnes. La surprise fut totale de part et d'autre, des armes furent brandies.

Joe cria, reconnaissant Cam et « son » journaleux.

Évitant ainsi un possible carnage.

Chartres, de nos jours, le 15 août

En route…

-Police, je réquisitionne vos vélos !

Les trois touristes belges arborant de magnifiques tee-shirts aux couleurs du pape étaient adossés à un grillage d'où s'échappaient quelques branches rouillées de thuyas. Ils dévoraient gaillardement un solide petit-déjeuner, se répartissant sandwichs, viennoiseries, yaourts et autres friandises, qu'ils faisaient descendre à grand renfort de boissons gazeuses aux teintes fluorescentes. Ils avaient passé la nuit du côté de Fontaine-la-Guyon et reprenaient des forces sur ce rond-point de Mainvilliers avant de se rapprocher le plus possible de la cathédrale.

Il était impossible de stationner en ville. Même les rues les plus reculées de Mainvilliers, Lucé, Luisant et Champhol s'étaient transformées en un gigantesque parking sauvage. Des foules affluaient, qui à pied, qui à vélo, qui à trottinette. Certains louaient même la place arrière de leur scooter et, d'aller-retour en aller-retour, bennaient littéralement des dizaines de pèlerins au plus près du centre de la ville.

-Pardon ?

L'homme, un chef de famille à la casquette interrogative, se releva, un sandwich au saucisson à la main.

Fervex brandit sa carte tricolore.

- Théo Fervex, police Nationale. Je réquisitionne vos vélos.

Cam songea que c'était certainement la première fois qu'un flic réquisitionnait ainsi un vélo. Elle s'étonna de nouveau du patronyme du jeune policier. Fervex. Cela sonnait justement comme une marque de dérailleurs de vélo. Ou de déboucheur liquide. En tout cas, un drôle de nom pour un flic.

Mi-figue, mi-raison, les Belges s'interrogeaient sur le bien fondé et surtout la légalité d'une telle demande.

-Il y va de la vie du pape ! tonna sans rire le jeune flic.

Ébahis, les pèlerins virent le flic attirer à lui un demi-course noir. Cam et son homme choisirent deux vélos-cross. L'appareil photo cognait violemment sur la poitrine de Cam.

Les trois cyclistes se ruèrent sur le bitume.

Les flèches de la cathédrale paraissaient les attirer comme un aimant.

Après les présentations des uns et des autres, doublées de retrouvailles pour certains, le petit groupe avait tenu conciliabule pour décider des actions à mener. Bleck et Madame Marvel avaient été enfermés dans une pièce sans ouverture. Sans doute une ancienne cellule dont la minuscule fenêtre s'ouvrant sur l'étang avait été murée depuis longtemps. Louvet et Thiers avaient vérifié qu'il n'existait aucune possibilité de fuite pour les deux Apôtres. Louvet avait ensuite couru jusqu'au pick-up de Thiers. Il en avait ramené Monsieur Mickey, lequel avait été délié de sa chaîne. Thiers avait ensuite conduit l'agent immobilier dans l'enceinte de l'abbaye, l'autorisant à satisfaire ses besoins naturels sous la menace de son arme. Le prisonnier s'était exécuté en grommelant puis avait été conduit dans la cellule qui jamais n'avait aussi bien porté son nom. Il avait été décidé que Thiers et Joe se rendraient au commissariat de Chartres. Louvet s'était proposé pour garder les prisonniers, avait piqué une colère quand les autres avaient refusé, encore circonspects quant à sa loyauté.

-De toute façon, avait conclu Fervex, d'autres pourraient venir, ce qui pourrait se révéler dangereux pour celui ou celle chargé de surveiller ces cinglés.

Il avait donc été décidé de laisser les prisonniers se débrouiller dans leur cage de pierre, en attendant l'arrivée de forces de l'ordre que Fervex avait une nouvelle fois contactées.

Cam avait été chargée d'exécuter les ordres de Bleck, tout au moins en apparence. Leurs prisonniers leur avait assuré que des hommes à eux étaient postés dans la foule, leur expliquant que certains se trouvaient au cœur même des forces de sécurité. Que Lou ne serait libérée qu'une fois l'attentat terminé. Bleck avait invité Cam à se faire connaître auprès d'un certain Monsieur Ribouldingue, un des Apôtres chargés de l'organisation du pôle images. Il était au courant de sa venue et la reconnaîtrait aisément, lui assura-t-il.

-Et n'oubliez-pas votre accréditation ! avait rappelé Bleck à Camille.

Cam l'avait giflé.

Louvet avait ensuite refusé de se rendre lui aussi au commissariat. Après-tout, il était *l'un d'eux* jusqu'à ce que Bleck se décide à l'éliminer pour ses encombrantes visions. Jouant avec la carabine de Thiers, Louvet avait décidé de partir. Fervex avait pensé qu'il y avait plus urgent à faire que de tenter de l'en empêcher. Il serait toujours temps de récupérer le bonhomme plus tard.

C'est ainsi que la jeune femme et les deux hommes pédalaient à un train d'enfer vers les flèches en péril de Notre-Dame-de-Chartres, slalomant dans la foule brouillonne mais extatique des pèlerins.

L' Etoile

Quelque part entre Chartres et ailleurs,
de nos jours, le 15 août

Brouillon, seconde partie

Seigneur, je reprends ici ma lettre interrompue l'autre soir. C'est un souffle dans mon cou qui m'a tiré de mes cogitations nocturnes. La caresse d'un courant d'air. De fait, une porte s'était bien ouverte quelque part. Bien sûr, les vestiges de cette ancienne abbaye sont peuplés de fantômes et de courants d'air, mais à force de longer les couloirs obscurs, les allées découvertes, de caresser les murs séculaires où la brique le dispute à la chaux, le tressaillement indiscret d'une porte, l'ouverture d'une verrière rompt le délicat équilibre des sensations et met les sens en alerte. La malheureuse Barbara en a fait l'expérience voici quelque temps. J'espère qu'elle a pris place à vos côtés, Seigneur, et qu'elle a compris mes saintes motivations.

Un peu plus tôt, j'ai constaté que notre hôte s'était rendu à la bibliothèque. Lui aussi est pétri de questions, mais d'un tout autre ordre. Je ne peux m'empêcher de le plaindre. Sait-il seulement ce qui lui arrive ? Se doute-t-il que chacun de ses mouvements ne lui appartient plus depuis longtemps ? Je me perds parfois dans les abîmes insondables de la déraison quand je tente de remonter le fil du temps. À quel moment sa route a-t-elle croisé la nôtre ? Est-ce le jour où il a malencontreusement poussé la porte de l'église Saint-Marc ? À moins que son destin n'ait été scellé à l'instant où il a pris rendez-vous avec la malheureuse Alexandra ? Mais avant cela ? Peut-être quand il a eu l'idée d'écrire son papier, comme ils disent. Mais sûrement aussi le jour où il est entré en journalisme… Et peut-être même avant… N'était-ce pas tout simplement le jour de sa naissance ? Peut-être après tout faisait-il partie du plan initial. Il me vient de violents maux de tête quand je tente de remonter le fil du passé. Du mien et des autres, ces faisceaux de convergences d'hier qui font notre présent commun. Bienheureux les Grecs qui pensaient qu'ils n'étaient que les jouets de dieux ayant tracé leur destin bien avant la naissance. Dieu, vous nous avez laissé le libre-arbitre ! Mais jusqu'à quel point sommes-nous réellement libres de nos actes ? Et tous ces êtres qui ne le savent pas encore Seigneur, mais qui sont, déjà, en route pour notre futur commun. Pardonnez-moi, j'ai parfois l'impression de jouer à Dieu, Seigneur, et cette impression me comble et m'épouvante à la fois. Je déplace les êtres comme les pièces d'un échiquier. Je ne suis pas le seul dans ce cas, bien sûr. Les gouvernements, les grands patrons d'industrie en font autant, de façon parfois bien plus sournoise. Au moins suis-je guidé par cette mission que vous m'avez assignée, à moi et d'autres avant moi. Dans peu de temps, nous parviendrons au rendez-vous ultime. Seigneur, est-il possible que nous soyons si près du but ?

Une chose m'inquiète cependant.

Pourquoi nos médiums n'ont-ils jamais pu voir au-delà de ce jour fatidique qui approche à grand pas ?

Pas plus Alexandra que les autres n'ont pu se projeter au-delà de la vision apocalyptique de ce jour saint.

Pourquoi ces questions qui me taraudent aujourd'hui et m'incitent, à mon tour, au doute ?

Mon assurance était ma flamme, ma foi mes certitudes. Votre dessein m'a toujours guidé, à travers les temps, à travers même les fenêtres que nous parvenions à ouvrir pour mieux nous frayer notre chemin. Mais aujourd'hui, je dois le reconnaître, je doute.

Notre hôte a pu prendre la fuite. Nous lui avons facilité la tâche, discrètement, afin qu'il ne se doute de rien. Sans doute se prépare-t-il à déjouer nos plans, ignorant que nous l'avons patiemment mené là où nous souhaitions qu'il soit.

Madame Marvel et moi avons été enfermés entre les murs de cette abbaye que je connais si bien. Nous avons pu fuir aisément, les autres partis. Ils ignoraient que chaque cellule correspond avec sa voisine. N'ont pas remarqué l'infime clenche dissimulée entre deux pierres et actionnant le séculaire mécanisme ! Nous avons pu rejoindre rapidement l'ancienne grange dîmière qui flanque l'abbaye et qui abrite l'auto de Madame Marvel. Nous partons. Il m'en a coûté, mais ce qui doit être accompli passe par ce sacrifice. La police ne tardera pas. Ce n'était pas prévu. Quelle dérision…

Madame Marvel conduit délicatement.

Un cauchemar, Seigneur, m'a tiré du lit, l'autre nuit.

J'étais le jouet du Démon. Ce n'est pas vous qui guidiez mes pas, mais Satan lui-même. Je n'étais pas le maitre de l'échiquier mais un simple pion que lui-même déplaçait dans la partie qui vous oppose depuis le commencement des Temps.

Et si ce 15 août n'était pas un jour béni mais un jour maudit ? Car dans mon cauchemar, c'était là le dernier jour de la Terre, et l'ultime triomphe de la Bête. Et j'en étais responsable.

Et je me suis éveillé, blême, noyé de sueur avec cette idée lancinante en tête : Si notre équipe n'avait rien vu au-delà du 15 août, c'est qu'il n'y avait plus rien à voir.

Car il n'y avait plus rien…

Plus rien

Que le triomphe ultime de la Bête…

Chartres, de nos jours, le 15 août

Jour de fête

Les derniers échafaudages avaient été retirés la veille, dévoilant dans sa radieuse nudité le ventre fécond de la cathédrale.

Après plusieurs années de travaux, la pierre de Berchères dont était pétrie la cathédrale avait retrouvé sa blancheur sur laquelle jouaient le rouge et le bleu séculaires des vitraux. Les grandes piles débarrassées de leur épiderme de suie se renvoyaient désormais la lumière estivale. Les voûtes, branches d'ogives et arcatures du chœur avaient renoué avec l'idée que se faisaient les restaurateurs du XXIème siècle de la polychromie médiévale originelle. Ici un bleu aux reflets marbrés, là un rose ténu. Cette fraîcheur donnait un relief supplémentaire aux vitraux dont la plupart avait également été restaurée. Les verres peints à la grisaille voici près de mille ans avaient été décrassés, les plombs remplacés. Un écriteau en lettres d'or rappelait que les travaux avaient été initiés plusieurs années auparavant par la Direction Régionale des Affaires Culturelles du Centre.

Depuis son pilier, la Vierge noire à la scintillante couronne observait d'un regard serein ce temple réhabilité, brandissant fièrement son fils aux yeux du monde. Elle paraissait attendre avec sérénité la messe solennelle prévue pour 11 heures.

Cette année, l'Assomption revêtait un caractère extraordinaire. La traditionnelle procession serait précédée de la cérémonie emmenée par sa sainteté Benoît XVII. Ce dernier avait tenu à rendre ainsi hommage à la mère du Christ, tout en célébrant la fin des travaux de restauration de la cathédrale. Au grand dam des services de sécurité : la ville, juchée sur un tertre plusieurs fois millénaire, avait conservé son caractère médiéval et étriqué, tout au moins aux alentours de la cathédrale. Il avait fallu clore les parkings souterrains qui crevaient la cité, fermer les grilles des différentes galeries commerciales du centre-ville, tracer un itinéraire à haut risque qui se faufilait à travers les maisons à pans de bois.

Les ruelles pavées les plus étroites, à l'instar de la rue Sainte-Foy avaient été interdites, ainsi que les venelles et passages empierrés débouchant sur le tracé du cortège. Les chaises et tables qui ornaient d'ordinaire les terrasses des cafés donnant sur la cathédrale avaient été remisées. Les employés municipaux avaient eu la tâche éphémère et ardue de retirer du parvis bancs et jardinières. Seule la statue de bronze de Fulbert, figure emblématique chartraine à l'origine de la reconstruction de la cathédrale après l'incendie qui la ravagea, se dressait face à la cathédrale.

Depuis plusieurs jours, les pèlerins avaient envahi la ville. Nombre d'entre eux avaient passé la dernière nuit à même le pavé inégal et poli des ruelles. À présent, harassés, fourbus, ankylosés, hirsutes, l'haleine scabreuse pour beaucoup, mais heureux, ils attendaient l'arrivée de Benoît XVII.

Le parvis n'était plus qu'un souffle, une marée humaine attentive au moindre bruit, à la moindre information. Quelques chanceux s'accrochaient aux basques de bronze de Fulbert. D'autres se tenaient en équilibre sur les murets de l'ancienne Chambre de Commerce et d'Industrie, se massaient sur le parking pavé du siège de la Cosmetic Vallée qui avait remplacé la CCI, s'accrochaient aux volets vert olive de la maison canoniale. On s'entassait derrière les fenêtres du cloître Notre-Dame, on se tordait le cou depuis celles de la rue de l'Horloge. Certains se tenaient à croupetons au sommet de l'ancienne porte de la rue Saint-Yves, la foule avait envahi le parc de l'ancien évêché, tournant le dos au musée des Beaux-Arts, fermé pour l'occasion. Juchés sur l'enceinte de pierre soutenant les grilles noires et or du bâtiment, certains jouaient des coudes en des attitudes bien peu catholiques pour bénéficier d'un coin de Paradis. Une exclamation de colère tranchait parfois la rumeur tranquille de la foule en attente. Malgré la présence policière, et les pointes métalliques acérées, certains fidèles étaient parvenus à escalader les grilles ceignant la cathédrale côté nord et s'écrasaient joyeusement contre les murs de Notre-Dame.

Seule la rue des Changes avait été dégagée pour permettre au cortège papal de se rendre au pied de la cathédrale. Il avait été jugé plus prudent par les services de sécurité d'emprunter en effet cette voie et il y avait également foule place Billard pour voir passer le défilé.

Les sanisettes de la place avaient été dans un premier temps condamnées, mais face aux risques sanitaires encourus, aux incivilités scatologiques probables, aux révoltes urinaires annoncées, ils avaient été rouverts en catastrophe, les toilettes mobiles installées place des Épars et devant la gare étant jugées bien trop éloignées du cœur de l'action par les fidèles. Car c'est bien connu : qui tire la chasse…

Soudain, une rumeur parcourut la foule.

« Il » arrive !

Le monde retenait son souffle.

Chartres, de nos jours, le 15 août

Trafic de jumelles

Viviane était penchée à sa fenêtre. Depuis sa chambre, au second étage du cloître Notre-Dame, elle avait vue sur la foule des pèlerins venus acclamer le pape, sa Sainteté Benoît XVII, le troisième du nouveau millénaire. Sa paire de jumelles reposait sur sa paire de seins que l'homme, installé à côté d'elle, ne cessait de reluquer.

Elle qui pensait pouvoir louer sa chambre un très bon prix (pas très catholique mais bon, faut savoir ce qu'on veut en temps de crise !) en avait été pour ses frais. Son appartement qui lui coûtait une somme faramineuse en impôts locaux (une vue sur les flèches de la cathédrale ça vous coûte les yeux de la tête alors pensez donc, quelques mètres carrés au pied du monument !) avait été réquisitionné. Elle avait reçu un beau recommandé de la Préfecture lui assignant un hôte armé du Ministère de l'Intérieur durant toute la durée de la cérémonie. Elle connaissait bien quelqu'un au service des cartes grises de la Préfecture, mais Mona n'avait rien pu faire. Qu'elle avait dit. Viviane n'était pas persuadée que Mona ait usé de tous ses moyens de persuasion pour lui permettre d'éviter la présence de ce type encagoulé qui paraissait plus soucieux de ses seins que du saint homme qui n'allait pas tarder à faire son entrée dans la cathédrale.

Au-dessus d'elle, le parquet grinçait. Ce vieux renard de Gueguen avait échappé aux flics, lui, et les curieux se massaient au portillon. Depuis deux mois, il courait les foires à tout du pays chartrain pour acheter au meilleur prix tout ce qui pouvait ressembler à une paire de jumelles. Qu'il louait ou vendait aujourd'hui mille fois leur prix à tous ceux qui voulaient être aux premières loges et plus si affinité. C'est même lui qui avait prêté à Viviane les jumelles qui pendaient à son cou. Maigre consolation. Au moins, il ne lui avait rien demandé en échange. Faut dire qu'on voyait flou à travers les lentilles dépolies par les ans.

Derrière elle, dans la cuisine, deux postes de télévision retransmettaient la cérémonie. Deux. L'un était branché sur France 2 (le service public, on paye une redevance assez chère, fallait espérer qu'ils mettraient le paquet !), l'autre sur BFM-TV. Eux au moins, on pouvait leur faire confiance. Depuis six heures ce matin, Chartres était à l'antenne. On avait vu la cathédrale sous tous les angles. Elle avait même reconnu Michonnot dans la foule des badauds, lui qui ne croyait ni en Dieu ni en Diable, seulement en Karl Marx, Mao, Fidel Castro et Mélanchon.

Le flic lui avait demandé de baisser le son et d'installer ses télés plus loin. Paraît-il que ça le déconcentrait. Chochotte, va ! Ça ne le gênait pas de se laisser déconcentrer par ses nichons !

Non seulement elle ne gagnerait pas un rond dans l'affaire mais en plus, l'État Français (avec une majuscule, s'il vous plaît !) l'emmerdait !

Du coup, elle ne lui avait pas proposé une des bières qui s'entassaient dans le frigo. Pas même un verre de flotte. La flotte, à Chartres, elle serait même plus chère que la bibine !

Elle ne voyait que ses yeux bleus derrière sa cagoule ridicule. Si même les flics se font des tronches de terroriste, où va-t-on ? Déconcentration, tu parles.

Viviane devait toutefois s'avouer qu'elle était impressionnée par l'arme qui pointait hors de son appartement. Un fusil à lunette énorme et menaçant. Par la fenêtre ouverte, il lui paraissait que la ville entière était hérissée de ces canons semeurs de mort, la faisant ressembler à une de ces mines marines qu'on voyait dans les vieux films de guerre. Allons, elle n'était pas la seule à se voir privée de revenus papaux ! Peut-être, pour les remercier elle et les autres, le Vatican ferait-il un geste ? Après tout, c'était un peu grâce à tous les réquisitionnés de la ville que le Pape pouvait circuler sans trop de risque. Cela méritait bien une compensation ? À ce qu'il se disait, les caves du Vatican étaient remplies d'or.

Son flic se mit à parler sur un ton autoritaire. Viviane se retourna, prête à l'engueuler. C'est vrai quoi, on ne parle pas aux gens sur ce ton ! Mais le type causait dans son petit micro, raccordé sans doute à une oreillette masquée par la cagoule.

-Ça ne va plus être long, à présent, la rassura-t-il, sa conversation terminée. Pouvez-vous vous poster à une autre fenêtre ? On ne sait jamais.

Viviane soupira et haussa les épaules. Elle hésita un instant : peut-être aurait-il mieux valu qu'elle aille demander asile et assistance au père Gueguen. Elle se vit un instant piétinée sur le parquet du dessus, compressée contre le garde-fou par une foule hystérique et cosmopolite composée d'Italiens, de Roumains, de Portugais, de Tamouls et quoi encore ?

Viviane alla se servir une bière dans le frigo. Elle en claqua la porte ostensiblement et tout aussi ostensiblement, décapsula la cannette. Elle qui buvait d'ordinaire au goulot prit le soin de verser le liquide ambré dans un verre. Un moment magique, pétillant, salvateur ! Puis elle passa devant le flic du GIPN, le verre d'ambre à la main, pour se poster à la fenêtre, dans le petit salon. Elle avait une vue imprenable sur le portail sud. Et en se penchant un peu, Viviane pouvait apercevoir une partie de l'esplanade où se massait la foule innombrable de fidèles encadrés par un impressionnant service d'ordre.

Les yeux grands ouverts derrière sa paire de jumelles, elle observait la foule.

Un homme attira son attention. Un « Bel » homme, rectifia-t-elle. En costume blanc cassé. Cravate bordeaux sur chemisette noire. Le cheveu noir, le regard noir (à ce qu'il lui parut ! À cette distance, on ne pouvait être sûr de rien). Il avait la main collée à son oreille et paraissait tendu à l'extrême.

Viviane se mit à regretter d'être postée là, à son balcon, tandis que cet homme (ce « bel » homme) l'attendait peut-être. Tandis que les mouvements de foule se poursuivaient sous ses pieds, elle laissa ses pensées vagabonder…

Chartres, au pied de la cathédrale, de nos jours, le 15 août

Angel est contre tous

Angel était inquiet. Tout comme il était inquiet à chaque fois que Sa Sainteté quittait le Vatican. Pour Angel, il n'existait qu'un endroit sûr pour le Saint-Père : le Vatican. Et encore… Fort heureusement, Benoît XVII cultivait moins l'art de la bougeotte que ses prédécesseurs. L'ancien garde-suisse n'osait imaginer ce qu'aurait été sa vie auprès d'un Jean-Paul II, toujours à courir le monde ou même d'un François dont la simplicité n'avait pas exclu les voyages d'un continent à l'autre. Le cœur d'Angel, malgré toute son expérience acquise dans diverses armes puis auprès des as de la protection papale, battait la chamade. Il s'en voulait : une telle émotion n'était pas très professionnelle ; mais c'était comme ça. Peut-être justement le rendait-elle meilleur sur le terrain? Allez savoir !

Une grosse dame permanentée tout de rouge vêtue lui écrasa le pied et lui jeta un regard menaçant, comme pour le défier d'oser proférer une quelconque remarque.

Angel ne parvenait pas à fixer son regard. Ses yeux couraient des toits environnant la cathédrale aux flèches vertigineuses qui l'écrasaient de leur double masse fuselée, dentelée ; deux flèches terriblement menaçantes lui sembla-t-il. L'angoisse qu'il ressentait auprès d'un tel lieu, un lieu saint consacré à Marie, un lieu mythique, à nul autre pareil dans toute la Chrétienté, le troubla profondément. Il avait eu l'occasion de voir de près « l'âne qui vielle », sur le portail sud, une sculpture inquiétante, grotesque presque, mettant en scène, selon Angel, une parodie. Un âne jouant d'un instrument de musique, grimpé sur un démon grimaçant.

L'Âne n'était-il pas un animal sacré, qui avait permis à Marie d'arriver jusqu'à Bethléem et plus tard à Notre-Seigneur Jésus-Christ de pénétrer de façon triomphale dans Jérusalem ?

Bethléem. La ville était justement jumelée avec Chartres.

Dans son oreillette, Angel suivait la progression sonore du cortège.

Benoît XVII ne « sortait » pas beaucoup, mais côté protocole et cérémonies, on voyait qu'il connaissait ses classiques. Notamment les œuvres de son lointain prédécesseur, Benoît XIV qui, au XVIIIème siècle, avait rédigé tout un épais volume sur les processions et l'organisation des fêtes vaticanes. Ce n'est pas en hommage à son prédécesseur démissionnaire que le pape se faisait appeler Benoît XVII. Non. Il s'inspirait régulièrement du pape érudit Benoît XIV, ce qui ne manquait pas, il est vrai, de donner quelque panache aux cérémonies. Un panache susceptible de ravir les fidèles tout en attirant les égarés. Le problème était que ces festivités rendaient beaucoup plus difficile l'organisation de la protection du Saint-Père.

Un grésillement dans son oreillette. Le cortège remontait le boulevard Chasles.

Angel ne put que regretter une fois encore la volonté papale. Cette cérémonie chartraine était celle de tous les dangers. La cathédrale était prisonnière d'un ensemble de rues et ruelles étroites et sinueuses dont certaines pouvaient à peine laisser passer un véhicule. Impossible d'y accéder sans traverser ce qu'Angel considérait comme un véritable ensemble de coupe-gorges. Il n'y avait bien que l'esplanade, actuellement gorgée d'âmes, pour offrir une vision un peu plus large sur le cortège qui s'étirait sur des centaines de mètres. C'était folie, avec tout le respect qu'il devait à la bienheureuse mère de Dieu et à Sa Sainteté, c'était folie que de vouloir rendre hommage à Marie en ce lieu.

Surtout en ce moment. Les attentats islamistes de Bologne et de Berlin, ceux plus anciens de Londres et Madrid, n'avaient toutefois pas entamé la foi du pape. Vénérer Marie à Chartres, avait-il expliqué, se révèlerait autant un geste politique que religieux. Il avait préféré Chartres à Notre-Dame de Paris par conviction personnelle. Benoît XVII, contrairement à certains de ses prédécesseurs, était épris d'ésotérisme, d'ésotérisme chrétien bien entendu. Et en cela, Notre-Dame de Chartres lui avait envoyé des signes, aurait-il dit. Le risque existait, mais il se devait de le prendre.

Pour l'instant, tout allait pour le mieux. La police française et les services secrets hexagonaux, d'Italie et du Vatican avaient fait du bon boulot. Angel se trouvait au centre d'un périmètre de sécurité de quatre kilomètres. Il pouvait voir les hommes en armes postés un peu partout. Il savait qu'ils n'étaient pas seuls. D'autres, encore plus nombreux, guettaient dans l'ombre, invisibles. C'étaient eux les véritables gardes du corps, ceux qu'Angel appelaient les invisibles. Non pas que leurs collègues fissent de la figuration. Mais il savait qu'ils étaient là, aussi, pour attirer l'attention. « Il faut savoir, dans notre métier, détourner l'attention, jouer les illusionnistes » lui avait appris le vieux Giulliano avant de partir en retraite. « Rappelle-toi l'assassinat des Kennedy, et celui du bon roi Henri IV de France ! Les apparences sont souvent trompeuses ! »

Angel eut un frisson de mauvais augure. On était le 15 août. Le froid n'avait rien à voir là-dedans. Il se disait simplement que ce qui était valable pour les protecteurs de Sa Sainteté l'était tout autant pour ses éventuels assassins.

Et s'il y avait là, dans l'ombre, un ou plusieurs leurres chargés de détourner son attention ?

Il sentit une rougeur intense lui venir aux joues et se mit à scruter fébrilement les alentours.

Chartres, au pied de la cathédrale, de nos jours, le 15 août

Les angoisses de Saïd

Saïd était conscient de l'importance de sa mission. Sur lui reposait l'avenir du Jihad, la guerre sainte contre les Croisés. Il attendait son heure depuis plus de dix ans.

Nul dans son entourage n'aurait pu supposer l'homme qu'il était vraiment.

Le cheveu châtain clair, l'œil vert (mais dissimulé sous d'opaques lunettes noires), le teint pâle, parmi la foule de fidèles, le kabyle passait inaperçu. Il tenait en laisse un labrador roux portant un bandana. Rien à voir avec l'image du frère musulman barbu jusqu'au nombril qui arpentait les cités en djellaba, le Coran sous le bras ! La caricature de l'islamiste intégriste, du salafiste ou du djihadiste que les Français avaient en tête allait le servir. Dans l'inconscient collectif de l'Occidental moderne, c'est à cela que ressemblait un guerrier du djihad, un « terroriste » comme ils disent. C'est vers cette image, ce fantôme, que se focaliseraient les regards. Pas sur un malheureux aveugle accompagné de son chien.

Saïd était nerveux. De plus en plus nerveux. Il avait dû changer ses plans, leurs plans, quelques heures plus tôt. Les autres avaient dû également recevoir le même coup de téléphone. Les autres. Saïd ne les connaissait pas. Eux aussi étaient des « dormants » qu'un coup de fil avait réveillés, quelques semaines plus tôt. Aujourd'hui, ils étaient tous dans le secteur, disséminés parmi la foule. Qui étaient-ils ? D'où venaient-ils ? Quelle était leur histoire ? Saïd l'ignorait tout comme les autres ignoraient sa propre existence. Peut-être, eux aussi, étaient-ils occupés à scruter la foule, en tentant de deviner qui était des leurs, qui était leur frère d'arme ? Peut-être, lui comme les autres avait-il été déjà repéré par les flics ou la DCRI ? Depuis les attentats de Toulouse et Montauban, il se sentait épié, surveillé, traqué. À tort, sans doute.

Saïd sentit une nouvelle goutte de sueur perler sur son front. Son entraînement dans les camps afghans et pakistanais, doublé d'un bref séjour en Égypte, datait de plus d'une quinzaine d'années. Si techniquement, il se sentait opérationnel, émotionnellement, il ne pouvait que s'inquiéter de cette angoisse qui le rongeait au fil des heures. Une angoisse sourde, qui le questionnait également sur l'acte qu'il se préparait à commettre. Décidément, il n'était pas bon de s'immerger totalement au sein de l'ennemi.

La veille, Christophe lui avait fait part de son enthousiasme à l'idée de participer à l'événement. Non pas qu'il fut catholique. Mais il était un photographe amateur passionné et il ne manquait jamais une occasion d'enrichir sa galerie de portraits. Lui aussi bossait au parking, ce vaste parking souterrain qui fouillait la ville sur plus de huit-cents mètres. Saïd aurait souhaité l'en dissuader. Mais il ne pouvait le faire sans mettre en danger toute l'organisation. Il s'était contenté d'émettre quelques réserves quant à la possibilité de prendre des photos au milieu d'une foule encadrée par des centaines de flics ; et de lui serrer la main en lui souhaitant bonne chance. Il espérait, sans trop y croire, que Christophe s'en tirerait. C'était quelqu'un de bien.

De l'autre côté de la rue, une fillette observait Saïd depuis un moment, avec cet air grave, sérieux, scrutateur, accusateur presque, que peuvent avoir les gamins de six ou sept ans. Elle épiait le moindre de ses gestes, attentive au moindre mouvement de sa main. Son regard inquisiteur se portait indifféremment sur le chien qui se contentait de ne pas se faire écraser la queue et sur sa propre personne. La gamine avait ce petit air buté qu'arborent tous les gosses de la planète quand ils s'ennuient. Ostensiblement, régulièrement, elle tentait d'arracher sa main à celle de la femme, sa mère sans doute, laquelle résistait aux mouvements spasmodiques de la houle humaine qui essayait, à chaque seconde, de la faire refluer de son bout de trottoir.

Saïd tenta un sourire en direction de la petite fille qui fronça les sourcils et le dévisagea de plus belle.

Cette insistance l'agaça. Il s'était toujours trouvé maladroit, désarmé face aux enfants. Il ne comprenait pas les mécanismes de ces adultes en miniature qui parfois pouvaient faire montre d'une férocité, d'une cruauté et d'un courage aussi, bien plus grands que certains adultes.

Soudainement, un bruit assourdissant emplit la place et l'enfant parut se désintéresser de lui.

Lou fixait un point, loin au-dessus de son épaule.

La Roue de Fortune X

Le Chariot
VII

Chartres, au-dessus de la cathédrale, de nos jours, le 15 août

Jebb prend de la hauteur

D'un mouvement délicat du doigt, Jebb repoussa le joystick de l'hélico. Le magnifique Agusta répondit à la seconde et effectua un nouveau passage au-dessus de la foule. Jebb, Jean-Baptiste pour l'état-civil, pilotait l'appareil italien depuis quelques années déjà. Il en connaissait la moindre réaction, s'émerveillait comme au premier jour de sa maniabilité. Ils formaient un vieux couple toujours amoureux songeait l'homme en caressant le manche de l'appareil. À ses côtés, et derrière aussi, trois hommes en uniforme noir en quête de terroristes, pointaient leurs fusils automatiques sur la foule. Ils correspondaient par signes, pas de parole inutile ; les paroles de toute façon auraient été couvertes par le bruit des rotors.

Jebb vira sur la gauche.

Au-dessous de lui, des milliers d'yeux se tournèrent vers le ciel.

Chartres, au pied de la cathédrale, de nos jours, le 15 août

Dans la ligne de mire

La place des Épars grouillait de monde, une foule joyeuse agitant des fanions, la photographie du pape, des calicots où se mêlaient le visage de Benoît XVII et la fleur de lys, double symbole rappelant que la France, après deux millénaires, tentait de conserver son titre de fille aînée de l'Église.

Jacques surveillait la foule à travers la lunette de son PKK 700. L'arme, de fabrication israélienne, était légère, entièrement conçue en fibres de carbone. Il regrettait cette course à la légèreté que se livraient les fabricants d'armes depuis des années. Lui aimait le solide, le costaud, le « lourd » comme disent les gamins de nos jours. Une trop grande légèreté, quand il s'agit de tirer à distance, peut se révéler un handicap.

Il poussa un soupir d'autodérision. Se traita de dinosaure. Il vivait un moment unique. De lui, de son calme, de son professionnalisme dépendait peut-être l'avenir de la planète. Sans rire. Il songea à la bombe qu'il avait placée quelque temps plus tôt dans les entrailles de la cathédrale. Je vous bénie Marie, mère de Dieu et le fruit de vos entrailles est béni. Il sourit, songeant à ce monde nouveau qu'il appelait de ses vœux.

Il releva sa cagoule, siffla une demi-bouteille de Badoit. Il suait sous sa tenue noire réglementaire. La fraîcheur et surtout le piquant de l'eau gazéifiée lui tirèrent une larme. Bon Dieu, ça faisait du bien ! Il jeta un coup d'œil sur sa montre. Dans quelques minutes, tout serait terminé. Le monde sombrerait dans le chaos, un chaos salvateur d'où jaillirait une nouvelle humanité. Bien sûr, il faudrait beaucoup de temps, beaucoup de sang et de larmes aussi, pour que les hommes redécouvrent l'antique sagesse. La nouvelle ère, déjà entamée, mais si peu, devrait naître de la douleur : le Verseau allait succéder au Poisson dans l'agonie selon l'antique prophétie. La chose était inéluctable mais il s'agissait là de la seule possibilité pour l'humanité de retrouver le chemin dont elle s'était éloignée au fil des ans.

Jacques était fier de participer à cet événement, à cet avènement.

Il se cala du mieux qu'il put derrière la lucarne. D'ici, il était invisible.

Grossi vingt fois, le visage de Saïd réapparut dans sa lunette. Derrière ses lunettes noires, il paraissait tendu, le pauvre vieux. Qui ne l'aurait été à sa place ? Il avait dû changer ses plans au dernier moment. C'est Jacques qui l'avait prévenu. Il ne devait pas compter sur son téléphone portable pour déclencher sa bombe. L'autre bombe. Le leurre. Voué à ne jamais exploser. À la demande du Ministère de l'Intérieur, tous les réseaux de télécommunication des différents opérateurs étaient « out ». Depuis les attentats de Madrid, en 2004, les téléphones cellulaires étaient devenus la bête noire des services de renseignement des pays occidentaux. Ce qui n'allait pas manquer de faire râler les Chartrains et tous ceux qui chercheraient à les joindre.

Saïd et sa hiérarchie avaient donc modifié leurs plans.

Pour Jacques, peu importait. Peu importait que la bombe explosât ici ou là. Peu importait qu'elle fasse ou ne fasse pas de dégâts. Ce qui importait, c'est que très vite, on puisse mettre une identité sur les auteurs de l'attentat.

Et ça, c'était son boulot à lui.

Il termina sa bouteille et se cala le plus confortablement possible sur le rebord du toit.

Au centre de sa lunette de visée, le visage de Saïd était parcouru de tics nerveux. Pas plus mal. Il se trouverait bien quelqu'un, après coup, pour se souvenir de l'apparente nervosité du poseur de bombe. À ses pieds, le chien tirait une langue rose et haletante.

Jacques jeta un nouveau coup d'œil impatient à sa montre.

Plus que quelques minutes.

-Inch Allah ! murmura-t-il.

À deux cents mètres de là, bien plus bas, les lèvres de Saïd parurent murmurer les mêmes mots.

Chartres, au pied de la cathédrale, de nos jours, le 15 août

Vraies semblances

Lou commençait à avoir mal à la main. La jeune femme aux grands yeux bizarres lui écrabouillait les doigts depuis qu'ils étaient arrivés à Dreux, ou à Chartres, elle ne savait plus trop. Elle confondait toujours. Non, là, c'était Chartres, avec la grande cathédrale et ses oreilles en pointe comme disait papa. C'est à Chartres qu'elle avait passé la nuit.

La veille, après avoir déjeuné dans le bâtiment que la dame avait appelé l'abbaye (Dans un premier temps Lou avait compris l'abeille et s'en était étonné), elle avait fait la sieste. La dame était restée près d'elle, lui assurant qu'elle allait revoir ses parents rapidement, que c'était à la demande de maman qu'elle lui avait été confiée. Lou n'en avait pas cru un mot, mais avait décidé de jouer à un jeu bien particulier. Le jeu de « faire semblant ». Aussi depuis la veille s'attachait-elle à « faire semblant ». Faire semblant de croire ce qu'on lui disait, faire semblant d'être contente de passer la nuit à Chartres où maman devait la retrouver. Faire semblant…

Lou se demandait comment elle arriverait à retrouver papa ou maman au milieu de tous ces gens. Elle *savait* qu'ils n'étaient pas loin. La dame, elle, lui disait de l'appeler Catherine mais Lou n'y arrivait pas, elle continuait de l'appeler Madame ; la dame lui avait dit que maman la retrouverait pas loin, et dans pas longtemps. Mais Lou commençait à trouver le temps long et le petit jeu du « faire semblant » commençait à la lasser. D'autant qu'elle pressentait une menace diffuse qui, de temps en temps, lui rappelait un rêve ancien. Et tous ces gens qui se bousculaient, qui la bousculaient même parfois, lui faisaient peur. Certains avaient le sourire idiot du clown de McDonald's, d'autres pleuraient comme s'ils assistaient à un enterrement. Elle avait demandé à la dame, enfin Catherine, elle lui avait demandé pourquoi tant de gens pleuraient. Avaient-ils peur du pape, ou ce dernier, qui était très vieux, était-il malade ? La dame, enfin, Catherine, lui avait répondu qu'ils pleuraient de joie à l'idée de le voir, le pape.

Cela avait toujours étonné Lou qu'on puisse ainsi pleurer de joie. De Joie ! Quelle drôle d'idée. Les adultes étaient parfois étonnants. Elle ne se souvenait pas avoir pleuré de joie. Pleuré si, quand papa lui demandait un peu trop brusquement de ranger sa chambre. Et là, de temps en temps, elle pleurait. Normal ! Être privée de piscine quand on laisse le bazar, c'est triste et injuste ! Être privée de Harry Potter pour une autodictée ratée, c'est super-injuste, c'est du chantage ! Normal qu'on pleure ! Mais là, pleurer parce qu'on est content d'aller voir le pape…

Elle, le pape, elle ne le verrait sûrement pas. Elle était perdue au milieu de tous ces gens dont certains sentaient fort le dessous-de-bras-pas-propre. La dame, enfin, Catherine, elle, sentait bon. Un parfum qui lui rappelait celui que mettait maman, parfois, celui avec une belle bouteille en forme de sirène. Un parfum qui la rassurait. Elle avait hâte de retrouver maman. Et papa ? Où était-il ?

Elle tentait de l'apercevoir, se tournait et se retournait ; toutefois son regard ne parvenait pas à franchir le mur mouvant mais compact des milliers de pèlerins qui se pressaient autour d'elle. Elle faillit se sentir mal. Tous ces gens grimaçants bougeaient en tous sens, comme des marionnettes. Certains mordaient dans des sandwiches, d'autres s'épongeaient le front avec des mouchoirs en papier qu'ils laissaient tomber ensuite par terre. Quelques-uns brandissaient des pancartes avec le portrait du pape. Certains n'arrêtaient pas de tripatouiller leur appareil photo ou leur caméra numérique.

De temps en temps, des journalistes, comme papa, surgissaient et pointaient leur micro sous le nez des gens.

Et puis, sur le trottoir d'en face, derrière une barrière métallique qui tanguait au rythme des poussées de la foule, il y avait cet homme. Il tenait un sac à la main et n'arrêtait pas de farfouiller dedans, l'air inquiet. Un petit sac, en forme de Nounours, comme certaines de ses copines s'accrochaient sur le dos pour aller aux séances de piscine, à l'école. Un gros chien un peu jaune semblait tirer sur sa laisse.

Lou savait qu'il ne faut pas dévisager les gens. C'est grossier. Mais elle savait aussi que les adultes pouvaient lui passer bien des choses vu son jeune âge. Alors, elle ne se gênait pas. Il avait l'air malade, le monsieur au sac. Lui aussi regardait tout autour de lui, comme si lui aussi cherchait ou attendait quelqu'un qui n'arrivait pas. Et puis, Lou se dit qu'il était peut-être aveugle.

Lou fronça les sourcils et s'attarda sur les mains de son « voisin d'en face », comme elle venait de le surnommer ; c'était un de ses jeux préférés, quand elle s'ennuyait : donner des noms ou des surnoms, des « appellations incontrôlées » comme disait papa aux gens qu'elle croisait. Son « voisin d'en face » paraissait de plus en plus nerveux. Ses lunettes noires ne restaient jamais en place selon l'expression de maman.

Un bruit assourdissant tira Lou de ses pensées. Un nouveau passage de l'hélicoptère, un gros hélicoptère tout noir, pareil à ces grosses abeilles charpentières qui nichaient dans le grenier, chez papi et mamie. Son « voisin d'en face » leva lui aussi les yeux au ciel, tout comme des milliers de visages. Mais tandis qu'elle portait ses yeux au ciel, Lou décela, de l'autre côté, haut dans les toits, un mouvement, comme un éclair dû au jeu du soleil sur un miroir. Fascinée, elle essaya de fixer son attention sur ce point lumineux qui, toutefois, disparut aussi vite qu'il était apparu.

Quand elle baissa les yeux, l'homme au chien et aux lunettes noires avait disparu.

Chartres, sous le bitume, de nos jours, le 15 août

Voyage au centre de la terre

-Ils m'ont vraiment pas cru ces cons ! J'espère que Thiers et Joe auront plus de chance avec les collègues de Chartres !

-Je voudrais pas dire « je vous l'avais bien dit », mais je vous le dis quand-même ! Vos copains sont déjà persuadés que je passe mon temps à flinguer des gus pour leur piquer des bouquins, alors leur balancer qu'une organisation sectaire qui fait dans la voyance va faire sauter la cathédrale avec le pape, la moitié du gouvernement et un paquet de pontes, sans compter la foule qui se presse à Chartres aujourd'hui… ça fait un peu beaucoup non ?

Fervex (non mais vraiment ! Comment un jeune flic peut-il porter un nom qui rappelle celui d'un médicament ou d'une maladie tropicale ?) se tourne vers moi. Il l'a mauvaise. Il sait qu'il a franchi la ligne blanche qui sépare la Rassurante Légalité du Grand N'Importe Quoi. Regrette sans doute avoir accepté de surveiller Joe hier soir. Quoique. Vu les questions qu'il m'a posées sur la jeune femme durant notre voyage jusqu'à Chartres, m'est avis qu'il regrette peu, voire pas du tout, sa rencontre avec Joe.

Une bonne demi-heure que nous cheminons de cave en cavité, de boyau en tunnel, de cul de sac en chausse-trappe. La terre est humide sous nos pas, parfois remplacée par des carreaux de terre cuite qui doivent avoir le même âge que la cathédrale. Certains passages ont été noyés par des graviers. Nos cheveux se prennent régulièrement dans de superbes toiles d'araignées qui doivent abriter des épeires d'au moins deux mètres de circonférence. Et puis, il y a le froid ! Comme un neuneu, j'ai conservé un unique tee-shirt, vu la température extérieure. Complètement mis de côté le fait que les degrés Celsius diminuent au gré des degrés de pierre que nous descendons. Et nous en avons descendu des marches ! Et nous en avons remonté, aussi, pour mieux en redescendre.

C'est depuis une cave de la rue de la Poissonnerie (un nom prédestiné ?) que Fervex (non, mais ce nom !) et moi avons entamé notre marche souterraine. Une cave appartenant à un ami de Thiers, aménagée au XIIème siècle, dernier vestige comme bien d'autres de ces demeures à pans de bois qui partirent en fumée lors du fameux incendie qui emporta la cathédrale originelle.

Ici, nous traversons une ancienne pièce commune, là, c'est une large porte qui nous permet d'emprunter un autre chemin. Nos torches électriques mettent à nu les vestiges d'une cheminée, puis, au plafond, les cicatrices rectilignes de restes de coffrage de bois.

-Alors ? Fervex s'impatiente.

Il n'a qu'à le lire, lui, ce foutu plan qu'éclaire, mal et de façon quelque peu tremblotante, le faisceau de ma lampe. Je tourne à droite. Un mur de briques légères me fait face.

-C'est là !

-C'est là quoi ? s'enquiert mon flic en faisant courir sa torche sur l'obstacle lépreux.

-C'est là qu'on casse !

Je pose ma lampe au sol, sort de ma besace une petite masse et un burin. Fervex soupire mais ne pipe mot. Il plonge à son tour la main dans son sac à dos, puis brandit un marteau et un burin élimé. Et nous commençons à taper dans le mur. Des échos sourds. Des résonances. Des ahanements. Nous meurtrissons peu à peu les veines blanches de la paroi. Une brique choit de l'autre côté, disparaît dans l'obscurité avec un bruit mat. Le plus dur est fait. Nous entamons de concert l'élargissement de l'anfractuosité. Je jette ma besace, puis le sac de Fervex à travers le trou obscur, et me glisse de l'autre côté. Nos rais de lumière blanche se perdent dans l'obscurité de ce qui semble être un véritable tunnel.

Fervex jette un coup d'œil inquiet à sa montre.

-Nous n'avons plus beaucoup de temps.

-Alors, on presse le pas ! S'agit de ne pas manquer Sa Sainteté !

Je récupère ma besace et entame le souterrain à grandes enjambées. Il est quasiment rectiligne et court en pente douce vers la cathédrale. Selon Louvet, au moyen-âge, plusieurs souterrains formaient ainsi un véritable labyrinthe sous la ville. Certains de ces tunnels se faufilaient sous les remparts de la cité pour déboucher en pleine campagne, histoire de faciliter les approvisionnements en armes et en vivres en cas de siège. On croyait alors que les fées de Beauce pénétraient dans la ville par ces couloirs obscurs afin de venir chatouiller les pieds des Chartrains ! D'autres boyaux menaient directement au ventre de la cathédrale. C'est certainement un de ces tunnels que nous venons de mettre au jour. Grâce au plan fourni par Justine d'Armoise dans son roman. Un plan qui ne figurait pas dans l'exemplaire que j'avais eu en ma possession mais qui se trouvait bien dans le manuscrit de Philippe Thiers. Je l'avais parcouru tandis que Fervex nous conduisait de l'abbaye à Mainvilliers, m'étais étonné des similitudes mais surtout des divergences existant entre les deux exemplaires. À quoi bon prévoir le futur si celui-ci n'était pas fiable ? J'avais eu une pensée attristée pour Hirst et pour ses théories. Joe nous avait raconté son aventure, ce qui nous avait accablés un peu plus.

Un instant je songe aux propos de Philippe Thiers. Et aux échos terrifiants qu'ils ont éveillés en moi. La cathédrale, son aspect ésotérique et géo-biologique. Aux origines, de par sa structure même, la cathédrale de Chartres, comme ses sœurs gothiques, était conçue pour permettre aux initiés d'accéder à différents états modifiés de conscience. Les bâtisseurs originels savaient comment canaliser les énergies positives, mais aussi exclure hors des murs de la cathédrale les énergies négatives. Leurs cathédrales furent des prodiges, jusqu'à ce que leurs incultes successeurs comme l'évêque Bridan en modifient les structures. C'est à partir de ce moment que ces vaisseaux de pierre destinés à transporter véritablement l'âme des hommes se figèrent dans les eaux glacées de l'incompréhension. Et les vouivres inutiles fatiguèrent vainement une mer immobile.

Fervex me tire de mes pensées ésotérico-théâtro-telluriques.

-Et qu'est-ce qu'on fait maintenant ?

Un mur crayeux nous barre le passage. Sur la droite, une lourde porte qui peut-être mène à une cave plus récente. Ou ne mène nulle part. Selon le plan, le tunnel se poursuit derrière le mur.

Chartres, sur le parvis de la cathédrale, de nos jours, le 15 août

300 millimètres

Le 300 millimètres balaie la foule. À l'instar des rares autres accrédités du pôle « images » (des photographes et cameramen du Vatican, de l'AFP, Reuter, TF1 et France 2 notamment), Cam domine le parvis depuis une estrade métallique au pied de la cathédrale, non loin de l'âne qui vielle. La larme à l'œil, Cam tente, en vain, d'apercevoir sa fille, frêle silhouette perdue parmi des dizaines de milliers d'autres. Bleck lui a promis qu'elle aurait le temps de fuir après avoir enclenché le détonateur. Et qu'elle pourrait retrouver Lou, placée sous la protection d'une certaine Madame Daisy. Elle n'y a pas cru un instant. Cam a une pensée pour son homme qui, avec un jeune flic, crapahute à travers les intestins de la ville pour déjouer les plans de Bleck et de sa clique.

Une rumeur parcourt la foule. Des mollets, des jarrets, des mentons se tendent. C'est à qui verra le premier le Saint-Père. Sa sainteté le pape Benoît XVII ne va pas tarder. D'où elle se trouve, Cam aperçoit le toit de la papamobile qui fend lentement la foule, encadrée d'hommes en noir et en armes.

D'autres avant elle ont-ils eu en main cet impensable marché ? La vie de sa fille contre celle de dizaines de milliers d'autres dont un parterre de chefs d'états et de sommités religieuses ? Dire qu'il y a trois jours à peine, sa petite famille n'avait d'autre souci que de dénicher un nid ! Et s'en faisait une montagne, ou presque ! À cette pensée, Cam frise l'hystérie, avec un fer bien chaud. Mais elle se retient. Elle a toute confiance en son homme et en ce jeune flic providentiel, un ancien des forces spéciales élevé dans l'art de fabriquer et de désamorcer des explosifs.

Cam jette un œil sur son lourd Nikon. L'appareil idéal. Qui a subi une infime modification. À peine si un spécialiste pourrait s'étonner de ce bouton orange placé à quelques millimètres de l'obturateur. Cam sait ce qu'elle a à faire. Descendre dans la crypte avec le cortège des VIP et les quelques accrédités, appuyer sur le bouton orange de son appareil photo. Un geste qui déclenchera la minuterie de la bombe placée elle ne sait où mais sûrement assez près pour semer la mort à des dizaines de mètres à la ronde, peut-être plus. Elle jette un coup d'œil sur sa montre, celle-là même qui lui fut offerte par ses parents pour sa communion solennelle. Une fidèle Timex au remontoir cent fois réparé qui fêtera cette année ses trente ans. Si tout va bien, se répète-t-elle, hypnotisée un instant par la courbe de la trotteuse. Si tout va bien…

Chartres, sous le bitume, de nos jours, le 15 août

Les limbes noires

Fervex balance un grand coup de pied contre le séculaire obstacle.

-On remet ça ! je soupire en fouillant ma besace en quête de mon attirail.

Une nouvelle fois, nous tapons contre le mur. La craie n'est que de la chaux jetée contre des briques grossières. Un sens esthétique poussé à l'extrême a, un jour, incité un Chartrain à plâtrer une cloison que nul, sans doute, n'a vue depuis plusieurs siècles. Sous mon crâne, les aiguilles de mon horloge biologique s'affolent. À ce train-là, nous allons arriver trop tard. Il n'y a pas que les aiguilles de mon coucou personnel qui perdent le nord. L'idée de mourir écrasé sous des millions de tonnes de terre et de cathédrale m'arrache des litres d'eau malgré la fraîcheur qui règne dans le ventre de Chartres. Un instant, je suis pris de tremblements. Je n'ai qu'une envie. Tourner les talons et m'enfuir à toutes jambes, tenter de retrouver Lou et sa mère, quitter Chartres le plus vite possible. Partir et oublier. C'est ce que ferait toute personne sensée. Sauf que je n'ai pas le choix. Cam est quelque part au pied de la cathédrale, son appareil photo en bandoulière. Lou elle-même doit être dans les parages, retenue prisonnière par ces cinglés. Si je n'agis pas, elles mourront, tout comme moi.

Alors j'écrase de plus belle l'acier de ma masse contre la paroi.

Chartres, sur le parvis de Notre-Dame, de nos jours, le 15 août

Madame Daisy cogite

Catherine, Madame Daisy pour les intimes, lâche un instant la main de la petite. Cette dernière lui broie les doigts. Catherine se dégourdit les phalanges, passe la main dans les cheveux lisses et brillants de la gamine. Malgré ses exhortations, Lou refuse de l'appeler par son prénom. Madame, qu'elle l'appelle. Madame ! Catherine a un petit sourire triste, empreint de regrets. Si elle avait eu une fille, elle aurait aimé qu'elle soit à l'image de cette enfant. La petite Lou s'inquiète de plus en plus. Bien sûr, on lui a expliqué que ses parents avaient leur reportage à assurer, qu'elle les retrouverait une fois la cérémonie terminée. Mais Catherine le sent : Lou doute. Catherine jette un coup d'œil à sa montre. Bientôt 10h30. Elle sort de son sac à main une minuscule paire de jumelles. La tend à Lou.

-Et si on jouait à retrouver ta maman ?

La petite sourit, réfléchit un instant.

Mais je suis trop petite ! Je ne vois que des fesses !

-Ce n'est pas un problème ! Je vais essayer de la repérer et dès que je la trouve, je t'indique la direction et tu grimpes sur mes épaules. Après je te passe les jumelles. Qu'est-ce que tu en dis ?

Lou applaudit.

-Trop top !

Et Lou entame une nouvelle partie du jeu du « faire semblant ».

Chartres, au pied de la cathédrale, de nos jours, le 15 août

Dieu reconnaîtra les chiens

Franck Torassin n'aimait pas les chiens.

Franck Torassin détestait les chiens.

Franck Torassin nourrissait une aversion peu ordinaire à l'encontre des canidés.

Qu'ils fussent saucissonnés, ridés, velus, à peau nue, qu'ils fussent nés au cœur du Domaine des Apollons Pernicieux ou dans la niche infâme des tréfonds d'une basse-cour, qu'ils appartinssent à une race prestigieuse ou qu'ils fussent issus d'une lignée champêtre de bâtards échevelés, Franck Torassin haïssait les chiens.

Une haine farouche, implacable, sans rémission, que les animaux lui rendaient bien d'ailleurs. Il est vrai que de temps à autre, Franck Torassin aimait à trucider quelques-uns de ces animaux trop envahissants.

La dernière victime en date se prénommait Charlemagne. Mais ses propriétaires (enfin, son « papa » et sa « maman » puisque c'est sous ces stupides noms de code qu'ils se faisaient reconnaître de leur progéniture à poil ras), ses propriétaires donc, l'appelaient Charly. Non mais franchement ! Quelle idée d'appeler son chien Charlemagne pour, au final, beugler à dix kilomètres à la ronde « Charly ! Charly ! » quand vient l'heure de la grosse ou de la petite commission ? Pouvaient pas l'appeler Charly directement ? Notez que beugler Charly ou Charlemagne à 11 heures du soir dans le quartier, c'est du pareil au même. Notez ! Ça finit par devenir gonflant.

Charlemagne était un poison ambulant. Un machin beige presque roux monté sur pattes avec des yeux bovins, le comble pour un clébard. Une sorte de labrador, le chien à la mode, qu'arrêtait pas de gueuler, du soir au matin, puis du matin jusqu'au soir. Visiblement, ses « mai-maîtres » étaient bouchés comme une fosse septique de cinquante ans d'âge, ou alors ils avaient de la merde dans les oreilles. Un labrador, enfin une sorte de labrador, qui compissait contre la clôture, arrosant ses framboisiers amoureusement plantés en rangs d'oignons, qui chiait sous le vent à chaque fois qu'il tentait un barbecue. Qui essayait de le chiquer, enfin de le dévorer vif, à chaque fois qu'il tondait son carré de pelouse, du bon côté de la clôture pourtant. « Mais non, c'est gentil un labrador ! », lui avaient assuré ses mai-maître, « ça aime les enfants et ça fait d'excellents guides pour aveugles ». Affirmant cela, mai-maître tapotait le crâne de la bestiole qui ne cessait de montrer les crocs.

Seulement voilà, Franck n'était pas aveugle, et surtout pas sourd. Il avait tenté de leur expliquer, gentiment au début, un peu plus vivement après trois quarts d'heures de palabres, que les aboiements perpétuels de Charly le faisaient tourner bourrique, qu'il avait du boulot, lui, un boulot fatiguant qui nécessitait quelques heures de repos quotidien, et qu'il en avait marre de se taper les odeurs de déjections canines, oui, c'est bien le terme qu'il avait employé, au début, « déjections canines », pour ne pas se montrer mal-aimable, tandis que les mai-maîtres continuaient de secouer la tête avec ce sourire idiot d'extraterrestres sortis tout droit d'un épisode des Envahisseurs que Franck suivait assidûment à deux heures du matin, le mardi, entre deux aboiements furieux et stridents.

C'est alors qu'il avait décidé de se débarrasser de Charly.

Tandis que les mai-maîtres se foutaient de lui et de son ras-le-bol.

Il avait décidé de se faire Charly…

-Tiens encore un !

Franck s'arracha à ses souvenirs. Il avait été réquisitionné pour surveiller le parking souterrain. Moyennant une prime assez confortable, ce qui n'était peut-être pas le cas du flic qui l'accompagnerait tout au long de cette mission.

Ils étaient plusieurs, postés aux entrées et sorties du trou infernal (c'est le surnom que Franck avait donné à cet immense parking), à veiller à ce que nul ne puisse y pénétrer.

Le parking était étrangement désert. Stationnement interdit trois jours durant. Les derniers véhicules avaient été minutieusement inspectés et transportés à la fourrière, la veille. La crainte de l'attentat terroriste.

Sous l'éclairage mixte, lumière du jour et néons, les ombres étaient peu nombreuses, tentant de se réfugier sans grande réussite au pied des cages d'ascenseur ou des piliers de béton armé. L'atmosphère était étrange. Celle d'un hangar d'extraterrestres perdu trois kilomètres sous terre dans le désert du Nevada.

Franck était un fan de science-fiction. Ses références, il les puisait dans X-Files, Bradbury, Azimov, Van Voght, et tous ces bouquins qu'il avait dévorés quand il était gamin.

C'est alors qu'il lisait « Demain les chiens », le fabuleux roman de Simack, qu'il avait été attaqué par un berger allemand. Il avait à l'époque une douzaine d'années. La bête avait sauté par-dessus la clôture de bois et s'était ruée sur lui, dans un aboi aussi féroce que paralysant. Franck s'était roulé en boule, un peu comme un hérisson (sauf que lui, il n'avait pas de piquants pour tenir en respect la truffe du bestiau), tenant à deux mains son bouquin au-dessus de sa nuque dans un geste dérisoire d'autoprotection. Le monstre s'était rué sur lui, plantant ses crocs dans la couverture de skyvertex noire du bouquin ; il en avait dépecé la reliure, déchiré les 300 pages évoquant ces histoires que se racontaient, le soir à la veillée, les chiens qui avaient pris possession de la Terre…

Le maître du molosse avait débarqué en bramant comme un cervidé, cravachant l'animal, l'agonisant de coups de lattes, mais le chien ne voulait pas lâcher prise et s'attaquait à présent au poignet du gamin. Sans l'intervention de son père, qui éclata le crâne de l'agresseur à coup de pioche, Franck aurait fini handicapé à vie, ou pire.

Franck n'avait jamais terminé « Demain les chiens ». Et même n'avait jamais essayé d'en reprendre la lecture.

-Tiens, encore un !

Les mots du flic le tirèrent des crocs de l'animal mort voici une vingtaine d'années, à l'époque où naissait sa haine pour la gent canine.

Franck et son coéquipier d'un jour étaient postés tout en haut de l'étroit escalier en colimaçon menant au parking, du côté de la place du Châtelet. D'autres qu'eux étaient disséminés aux entrées dont on avait baissé les épais rideaux métalliques. De temps à autre les talkie-walkie crachotaient.

Le cortège approchait. Il remontait le boulevard Chasles.

Un des types de l'équipe cynophile venait à eux. « Encore un… »

C'était un flic de Chartres, Franck le reconnut et lui fit un signe de la main.

Il ne supportait pas ce putain de rottweiler qui tirait sur sa laisse, mais la muselière le rassurait.

-Ça va les gars ?

L'autre flic eut un geste las.

-Comme un dimanche de permanence !

-Allez, souris ! Tu vis un moment historique ! Regarde comme ils sont heureux !

Un peu plus loin, derrière les barrières de sécurité, des dizaines de milliers de pèlerins ou de simples curieux chantaient, riaient, pleuraient devant des centaines de caméras de télévision. Des téléphones portables, par milliers, tendus à bout de bras, immortalisaient l'événement.

Il y avait des flics, aussi, des flics partout. En uniforme ou en simple oreillette. En bleu, en noir, ou en costume beige.

-Ça me rappelle le cirque de la conférence internationale, en 92 ou 93. Mitterrand, Balladur, Blair et tous les autres. Là aussi il y avait du tireur embusqué !

Le flic au chien sourit benoîtement à l'évocation de ce sommet chartrain vieux de plus de vingt-cinq ans.

Franck s'accouda à la rampe d'accès. À une dizaine de mètres de là, une douzaine de personnes discutaient avec animation. Soudain, Franck fut brusquement replongé des années en arrière !

Le flic au chien se retourna la main sur son holster.

Un chien arborant un énorme bandana vert fluo sur lequel se devinait le visage de sa Sainteté le pape Benoît XVII venait de fendre le groupe de badauds et se précipitait vers l'entrée du parking, vers Franck qui fut un instant pris de panique. Dans le mouvement, face à ce rival en puissance, le rottweiler tira d'un coup sec sur sa laisse et échappa à son flic. Franck se jeta en arrière et se sentit aspiré par le vide. Il s'affala contre les premières marches, entendit son crâne percuter violemment le ciment. Il sentit quatre pattes, puis quatre autres, lui labourer l'estomac, l'oreille, avant de filer vers le boyau.

Déjà, son collègue l'aidait à se relever.

Sur la place, le flic au chien, l'ex-flic au chien plutôt, discutait avec un homme portant lunettes noires et canne blanche. L'aveugle portait un sac ventral en forme de nounours

-Mon chien, où est mon chien ?

-On va vous le retrouver votre clébard ! Il a failli tuer quelqu'un ! Il décrocha son talkie-walkie qui pendait gentiment à sa ceinture et dit quelques mots.

-Vous savez ce que ça coûte un chien comme ça ? Des mois de dressage, vous savez ?

La voix de l'aveugle montait dans les aigus. Le flic commençait à perdre patience !

-Votre putain de clebs a entraîné le mien dans ce putain de parking souterrain, bordel ! Alors vous vous calmez, on va le retrouver !

Franck, en se massant le crâne, tentait de compter les lucioles qui s'amalgamaient devant ses yeux. Qu'est-ce qu'un aveugle pouvait bien venir foutre dans un endroit pareil ?

-Il a mon bipper autour du cou ! Il faut le retrouver ! braillait l'aveugle. Il brandissait sa canne en menaçants moulinets. C'est une boîte noire ! Il faut la retrouver, vite !

Le flic au chien se tourna vers Franck, l'air exaspéré.

-Bon, faut qu'on récupère les clebs. Je préviens que je descends avec vous.

Puis, se tournant vers le coéquipier de Franck et à voix basse…

-Je vous laisse surveiller ce con et l'entrée du parking.

-Hé ! J'suis peut-être aveugle mais j'suis pas sourd ! Con vous même ! hurla l'autre, furax.

Le flic, qui paraissait tout nu voire désemparé sans son chien haussa les épaules et s'adressant à Franck.

-Ça va aller ? Vous pouvez m'accompagner ?

Franck grimaça. L'idée de se retrouver au centre de la Terre en présence de deux clebs ne l'enchantait pas vraiment. Mais c'était son parking, il en connaissait tous les recoins, et plus vite il aurait récupéré les clebs, plus vite il en serait débarrassé. Il poussa un soupir puis, tout en se massant l'arrière du crâne fit signe au flic de le suivre.

Chartres, collège Jean Moulin, de nos jours, le 15 août

Cam crève l'écran

-Putain, on crève !

Richard Villain gorgea son mouchoir de quelques litres d'eau supplémentaires. La bouteille d'eau qu'il tenait coincée entre les genoux était aux trois-quarts vide. La sueur coulait à grosses gouttes sur son visage, il avait les mains moites. La transpiration avait auréolé sa chemise sous les aisselles. Hyper-sexy, pensa-t-il. Il renifla, rêva un instant à une bonne bière bien fraîche puis se pencha sur l'un des trois moniteurs encombrant la table qui lui avait été allouée.

Cette salle de classe du collège Jean Moulin avait été reconvertie temporairement en zone de surveillance. Des dizaines de caméras doublées d'autant de moniteurs traquaient en effet le moindre mouvement, la moindre respiration de la ville. Aucune rue, aucun coin d'ombre dans un espace de quatre kilomètres carrés n'avait été oublié. Ils étaient une vingtaine dans cette pièce surchauffée à s'abîmer les yeux, tentant de saisir le moindre geste suspect, le moindre détail hors-norme, la moindre anomalie. Au fil des fausses alertes, le cerveau s'aguerrissait. Mais l'attention pouvait également s'émousser.

-Mais qu'est-ce qu'elle fout là, celle-là ?

Villain bondit sur sa chaise à roulettes, surpris par la sortie de son collègue et supérieur hiérarchique, Robert (dit Bob) Ferrand. Ce dernier tendait un doigt vers le moniteur où défilaient les images prises côté sud de la cathédrale.

-Tu peux zoomer, s'il te plaît ? demanda Ferrand non sans une certaine brusquerie.

-Ouais, sur quoi ? marmonna Villain.

-Sur l'estrade, là. Le pôle images.

Richard Villain zooma sur l'estrade métallique où se pressaient quelques cameramen et photographes aux objectifs surdimensionnés.

-C'est bien elle, merde ! Qu'est-ce qu'elle fout là ?

Ferrand s'agitait au-dessus de l'épaule de Villain. Celui-ci se retourna.

-Ça t'emmerde de m'affranchir ?

Ferrand secoua la tête.

-Tu vois cette femme, la jolie brune avec le gros zoom ? J'ai vu passer un avis de recherche pas plus tard que ce matin. C'est la femme du psychopathe aux Jules Verne ! On a perdu sa trace depuis hier. Ça pue, crois-moi ! Tu peux me dire ce qu'elle fout avec les accrédités ?

-T'es sûr ?

Villain attira vers lui un ordinateur portable sur lequel s'affichait un fond d'écran crépusculaire. Il joua du clavier quelques instants. Un visage apparut. Ainsi qu'une fiche signalétique.

-Camille Drucy, c'est le nom de jeune fille sous lequel elle travaille. Elle est photographe. Son accréditation lui a été délivrée il y a une semaine.

-Bordel ! Ça pue, je te dis !

-Attend, jette un œil sur son curriculum ! Tu vois, c'est pas n'importe qui ! Elle a même réalisé un portefeuille sur le Vatican du temps de Jean-Paul II !

-Ce qu'elle a fait avant, je m'en fous ! C'est ce qu'elle risque de faire là qui m'intéresse ! Faut envoyer quelqu'un la récupérer !

Ferrand se saisit de son talkie-walkie. L'appareil crachota.

-Suspecte en vue sur l'estrade du pôle image. Femme brune, quarante, quarante-cinq ans. Du nom de Drucy. Camille. Fait l'objet d'un avis de recherche. Peut-être dangereuse. Je répète. Peut-être dangereuse ! Procédez prudemment et le plus discrètement possible.

L'œil rivé sur le moniteur, Ferrand frissonna.

-Bon sang, qu'est-ce qu'elle fout là ? répéta-t-il à voix basse.

Chartres, au pied de la cathédrale, de nos jours, le 15 août

En suivant l'antiphonaire

Cam s'épongea le front de la main. Passa la langue sur ses lèvres. Un goût de sang et de sel dont elle ne prit garde.

La cathédrale la dominait de ses flèches mais son ombre ne lui apportait aucun réconfort. Les gargouilles l'observaient, la condamnant pour l'acte impie qu'elle s'apprêtait à commettre. Les phylactères muets soutenant certaines statues semblaient attendre le bon moment pour s'emplir de lettres de feu la désignant à la vindicte de l'humanité tout entière. Les vitraux semblaient rejeter la lumière, ne laissant percevoir que des réseaux de plomb noirs pareils aux veines torturées de mains contracturées. Et si Fervex et son homme ne parvenaient pas à désamorcer la bombe ? Appuierait-elle sur le déclencheur ? Était-ce elle l'Antéchrist évoqué dans l'Apocalypse de Jean ? Cam avait la gorge sèche, nouée. Elle qui s'était éloignée de la foi depuis bien longtemps tenta, en vain, l'amorce d'une prière.

Les mots lus dans le manuscrit de Justine d'Armoise lui revinrent à l'esprit. De même que le terrifiant plafond du Grénillet et ses images de verre, de plomb et de grisaille, annonçant l'anéantissement de la cathédrale. Elle songea un instant aux analogies chères aux hermétistes et qui, pour l'heure, paraissaient avoir sens : l'incendie du Bazar de la Charité rappelait étrangement la destruction annoncée de la cathédrale dans un océan de flammes. Deux catastrophes privant la France d'une part, le monde de l'autre, d'une partie de leurs élites. Après l'incendie du Bazar de la Charité, la France n'avait plus été la même. Qu'adviendrait-il au monde si la prophétie de Chartres se réalisait ?

Au fil des heures, Cam s'était surprise à sasser et ressasser une théorie échafaudée depuis leur rencontre avec le malheureux Hirst. Une théorie riche de nombreuses incertitudes, de bien des conditionnels mais qui la glaçait aux sangs. En admettant que l'arche d'alliance fût bien enfouie dans les tréfonds de la cathédrale et qu'elle fût un formidable réservoir d'énergie divine, quel serait l'effet d'une explosion proche ? Depuis quelques heures, Cam avait en tête l'une des dernières scènes du premier opus d'Indiana Jones, celle où les nazis ont la mauvaise idée d'ouvrir l'arche des Hébreux. Ses pensées la ramenèrent vers ce pauvre Hirst.

-Concupiscet Rex decorem tuum, quoniam, ipse est Dominus Deus tuus et adorabunt eum… se mit à clamer le chœur planté au pied des degrés menant à l'édifice.

Un long cri balaya la foule, des milliers de drapeaux aux couleurs du Vatican ou affichant le visage souriant de Benoît XVII s'agitèrent. Le pape descendait de sa papamobile et entamait les derniers mètres qui le séparaient du plus beau fleuron érigé à la gloire de Dieu par la Fille Aînée de l'Église.

-Vultum tuum deprecabuntur omnes divites plebis. Benedicta tu in mulieribus…

Sous les hurlements de joie, les rires mais les pleurs aussi, il se mit à genoux, embrassa le sol de cette terre véritablement sainte, priant devant Notre-Dame.

-Invenisti enim gratiam apud Deum. Ipse est. Gloria…

Les flashes crépitaient, les objectifs des caméras zoomaient. Le président et le maire de Chartres se rengorgeaient, souriant aux prestigieux invités qui les entouraient.

-… patri, et Filio, et Spiritui sancto. Ipse est.

Benoît XVII se releva enfin, bénit la foule, puis pénétra dans la cathédrale escorté par les vivas d'une foule en liesse.

-O vos aetherei, plaudite, cives : haec est illa dies clara triumpho, quâ matrem placida…

Un homme à oreillette s'approcha des photographes et leur fit signe.

-…morte solutam Natus siderea suscipit aula…

À son tour, Cam se dirigea vers le portail béant de la cathédrale qui l'attendait au pied des marches de tôle galvanisée.

Un tombeau bien trop vaste pour moi, songea-t-elle.

Chartres, au pied de la cathédrale, de nos jours, le 15 août

Maman !

Juchée sur les épaules de Catherine, l'œil rivé aux jumelles trop grosses pour une enfant de cet âge, Lou tentait d'apercevoir sa mère. Catherine avait repéré cette dernière quelques instants plus tôt sur une sorte d'échafaudage métallique encombré d'appareils photographiques et de caméras.

-Alors tu la vois ?

La gamine était légère comme une plume. Elle arborait un air ravi. Les jumelles s'immobilisèrent.

-Oui, oui ! Ça y est ! Maman ! C'est maman !

Tenant les jumelles d'une main, elle fit de larges signes en direction de Cam tout en hurlant dans les oreilles de Catherine :

-Maman, je suis là, maman !

Ses cris se perdirent dans le bruissement de la foule, ses gestes se noyèrent parmi des milliers d'autres. Mais peu importait : maman était là, et il ne pouvait rien lui arriver !

Elle la vit parler avec un homme et se diriger vers les marches de fer avec les quelques autres preneurs d'images. Elle était la dernière, paraissait hésiter.

Maman avait à peine posé le pied sur le sol qu'elle fut coincée par deux hommes dont un lui attrapa le bras.

Lou ressentit la brûlure sur son poignet.

Elle se mit à appeler sa mère.

Mais son cri était empreint de colère et d'angoisse.

Chartres, au pied de la cathédrale, de nos jours, le 15 août

Costume Beige et Costume Noir

Cam sentit une main ferme se resserrer sur son poignet.

-Madame Drucy ? Veuillez nous suivre s'il vous plaît !

Deux hommes à oreillettes, costume beige et cravate noire pour le premier, costume noir et cravate prune rayée pour le second. Armés. Discrètement armés.

De sa main libre, Cam désigna l'accréditation agrafée sur sa poitrine.

-Il y a erreur. Je fais partie du pôle images et vous allez foutre en l'air mon boulot.

Au cours de sa carrière, Cam avait appris qu'un bon coup de gueule, un ton péremptoire approprié pouvaient désarçonner ces nuages de petits chefs, de conseillers en communication, de gardes du corps qui voletaient comme des mouches autour des grands de ce monde.

Mais cette fois, sa colère parut glisser sur les vestes des deux types. Celui qui l'avait empoignée accentua même sa pression. Cam grimaça.

-Vous me faites mal !

La pression diminua d'un cran. Cam se dégagea.

Un de ses confrères se retourna, alerté par l'algarade. Il hésita un instant, partagé entre le désir de venir en aide à Cam et celui de ne pas rater ses photos. Il fila finalement sur les pas du pape.

-Suivez-nous et tout se passera bien. Le deuxième homme sortit une carte tricolore de sa poche.

Affolée, Cam décida de s'en remettre aux deux hommes…

-Écoutez… ma fille a été enlevée. Elle est quelque part sur la place. Elle risque de mourir.

-Très bien, madame Drucy. Vous allez nous suivre et nous expliquer tout cela calmement.

-Mais vous ne comprenez rien ! s'emporta Cam.

Costume Noir attrapa son appareil photo par la dragonne. Le lourd Nikon échappa à Cam.

-Beau matériel ! commenta l'homme.

-Ne touchez pas à ça !

Cam se jeta sur le flic mais fut retenue par Costume Beige.

Tout autour, attirés par les cris, pèlerins et touristes se retournaient pour assister à la scène. Certains commencèrent même à prendre des photos avec leur téléphone portable.

-Ne touchez pas à cet appareil ! C'est dangereux ! répéta Cam.

-S'il vous plaît, veuillez nous suivre, madame, rétorqua Costume Beige. Dans le calme, précisa-t-il.

Costume Noir opinait du chef tout en caressant d'un pouce connaisseur les multiples options du réflex. Il s'attarda un instant sur le bouton orange.

-Marrant ce truc, ça sert à quoi ?

Le cœur de Cam s'arrêta de battre.

-Je vous en prie, n'y touchez pas !

Mais le doigt taquin de Costume Noir appuya fermement sur le déclencheur !

Quelque part, sous la crypte de la cathédrale, une minuterie se mit à égrener son mortel compte à rebours.

Chartres, sous la cathédrale, de nos jours, le 15 août

Aux origines

-C'est pas trop tôt !

Malgré le froid, Fervex et moi sommes en sueur. Nous sommes parvenus à percer le flanc du tunnel. Je ne sens plus mes bras, mes cuisses m'envoient des signaux de détresse. Fervex a de la chaux sur la joue. Je suis sûr que Joe le trouve à son goût. Une pensée pour Cam et la petite, là-haut. Où sont-elles ? Que font-elles ? La douleur disparaît, la rage afflue, m'échauffe les sens. Mon cerveau crocodile se gorge de toutes ces applications qui firent de l'Homme ce qu'il fut voici quelques millions d'années. Je respire un grand coup.

-On va y arriver, j'en suis sûr ! je lance à Fervex. Ce dernier sourit, comme revigoré lui-aussi.

-Et comment ! Et ce n'est pas une question, poursuit-il en voyant ma mine déconfite.

J'éclate de rire.

-Et comment !

Les torches électriques nous guident à travers un nouveau tunnel qui s'étire sur des dizaines et des dizaines de mètres. Fervex et moi courons le plus vite possible, à moitié courbés. Les médiévaux n'avaient pas notre taille, cette galerie en est un éloquent témoignage ! Nos crânes affleurent parfois quelque accident marneux, nous soutirant de courtes plaintes. Nous parvenons enfin à un assemblage de planches sur lesquelles ont été contrecollés des rubans adhésifs orange. Une porte sommaire nous barre le passage.

-C'était pas prévu ! gémit Fervex en brandissant sa masse.

-Non, et pour cause ! Les tréfonds de la cathédrale sont en travaux depuis des années.

Fervex grimace.

- Mais nous sommes arrivés ! Je tente de rassurer le jeune flic. De l'autre côté, nous allons trouver les passages empruntés par ceux qui travaillent sur le site, notamment les électriciens. Je le sais, j'ai couvert une partie des travaux pour mon canard il y a quelques mois !

-Super ! ahane Fervex en frappant violemment la clenche de la porte.

Cette dernière finit par s'ouvrir dans un craquement lugubre.

D'ordinaire, j'ai un excellent sens de l'orientation. Mais là, je reconnais qu'il ne me sert pas à grand-chose. Différents tunnels se succèdent, le sol a été recouvert de solides planches en sapin. Des guirlandes lumineuses courent le long des parois. Nous pouvons éteindre nos torches électriques. Je tente de me repérer, essayant de me remémorer mes visites d'il y a quelques mois.

Fervex s'impatiente une fois encore !

-Bon, là ça craint ! L'office est prévu pour 11 heures et il est 10h20

-De toute façon, Cam ne fera jamais sauter la bombe ! Elle trouvera une solution pour sauver Lou.

Fervex sourit ! Pauvrement…

-Oh, sans doute ! Mais si vous voulez l'avis d'un spécialiste, votre épouse n'est pas la seule dans le coup ! Vu l'acharnement de Bleck et de ses petits copains à mettre en place cet attentat, il y a fort à parier qu'il y a une « doublure ! »

-Une doublure ?

-Une doublure ! Chargée de pallier une possible défaillance de Camille. Et peut-être même y a-t-il plusieurs doublures, pour le cas où ! Et peut-être même votre épouse n'est-elle elle-même que le leurre ! Car enfin, vous ne croyez pas qu'un type comme votre Bleck (ce n'est pas mon Bleck, je corrige intérieurement) aurait confié le succès de son opération à une femme possiblement recherchée par toutes les polices de France ?

Chartres, un parking souterrain, de nos jours, le 15 août

L'homme souterrain

On entendait au loin des aboiements furieux. Impossible cependant de deviner d'où ils provenaient. Le son rebondissait en tous sens dans cette immense crypte désertée. Le flic avait dégainé son pistolet. « On ne sait jamais ! » avait-il lancé à Franck. Franck qui sentit soudain une vague de sueur affluer sur sa peau. J'espère que Tex aura réussi à déchirer sa muselière. En principe, c'est pas possible mais si l'autre veut lui faire la peau…

Le flic ne termina pas sa phrase.

-C'était un labrador. Paraît que c'est pas méchant un Labrador, tenta Franck.

-M'ouais, on dit toujours ça avant qu'un clebs bouffe un gamin ou une vieille. Vous savez, Tex, il est bien dressé, il paraît sympa comme ça, et je le connais bien depuis le temps qu'on bosse ensemble. Mais je ne le laisserai jamais dans la même pièce que mes gamins.

En avançant dans le parking, Franck songeait à Charlemagne.

Il n'était pas méchant, Charlemagne, sauf quand il essayait de lui choper le mollet à travers le grillage. Sauf quand il lui montrait les crocs en roulant des yeux.

Franck avait laissé passer du temps après son entretien avec les mai-maîtres de Charly. Deux mois. Deux longs mois. Sans se plaindre. Il arrivait même à saluer mai-maître quand il le croisait, par-dessus la clôture. Et puis un soir, il avait ouvert le portail de mai-maître. Et s'était planqué. Ce crétin de Charly avait dû penser qu'on lui offrait là un extra. C'est tout naturellement qu'il avait emprunté le chemin qui lui était d'ordinaire dévolu pour sa balade quotidienne. De loin, au volant de sa voiture, Franck l'avait suivi. Arrivé au calvaire, sur la route de Saint-Georges, là où d'ordinaire mai-maître bifurquait vers le petit bois et retirait sa laisse à Charly, il était descendu et avait sifflé le chien. Celui-ci était arrivé en trottinant, sans se poser de question. À peine avait-il eu le temps d'esquisser un revers de babines que d'un geste ample, Franck lui balançait un violent coup de masse à hauteur des cervicales. Le chien fit « ouf », vraiment, « ouf » puis mourut. Ses pattes s'agitèrent un instant, puis il resta immobile sur le bord de la route.

Pour tout le monde, ce fut un accident. Une voiture qui roulait trop vite. Mai-maître obtint, on ne sait trop comment, l'autorisation d'enterrer Charly dans son jardin. Il reposait aujourd'hui à deux pas des framboisiers de Franck.

-Ça vient de par-là !

Franck était habitué à la configuration du parking. Il entraîna le flic de la place des Épars vers Châtelet, là où le parking prenait de l'ampleur. Les aboiements se faisaient plus virulents.

-Tex a réussi à enlever sa muselière !

Le flic avait parlé avec ravissement. Il n'aurait pas été plus fier si son gamin lui avait ramené une mention « très bien » au bac.

Putain, qu'est-ce que ça peut rendre les gens cons, les clebs, pensa Franck.

Chartres, sur le parvis de la cathédrale, de nos jours, le 15 août

Échappée belle

Accroupie, Catherine tentait de sécher les larmes de Lou. La petite se débattait, donnant du poing sur les omoplates de la jeune femme.

-Je veux maman ! Je veux maman !

Catherine ôta du cou de l'enfant sa paire de jumelles et la braqua vers la cathédrale. Elle distinguait mal ce qui se passait au pied de la scène métallique. Elle finit par apercevoir Camille en grande discussion avec deux hommes. La mère de Lou ne portait plus l'appareil photo. C'est un des deux types, un brun baraqué en costume noir qui le manipulait. Catherine blêmit. À cette distance, l'appareil pouvait-il encore fonctionner ? Catherine loua la prudence de Monsieur Bleck. Qu'importait après tout ? Camille n'était qu'un pion manipulé par Bleck sur son échiquier. Il s'était arrangé pour faire converger plusieurs faisceaux mortels sur cette cérémonie qui devait engager le monde dans une nouvelle ère.

-Ta maman va bien, elle va bientôt nous rejoindre !

-C'est pas vrai ! C'est pas vrai ! hurla Lou…

Et d'un brusque coup de reins elle s'élança à travers la foule en direction de la cathédrale et de sa mère.

Chartres, dans le ventre de la cathédrale, de nos jours, le 15 août

Au cœur du légendaire

Il est là, sous nos yeux.

C'est autour de ce puits celtique vénéré dans les temps anciens du paganisme que s'est érigée la cathédrale romane primitive. Il relie le cosmos et les entrailles telluriques, fait office de régulateur entre « ce qui est en haut et ce qui est en bas » selon la formulation d'Hermès Trismégiste, le père de l'occultisme.

Le puits des Lieux Forts également appelé Puits des Saints-Forts, plonge au plus profond du mythe de Bélisama, la déesse des eaux adorée des Carnutes. Il nous rappelle qu'avant même l'avènement du christianisme, une « vierge devant enfanter » motivait ici des pèlerinages de masse. D'anciennes chroniques en font même le théâtre de guérisons miraculeuses.

Aujourd'hui restauré, enchâssé dans une gangue de pierre blanche, il a perdu tout son mystère. Ce puits plusieurs fois millénaires fut comblé à la Renaissance puis dissimulé aux yeux du monde au XVIIème siècle pour finalement être redécouvert, dégagé et restauré au début du XXème siècle.

Fervex se penche au-dessus du trou béant protégé par une grille et éclairé par un puissant halogène.

-C'est profond ? qu'il demande.

-Bien assez ! Plus de 33 mètres.

Fervex grimace.

-Il nous reste combien de temps ?

Je secoue la tête, navré.

-Ils peuvent déclencher la bombe à tout instant. Il est 10h30. L'office débutera à 11 heures précises. Mais vous croyez qu'une explosion dans ce trou pourrait aboutir à la destruction de la cathédrale ?

Sous mon crâne se bousculent des visions d'horreur, des murs de flammes engloutissant la pierre et la chair, le verre et l'os. Les visions de mort de Justine, mais aussi les cauchemars de Lou, les vitraux d'Edmond Thiers… mes propres angoisses, mes prémonitions personnelles aussi.

Fervex fait la moue. Réfléchit deux secondes. Avant de lâcher :

-Tout dépend de la charge et de l'explosif utilisé, mais je ne pense pas. En ce qui me concerne je n'ai pas envie de tester ! Bon, on n'a pas de temps à perdre. Vous avez vos pinces coupantes ?

-Pas la peine ! Le poseur de bombe a fait le boulot à notre place.

Je soulève la grille métallique qui ne grince même pas. Je cherche un endroit où accrocher l'échelle de corde. En vain.

-Vous allez devoir compter sur mes seuls muscles, je grince à Fervex. Celui-ci remplit ses poches d'un petit attirail. Des pinces, des tournevis.

Je me mets à trembler, un tremblement irrépressible ! Le doute s'insinue vitesse grand V, par vagues successives ! Ce ne sont pas une pince et un tournevis, ce dernier fut-il cruciforme (!), qui viendront à bout d'un concentré explosif de nouvelles technologies. Une fois de plus, l'envie me saisit de prendre mes jambes à mon cou et de filer loin de la cathédrale en criant à la bombe ! Fervex perçoit mon trouble. C'est à lui de me rassurer.

-Allons, je vous jure, je suis une bête dans mon domaine. Un véritable as du déminage ! Mais s'il vous plaît, tenez bon !

Je m'harnache avec l'extrémité de l'échelle de corde, balance le reste dans le puits.

-À vous de jouer. Bonne chance !

Fervex garde les lèvres jointes. Il enjambe la bordure de pierre, pose un pied sur l'un des barreaux de l'échelle mouvante, puis le second. Une douleur à l'épaule. Je suis à genoux contre le parapet de pierre. Un tiraillement atroce. Ma chair se déchire, c'est sûr !

Je grimace.

-Faites vite, mais pas trop quand-même !

-C'est parti, me répond une voix d'outre-puits.

Les secondes défilent, lentement, trop lentement à mon goût, rythmées par l'agression permanente de la corde sur mon épaule protégée par mon trop mince tee-shirt.

Au bout d'un moment, la vérité sort du puits. Dans sa cruelle nudité !

-Putain, je l'ai trouvée ! Bordel, qu'est-ce que c'est que ce truc ? Merde, merde, merde ! La minuterie est enclenchée !

Chartres, un parking souterrain, de nos jours, le 15 août

Esprit canin

De furieux aboiements se répercutaient contre les murs. Plus bas. Au second niveau. Des glapissements de douleur, aussi, parfois.

-Putain, je vais lui flinguer son putain de clebs à l'autre con ! hurla le flic qui passa devant et se mit à jouer les médaillés olympiques. Il bifurqua, suivant la courbe ample du parking, en direction du second niveau. Franck eut du mal à le suivre.

Il perdit le flic de vue quelques instants, derrière une cage d'ascenseur. Puis entendit des jurons et deux coups de feu. En débouchant au second, il s'arrêta net. Il voyait le flic, de dos, accroupi. Le rottweiler était allongé au beau milieu de l'emplacement E234, l'écume à la gueule, gémissant doucement. À côté, le cadavre du labrador, ensanglanté. Le flic parlait doucement à son chien, sans se préoccuper du labrador ; les lambeaux du bandana fluo de ce dernier gisaient à ses pieds. Les yeux vides de l'animal paraissaient fixer Franck depuis l'au-delà. Les animaux ont-ils une âme ? Certainement pas ces foutus clebs, songea Franck. Merde, ce qu'il pouvait ressembler à Charly, le bestiau. Les labradors se ressemblent tous. Encore un qui n'emmerdera plus son monde ! se félicita-t-il en approchant.

C'est alors qu'il vit, toujours accroché au collier de l'animal, le boîtier noir. Sans doute le bipper dont parlait l'aveugle, là-haut. Pardon, le non-voyant. Il allait faire la gueule en apprenant qu'un flic, enfin un *chien-flic*, avait descendu son animal de compagnie.

Franck s'accroupit à son tour et fourragea dans le collier, histoire de détacher la petite boîte noire. Petite ? Voire… pas si petite !

Curieux bipper, songea-t-il. Plutôt une petite mallette. Ce doit être un truc spécial pour aveugle, ou pour donner des signaux au chien. Il la tripota quelques instants. Et… Et ce truc rouge qui clignotait à présent ?

Franck se sentit devenir tout rouge.

Il donna un coup de coude au flic qui répondait toujours aux gémissements de son Tex.

-Dites, vous connaissez ce genre de truc ?

Le flic, sans cesser de caresser son chien, se retourna.

Son regard se posa sur la petite boîte noire. Un instant, il parut hypnotisé par la petite lueur clignotante. Puis, il releva les yeux. Et ce que Franck y lut ne lui plut pas du tout, mais alors pas du tout…

-Putain ! On s'est fait avoir, c'est une bombe !

L'Enfer s'ouvrit sous leurs pieds au moment où le flic tentait de mettre la main sur son talkie-walkie.

La dernière image qu'emporta Franck aux Enfers fut celle de ce putain de Charly qui paraissait lui sourire de tous ses crocs, pas peu fier de sa bonne blague.

Chartres, portail nord de la cathédrale, de nos jours, le 15 août

L'arche sur le pilier

-Vous savez ce qu'on dit ? Que l'arche d'alliance est dissimulée quelque part sous la cathédrale !

-Beg your pardon ?

-The arch, the arch of alliance, enfin the arch of convenant comme vous dites en anglais. It is under the cathedral, maybe, perhaps...

Gilles n'avait jamais été très doué en anglais littéraire. Mais il s'en tirait toujours de façon honorable quand il racontait l'histoire parallèle du monument ! En tout cas suffisamment pour se faire comprendre ! Très régulièrement, Gilles échangeait quelques pièces contre des détails ésotériques sur la cathédrale, enfin, sur *sa* cathédrale ! Ses assertions occultes, les références templières et les développements hermétiques qu'il fournissait aux voyageurs de passage et aux pèlerins en quête de sensations paranormales ou mystiques arrondissaient de façon non négligeable les fins de mois du Chartrain.

-Really ?

La jeune femme compressée contre la hanche d'un blondinet à la mèche vagabonde regardait Gilles avec de grands yeux. Elle tenait un guide du routard à la main et un petit futé dépassait de son sac à main.

-Look at the pilar, yes this one ! poursuivit Gilles en agitant discrètement le petit bol en osier, faisant tinter les pièces jaunes et blanches.

La jeune femme et son ami se retournèrent, balayant du regard la foule qui s'agglutinait au pied du Cloître Gourmand, du Week-End et du Parvis.

-This pilar !

À hauteur des yeux, sur le pilier restauré, une arche blonde, naïve, offrait au regard ses roues de pierre meurtries par les siècles.

Les yeux des pèlerins s'attardèrent sur les imposantes ferrures de l'arche dominant un entrelacs de feuilles d'acanthe.

La jeune femme caressa d'un doigt hésitant l'une des ferrures.

-It is the arch ! réaffirma Gilles. Ce sont les Templiers, the Templars, qui la ramenèrent ici.

-Les Templiers ? avança prudemment le blondinet dans un français hésitant.

-Oui, yes, You speak french ? Tant mieux. It's must easy for me. Les Templiers ! Leur mission réelle, their real mission, n'était pas de protéger les Croisés et les pèlerins comme on veut nous le faire croire ! Ils avaient été envoyés à Jérusalem pour une mission bien précise : retrouver l'arche d'alliance, they must find the arch, car elle est dotée de fabuleux pouvoirs ! All the occultists know that ! Ils ont rempli leur mission ! They have found the arch, ils ont retrouvé l'arche et l'ont ramenée à Chartres. D'ailleurs, you know, la cathédrale a été construite avec l'argent des Templiers ! Depuis le XIIème siècle, l'arche d'alliance repose sous vos pieds, the arch is under your feet !

Les deux Anglais baissèrent les yeux.

C'est alors que la terre trembla…

Chartres, le puits des saints-forts, de nos jours, le 15 août

L'échelle de Jacob, bis repetita

La secousse, violente, me prend de court.

Un instant, je crains que la bombe n'ait explosé et Fervex avec elle.

Les lumières de la crypte s'éteignent puis se rallument.

Un nuage de poussière s'évase depuis le plafond.

Ma tête va s'écraser contre le parapet du puits. J'en lâche l'échelle de corde qui m'arrache la paume. Plusieurs mètres plus bas, Fervex pousse un cri. L'échelle me paraît un instant plus lourde. Bien plus lourde. Un nouvel appel remonte du puits.

-Qu'est-ce que c'était ce truc ? Merde, remontez-moi ! Je perçois la panique dans la voix de Fervex. Il est con, ce type ? C'est à lui de remonter ! Qu'est-ce qui se passe là-dessous, bon Dieu ? Et c'était quoi ce tremblement de terre ? Au prix d'efforts douloureux, je parviens à me redresser, à me pencher au-dessus du gouffre circulaire Quelques mètres au-dessous, Fervex est coincé contre la paroi, un engin argenté en forme d'ogive entre les genoux. L'image de l'inventeur fou à califourchon sur sa bombe atomique me traverse le cerveau. Ce putain de film m'a toujours foutu les pétoches, je n'ai jamais su en apprécier l'humour. Le rire ou le hurlement du docteur Folamour tandis qu'il plonge vers une mort certaine à cheval sur sa bombe nucléaire me file aujourd'hui encore des frissons glacés.

-Tirez-moi de là ! C'est du sérieux ! Je ne vais pas tenir longtemps !

Je ne vois pas ses yeux, à Fervex, mais je suis sûr qu'ils me lancent des éclairs désespérés. J'attrape à pleines mains les montants métalliques de l'échelle de corde. Un à un, je les remonte. La douleur me broie les épaules, le cou, les bras. Mes mains saignent, les montants de fer glissent. J'ai beau gueuler pour m'aider, au bout d'un mètre je m'affaisse, à bout de souffle, contre la pierre blanche.

-Je suis désolé, je tente.

Fervex grimace et grogne.

-Je ne vais pas pouvoir tenir plus longtemps…

L'engin qu'il tient entre ses cuisses glisse peu à peu. Hypnotisé, j'observe la bombe qui échappe à Fervex. Les dures lois de la gravité. Fervex me jette un regard terrifié.

Puis pousse un hurlement déchirant quand, épuisé, il écarte les jambes, scellant notre destin.

Chartres, de nos jours, le 15 août

Dans l'estomac de la ville

Ce fut un grondement sourd, qui s'affranchit de la terre.

Le parking parut de soulever puis, comme au ralenti, fut aspiré, attirant dans l'estomac affamé de la ville tout ce qui se trouvait à portée, objets inanimés ou êtres humains en quête de spiritualité.

L'onde courut à travers les poches et les gaines émaillant le sous-sol, se propagea de tout côté, s'engouffrant dans le moindre corridor, la moindre percée, s'immisçant dans les entrailles même de la ville, se nourrissant du contenu des conduites de gaz proches.

Ce ne fut pas une mais plusieurs explosions qui secouèrent la cité.

À quelques dizaines de mètres de là, tous les regards tournés vers Notre-Dame s'en détournèrent.

La Maison-Dieu

Chartres, dans la crypte, de nos jours, le 15 août

Triste sire et triste sort

Tout d'abord, rien n'advient.

Dans un geste lâche et ridicule, je me suis blotti contre la paroi du puits, triste sire laissant Fervex à son triste sort.

Au bout de quelques secondes, je me reprends. Le flic lui aussi s'est repris, je le sens aux tractions sanglantes qui me broient les épaules. Je tire du mieux que je peux. En quelques instants, Fervex est adossé à mes côtés contre la pierre blanche.

-C'est une putain de bombe ! qu'il fait entre deux hoquets.

-Qui n'a pas explosé !

Fervex acquiesce.

-Une chance. Elle est faite d'un matériau à la fois léger et costaud qui amortit les chocs. J'avais entendu parler de ce type d'engins mais n'en avais jamais vu. Mais ça va péter, et très vite ! La minuterie était réglée sur cinq minutes.

-Faut qu'on se tire d'ici et vite !

Fervex hausse les épaules.

-On peut toujours courir, mais à mon avis…

Il laisse sa phrase en suspens.

Ce qui veut tout dire.

D'ailleurs il est trop tard.

Un éclair éblouissant jaillit du puits, puis un grondement sourd et fracassant…

Chartres, au pied de la cathédrale, de nos jours, le 15 août

Le réveil de la vouivre

Il y eut un grondement sourd, étouffé, un long roulement de tonnerre qui parut provenir des entrailles de la terre et rebondir entre les fondations de la ville.

Presque une caresse qui s'en vint flatter les trottoirs et les murs. Et puis, la claque…

Le bitume se fendit, la pierre se cassa, le verre se brisa. La rue parut se soulever comme si un gigantesque serpent, trop à l'étroit dans sa gangue de terre, venait d'entrer en reptation. Comme si un dragon, endormi depuis des milliers d'années, entreprenait de sortir de son sommeil et s'ébrouait dans sa prison trop étroite. Comme si les vouivres telluriques avaient soudainement décidé de s'arracher du ventre du monde pour s'en venir renaître à la surface.

Une canalisation céda… Puis une autre. Ici, puis là, projetant des milliers de mètres cubes d'eau vers le ciel. Dans le même temps, la rue, dans un ultime soubresaut, s'enfonçait, aspirée dans les profondeurs des différents parkings, vouivres sans âme des temps modernes qui serpentaient sous la ville. Les murs des bâtisses séculaires se fendirent, mettant à nu la meurtrissure multiple de leurs chairs de bois, de terre, de brique et de pierre, laissant échapper leurs entrailles colorées, canalisations électriques, d'eau ou de gaz. Le cri de la pierre blessée fut couvert par celui de milliers de gorges terrorisées…

Francine ne comprit pas tout de suite ce qui se passait. Elle était parvenue à se hisser sur un plot de pierre reconstituée supportant une jardinière de roses rouges censée interdire l'accès du lieu aux véhicules. Des heures qu'elle attendait, les jumelles en bandoulière, piétinant sans vergogne les fleurs à l'agonie, suscitant le regard envieux d'une partie de la foule. Un vieux type à barbe grise et chapeau noir lui avait même proposé un billet de vingt euros contre un p'tit coin contre son flanc replet. Elle avait refusé : pas question de rater l'événement ! Benoît XVII avait souhaité redonner toute sa pompe d'antan aux cérémonies papales. Ils l'avaient dit à la télé.

Francine bascula, happée par la gueule béante de la terre.

Jacques refusa de croire l'invraisemblable. Il était trop tôt ! Quelque chose n'allait pas. Le temps parut s'arrêter tandis que là-bas, l'Enfer se déchaînait. L'Enfer… Terme ô combien galvaudé ! La salle d'attente de l'Enfer, oui ! À la rigueur !

Jacques avait perdu Saïd de sa ligne de mire. Où se planquait-il le salaud ? C'était pourtant le moment d'agir ! De choisir.

De son poste d'observation, Jacques vit une partie du parvis s'effondrer, imploser littéralement, dans un geyser d'eau, de pierre et de goudron. Il vit aussi le mouvement de foule qui débutant place des Épars, forma une vague concentrique incontrôlable.

La presse, dans l'impossibilité de refluer vers les boulevards, tenta un repli chaotique vers l'avenue Maunoury et la place Chatelet. Le viseur de Jacques dansait sur la foule. Il finit par repérer Saïd. Ce dernier avait ôté ses lunettes. Son chien, sa « couverture », avait disparu. L'air hagard, il s'agrippait sans raison à sa canne blanche, son ridicule sac ventral à demi-ouvert. Le tsunami n'avait pas encore gagné l'endroit où se trouvait Saïd. Jacques n'avait plus que quelques secondes pour agir. Après, il serait trop tard. Saïd serait emporté par la marée humaine, parviendrait peut-être à déclencher sa bombe et nul ne pourrait imputer avec certitude l'attentat aux Islamistes. La guerre sainte, la véritable guerre sainte de la Nouvelle Église en serait de nouveau retardée.

Jacques trouva cette idée insupportable.

Il se cala contre la cheminée. Saïd fourrageait dans son sac. Il n'y avait plus un instant à perdre. Jacques prit toutefois son temps pour bien ajuster son tir. L'arme lui paraissait trop légère. Un jouet pour gamin songea-t-il en appuyant lentement sur la gâchette.

Chartres, sur le parvis de la cathédrale, de nos jours, le 15 août

Mer de feu

Lou entendit le bruit. On aurait dit celui d'un troupeau de cerfs galopant sur un sol trop sec. Celui d'une harde de cerfs, se corrigea-t-elle. C'est papa qui lui avait dit. C'était ce jour où ils traversaient la forêt en voiture. Dans un virage, papa avait dû freiner pour laisser passer un troupeau, enfin, une harde de cerfs. Il y avait bien une vingtaine de têtes, selon l'expression de papa. Les cerfs avaient couru à côté de la voiture pendant assez longtemps. Puis ils s'étaient enfoncés dans les bois. Laissant Lou avec plein d'images dans la tête et surtout ce grondement sourd, impressionnant, dans les oreilles. Un grondement sourd, impressionnant comme celui-ci.

Lou s'arrêta, reprit sa respiration. Tourna la tête en tous sens afin de s'orienter. Elle ne vit que des tissus gris ou colorés, fleuris ou unis, tendus sur des fesses et des dos. Elle leva les yeux vers les flèches de la cathédrale. Fut parcourue d'un frisson. Fut bousculée. Manqua de tomber. Reprit son équilibre. S'accrocha à un mur.

Lou eut la vision soudaine d'une mer de feu embrasant l'édifice, se propageant aux milliers de gens qui entouraient la cathédrale… La bouche de Lou s'emplit du goût âcre de la cendre chaude. Elle se mordit les lèvres jusqu'au sang. Puis se mit à pleurer.

La dame, Catherine, la rattrapa. Lou ne se débattit pas quand elle lui prit la main. Elle la vit se retourner, l'air inquiet, en direction du bruit.

Et puis, à ses pieds, le sol parut bouger. Lou perdit de nouveau l'équilibre. Un homme se retourna. Lou poussa un cri. Elle n'eut que le temps de voir le monsieur retirer les mains de son sac et se pencher vers elle pour la rattraper tandis que sous ses pieds, une partie de la chaussée s'effondrait. À côté d'elle, une dame disparut dans la rue. DANS la rue !

Lou hurla de plus belle. Le monsieur aux lunettes noires parvint à l'agripper par le bras (elle cria de nouveau mais de douleur cette fois), et à l'attirer contre sa poitrine. L'homme tomba à genoux, Lou toujours dans ses bras.

Catherine se retourna, redoutant le pire. Elle avait lâché la main de la gamine, une chouette gamine, au fond, timide mais curieuse, s'exprimant dans un français que nombre d'adultes pourraient envier. Et polie en plus.

Un bruit intense, fait de hurlements humains et de meurtrissures d'objets en tout genre provenait de la place des Épars toute proche. Un immense cri jailli du parvis lui fit écho. Et la chaussée, sous les yeux de Catherine, s'ouvrit. Elle vit avec horreur la gamine emportée par la plaie béante de la rue. Du coin de l'œil elle vit l'aveugle se précipiter… Et retomber avec elle. Elle vit aussi l'homme en survêtement vert qui se trouvait, juste derrière l'aveugle porter la main à sa tête et s'effondrer en arrière dans une nuée sanglante.

L'aveugle ?

Puis, la terre l'engloutit à son tour.

Chartres, sur le parvis de la cathédrale, de nos jours, le 15 août

Mère de feu

Cam fut projetée en avant. Elle s'affaissa dans les bras de Costume Noir. Tous deux s'écrasèrent violemment sur le sol. Cam se releva la première. Costume Beige se massait le crâne au pied de l'escalier métallique. Du sang perlait au bout de son nez.

C'est alors qu'elle vit la petite à quelques mètres seulement dans les bras d'un inconnu à lunettes noires. Une vaste fissure étoilait le cœur du cloître.

-Lou !

Cam enjamba un corps meurtri, et tandis que l'Enfer se déchaînait, courut sauver sa fille.

Chartres, la cathédrale, de nos jours, le 15 août

Les anneaux de l'ouroboros

Tandis que la terre se débarrassait de son carcan de successives couches civilisatrices, rejetant le pavé, crevant le bitume, libérant les eaux maîtrisées, affranchissant le feu domestiqué, un faisceau d'énergie pure remonta du puits, envahit la crypte de la cathédrale, caressant la pierre maintes fois foulée durant plus d'un millénaire.

Tandis que le monde, leur monde, s'écroulait autour d'eux, les pèlerins assistèrent fascinés à l'apparition du feu qui, de l'intérieur éclaira les vitraux de Notre-Dame. Tandis que les yeux, à la fois terrifiés et émerveillés, voyaient les flèches de la cathédrale se parer d'un nuage translucide, les nez, les oreilles des enfants présents alentour se mirent à saigner

Cela commença par un tourbillon jaune, puis des hordes de flammes sans chaleur, faisant jouer le rouge et le bleu en des millions de nuances sur les murs de la cathédrale. À peine la foule vit-elle le Très Saint-Père quitter en courant l'édifice, sous la protection d'une dizaine de gardes du corps.

À peine vit-elle les officiels de tout poil, autorités religieuses, présidents, ministres et autres huiles s'engouffrer dans les paniers à salade les plus proches.

À peine.

À peine entendit-elle les coups de feu désespérés qui se perdirent au pied du monument sans faire les victimes escomptées par Bleck et les siens.

À peine.

Nombre de témoins affirmèrent plus tard qu'ils s'étaient sentis envahis par un sentiment de plénitude tandis que la cathédrale se mettait à irradier une lumière blanche, presque irréelle. La plupart tombèrent à genoux, les mains jointes, quelle que soit leur religion.

Notre-Dame se parait de couleurs étranges, d'une force irréelle qui, dans un premier temps, parut s'amasser au sommet des deux flèches.

La foule, celle qui n'avait pas fui et avait survécu à la catastrophe observait en priant. Tandis que des étincelles sauvages crépitaient au coin des habitations martyrisées, tandis que de violents jets d'eau retombaient en cascade sur le dos des survivants, des lambeaux scintillants de ce que beaucoup qualifièrent de « sorte d'énergie magnétique » virevoltaient au cœur de la lumière.

C'est alors que les premiers téléphones portables échappèrent des mains.

C'est alors que les anneaux de métal s'arrachèrent aux doigts, aux oreilles.

C'est alors que les armes, les oreillettes, les caméras et les appareils photographiques se fondirent dans la masse énergisante.

Jebb, dans son hélicoptère, ce bel Agusta qu'il connaissait par cœur, eut bien du mal à poser l'appareil en catastrophe place de la gare, décapitant au passage, de ses rotors devenus fous, la tête des sanisettes ambulantes.

De lourds nuages d'ébène s'amoncelèrent au-dessus de la cathédrale tandis que des éclairs silencieux s'en venaient frapper les flèches du monument.

Chez Viviane, les postes de télévision implosèrent en même temps. L'oreillette de son hôte se mit à grésiller et à émettre un sifflement aigu qui arracha un cri au sniper. Celui-ci ôta sa cagoule d'un mouvement brusque. Viviane fut surprise et charmée par ce visage au menton volontaire et à la bouche fine qui lui firent un temps oublier la destruction de ses téléviseurs. Au point de lui proposer une bière.

À l'étage au-dessus, les jumelles furent prises de folie et s'échappèrent par la fenêtre pour rejoindre la masse croissante d'appareils en tout genre tourbillonnant dans le canal énergétique.

Partout dans la ville, les moteurs des véhicules rendirent soudainement l'âme. Les lumières s'éteignirent. À Mainvilliers, la clinique Saint-François fut plongée dans la relative obscurité d'un jour privé d'électricité. Le centre hospitalier du Coudray ne fut pas épargné par le black-out qui mit hors-jeu les appareillages électriques. Fort heureusement les groupes électrogènes prirent le relais dans la foulée.

La vouivre se réveillait, étirant ses anneaux après des millénaires de repos. Le sang se remit à couler dans les veines de l'ouroboros. À Stonehenge, à Carnac, dans tous les hauts lieux connus ou méconnus pour leur activité tellurique endormie, des colonnes d'énergie violette, comme à Chartres, s'élancèrent vers les cieux, consommant le mariage entre la terre et le ciel. Dans ces endroits aussi les oreilles et les nez des enfants se mirent à saigner. On eût dit que le serpent endormi cher aux aborigènes, que l'ouroboros vénéré par les hermétistes se réveillait après un trop long sommeil, étirant son corps de lumière d'un continent à l'autre.

Sur le parvis de Notre-Dame de Chartres déserté par les autorités, les témoins de cette renaissance observaient, en silence, la fin de leur monde. L'Apocalypse. La Révélation.

Telle une tornade, le faisceau d'énergie roula sur lui-même, pareil à un serpent prêt à mordre. Puis il s'élança vers le ciel où il creva l'imposante et ténébreuse voûte du plafond nuageux.

Une pluie d'étoiles en jaillit qui, pareille au final d'un feu d'artifice, retomba doucement sur la foule.

Les satellites glissant doucement à plusieurs centaines de kilomètres de là enregistrèrent l'étonnante image d'une étoile de feu, une étoile à cinq branches qui, depuis Chartres, se propagea à travers la Terre entière.

Beaucoup applaudirent, sans savoir encore…

-Stella Maris… murmura Cam en serrant sa fille dans les bras.

Au loin, la sirène d'une ambulance se fit entendre.

Puis une seconde.

La vie allait reprendre son cours normal. Ou presque.

Chartres, le puits des saints-forts, de nos jours, le 15 août

Le chaos

-C'était quoi ce bordel ? râle Fervex, reprenant son souffle avec peine.

-On devrait être morts...

-On l'est peut-être, tente-t-il.

J'ai l'extrémité des doigts qui crépite. Ce n'est pas douloureux. Chatouilleux seulement. Des langues de lumière ocre s'échappent du puits, imprègnent les murs de la crypte.

Nous nous levons, nous époussetons, foulons le pavé inégal, remontons vers l'air libre. Pour ne trouver qu'une coquille vide, des chaises renversées, des odeurs d'encens, des bougeoirs aux flammes soufflées, des murs fêlés, échancrés. Nous marchons à travers un tunnel de particules violettes aux tonalités changeantes. Une étrange lueur baigne la nef de la cathédrale, les vitraux brillent d'un éclat hors du commun. Ils paraissent luire d'une lumière propre.

Hors la cathédrale, tout n'est que chaos. Des façades éventrées, des canalisations hoquetant des milliers de litres d'eau, des départs d'incendie ici et là, des geysers de gaz enflammé. Le pavé, le bitume sont meurtris, de larges saignées laissent apparaître des tuyauteries encore palpitantes, tels les intestins colorés d'une ville mise à nue. De nombreux cadavres aussi. Des pleurs. Des corps que l'on transporte.

Et puis, au milieu de centaines de pèlerins agenouillés sur le parvis, ma femme et ma fille, dans les bras l'une de l'autre.

Fervex me prend le bras.

-C'est quoi, ce bordel ?

L'émotion lui fait perdre son vocabulaire.

Il désigne les flèches de la cathédrale, auréolées d'une lumière électrique aux flammes étranges.

L'incendie de la cathédrale.

C'était donc ça ?

Et je ne trouve rien d'autre à répéter : « c'est quoi ce bordel », avant de courir serrer dans mes bras Cam et Lou.

Ici et là, dans le monde, de nos jours, le 15 août

Un papillon sur les pôles

Cela prendrait du temps pour le calculer avec certitude, mais ce jour-là, la Terre bascula de plusieurs degrés sur son axe. Par endroits, le sol se fendit, en d'autres des vagues scélérates emportèrent des flottes entières. Ici, d'anciens volcans s'éveillèrent, là des lacs entiers disparurent dans le sol. En certains lieux, tous pointés sur les branches d'une étoile pentaculaire redessinée au début du XXème siècle par un aventurier italien, des événements prodigieux furent constatés, filmés, photographiés, commentés sous tous les angles.

L'un des exemples les plus frappants de ces phénomènes se déroula en Bretagne, quand les 2934 menhirs de Carnac s'arrachèrent de leur enveloppe de terre pour s'élever de plusieurs mètres et tournoyer sur eux-mêmes.

Un peu partout sur la planète, de semblables phénomènes frappèrent l'esprit des hommes. Mais ne surprirent pas leurs enfants pour qui le merveilleux ne pouvait qu'être une certitude.

L'axe de rotation de la Terre, qui avait déjà été modifié lors des grands tremblements de terre du Chili en 1960, de Sumatra en 2004 et surtout du Japon en 2011, fut de nouveau modifié, mais cette fois de façon considérable. Aucune contrée ne fut épargnée.

Sans doute faudrait-il des années pour que l'on prît conscience de la portée de l'apparition de ce que les journaux appelèrent « l'étoile d'énergie » et qui devait susciter bien des commentaires de la part des « spécialistes » de tout poil, des climatologues aux économistes en passant par les ésotéristes, magnétiseurs, politiciens et autorités religieuses.

Des savants à la morgue presque touchante devaient affirmer, péremptoires, qu'il s'agissait là d'un fait normal, naturel : « Selon les lois de la mécanique et de la physique, l'axe de rotation de la Terre est susceptible de se déplacer par rapport à l'ensemble du globe terrestre suite à une modification de la répartition interne des masses. C'est déjà arrivé par le passé, et cela arrivera de nouveau » assura l'un d'eux lors du journal télévisé de 20 heures au cours duquel passèrent en boucle les images d'une cathédrale de Chartres noyée sous un déluge énergétique et celles tout aussi spectaculaire de menhirs en rotation. Il ne sut dire toutefois ce qui avait provoqué cette modification des masses internes de la Terre.

En des centaines de milliers d'endroits, les oreilles et les nez des enfants se mirent à saigner.

En des centaines de milliers d'endroits, des centaines de milliers d'enfants se mirent à avoir des visions.

En des centaines de milliers d'endroits, des centaines de milliers d'enfants s'inventèrent de nouveaux jeux.

En des centaines de milliers d'endroits, des centaines de milliers d'enfants reçurent un don.

En des centaines de milliers d'endroits, des centaines de milliers d'enfants s'essayèrent à marcher sur l'eau, y parvenant parfois.

En des centaines de milliers d'endroits, des centaines de milliers d'enfants s'essayèrent à faire bouger des objets par la seule force de leur volonté, y parvenant parfois.

En des centaines de milliers d'endroits, les anneaux de la vouivre se déroulèrent avec délice, recouvrant leur ancien lit.

En des centaines de milliers d'endroit, l'ouroboros sacré des Égyptiens reprit ses aises.

En des centaines de milliers d'endroits, rien ne saurait désormais être comme avant…

Commissariat de Chartres, de nos jours, le 16 août

Dans ses yeux

Fervex me serre la main. Longuement. Joe, tout sourire, est à ses côtés. Elle ne le lâche plus.

-J'ai été heureux de te connaître.

-C'est réciproque.

-Pense à moi si tu écris un bouquin là-dessus. Je t'en dirai un peu plus sur ce qu'il s'est passé dans ce foutu puits !

-Je n'y manquerai pas !

-Et puis, je te tuyauterai sur la suite.

La suite ! Dans les romans il y a toujours une fin. On l'adore ou on la déteste, on la trouve faiblarde ou alors elle rattrape le reste de l'ouvrage, mais d'ordinaire, la dernière page ne laisse pas place au mystère.

Pour l'heure cette histoire n'a pas de fin.

Je grimace en songeant à Bleck et compagnie. Que sont-ils devenus ? Quand les flics ont investi l'ancienne abbaye, ils n'ont trouvé que des murs muets, un mobilier discret, des dizaines de milliers de bouquins, silencieux, impavides, une bibliothèque digne de celle d'Alexandrie, ou presque. Alexandrie, Alexandra. Dire qu'il y a quelques jours, je prenais la direction de l'église Saint-Marc pour interviewer la malheureuse artiste plasticienne.

Riant, le Directeur Départemental des Polices Urbaines vient vers nous.

-Dites, on a une famille de Belges qui affirme que la police leur a volé des vélos ! Non, mais y en a, je vous jure !

Cam boit un Perrier, la fesse posée contre l'un des bureaux du commissariat. Je suis affalé dans une chaise en plastique sans âme, touillant d'un stylobille mordillé un insipide café roupillant dans un gobelet, de plastique lui aussi. Lou, un jus d'orange dans une main, s'accroche de l'autre à mon bras. Nul à cet instant ne pourrait l'arracher à son père !

-Nous allons vous placer quelque temps sous protection policière. Vos Apôtres de l'Apocalypse pourraient vouloir se venger.

-Vos apôtres ! Je m'apprête à relever puis décide d'oublier.

-Des nouvelles ? je lui demande.

Le DDPU a une petite moue agacée.

-Ils ont tout bonnement disparu. Pschitt. Comme ça !

Il joint le geste à la parole.

-Ils ont tout de même dû laisser des traces ?

-Nos recherches ADN et tout le toutim n'ont rien donné. Ils sont inconnus au bataillon. Ils pourraient tout aussi bien s'appeler réellement Bleck, Chazam, Mickey et compagnie ! Impossible de les tracer. On a bien retrouvé ici et là quelques cadavres, mais rien de concluant. Des sous-fifres sans aucun doute, comme ce type des services spéciaux que vous étiez censé avoir descendu à Écublé. Pas de papiers, pas de documents, pas de traces. Seulement des bouquins ! Parmi lesquels quelques Jules Verne !

-Donc on ignore où ils se cachent, s'ils sont en France ou à l'étranger ?

Je suis abasourdi.

Riant soupire.

-Je suis désolé.

Lou tire sur ma manche une fois. Puis une seconde. Et répète son geste avec insistance.

-Papa ?

-Oui, ma puce ?

Je me penche vers la petite. J'espère qu'elle ne conservera pas de séquelles de son aventure. Le médecin l'a examinée. Selon lui, il est trop tôt pour le dire. Il nous a donné l'adresse d'un psychologue que nous nous garderons bien de contacter.

-Vous parlez des méchants ?

L'adorable créature.

Une perle de sang se forme au creux de sa narine.

Je me noie dans ses yeux. La goutte de sang, légère, trace un sillon sur sa lèvre supérieure. Je sors un mouchoir en papier pour lui essuyer délicatement le nez.

-Ben, les méchants, moi, j'en ai rêvé cette nuit. Et je sais où tu pourras les retrouver…

Je lui essuie la lèvre.

La petite me fixe avec un drôle d'air, soutient mon regard scrutateur.

Cela ne fait aucun doute.

Lou sait réellement où se cachent les Apôtres de l'Apocalypse…

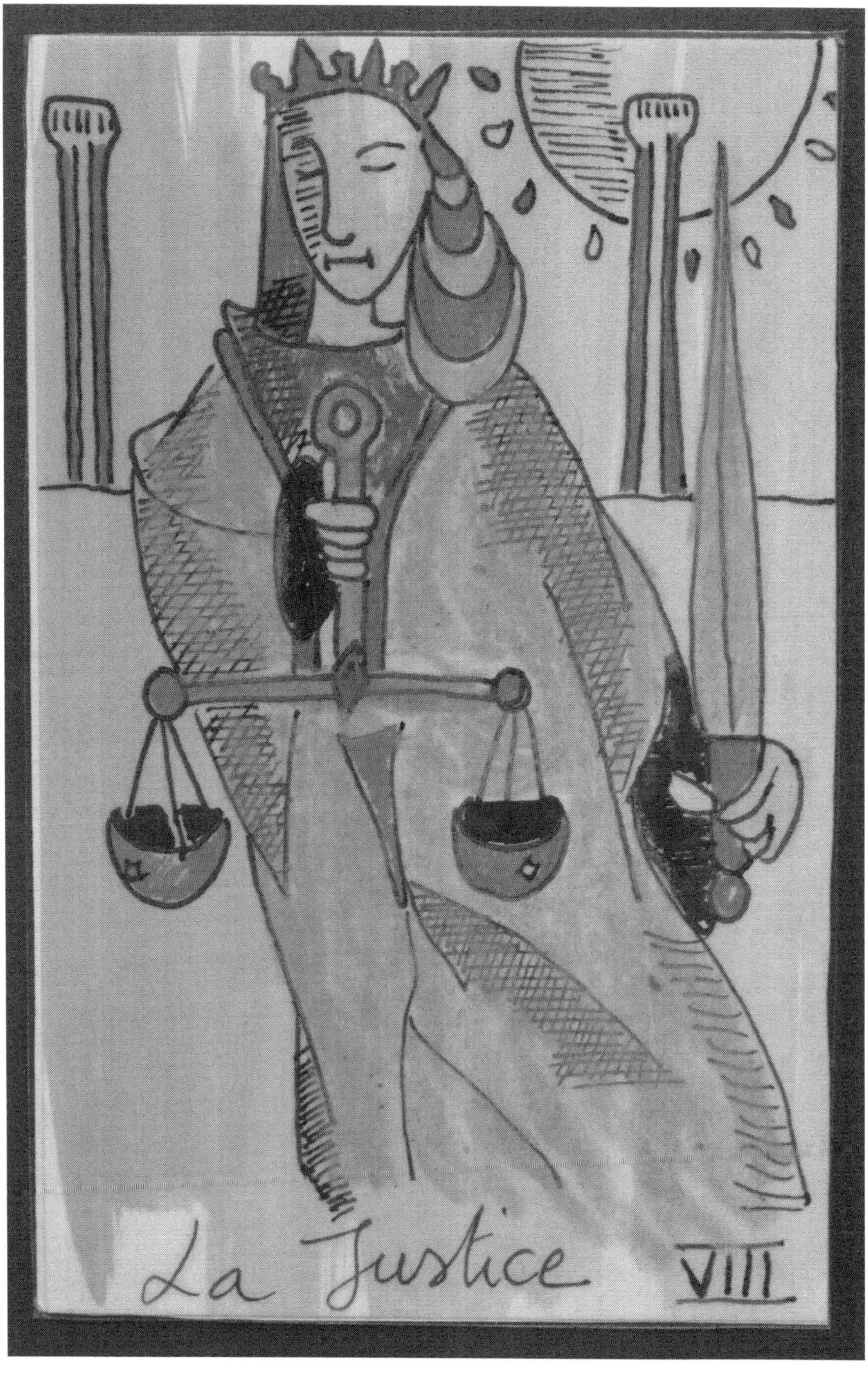
La Justice
VIII

Commissariat de Chartres, de nos jours, le 16 août

Mathilde ?

Thiers est adossé à la portière de son pick-up, sur le parking du commissariat. Il feuillette en silence les pages manuscrites écrites plus de cent ans plus tôt par Justine d'Armoise. Ces pages qui racontent notre histoire. Ou presque. Ces pages riches d'incertitudes. Qui par moments nous ont servi de guide. Et à d'autres nous ont menti. Ont-ils servi à quelque chose, finalement, ces feuillets à la délicate écriture ? L'inéluctable ne s'est-il pas produit, finalement ? Je songe un instant à Hirst et à ses interrogations. Je me sens soudainement petit, si petit. Jamais le terme « poussière d'étoile » ne m'a paru si approprié. Nous ne sommes rien dans l'univers. Si petits, si minuscules. Et pourtant tellement grands. Ce qui est en haut est semblable à ce qui est en bas. Ce qui est en bas est semblable à ce qui est en haut. Mais qu'est-ce qu'il y a, là-haut ? Le jeu des analogies. Qui est qui ? Qui est quoi ? Et si les hommes étaient aussi grands que leurs dieux ?

-Avez-vous des nouvelles de Mathilde Ranou ? Nous avons un compromis de vente à signer ! Même si notre future maison va avoir besoin d'un sacré ravalement après le passage de nos Apôtres !

Ma plaisanterie tombe à plat dans un pathétique bruit de succion.

Dans la rue, un ballet effréné d'engins de terrassement, de grues. Une ambulance, aussi, parfois. Quelques heures après le drame, la ville tente de se reconstruire avec l'aide des hommes.

Thiers se tourne vers moi. Le sourcil haut levé.

-La maison est toujours en vente. Mais c'est avec moi qu'il vous faudra traiter. Ma pauvre tante est décédée voici longtemps déjà. En fait elle s'est éteinte peu de temps après m'avoir remis le roman de Justine d'Armoise et les cartes de tarot constituant une partie de la clé ouvrant la mallette.

Je reste sans voix.

Thiers perçoit mon trouble.

-Un problème ?

Il en a de bonnes le bonhomme ! Je cogite mais ne parviens pas à suivre. Je revois Mathilde, ses pâtes à la bolognaises, sa bolée de cidre si rafraîchissante, le tableau de Vlaminck avec son petit personnage emmitouflé, plié et foulant un tapis de neige. Mathilde Ranou, le double canon de son fusil pointé sur moi, l'explosion de la vitre laissant deviner le bief.

-C'est impossible, je tente. C'est elle qui nous a permis de nous enfuir du Grénillet, c'est elle qui nous a accueilli au moulin, qui nous a remis la mallette, elle encore qui…

Je laisse ma phrase en suspens.

J'abandonne.

Visiblement, Philippe Thiers ne ment pas. Quel intérêt ?

-J'ignore qui vous a reçu au moulin mais ce n'est certainement pas ma tante. Le moulin est en vente depuis quelques mois et je suis le seul à m'y rendre de temps en temps pour faire la poussière.

Je décide d'insister, quitte à me montrer grossier. Je ne suis plus à ça près.

- Une très vieille femme aux longs cheveux blancs attachés avec un ruban de soie noire. Les yeux mauves…

Thiers secoue la tête.

-La description correspond. Mais ma tante est décédée voici au moins dix ans. Je suis désolé…

Et moi, donc.

Dans le Thymerais, de nos jours, le 29 septembre

Un soir, des fleurs de lys

Le petit cimetière embaumait. Le cantonnier, un homme sage sans doute, ne poursuivait visiblement pas de sa vindicte municipale les massifs de fleurs devenues sauvages, possiblement nés des rejetons des plantes policées posées là par des mains amies à chaque Toussaint. Non. Il devait même les arroser parfois, quand leurs corolles, ployant sous la caresse mortelle du soleil d'août, s'en venaient effleurer la terre sèche. Les fleurs des champs, qu'on aurait pu penser retenues, bannies, exilées, de l'autre côté du petit mur de pierres, étaient parvenues à parsemer de tâches colorées les tombes et les allées. Même les croix de fer, par endroits mutilées, paraissaient pimpantes en ce lieu de mémoire.

C'est Lou qui, la première, la découvrit.

C'était le soir. Tard.

Le couchant déchirait le ciel à l'horizon. Éclairs métalliques révélant d'ocres et de carmins d'imposants nuages d'une blancheur immaculée.

Une simple dalle de marbre blanc, une petite croix. Et un nom, aux lettres qui jadis furent d'or sans doute : Mathilde Ranou, née Thiers. Pas ou plus de date.

Lou me tira par la manche.

-Qui c'est ?

Je m'accroupis. Ma joue, mal rasée, enfin, pas rasée, à hauteur de sa joue.

-Je te raconterai, un jour. C'était, enfin c'est une dame exceptionnelle. Mais peut-être le devineras-tu ?

Cam vint nous rejoindre. Elle s'accroupit à son tour, me prit l'autre main, la serra tendrement.

-Merci, dit-elle simplement en suivant d'un doigt une veine qui courait sur le marbre de la tombe. Je ne sus à qui elle s'adressait.

Je déposais alors délicatement mon bouquet de lys blancs au pied de la croix rouillée.

Les derniers rayons du jour bercèrent un instant les pétales d'une aube pourpre. Puis, les fleurs redevinrent blanches.

Lou tourna vers moi son regard clair.

L'espace d'un instant, sa pupille s'éclaira d'une lueur profonde ; une intensité que je n'avais jamais connue jusqu'alors vint habiter son regard, le temps d'une fulgurance venue d'un autre âge. Je frissonnai.

Puis elle me sourit de son beau sourire de petite fille.

Un coup de vent, léger, vint effleurer ma joue, pareil à la caresse d'une femme aimante.

La petite tendit le doigt vers le portail enchâssé dans le mur de pierres aux angles émoussés.

Le portail ne grinça pas quand il s'ouvrit.

Nous le franchîmes en silence.

Il ne grinça pas non plus quand il se referma derrière nous…

Le Monde
XXI

Épilogue

Le bouquin s'arrache à mes doigts, comme doué d'une vie propre. Il s'écrase sur la moquette de la chambre dans un bruit mat. Aberfan Project, la prophétie de Chartres, peut-on lire sur la couverture. Je sens les poils de ma nuque se hérisser. Je me retourne vers le lit.

La petite ? Elle dort. Ses doigts minuscules, repliés sous son menton, le nez retroussé, le sourcil froncé peut-être sur un rêve. Elle dort sur le lit, sur les tigres et les léopards, qui pour une fois, rugissent en silence. Elle est jolie comme sa mère. Et a chopé une partie de son caractère. Elle dort emmitouflée dans son voile d'innocence.

Le foutu cellulaire de Cam entreprend de sonner là, maintenant. Comme...

Un coup d'œil inquiet sur la petite. Qui poursuit son rêve. Que j'espère gai et coloré. Pas comme le jour qui s'affiche en gris et blanc de l'autre côté de la croisée, laquelle refuse de s'ouvrir sur le clocher de l'église d'en face, un triste clocher d'ardoise grisâtre qui ne parvient même pas à égratigner un ciel pourtant bas.

Sur le clavier de mon ordinateur, la Une du journal. Froissée. Avec en photo sur six colonnes, le visage de la défunte artiste plasticienne Sogar.

Cam décroche.

C'est l'agent immobilier.

Le bonhomme est en bas. Il se demande s'il doit monter, ou nous attendre dans sa voiture.

-Vas-y, je reste avec la petite !

Cam me jette un regard en coin.

-Tu es sûr ? Tu ne vas pas regretter ? Bon, j'y vais... Tu pourras vérifier à l'accueil si j'ai reçu mon accréditation ?

le Monde
XXI

À vous, membres du comité de lecture et sélection des ouvrages ELLA éditions,

Armande Burneau,
Maryse Brill
Anne Certain
Corinne Gauvin
Alain Guillon
Isabelle Herbert
Marine Herbreteau,
Séverine Maudet,
Brigitte Neuman,
Klodiana Picard,
Philippe Reignier,
Gilbert Tharel,

Je souhaite exprimer ma profonde admiration et ma sincère gratitude, votre travail de l'ombre est véritablement formidable !

Merci !

Le 21 août 2013,

Christophe Prat

Achevé d'imprimer en France par Présence Graphique
2, rue de la Pinsonnière - 37260 Monts
N° d'imprimeur : 081345903